# 어음수표의 질의답변

## (어음수표 법대로 해결하기)

감수 박근영

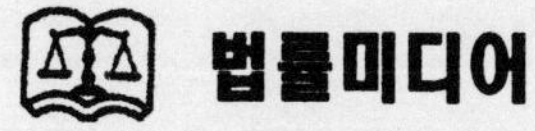

# 머리말

　법은 사람의 공동생활에 있어서 행위의 준칙으로서 국가에 의하여 강행되는 사회규범이다.

　사회가 복잡하여지고 신속 정확한 지식과 정보가 필요로 한 변화와 개혁이 일어나고 있는 이 때에도 우리는 주위에서 법률상식을 몰라서 막대한 손해를 입고 불이익을 당하는 사람과 반면에 법률을 잘 활용해서 어려운 일들을 해결해 나가는 사람을 두루 볼 수 있다.

　법은 많이 알수록 재산이 된다는 이야기를 많이 들었을 것이다. 알 때와 모를 때의 차이를 엄청나게 느낄 수 있는 것이 바로 법률이다.

　특히 경제가 급속도로 발전하고 점차 세분화하는 이 사회를 살아가려면 법률상식은 필수라 하겠다.

　시대의 흐름에 따라 사회·경제·문화의 여러 분야에서 급속한 변화와 개혁이 일어나고 있고 특히 법률은 새로 제정되고 개정되는 일이 많아 그 변화가 심하다고 할 수 있다.

　이처럼 하루가 다르게 변하는 법률을 따라가는 것은 쉬운 일이 아니다. 일일이 공부하며 법률지식을 넓힌다든가 법률 전문가라도 두어 자문을 받으면 되겠지만 현실이 그렇지 못하여 뜻하지 않게 손해를 보는 경우가 많을 것이다.

　법률 지식은 어느 정도만 알고 있어도 혼자서 해결할 수 있는 문제를 가지고 일일이 법률사무소나 법률전문가를 찾을 수도 없는 노릇이다. 또 법률전문가에게 찾아간다 해도 어느 정도 기초적인 지식을 알고 상담해야 많은 도움을 받을 수 있고 유익한 것이다.

　오늘날과 같은 법률문화와 법률적 분쟁이 증가하는 시대에서는 자기관리와 방어를 잘해야 경쟁에서 살아남을 수 있을 것인데 법률지식도 급변하는 사회에 적응하는 중요한 경쟁력이라 할 것이다.

　이에 본사에서는 상속에 관한 길라잡이가 될 수 있는 책으로 분석 정리하며 확실하고 명쾌하게 해결할 수 있는 방법을 제시하였다.

　끝까지 마무리할 것 이 책의 편찬은...
　　**제1편 어음수표의 기초지식**
　　**제2편 어음수표활용의기초**

를 실어 체계적이고 일목요연하게 편집하였다.

이 책으로 각종 법률 문제들의 해결방법을 자세히 알아 법률상식을 알지 못해 당할 수 있는 피해를 예방하는데 도움이 되고 권익을 찾는데 보탬을 주려 한다. 이 책이 복잡한 사회를 살아가는 사람들의 반려자로서 자리매김할 것을 믿으며 신속 정확한 법률업무처리와 법률문화창달에 이바지 할 것을 기대한다.

마지막으로 이 도서가 출간되기까지 집필과 자료분석교정에 수고한 여러 편집진의 노고에 깊은 사의를 표하고 또 출판시장의 어려운 현실에서도 집필을 도와주시고 상속총서를 출간한 법문출판사 김현호 대표와 편집팀 여러분께도 감사드린다.

2005. 9

편저자 드림

# 차　례

## 제1편 어음수표의 기초지식



## 제2편 어음·수표의 활용의 기초

# 제3편 어음·수표의 발행



# 제4편 어음·수표의 기명날인 또는 서명

# 제5편 어음·수표의 만기와 시효



# 제6편 어음의 배서

# 제7편 어음의 원인관계



# 제8편 어음할인



# 제9편 어음·수표의 추심과 지급

# 제10편 지급거절



# 제11편 부도와 어음사고의 대책

# 제12편 부도·사고어음의 회수방법



# 제13편 어음의 개서·변경·말소

# 제14편 어음의 멸실·분실·도난



# 제15편 시효와 이득상환청구권



# 제16편 어음수표보증과 횡선수표

# 제17편 은행의 어음·수표 실무

# 제18편 어음수표의 형사문제와 부정수표단속법

# 제19편 어음·수표와 회계



# 제20편 어음·수표와 무역거래

# 제1편. 어음수표의 기초지식

# 1. 어음의 경제적 기능

## (1) 송금수단으로서의 기능

먼거리에 현금을 수송하는 것은 불편할 뿐만 아니라 많은 비용과 도난·멸실등의 위험이 따릅니다. 그러나 어음을 이용하면 이러한 불편이나 비용 또는 위험의 부담없이 송금을 할 수 있습니다. 특히 환어음은 연혁적으로 송금의 도구로 생긴 것입니다. 환어음은 국제간에 송금의 도구로써 이용되는 경우를 보면, 갑지역의 A가 을지역의 B에게 송금을 하려고 할 때 을지역의 B에게 현금을 보내는 대신 갑지역의 C은행에 현금을 납입하고 C은행으로부터 을지역에 있는 C은행의 본점·지점 또는 C은행의 거래은행을 지급인으로 하는 환어음을 매수하여 이를 을지역에 있는 B에게 보내면, B는 이 환어음을 지급인에게 제시하여 현금의 지급을 받아 송금의 목적을 달성할 수 있게 됩니다.

현재 국내 송금의 경우에는 어음·수표 외에 우편환·전신환 및 전자적 자금이체(EFT) 등의 간편한 송금작용이 병용되고 있으므로 어음의 송금수단으로서 기능은 그다지 중요한 것이 아니지만, 국제거래의 경우에는 여전히 환어음이 중요한 결제수단으로 이용됩니다. 양국간 총 송금액의 다소에 의하여 환어음에 대한 수요공급이 변동되어 환시세를 형성합니다.

## (2) 추심수단으로서의 기능

어음은 채권의 추심을 위해서도 사용되는데, 이 경우에는 환어음이 이용됩니다. 환어음은 특히 융지의 채무자로부터 금전채권을 추심하는 수단으로서 중요한 기능을 가집니다.

예를 들면, 갑지역의 매도인이 을지역의 매수인에게 상품을 송부하고 그 매매대금을 추심하려고 할 때에는, 매도인이 매수인을 지급인으로 하고 매도인을 수취인으로 하는 환어음을 발행하여 갑지역의 은행에서 할인을 받거나 은행에 추심을 위임하며, 할인은행을 을지역에 있는 본점·

지점이나 거래은행에 그 환어음을 송부하여 매수인에게 제시하고 매수인으로부터 지급을 받아 할인대금을 회수하거나 대금을 추심하여 매도인에게 지급합니다. 이 경우 할인은행은 보통 화환어음의 방법에 의합니다.

### (3) 신용수단으로서의 기능

국내거래의 경우, 어음의 주된 기능은 신용수단으로서 이용되는데 있습니다. 어음이 신용수단으로서 이용되는 것은 어음할인과 어음대부의 두 가지 경우가 있습니다. 어음할인은 만기 미도래의 어음을 은행 기타의 자에게 양도배서의 방법에 의하여 매각하는 것을 말합니다. 이 경우 어음을 매입한 자는 만기일까지의 이자와 기타의 비용(할인료)을 공제하고 매입하므로 이것을 할인이라 합니다.

어음은 양도의 절차가 간편하고 어음양수인(피배서인)은 인적항변의 대항을 받지 않으며 채권의 존재의 하자에 관하여 조사할 필요가 없고 어음양수인(배서인)은 배서에 의하여 담보책임을 부담하여 어음 양수인의 지위가 안전하므로, 어음은 용이하게 할인되어 현금화할 수 있습니다.

어음대부는 금전을 대부하는 경우에 대금채권을 확보하기 위하여 차주로부터 차용증서와 함께 어음을 받는 것을 말합니다. 물론 금전을 대부하는 경우에는 차용증서만 받기도 하나, 어음을 받아 두면 어음 양수인의 지위가 안전하며 또 어음상의 권리의 실행이 간편하고 확실하므로 보통 금전대부는 어음대부에 의합니다.

## 2. 수표의 경제적 기능

### (1) 지급수표로서의 기능

수표는 법률상으로 환어음과 비슷하지만 경제적 기능에서 차이가 있습니다. 환어음은 신용거래의 수단으로서 이용되는 신용증권이지만, 수표는 지급수단으로서 현금으로 지급을 하는 대신 일시적으로 발행되는 지급증권입니다. 수표의 경우 법률상으로는 제3자(은행)가 발행인을 위하여 금전지급을 하지만, 이 제3자는 발행인을 대신하여 지급하는 것이며 실질적으로는 발행인 자신이 지급하는 것과 다름이 없습니다. 수표는 발행인 자신이 현금을 지급하는 데 따르는 위험과 불편을 피하기 위하여 은행으로 하여금 대신 지급하게 하는 것입니다.

### (2) 송금수단으로서의 기능

수표는 주로 지급수단으로서의 기능을 가지지만 송금수표의 경우에는 송금수단으로서의 기능도 가집니다. 수표에 의하여 송금을 할 경우에는 송금을 하는 자가 은행에 송금금액을 납입하고 은행으로 하여금 송금을 받을 자가 있는 지역의 동 은행지점 또는 그 거래은행을 지급인으로 하는 수표를 발행하게 하여, 이것을 송금을 받을 자에게 송금하고 그 지역에서 지급 받도록 하는 방법에 의합니다.

## 3. 약속어음과 환어음의 차이점

### (1) 당사자

환어음은 발행인이 지급인에 대하여 어음금액을 어음 소지인에게 지급할 것을 위탁하는 것이므로 발행인과 수취인 외에 지급인을 필요로 합니다. 그러나 약속어음은 발행인이 어음 소지인에게 어음금액의 지급을 약속하는 것이므로 발행인과 수취인만 있고 지급인은 없습니다

### (2) 표현되는 권리

약속어음에는 어음 소지인의 발행인에 대한 어음금액 지급청구권이 어음의 발행때부터 표현되어 있습니다. 그러나 환어음은 발행인이 어음을 발행하는 것만으로는 지급인에 대한 어음 소지인의 어음금액 지급청구권이 표현되지 않고 지급인이 인수를 함으로써 인수인에 대한 어음 소지인

의 어음금액 지급청구권이 표창되며 만일 지급인이 인수나 지급을 거절할 경우, 전자에 대한 어음 소지인의 상환청구권이 표현됩니다.

### (3) 어음채무자의 의무

환어음의 인수나 지급이 거절된 경우와 약속어음의 지급이 거절된 경우에 어음행위를 한 자는 어음 소지인에 대하여 상환의무를 부담합니다. 환어음의 경우 상환의무자는 발행인과 배서인이나, 약속어음의 경우 상환의무자는 배서인 뿐입니다.

약속어음의 발행인은 어음금액의 지급의무만 부담하고 상환의무를 부담하지 않습니다. 약속어음의 경우 발행인의 지급의무는 발행때부터 확정되어 있고 소멸시효 외에는 소멸하지 않습니다. 환어음의 경우에는 지급인이 인수를 한 때 지급의무가 확정되며, 인수인의 지급의무는 약속어음의 발행인의 의무와 동일합니다.

### (4) 인수제도의 유무

환어음의 경우 인수에 의하여 인수인이 지급의무를 부담하게 되므로 인수의 제도가 필요하지만, 약속어음의 경우 발행인이 어음의 발행때부터 지급의무를 부담하므로 인수의 제도가 필요 없습니다. 따라서 환어음의 발행인과 배서인은 어음소지인에 대하여 어음의 인수를 담보하고, 지급인이 인수를 거절한 때에는 발행인과 배서인은 상환의무를 부담합니다. 그러나 어음 소지인에 대하여 어음의 인수의 제도가 없으므로 발행인과 배서인은 어음소지인에 대하여 어음의 인수를 담보하지 않으며, 따라서 인수거절로 인한 상환의무를 부담하지 않습니다.

환어음에는 인수의 제도가 있으므로 인수거절로 인한 상환청구를 방지하기 위하여 환가인수의 제도가 있으나, 약속어음에는 인수의 제도가 없으므로 환가인수의 제도가 없습니다.

### (5) 만기전의 소구

환어음의 경우에는 인수거절에 의한 만기전의 소구가 있지만, 약속어음의 경우에는 지급인이 없으므로 인수거절에 의한 소구는 있을수 없습니다. 그러나 환어음에 대하여 지급인의 파산·지급정지 또는 그 재산에 대한 강제집행이 주효하지 않을 경우에 어음금액의 지급을 불확실하게 하는 사유가 있다고 하여 만기전의 소구가 인정됩니다. 이것은 약속어음에 대해서도 인정될 수 있으며, 발행인의 파산·지급정지 도는 그 재산에 대한 강제집행이 주효하지 않을 경우에도 만기전의 소구가 인정된다고 봅니다.


### (6) 복본

환어음에는 인수의 제도가 있고 인수를 위하여 어음을 송부할 필요가 있으므로 복본의 제도가 있으나, 약속어음에는 인수의 제도가 없으므로 복본의 제도가 없습니다.


## 4. 어음행위의 대리

어음증권상에 본인을 위하여 하는 뜻의 기재를 하고 대리인이 기명날인 또는 서명하는 경우로, 본인을 위하여 하는 표시가 없는 경우에는 대리인 자신의 어음행위가 되며, 대리인의 기명날인 또는 서명 없이 본인의 기명날인 또는 서명을 직접 한 경우 기명날인 도는 서명의 대행이며, 법인의 기관이 행한 기명날인 또는 서명은 본인 자신의 어음행위의 대리가 아닙니다. 다만, 법인의 어음행위는 대리형식에 따라 하게 됩니다. 어음행위의 대리의 형식을 갖추었더라도 대리인으로서 기명날인 또는 서명한 자가 대리권을 갖지 않는 경우에는 무권대리가 됩니다. 무권대리의 경우에는 본인은 원칙적으로 어음상의 책임을 지지 않지만, 표견대리의 요건을 갖춘 경우나 본인이 책임을 지는 경우, 신뢰를 보호받는 제3자에는 직접 상대방뿐만 아니라 그 후의 어음 취득자를 포함합니다. 무권대리의 경우, 대리인 자신의 어음행위는 없는 것이므로 대리인은 어음상의 책임이 없을 것 같으나 어음법은 이에 관한 규정을 두어 대리인으로서 기명날인 또는 서명한 자가 대리권을 갖지 않은 경우 또는 대리권의 범위를 초과한 때에는 당해 어음에 따른 책임을 부담하도록 합니다.

## 5. 어음항변(수표항변)

어음항변이란 어음 소지인에게 어음상의 청구를 받은 사람이 그 청구인에 대하여 대항할 수 있는 일체의 사유를 말합니다. 본래 권리의 양수인은 양도인이 가지고 있던 것보다 더 큰 권리를 취득할 수 없으므로 항변이 붙어 있는 청구권을 타인에게 양도한 경우에는 항변권자가 양수인에 대하여도 항변으로 대항할 수 있는 것을 원칙으로 합니다. 어음상의 채무에 있어서도 직접적인 상대방의 청구에 대하여서는 이유가 있는 항변은 전부 그 주장을 허용하여도 좋으나, 어음 본래의 유통방법(배서 또는 인도)에 의한 취득자의 보호를 위하여 누구의 청구에 대하여서도 대항할 수 있는 항변(물적항변)은 될 수 있는 대로 제한하고, 그 이외의 항변(인적항변)은 선의의 취득자에 대해서는 대항하지 못하도록 하고 있습니다. 다만, 구체적으로 어떠한 항변의 물적항변이고 어떠한 항변이 인적항변에 속하는가는 어음법 제17조만으로서는 판단할 수 없으므로 어음채무자의 보호와 유통의 확보라는 두가지 요청을 융합하는 차원에서 이론적으로 해결할 수 밖에 없습니다. 수표의 항변도 같습니다.

## 6. 어음의 발행

발행인이 요건을 기재한 어음이나 수표에 기명날인 또는 서명하고 이것을 교부하는 어음(수표)행위를 어음발행이라 합니다. 구체적으로는 법정사항을 기재하고 이에 기명날인 또는 서명을 함으로써 어음을 작성하여 이것을 수취인에게 교부함으로써 성립합니다. 발행은 다른 어음행위에 대하여 기본이 되는 것이므로 기본적 어음행위라 하며, 그 어음을 기본어음이라 합니다. 발행의 법적 성질 및 효과에 대해서는 어음 이론에 따라 여러 가지 학설이 있으나, 환어음(수표)의 발행과 약속어음의 발행을 구별하여, 전자는 지급제시의 일종이며, 발행인이 지급인에 대해서는 지급인의 명의로써 발행인의 계산에 의하여 지급해야 할 권한을 부여하고, 수취인에 대해서는 수취인의 명의로 지급을 받을 수 있는 권한을 부여하는 것을 말합니다. 후자는 어음 채무의 부담을 목적으로 하는 단독행위라고 해설하는 설이 근래에는 많습니다. 또한 발행에 의하여 환어음(수표)의 발행인은 인수거절(수표에는 없음) 및 지급거절에 대하여 담보책임을 지는 이외에(그러나 인수담보책임은 면책문구에 의해 면할 수 있음) 복본의 교부의무나 이득상환의무를 집니다. 약속어음의 발행인은 어음금액의 지급의무를 지고, 그 이외에 이득상환의무를 집니다.

## 7. 추심어음

채권자가 채권을 추심할 목적으로 발행하는 어음을 말합니다. 일반적으로 채무자를 지급인으로 하여 채권자가 자신이나 자신의 채권자인 제3자를 수취인으로 환어음을 발행하고 은행에 그 추심을 위탁합니다. 수취인이 발행인의 채권자인 경우는 채권추심과 채무변제가 도시에 실현되어 편리합니다.

## 8. 만기

어음금액이 지급될 날로서 어음상에 기재된 날을 말하며 만기일이라고도 합니다.

만기와 '만기의 날'은 일치합니다. 그러나 '지급하여야 할 날'은 만기가 법정 휴일인 때에 이를 이은 제1의 거래일이 '지급하여야 할 날'로 되므로 일치하지 않습니다. 또 '지급의날'은 실제 어음금액의 지급이 이루어진 날이므로 만기와는 다른 개념입니다. 만기는 일정해야 하는데 어음금액의 일부씩에 각각 달리 만기를 정하거나(분할출급어음) 각 지급인에 대하여 각각 다른 만기를 정할 수 없습니다. 또 만기는 확정 또는 확정할 수 있는 날이어야 합니다. 법은 만기의 단일확정을 기하기 위해 어음만기의 종류로 ①지급제시일로서 만기로 하는 일람출급, ②환어음은 인수제시일로부터·약속어음은 일람제시일로부터 일정기간을 경과한 날을 만기로 하는 일람 후 정기출급, ③발행일로부터 어음에 기재한 확정기간을 경과한 날을 만기로 하는 발행일자 후 정기출급, ④역상의 특정일을 만기로 하는 확정일출급의 4종에 한정됩니다. 만기의 기재는 어음요건이며, 부적법한 기재는 어음의 무효를 가져오지만 기재를 결한 어음은 무효는 아니고 일람출급의 것으로 봅니다. 또 수표의 만기는 일람출급에 한정되며, 이에 반하는 기재는 이것을 행하지 않은 것으로 인정됩니다. 그러므로 수표에는 만기가 없습니다.

## 9. 배서금지어음·수표

제시금지어음·수표라고도 하며 발행인이 배서금지의 문안을 기재한 어음·수표를 말합니다. 배서금지어음·수표는 발행인이 수취인에 대한 항변의 보유를 희망하고 또 배서가 겹쳐져서 상환금액이 증대하는 것을 막기 위해서 쓰입니다. 배서금지어음·수표는 배서양도가 불가능하므로 설령 배서를 하더라도 무효로 되며 다만 채권양도의 의사표시로서의 증거로는 인정되는 것으로 봅니다. 배서금지 어음·수표는 지명채권양도의 방법에 의해서만 양도할 수 있습니다. 이 점이 배서성을 박탈하지 않는 배서금지배서와 상이합니다.

## 1ᗡ. 횡선수표

수표의 표면에 두 개의 평행선을 그은 수표를 말합니다. 지급인은 횡선수표를 자기의 거래처 또는 다른 은행을 통해서만 지급할 수 있습니다. 대부분의 수표가 소지인출급식으로 발행되어 수표의 분실이나 도난·사고시 습득자나 도취자가 용이하게 지급받을 위험이 있기 때문에 이런 점을 방지하기 위하여 설정한 제도입니다. 횡선에는 2줄의 평행선 내에 아무런 지정도 하지 않거나 단순히 '은행' 또는 이와 동일한 뜻의 문자를 기재하는 일반횡선수표와 두줄의 평행선 내에 특정의 은행명을 기재하는 특정횡선수표가 있습니다. 횡선을 할 수 있는 것은 발행인 또는 소지인입니다.

일반횡선에서 특정횡선으로 변경하는 것은 허용되나, 특정횡선에서 일반횡선으로 변경하는 것 및 횡선 또는 피지정은행의 명칭을 말소하는 것은 인정되지 않습니다. 일반횡선수표의 지급인은 은행 또는 자기의 거래처에 대해서만, 특정횡선수표의 지급인은 특정의 은행 또는 그 은행이 지급인일 때에는 자기의 거래처에 대해서만 지급을 할 수 있습니다. 또 은행은 자기의 거래처 또는 다른 은행에서만 그것을 취득하거나 또는 추심위임을 맡을 수 있고 그 외의 자를 위하여 횡선수표의 추심을 하지 못합니다. 수개의 특정횡선이 있는 수표의 지급인은 이를 지급하지 못합니다. 그러나 2개의 횡선이 있는 경우에 그 하나가 어음 교환소에 제시하여 추심받게 하기 위한 것인 때에는 예외입니다.

## 11. 수표와 환어음의 차이점

### (1) 지급인의 자격의 한정

수표가 지급증권으로서의 기능을 발휘하기 위하여는 그 지급이 확실하여야 하는데도, 수표에는 인수제도가 없고, 수표상의 주된 채무자가 없어

수표소지인의 지위가 극히 불확실합니다. 그러므로 수표법은 지급의 확실을 기하기 위하여 수표의 지급인을 은행으로 한정하고 제3자방 지급수표에 있어서 제3자도 은행으로 할 것을 요구하고 있습니다. 그러나 환어음의 지급인에는 이러한 제한이 없습니다.

### (2) 소지인출급식의 상용

수표와 어음은 다같이 법률상 당연한 지시증권으로서, 단순히 기명식으로 발행된 경우에도 당연히 배서에 의하여 양도할 수 있습니다. 그러나 수표에는 소지인출급식과 선택무기명식이 인정되고 있고, 오히려 원칙으로 되어 있는 이것이 어음과 다릅니다.

따라서 수표에 있어서는 수취인의 표시가 수표요건이 아닙니다. 그러나 환어음에는 수취인을 어음요건으로서 반드시 기재하여야 하고, 수표에서와 같이 소지인출급식 또는 선택무기명식의 발행이 허용되지 않습니다. 이와 같이 수표가 소지인출급식 또는 선택무기명식을 원칙으로 하는 것은 수표가 단기간에 결제되어야 하는 지급증권이라는 것에 기하는 것입니다.

### (3) 법률상 당연허 일람출급성

수표는 현금의 대용물인 지급증권이므로, 그 발행 후 곧 지급을 받을 수 있어야 합니다. 따라서 수표는 법률상 당연히 일람출급으로 되어 있고, 어음에서와 같은 만기가 존재하지 않습니다. 수표는 이에 위반하는 기재 예컨대 확정일출급의 기재가 있는 경우에는 기재하지 않은 것으로 봅니다. 요컨대 어음에 있어서는 일람출급이 만기의 1태양으로 되어 있으나, 수표에 있어서 일괄출급은 수표제도의 본질이며 만기는 무익적 기재사항입니다.

수표법은 발행일자를 현실의 발행일보다 후일의 일자로 하여 발행한 선일자수표에 있어서도 그 제시한 날에 이를 지급하여야 하는 것으로 수표의 일괄출급성을 관찰하고 있습니다.

### (4) 인수의 금지

수표는 발행 후 곧 지급받을 수 있는 단기결제의 증권이므로 지급제시기간도 극히 단기적입니다. 따라서 수표에는 환어음에서와 같은 인수제도를 인정할 필요가 없을 뿐만 아니라 인수에 의하여 인수인 절대적 지급의무를 지는 것은 수표가 신용증권화되어 수표의 지급증권의 성질과 모순됩니다. 그러므로 수표에는 인수의 제도가 인정되지 않고, 수표에 의한 인수의 기재는 기재하지 않은 것으로 보며, 이것을 잠탈수단으로 할 염려가 있는 지급인의 배서와 지급인의 보증도 금지됩니다.

### (5) 만기 전의 소구원인의 불인정

수표에는 인수의 제도가 없으므로 인수거절로 인한 소구가 생길 여지가 업고, 또한 수표는 법률상 당연한 일람출급이므로 지급인의 파산이나 지급정지 또는 그 재산에 대한 강제집행 불주효 등이 소구원인으로 되지 않습니다.

### (6) 지급제시기간의 단기

수표는 지급증권이므로 그 지급제시기간이 단기적이고, 또한 발행지와 지급지의 거리의 원근에 따라 국내수표와 외국수표로 나누어 각각 그 지급제시기간이 다르게 법정되어 있습니다. 수표에 있어서는 어음과는 달리 당사자가 임의로 지급제시기간을 단축하거나 연장할 수 없으며, 이에 위반하는 기재는 효력이 없습니다. 수표소지인은 위의 지급제시기간 내에 지급제시를 해야 하고, 이것을 해태한 경우에는 전자에 대한 소구권과 지급보증을 한 지급인에 대한 권리를 상실합니다.

### (7) 지급위탁취소의 인정

수표소지인은 지급제시기간 내에 지급제시를 해야 하나, 지급제시기간이 경과한 후에도 지급위탁의 취소가 없는 한 지급인은 발행인의 계산으로 지급을 할 수 있습니다. 원래 지급인에 대한 지급위탁은 언제든지 취소할 수 있는 것이지만, 이것은 수표 소지인의 지위를 극히 불안하게 하여 수표의 지급증권으로서의 기능을 저해하므로 지급제시기간내의 지급위탁의 취소가 금지되어 있습니다. 그러나 환어음에는 이러한 지급위탁의 취소가 인정되지 않습니다.

### (8) 단기 소멸시효

수표는 단기에 결제되어야 하는 지급증권이므로, 수표의 소멸시효기간은 어음의 소멸시효기간에 비해 훨씬 단축되어 있습니다. 즉, 수표 소지인의 전자에 대한 소구권과 상환을 한 자의 그 전자에 대한 소구권은 6월간 행사하지 않으면 소멸시효가 완성되고, 또한 지급보증을 한 지급인에 대한 수표상의 권리는 지급제시기간의 경과 후 1년간 행사하지 않으면 소멸시효가 완성됩니다. 그러나 인수인에 대한 환어음상의 권리는 3년간 행사하지 않으면, 또 어음소지인의 발행인과 배서인에 대한 권리는 1년간 행사하지 않으면 소멸시효가 완성됩니다.

그리고 수표에 있어서 소구권 보전절차의 흠결 또는 소멸시효의 완성으로 인하여 수표상의 권리가 소멸된 경우에 이득상환 청구권이 인정되는 것은 어음의 경우와 같으나, 수표의 이득상환 의무자에는 발행인과 배서인 외에 지급보증을 한 지급인이 포함되는 것이 다릅니다.

### (9) 간편한 지급절차의 방법

어음 소지인이 소구권을 행사하는 경우에는 거절증서의 작성이 면제되어 있지 않는 한, 반드시 거절증서를 작성해야 하나, 수표소지인이 소구권을 행사하는 경우에는 거절증서 외에 지급인의 거절선언과 어음교환소의 거절선언 등의 간편한 지급거절의 증명방법이 인정되고 있습니다.

### (10) 횡선수표제도의 인정

수표는 소지인출급식 또는 선택무기명식으로 발행되어 단순한 교부에 의하여 양도될 수 있으므로, 도난이나 분실 등에 의하여 부정한 수표소지인에 지급될 위험이 있습니다. 이러한 경우에 대비하여 수표에는 횡선수표의 제도가 인정되고 있습니다. 하지만 어음에는 이러한 제도가 없습니다.

### (11) 복본제도의 불인정

국제송금수표와 같은 융지수표는 분실될 위험이 있으므로, 이에는 그에 대비하여 복본의 제도는 인정되고 있으나, 수표는 단기간의 지급결제를 예정하는 것이므로 어음에서와 같은 복본의 제도는 인정되지 않습니다.

## 12. 타인명의의 어음행위

타인명의로 어음행위를 한 경우, 누가 어음 행위자로서 어음상의 책임을 질 것 인지 문제가 될 수 있습니다. 이러한 타인명의와 어음행위는 세가지 경우를 생각할 수 있습니다. 첫째, 행위자가 명의인(타인)으로부터 권한을 부여받아서 기명날인 또는 서명을 대행하는 경우, 둘째, 명의인인 타인의 성명을 자기를 표시하는 명칭으로 사용할 것을 허락받고 어음행위를 하는 경우, 셋째, 행위자가 명의인(타인)으로부터 권한을 부여받지 않고 기명날인 또는 서명을 하거나 명칭사용의 허락을 받지 않고 명칭을 사용한 경우, 즉 어음위조가 있습니다. 기명날인 또는 서명의 대행은 예를 들면, 점포의 점원이 주인의 지시에 따라 주인의 수족으로서 어음에 기명날인 또는 서명을 대신하는 경우입니다. 이 경우에는 명의인인 타인이 어음행위자로서 어음상의 책임을 부담합니다. 타인의 성명을 자기를 표시하는 명칭으로 사용하는 것은, 예를 들면 평소 처의 명의로 영업을 해온 부가 처의 명의로 어음행위를 하는 경우를 들 수 있습니다.

이 경우 어음의 문언성에서 보면 명의인이 어음상의 책임을 져야 하지만 부가 처의 명의를 자기를 표시하는 명칭으로 사용한 것이므로 부가 어음 행위자로서 어음상의 책임을 집니다. 또한 회사의 대표이사 갑이 회사가 어음거래 정지처분을 받았기 때문에 그의 친형인 을의 명의로 은행에 당좌계정을 개설하고 을의 명의로 어음을 발행한 경우에는 갑은 자기를 표시하는 명칭으로서 을의 명의를 사용한 것이므로 어음행위자로서 어음상의 책임을 부담하여야 합니다. 이 경우 종래에는 타인명의로 어음행위를 하는 것이 관용되어 온 것을 필요로 한다는 견해가 많았으나, 단 1회의 어음행위라도 자기를 표시하기 위하여 타인의 명의를 사용한 경우에는 행위자가 어음상의 책임을 져야 한다고 봅니다. 어음위조의 경우에는 명의인인 타인은 어음상의 책임을 지지 않고, 어음 위조자가 어음법 제8조의 유추적용을 받아 어음상의 책임을 져야 합니다.

# 제2편. 어음수표
# 활용의 기초

## 1. 어음·수표란 무엇인가?

【질의】 ➡ 오늘날 어음 · 수표는 거래계에서 금융결제의 수단으로서 어떤 역할을 담당하고 있는가?

【답변】 ➡

어음이란 일정액의 금전지급을 목적으로 발행(작성 및 교부)되는 유가증권을 말합니다. 여기에는 일정 금액의 지급위탁 형식을 갖는 환어음과 일정금액의 지급약속 형식을 갖는 약속어음이 있습니다. 어음은 엄격한 법정의 형식요건을 갖추어야만 하고, 명시적으로 '어음'이라고 표시되어야 합니다.

어음은 유가증권이라는 점에서는 수표와 같지만 법제도의 내용을 살펴보면 서로 다른 것임을 알 수 있습니다. 특히, 수표는 반드시 은행이 관계하는 제도인데 반하여 어음은 은행이 관여하는 경우도 있고 그렇지 않은 경우도 있다는 점에 유의해야 합니다. 또한 어음 가운데 환어음은 수표와 여러 가지로 비슷한 점을 가지고 있으나 역시 이것도 수표와는 다릅니다.

어음은 일정 금액의 지급을 목적으로 발행되는 증권으로서 경제적으로 금전의 지급 · 송금 · 추심등을 위하여 사용됩니다. 또 각종의 신용담보로서 이용되고 어음대출 · 어음할인 등에 사용되어 각종의 융통어음으로 발행되기도 합니다.

한편, 수표란 발행인이 은행(지급인)에 대하여 수취인 기타 증권의 적법한 소지인에게 증권에 기재한 일정한 금액의 지급을 위탁하는 형식의 유가증권을 말합니다. 타인에게 그에 대한 지급을 위탁한다는 점에서는 환어음과 비슷하지만, 환어음처럼 일반인에게 지급을 위탁할 수는 없고 반드시 은행에 대하여 지급할 것을 위탁한다는 점에서 환어음과는 구별됩니다.

  수표의 본래의 기능은 현금에 대신하는 지급수단이기 때문에 법률
상 당연히 일람출급으로 됩니다. 따라서 이에 반하는 기재는 모두
기재가 없는 것으로 봅니다. 또한 수표는 그 제시기간이 짧고, 신용
증권화를 방지하기 위하여 인수가 금지되며, 잠탈수법으로 될 우려
가 있는 지급인의 배서 · 보증도 금지됩니다.

## 2. 어음·수표는 어떤 기능을 하는가?

【질의】 ➡ 어음 · 수표는 경제적으로 어떠한 기능을 하는가?

【답변】 ➡

　어음과 수표는 모두 일정한 금액의 금전지급을 목적으로 발행되는 유가증권인 점에서는 공통됩니다. 다만, 그 각각의 경제적 기능에 있어서는 차이를 보입니다.

　먼저 환어음의 경우는 송금·추심 및 신용이용 수단으로서 특히 원거리, 국제거래시 송금·추심의 기능을 하여 지급장소에 대한 공간적인 장벽을 극복하고 있습니다. 이에 대하여 약속어음은 추심·신용이용 수단으로서, 오늘날 특히 강조되고 있는 신용기능은 어음할인, 어음대부 등과 관련하여 지급시기에 관한 시간적인 장벽을 극복하는 기능을 발휘하고 있습니다. 따라서 오늘날 어음은 주로 장래의 지급기일까지의 시간연장의 수단으로 이용됩니다.

　한편 수표는 어음과는 달리 송금 및 지급수단으로 이용됩니다. 수표는 현금의 수수와 관련하여 위험과 번잡함을 피할 수 있다는 장점이 있습니다. 그러나 온라인 체계에 따른 송금기능의 발달로 말미암아 수표의 기능은 점점 약화되고 있습니다.

## 3. 약속어음·환어음이란 무엇인가?

【질의】 ➡ 어음의 종류에서 약속어음과 환어음이란?

【답변】 ➡

어음은 장래 일정한 금액의 금전지급을 목적으로 발행되는 유가증권입니다. 이는 그 지급을 어음의 발행인 자신이 하느냐 또는 발행인과 거래관계에 있는 제3자에게 그 지급을 위탁하느냐에 따라서 약속어음과 환어음으로 나누어집니다. 환어음과 약속어음은 그 주된 기능이 신용증권이라는 점에서는 공통되지만, 법률상 환어음은 지급위탁증권이고 약속어음은 지급약속증권이라는 점에서 이들 양자는 구별됩니다.

약속어음이란 발행인이 그 소지인에 대하여 스스로 증권에 기재된 일정금액을 지급할 것을 약속하는 형식의 어음입니다. 약속어음에는 발행인과 수취인만이 있으면 되고, 환어음에서와 같이 별도의 지급인이 있어야 할 필요는 없습니다. 약속어음에 있어서는 발행인이 어음 외 지급만기일에 지급인으로 되기 때문입니다.

다만 어음에 있어서는 그 수취인(어음의 교부를 받은 최초의 소지인)이 반드시 소지인일 필요가 없다는 점에 주의하여야 합니다. 오히려 어음의 수취인은 그것을 다른 사람에게 넘겨 줄 가능성이 크다고 보아야 합니다. 법은 이와 같은 어음의 유통성을 최대한으로 보장하고 있습니다. 따라서 어음의 지급인이 어음금액을 그 지급을 받는 사람은 수취인이 아닌 다른 소지인이 될 경우가 많습니다.

한편 환어음은 발행인이 자기와 거래관계가 있는 제3자(이 사람이 지급인이 됨)에 대하여 증권상에 기재된 일정금액을 일정한 날에 그 증권상의 권리자에게 지급할 것을 무조건 위탁하는 증권을 말합니다. 환어음은 지급위탁증권이므로 발행인과 수취인 외에도 별도의 지급인이 있어야 합니다. 환어음의 경우 특히 발행인은 누구를 지급인으로 할 것인가가 문제가 됩니다. 발행인은 자기가 받을 돈이 있는 거래관계자를 지급인으로 할 수밖에 없을 것입니다. 아무런 관계도 없는 사람이 지급인으로 봉사하여 줄 리는 없기 때문입니다. 그로나 지급인으로 지정되어 환어음이 발행되었다고 하여도 자기 의사와는 관계없이 지급인이 될 필요는 없습니다. 즉, 자기의 자유의사에 의하여 지급인이 됩니다. 이와 같이 자신의 자유의사에 따라 지급인이 되고자 하면 그 의사를 표시하는 절차가 필요하게 되는데 이를 인수라고 합니다. 이 인수는 반드시 어음면에 기명날인 또는 서명함으로써 행하는 절차입니다. 이러한 인수가 완료되면 일단 인수인이 되었다가 나중에 만기에 가서 지급인으로 됩니다.

결국 약속어음과 환어음은 다음과 같은 차이가 있습니다. 첫째, 약속어음은 지급약속증권으로 지급인이 필요하지 않으므로 자급관계가 없다. 둘째, 약속어음은 발행시부터 발행인이 주채무자이기 때문에 지급확보제도가 필요하지 않다. 셋째, 약속어음에는 인수제도가 없으므로 인수의 거절에 따른 소구의 문제가 발생하지 않는다. 넷째, 약속어음에는 등본은 인정되지만 초본은 인정되지 않는다.

## 4. 융통어음과 상업어음

【질의】 ➡ 융통어음과 상업어음의 약속어음·환어음과의 차이는?

【답변】 ➡

약속어음과 환어음은 어음법에 따른 구별입니다. 즉, 법률에서 인정하는 어음의 종류입니다. 이에 대하여 융통어음과 상업어음은 상거래를 원인으로 하여 발행되는가의 여부를 기준으로 한 구별입니다. 다만 주의할 점은 상거래를 원인으로 하여 어음을 발행한다고 하더라도 반드시 약속어음이나 환어음 가운데 한 형태로 발행되어야 한다는 점입니다. 즉 어음용지상에 융통어음이나 상업어음의 명칭을 기재할 수 없고, 반드시 약속어음이나 환어음의 명칭으로 발행되어야 합니다.

융통어음이란 그 발행의 배후에 아무런 현실적 거래가 존재하지 않고 단순히 타인에게 신용을 이용케 할 목적으로 발행되거나 양도·양수되는 어음을 말합니다. 즉 자금의 융통을 위하여 발행되는 어음을 말합니다. 이것은 당사자 사이에 호의에 의하여 발행되는 예가 많으므로, 이를 호의어음이라고도 하는데 흔히 신용이 있는 사람은 어음채무자가 되면 어음의 신용이 높아져서 어음할인이 쉬워지기 때문에 주로 이용되는 어음입니다.

이에 대하여 상업어음이한 실제의 상거래를 원인으로 하여 발행되는 어음을 말합니다. 예를 들면 상품의 판매에 대한 대금의 지급을 위하여 발행되는 어음의 경우를 들 수 있는데, 이를 상품어음이라고도 합니다.

## 5. 어음과 차용증·보관증의 차이

【질의】 ➡ A는 B에게 돈을 빌려주면서 차용증을 받았는데, 이때 받은 차용증은 법률적으로 어떠한 기능을 발휘하는지? 또 만일 A가 차용증 대신 약속어음을 받은 경우 그 법률관계는 어떤지?

【답변】 ➡

일반적으로 돈이나 물건을 빌릴때에는 그것을 증명하는 증거문서를 작성하게 됩니다. 이러한 문서는 보통 차용증 · 차용증서 · 보관증 등의 이름으로 이용되고 있습니다. 도한 영수증이라는 명칭으로 사용되기도 하고, 때로는 각서라는 이음으로 이용되기도 합니다.

이와 같은 경우 그 명칭여하에 관계없이 돈이나 물건을 빌린것에 대한 증거로서 기능하는 것이 분명합니다. 또, 이 증거문서라는 점은 위의 여러 가지 명칭에도 불구하고 아무런 차이가 없습니다. 즉 법률적으로는 위의 문서들은 모두 증거문서로서 똑같은 기능을 발휘합니다.

한편 어음이나 수표도 증거증권의 기능을 가집니다. 이 점에서는 위의 차용증 · 보관증 등과 같습니다. 다만 어음 · 수표는 그 자체가 재산권을 나타내는 증권으로서 유통거래의 대상물이 된다는 점에서 위의 차용증 등과 본질적으로 다른 것입니다. 다시 말하면 , 어음 · 수표는 그것 자체가 재산이라고 할 수 있습니다, 이것을 법률적으로 설명하면 재산권을 표창하는 증권이라고 합니다. 따라서 위 사례의 경우 돈을 빌린 사실이 있느냐 없느냐의 다툼이 벌어져서 재판을 하게 된다면, 차용증은 그러한 사실이 있다는 것을 증명하는 결정적인 증거가 될 수 있습니다. 그런데 빌려준 사실을 주장하는 채권자 A가 차용증이 아닌 어음을 가지고 있다면 돈을 빌려 주었다는 점에 관하여는 주장할 필요도 없이 어음금에 대하여 지급청구만을 하면 됩니다. 왜냐하면 어음자체가 하나의 재산권이며, 그 재산권을 주장함으로써 지급청구를 할 수 있기 때문입니다. 만약 돈을 빌려준 사실이 없다거나 빌린 돈을 갚았다고 하더라도 어음을 가지고 주장하는 어음상의 권리자에게는 상대방은 아무런 항변을 할 수 없습니다. 따라서 돈을 빌려주는 사람의 입장에서는 차용증보다는 어음(약속어음)을 받아 두는 것이 후일의 사고에 보다 유리하게 대비할 수 있습니다.

## 6. 외상거래시 어음의 이점

【질의】 ➡ 외상거래시 일반적을 행하는 매도확인을 위한 출고확인증을
받는 것보다 약속어음을 받아두는 것이 유리한지?

**【답변】** ➡

어음은 지급 기일을 후일로 정함으로써 그 지급을 연기하는 기능
을 가집니다. 상품이나 제품의 매입자는 외상매입을 한 경우와 마찬
가지로 일정한 기간 동안 지급을 연기받게 됩니다. 그러나 매출자의
경우는 이와는 다릅니다.

예를 들어 6개월 후에 판매대금을 받기로 한 경우, 단순히 외상매
출이라면 단순히 그때까지 기다릴 수밖에 없습니다. 그러나 약속어음
을 받았다면 그 어음이 만기가 되기 전에 어음할인을 하여 자금을
융통하여 쓸 수 있습니다. 이 할인료는 할인한 날로부터 만기까지의
이자에 해당합니다. 약속어음을 받은 경우에는 만기가 되기 전에 그
어음 자체를 배서하여 다른 사람에게 양도함으로써 이용할 수 있습
니다. 즉 어음을 결제수단으로 이용할 수 있습니다.

실무에서는 받은 어음을 가지고 물건대금을 결제하는 데에 많이
이용하고 있는 실정입니다. 받았던 어음을 할인하여 쓴다는 것은 어
음 수취인의 자금사정이 좋지 못하다고 볼 수도 있습니다. 그런데 어
음을 배서양도하여 물건을 구입한다고 하더라도 불리한 경우가 있을
수 있습니다. 따라서 만기가 되기까지 어음을 보관하고 있다가 정식
으로 결제를 받는 것이 가장 좋은 일이라고 할 수 있습니다.

자가어음을 받은 경우에 어음금의 결제가 제대로 되지 않으면 소
송이 일어날 염려가 있고 또 신용이 추락하게 되므로 어음의 지급인
은 할 수 있는 이상 완전한 결제를 이행하려고 노력하게 됩니다. 그
리고 은행환어음을 받은 경우에는 지급거절이 있게 되면 발행인은

부도처분을 받게 되고, 부도처분을 받게 되면 그 후 1년간은 은행으로부터 당좌거래정지처분을 받게 됩니다.

따라서 이러한 불이익을 막기 위하여 발행인은 최대한으로 노력하게 됩니다.

결국 어음을 받게 되면 외상매출의 경우보다는 지급이 훨씬 확실합니다.

외상매출이건 어음매출이건 간에 마지막에 가서 말썽이 생길 여지를 가지고 있습니다. 그리하여 소송이 일어나는 경우도 생깁니다. 이때 외상매출을 한 사람은 그 소송에 이기기 위하여 여러가지 어려운 입증책임을 지게 됩니다.

만약 상대방이 대금을 이미 갚았다고 주장한다거나 다른 채권과 상계한다고 주장한 경우에는 그에 대한 적절한 대책을 강구하지 않으면 이길수 없는 경우도 있습니다.

그러나 어음을 받아 둔 경우에는 어음 그 자체만을 가지고 입증은 끝난 셈입니다. 어음금을 지급할 사람이 항변을 하는 경우에도 입증책임은 그 지급인에게 있고 어음소지인에게는 원칙적으로 입증할 책임이 없습니다. 결국 어음소송은 어음소지인에게 절대적으로 유리합니다. 어음소송은 대개 단독판사가 맡는 이유도 그만큼 소송이 쉽기 때문입니다.

# 7. 환어음은 어떤 경우에 이용하는가?

【질의】 ➡ 사업거래상 약속어음은 자주 이용되지만 환어음은 그렇지
못합니다. 어떤 경우에 환어음이 사용되는지?

【답변】 ➡

약속어음은 발행인이 어음상의 금액을 지급할 것을 약속하는 증권
임에 비하여 환어음은 발행인이 제3자에 대하여 어음면에 기재된 금
액을 지급하여 줄 것을 위탁하는 증권입니다. 약속어음은 그 발행시
에 어음당사자가 발행인과 수취인 2명이면 되지만, 환어음의 경우는
발행인과 수취인 이외에 지급인 3인이 필요한데, 이는 환어음은 지급
위탁증권이기 때문입니다. 따라서 환어음을 발행하는 발행인은 다른
사람으로부터 받을 채권이 있는 경우 그 사람을 지급인으로 하여 환
어음을 발행하여 거래 상대방에게 교부하는 형식을 취하게 됩니다.
다만 채권을 가지고 있다고 하더라도 거래 상대방이 발행된 환어음
을 받아들이도록 하는 절차를 필요로 하는데 이를 환어음의 인수라
고 합니다. 결국 환어음의 지급인은 일단 인수인으로 되었다가 만기
일에 비로소 지급인으로 되는 것입니다. 실거래에서 환어음의 이용이
드문 것은 바로 이와 같은 인수절차의 불편함 때문이라고 보여집니
다.

약속어음은 돈을 지급하겠다는 약속을 하려는 사람이 발행하는 어
음입니다. 이에 대하여 환어음은 돈을 지급할 사람에게 지급을 하여
달라고 위탁하는 사람이 발행하는 어음입니다. 따라서 상대방으로부
터 물품대금 등을 추심하려는 사람이 어음을 발행하는 경우 약속어
음을 이용할 수는 없고, 환어음의 형식을 취해야 합니다. 국내거래에
있어서도 돈을 받을 사람이 줄 사람을 상대로 어음을 발행하는 관례
가 생길 것으로 예상되는데, 그 경우 환어음이 이용될 것입니다. 다

만 이러한 환어음은 당사자가 두사람뿐인 경우에도 이용될 수가 있습니다. 예컨대 서울의 A가 제주도의 B로부터 100만원을 받을 것이 있다면 A는 어떤 방법으로 어음을 발행하여 돈을 추심할 수 있을까? 이 경우 A는 어음을 작성하는 발행인이 되면서 동시에 A자신을 어음의 수취인으로 합니다. 그리고 B를 지급인으로 합니다. 이렇게 하면 A가 A자신에게 100만원을 지급하여 달라고 B에게 위탁하는 환어음이 되는 것입니다. 이러한 환어음을 자기지시 환어음이라고 합니다. 특히 수출입관계어음은 대부분이 이러한 자기지시 어음입니다. 자기지시 환어음을 발행한 A는 자기의 거래은행에 추심을 위한 배서·양도를 하게 되는데, 이때 배서양도받은 거래은행은 제주도의 자기지점에 어음을 보내어 B에게 지급제시를 해서 추심한 후 다시 어음을 본점으로 보내어 A에게 전달하게 됩니다. 이때 은행은 추심 수수료를 받습니다.

## 8. 할부어음이란?

**【질의】 ➡ 할부어음이란 무엇이고 어느 경우에 이용되는가?**

**【답변】 ➡**

  할부어음이란 할부로 상품을 구입하는 측에서 그 할부금에 상당하는 액면금액의 어음(약속어음)을 할부횟수에 해당하는 장수만큼 발행하는 경우의 어음을 말합니다. 이것을 월부어음이라고도 하는데, 일반적인 어음과 다름이 없지만 어음을 여러장으로 묶어서 하나의 거래를 결제하기 위하여 사용한다는 점이 특이하다고 볼 수 있습니다. 예컨대 물품구입 시에 할부횟수가 20회이면 할부어음을 20매 발행하게 됩니다. 이와 같이 할부어음이 이용되는 것은, 1매의 어음에 할부금 합계액을 액면금액으로 하고 그 일부씩을 할부 횟수만큼 각기 다른 지급기일에 제시할 수 있도록 나누어 기재하는 이른바 분할출급의 어음이 현행 어음법 제33조 제2항에 의하여 금지되고 있어 이에 대한 변칙으로 이용되는 어음이라고 볼 수 있습니다. 따라서 할부어음은 할부 횟수에 상당하는 매수의 어음에 하나하나 기명날인 또는 서명해야만 하는 불편이 있습니다. 선진국의 경우에는 분할출급어음이 활용되고 있습니다.

  일반적으로 할부어음을 받고 물건을 판매하는 회사는 대량으로 판매거래를 하는 기업이 대부분입니다. 따라서 이 기업은 으레 은행을 지급장소로 하는 할부어음을 요구할 경우가 많습니다. 그것은 은행을 지급장소로 하는 은행환어음을 받으면 추심을 돌리기가 쉽기 때문입니다. 그런데 일반소비자로서 은행에 당좌예금을 가진 자는 거의 없을 것이므로, 이러한 사람들이 은행을 지급장소로 하여 어음을 발행할 수 있도록 하기 위하여 고안해 낸 것이 바로 이 할부어음 제니다. 이와 같은 할부어음을 이용하려면 매도인으로부터 할부 횟수 등을 기재한 할부판매증명서를 교부받은 후 이를 은행에 가지고 가서 어음계좌를 개설하고 할부 횟수분만큼의 통일어음 용지를 교부받습니다. 매수인은 이를 이용하여 매도인에게 할부어음을 발행하고 지급일에 가서 할부금을 은행에 입금하면 됩니다.

다만, 이와 같은 할부어음은 일반은행을 지급장소로 하는 어음과 비교하여 부도되는 비율이 높다는 통계가 있습니다. 이것은 할부어음의 당좌계좌는 개설하였으나 점차로 할부금 상당의 당좌예금을 예입할 수 없게 되는데 따른 결과라고 보여집니다. 그리하여 매수가 많다는 이유에서 현재 어음 교환소의 업무를 크게 압박하는 결과를 초래하고 있습니다. 매수인이 만일 할부계약을 위반하면 매도인은 계약을 해제하여 물품을 반환받고, 그 당시의 가격을 사정하여 그 사정가격과 잔액대금과의 차액을 손해보상의 형식으로 매수인에게 청구할 수 있습니다. 이 경우 매도인이 소지하고 있는 할부어음을 손해배상청구에 이용할 수 있다고 봅니다.

## 9. 당좌계좌의 개설방법

【질의】 ➡ 당좌계좌란 무엇이며 어떻게 개설되는지?

【답변】 ➡

당좌계정 약정서는 이른바 보통거래 약관의 일종으로서, 예금자는 개개의 조항을 변경할 수 없으며 모든 조항의 구속을 받습니다. 이 약정서에는 '다음의 제규정에 따라 실행과 당좌계정거래를 할 것을 승낙합니다.'라고 기재되어 있어, 이에 기명날인 또는 서명하여 은행에 제출하면 후에 이러한 규정이 있는 줄은 몰랐다라는 등의 말은 할 수 없으므로 약정서의 내용을 잘 알아 두어야 합니다.

당좌계정계약 그 자체는 수표계약을 중심으로 하고 있으며, 동시에 당좌계좌를 개설하여 그의 위임사무비용의 입금을 예약하는 것입니다. 그러나 실제로는 개설 당시에 상당한 금액의 입금을 필요로 합니다. 또 당좌예금계약은 일종의 요물계약이라 할 수 있으므로 예금하였다고 할 수 있기 위하여는 현실적으로 금전 또는 그와 동일한 가치가 있는 것을 은행에 이전한 사실이 필요합니다. 현실적인 입금에 의하여 당좌예금이 이루어지고, 입금이 당좌계정원장에 기재됨으로써 비로소 지급자금이 됩니다. 또 타은행을 통하여 현금 납입이 있을 경우 은행으로부터 입금통지를 받게 되지만 자금화의 시기는 이 입금통지의 때가 아니고 원장에 기재되는 때입니다. 또 당좌계좌의 개설시에는 수표의 발행에 사용되는 인감의 신고가 필요한데 이것은 수표의 금액을 차감 계산할 때에 은행의 대조 기준이 되며, 선의면책의 근거가 되는 중요한 절차입니다.

## 16. 당좌거래계정과 수표의 이용

> **【질의】** ➡ 계속 반복적으로 하는 현금지급의 불편함을 덜기 위하여 수표를 이용하는데 있어서 은행과의 당좌거래가 필요하다고 하는데 당좌거래계약이란 무엇인지?

**【답변】** ➡

수표를 이용하기 위해서는 은행과 당좌계정거래계약을 체결하고 당좌예금을 하여 수표대장을 받아야합니다. 수표는 지급의 도구로서 당좌계정거래계약에 의하여 당좌예금이라는 형식으로 지급자금이 제공되지 않으면 발행할 수 없습니다. 당좌계정거래계약이란 거래처(발행인)가 은행에 수표의 지급 자금을 예금(당좌예금)하고 은행은 예금 잔고의 범위내에서 거래처에서 발행한 수표의 지급을 약속하는 계약을 말합니다.

즉 당좌계정거래계약은 수표의 지급을 위탁하는 계약(수표계약)과 수표자금을 제공하는 예금계약(당좌예금계약)으로 성립됩니다. 이 가운데 수표계약이란 수표의 지급사무를 위임하는 위임계약이며, 이것이 당좌계정거래계약의 중심이 되는 계약입니다. 따라서 당좌예금은 위의 위임사무처리에 필요한 비용을 선급하기 위한 계약으로 볼 수 있습니다.

종래 당좌계정거래계약이란 상법에서 규정하고 있는 상호계산계약을 포함한다고 보았습니다. 그러나 은행의 실무에서는 한장 한장의 수표를 지급할 때마다 그 금액을 당좌예금에서 빼내어 예금잔고를 확정하고 있기 때문에 상호계산의 방법을 사용하고 있지 않습니다. 은행은 정기적으로 잔고 보고서를 거래처에 송부하지만, 이것은 단지 예금잔고를 기재한 것으로서 그 기간중의 채권·채무의 움직임을 표시한 것은 아니므로 상호계산에서 말하는 계산서에는 해당하지 않습니다. 또 당좌의 대조표도 거래처의 요구에 따라 언제든지 교부해 주어야만 하는 것으로 계산서는 아닙니다. 다라서 당좌계정거래계약에는 미리부터 선급된 예금이 그때 그때 차감 계산됨으로써 상호계산은 포함되지 않는다고 봅니다. 그런데 상호계산에 포함되어 있는 개개의 채권은 개별적으로 양도하거나 압류할 수 없으므로 당좌계정을 상호계산으로 보게 되면 당좌예금은 압류할 수 없는 것으로 됩니다. 그러나 보통예금의 경우는 압류할 수 있지만 당좌예금의 경우는 압류할 수 없다고 한다면 이상하므로, 당좌예금의 예금반환청구권도 당연히 압류될 수 있도록 이유를 붙이지 않으면 안되는 것입니다. 일반적으로 예금자의 채권자가 예금자의 당좌거래해약권에 대위하여 예금계약을 해약하면 그 결과로서 예금반환청구권을 압류할 수 있다고 봅니다.

## 11. 당좌거래에서 초과발행의 처리

【질의】 ➡ 현재의 당좌계정의 잔고는 520만원이고, 그 내역은 현금 100만원, 내일이 만기인 120만원의 약속어음 1통, 300만원짜리 수표 1통으로 되어 있을 경우, 오늘 520만원의 어음을 결제하여야 하겠기에 은행에 문의를 하였는데 은행에서는 위 어음과 수표를 담보로 하여 결제해 주겠다고 합니다. 이 경우 어음과 수표는 이후에 어떻게 처리되는가?

【답변】 ➡

발행초과란 예금자가 어음과 수표가 되돌아올 경우 예금잔고가 부족하면 부도처리되는 것이 원칙이나, 실무에서는 거래처를 간단히 부도처분함으로써 고객을 놓치고 싶지 않을 것이므로 일단 은행의 자금으로 지급하고 나서 다음에 부족금을 당좌계좌에 입급시키도록 처리하는 것을 말합니다. 이것은 본래 지급자금의 잔고를 초과하여 어음·수표를 발행하는 것을 의미하지만, 발행초과가 되어 있는지는 결국 어음이나 수표가 현실적으로 제시된 시점에서 결정되는 것이므로 발행초과라는 말은 잔고 부족의 경우에도 은행이 일단 어음·수표의 지급을 한다는 의미로 사용하고 있습니다.

일반적으로 약정서에는 발행초과시 은행측의 재량에 의하여 처리된다는 점, 발행초과인 경우에는 청구하는 대로 부족금을 입금한다는 점, 은행측이 정하는 시기·이율계산·수수방법 등에 의하여 손해액을 보상한다는 점, 발행초과 후에 당좌에 받아들인 금액은 당연히 부족금에 충당된다는 점, 부족금이 손해액의 지급이 없을 때에는 여러 가지 예금 기타의 채무와 항시 상계할 수 있다는 점 등을 규정하고 있습니다.

그러면 당좌계정에 예입되어 있는 타점권을 담보로 하여 발행초과된 경우 그 타점권은 어떻게 되는가? 본래 이러한 타점권이 당좌계좌에 예입되어 있는 관계는 일종의 추심위임의 관계에 해당하며, 실질적으로 교환추심이 끝나야 비로소 현금화됩니다. 따라서 발행초과인 경우에는 은행이 담보로 한 타점권에 붙어있는 인적항변을 그대로 승계받는다는 견해도 있습니다. 그러나 은행이 타점권 발행초과라는 서비스를 제공한 후에 항변까지도 뒤집어 쓸수는 없다는데서 발행초과의 경우 담보인 타점권은 부족금의 담보로서 양수한 것으로 한다고 하여 발행초과에 의하여 추심위임이 양도담보로 변경된 것으로 보아 인적항변은 제한된다고 봅니다.

## 12. 수표의 사고신고

**【질의】** ➡ 수표를 발행한 후 또는 자기앞수표를 발행받은 후 당해 수표를 도난등의 사고로 분실한 경우에 행하는 사고신고는?

**【답변】** ➡

당좌수표의 경우와 자기앞수표의 경우로 나누어 설명하겠습니다.

먼저 당좌수표의 경우, 당좌거래에서는 은행과 당좌거래처 사이에 수표계약과 수표의 지급위탁계약, 즉 민법상의 위탁계약이 존재하게 되고 이에 따라 은행은 수표의 지급사무를 담당할 의무를 부담하게 됩니다. 이러한 수임자로서의 은행의 의무는 거래처가 발행한 수표상의 지급위탁의 문언에 따라 현실화됩니다. 다만, 위탁계약상의 위탁자인 수표발행인은 사정에 따라서 이미 발행된 당좌수표에 대하여 지급위탁의 의사표시를 수표 외에서 취소할 수 있는데, 이것을 은행에 대한 지급정지 의뢰를 내용으로 하는 사고신고라고 합니다. 수표법에서는 수표의 지급위탁의 취소는 제시기간 경과후에만 효력을 발생한다고 규정하여 그 효력에 제한을 하고 있습니다. 이와 같은 지급위탁취소에 대한 법적 제한은 이를 자유로이 허용하면 수표소지인의 이익을 할하게 되고 지급증권으로서의 수표의 기능이 저해되는 것을 방지하려는데 그 취지가 있습니다. 이러한 수표법상의 규정에 따라 은행은 지급위탁소가 있어도 제시기간 내에서는 그 수표를 발행인의 계산으로 지급할 수 있게 됩니다. 그러나 실제에 있어서는 은행은 위의 제한에 불구하고 발행인으로부터 사고신고가 있는 경우에는 제시기간 내에서도 지급을 거절하는 것이 거래관행입니다. 이것은 당좌거래처와의 위탁관계를 존중하고 거래처 보호를 고려하지 않을 수 없기 때문입니다.

다만, 선의의 수표 소지인이 제시기간 내에 당좌수표를 지급은행에 지급제시한 경우, 은행이 발행인으로부터 사고신고서의 접수가 있었음을 이유로 지급거절, 즉 부도를 내면 수표소지인은 자기의 선의취득을 주장하여 은행을 상대로 지급청구를 할 수 있는 권리가 있는지에 대하여 논의가 있습니다. 이에 대한 결론은 당좌예금 계약의 법적 성질을 어떻게 보느냐에 따라 달라집니다. 대법원은 이를 제3자를 위한 계약으로 보지 않고 당사자간(은행과 당좌거래처)에만 효력이 있는 위탁계약으로 보는 입장을 취하고 있습니다.

이에 따라 아무리 선의의 수표소지인이라 하더라도 수표금 지급청구를 지급은행에 할 수 없고, 따라서 재판상으로도 은행을 상대로 다툴 수는 없습니다.

자기앞수표의 경우에는 자기앞수표의 발행의뢰인이 당해수표의 분실·도난을 이유로 발행은행에 대하여 행한 사고신고의 법적성질은 당좌수표의 그것과는 크게 다릅니다. 즉 당좌수표의 경우, 발행인(당좌거래처)과 지급은행간에는 지급위탁을 내용으로 하는 위임관계가 성립하고, 동시에 수표법상으로도 이러한 사고신고는 당해수표의 지급위탁취소의 효력이 인정됩니다. 이에 따라 은행은 당좌수표 발행인으로부터 사고신고를 접수한 이상 지급제시인의 선의·악의를 불문하고 고객의 의사에 따라 지급거절을 할 수 있고 이에 대한 지급책임이 면제됩니다.

한편 자기앞수표의 경우, 은행은 수표의 지급인과 발행인의 지위를 동시에 가지므로 수표의 발행의뢰인과 은행간에는 위임관계가 성립하지 않고 수표의 매매관계가 성립하게 됩니다. 따라서 자기앞수표에 대한 사고신고는 수표의 지급위탁취소의 효력이 인정되지 않습니다. 다만 이러한 사고신고는 발행은행에 대하여 당좌수표를 지급함에 있어서 지급인으로서의 주의의무에 더욱 신중을 기하여 달라는 경고적 의미밖에 없다는 점에 유의하여야 합니다.

자기앞수표의 발행의뢰인이 당해 수표를 도난 또는 분실한 경우 무엇보다도 먼저 해야 할 일은 발행은행에 대하여 사고신고하는 것입니다. 일반적으로 사고신고는 은행의 소정양식을 사용하여 발행은행에 제출하면 됩니다. 이 사고신고의 법적 성질은 당좌수표의 사고신고와는 크게 다릅니다. 즉 당좌수표의 경우 발행인과 지급은행간에는 수표의 지급위탁을 내용으로 하는 위임관계가 성립하고 있고, 또한 수표법상에서도 당좌수표의 산고신고는 지급위탁취소의 법률적 효력이 인정되고 있습니다. 그러나 자기압수표의 경우에는 앞에서 설명한 바와 같이 은행이 수표의 지급인과 발행인의 지위를 겸유하고 있으며, 따라서 수표의 발행의뢰인과 발행은행간에는 위임관계가 성립되지 않고, 당해 수표의 발행교부 행위는 수표의 매매로 보는 설이 유력합니다. 이에 따라 자기앞수표의 사고신고는 수표의 지급위탁취소의 효력이 인정되지 않습니다. 이러한 행위는 발행은행에 대하여 당해수표를 지급함에 있어서 수표 소지인의 선의취득 여부의 파악에 신중을 기하도록 촉구하는 의미밖에 가지지 않습니다. 따라서 선의 취득자인 제시인이 제시기간 내에 지급제시를 하면 은행은 지급거절을 할 수 없습니다.

## 13. 발행일·수취인이 기재되지 않은 어음은 당좌거래에서 어떻게 다루어지는가?

【질의】 ➡ 확정일출급의 약속어음은 발행일이 필요없다고 알고서 백지로 어음을 위임하였는데, 이 경우 지급을 받을 수 있는지?

【답변】 ➡

확정일출급어음의 발행일은 어음상의 권리내용이나 의무자를 결정하기 위하여 필요한 것은 아니며, 또 실제적으로 무엇 때문에 요건으로 되어 있는가도 명확하지 않습니다. 판례도 경우에 따라 발행일을 어음요건으로 보기도 하고 그렇지 않기도 하여 통일되어 있지 않습니다. 실무에서는 일반적으로 장기의 어음결제기간을 감추기 위하여 확정일출급어음에서도 발행일을 기재하지 않는 것이 보통입니다.

한편 수취인의 기재도 수취인이 백지인 경우에는 소지인이 형식적인 자격자이므로 기재의 실익은 없다고 할 것입니다. 약정서에서도 수표 또는 확정일출급어음으로서 발행일 백지의 경우와 수취인 백지어음의 경우에는 그때마다 연락하는 일 없이 지급할 수 있다는 내용을 규정하고 있습니다. 이것은 약정서에서 "백지를 보충할 의무는 없습니다."라고 규정하고 있는 것과 관련하여 이와 같은 백지어음 및 수표는 그대로 지급하고 있는 실무에 따른 것이라고 봅니다.

## 14. 할인어음의 회수방법

【질의】 ➡ 은행이 할인어음을 소지하고 있던 중 부도나 나면 은행은 소구권을 행사할 것인가 아니면 할인 의뢰인에게 환매청구권을 행사하는가?

【답변】 ➡

어음의 할인이란 어음 소지인이 만기 전에 이것을 현금화하는 방법의 하나입니다. 이것은 어음 소지인이 은행 기타의 금융기관에 그 어음을 배서하는 방법으로 양도하고 어음 금액으로부터 만기까지의 이자·기타의 비용 즉, 할인료를 공제한 금액을 취득하는 거래입니다. 어음 할인의 법적 성질을 어음의 매매로 본다면, 은행은 할인어음의 부도시 소구권을 행사할 수 있을 뿐입니다. 그래서 은행은 어음 거래약정서에 어음의 만기전이라도 할인 의뢰인의 신용상태가 악화되었다거나 할인 의뢰인의 예금을 제3자가 압류한 경우에도 소용대금을 확실하게 회수할 수 있도록 어음의 환매청구권을 약정하고 있습니다. 이 약정서에 따르면 환매청구권은 부도가 된 할인어음에 대해서만 발생하는 것이 아니라 여러 장의 할인어음 가운데 한 장이라도 부도가 난 경우에 할인 의뢰인에게 신용이 없는 때에는 기일이 도래하지 않은 다른 할인어음에 대해서도 발생합니다. 은행에서 이와 같은 약정을 하는 이유는 할인 의뢰인의 채권자가 할인 의뢰인의 은행예금을 압류하였을 경우, 그 후에 은행이 환매청구권과 예금 채무를 상계하였다고 하여도 환매청구권이 압류 후에 발생한 경우에는 상계를 가지고 압류 채권자에게 대항할 수 없기 때문입니다. 이것은 민법 제498조에서 "지급을 금지하는 명령을 받은 제3채무자는 그 후에 취득한 채권에 의한 상계로 그 명령을 신청한 채권자에게 대항하지 못한다."고 한 규정에 따른 것입니다.

한편 은행과의 약정에 의하여 은행이 환매하라고 청구하였을 경우 환매의무가 발생하는 경우도 있습니다. 이러한 경우에는 어음의 제시·환수는 필요하지 않습니다. 그러나 환매 대금의 지급과 어음의 반환과는 동시이행의 관계에 있습니다. 또한 환매청구권을 가지고 예금채권과 상계할 때에는 환매청구권에 어음의 반환이라고 하는 동시이행의 항변권이 부수하므로 어음을 교부해 놓지 않으면 상계의 효력은 발생하지 않습니다. 어음거래약정서에서는 이런 경우 어음의 반환을 필요로 하지 않는다고 규정하고 있으나, 이는 동시이행의 항변권을 특약에 의하여 포기시킨 것으로 보아 유효하다고 해석하고 있습니다. 그리고 상계를 하는 경우 상계를 명확히 하기 위하여는 배달증명부 내용증명 우편에 의하는 것이 안전하고, 예금 채권이 압류되어 전부된 경우에는 압류채권자에 대하여 상계의 의사 표시를 해야 합니다.

이상에서와 같이 소구권과 환매청구권은 어음상의 권리와 어음 외의 권리인 점에서 다릅니다. 또 그 행사에서도 전술한 것 이외에 다음과 같은점에서 차이가 있습니다. 즉 소구권의 경우 이자는 법정이율이 적용되고, 원칙적으로 지급제시 또는 지급거절증서의 작성을 요하며 이것이 그 행사의 요건이 되는데 반하여 환매청구권의 경우에는 지급거절증서의 작성을 하지 않고서 그 권리의 행사가 가능하다는 점입니다.

다만 이 두 권리의 행사는 경합관계에 있는 것은 아니어서 그 각각의 요건이 충족되면 어음 소지인인 은행은 이 양 권리를 병렬적으로 행사할 수 있습니다. 따라서 은행이 상업어음을 할인하였을 경우에는 어음의 부도 등의 경우에 일차적으로 할인 의뢰인에게 환매청구권을 행사하겠지만, 할인의뢰인의 무능력 등 변제능력이 상실되는 경우에 대비하여 기타 배서인 또는 어음보증인에게 소구권을 2차적으로 행사하여 채권보전을 할 수 있게 됩니다.

## 15. 수표의 발행

> **【질의】** ➡ 소규모의 상점을 경여하고 있는데 물품구입 등에 있어서 수표의사용이 훨씬 편리하다고 해서 수표를 발행하려고 하는데 어떻게 해야 하는지?

**【답변】** ➡

수표는 발행인이 지급인 앞으로 수취인에게 일정금액을 지급해 주기를 위탁하여 발행하는 것입니다. 지급을 위탁하는 점은 환어음과 같지만 환어음과는 달리 지급을 위탁받는 것은 반드시 은행 등의 금융기관이며, 그 지급자금도 그 금융기관에 예치되어 있음을 전제로 하고 있습니다. 수표는 지급의 수단으로서 이용됩니다. 어음은 신용거래의 도구로 사용되어 후일 기일이 도래하면 결제되는 것이지만, 수표는 금융기관에 자기의 자금을 가지고 있을 것을 필요로 합니다. 따라서 그 전제로서 은행과의 사이에 당좌계정거래계약을 맺고 있어야 합니다. 수표는 그 은행에서 교부한 수표용지를 사용하여 발행합니다. 이 점이 어음은 누구나가 발행할 수 있는 것과 다른 점입니다.

수표를 발행하려면 먼저 은행에 본인이 처분할 수 있는 자금을 가지고 있을 것, 그리고 은행과의 사이에 그 자금을 수표로 처분하여도 된다고 하는 약속(계약)이 되어 있을 것을 요합니다. 자금은 보통의 경우 당좌예금으로 처리되며, 은행에 당좌예금을 갖는 것을 당좌를 개설한다고 합니다. 그리고 당좌를 개설하는 계약을 당좌예금계약, 당좌예금을 수표로 처분할 수 있도록 규정한 계약을 수표계약이라고 합니다. 당좌를 개설하는 것은 은행이 거래자의 현금출납 업무를 대행하는 것으로서, 은행과 밀접한 관계를 맺는 것을 의미하고 거래자의 신용의 척도가 되지만, 은행측에서는 수표유통질서의 확립 등을 위하여 거래자를 엄선하므로 종래 보통예금 등으로 거래관계가 있다던가 소개자가 있는 은행이 효과적입니다. 당좌예금 거래도 예금계약의 일종이므로 원칙적으로 은행과의 일정한 계약만 하면 누구나 할 수 있습니다. 그러나 근대 경제사회에 있어서 유통증권으로서의 수표는 중요하고도 광범위한 지급·결제수단으로서 이용되고 있어, 만약 부실한 수표가 많이 발행되어 부도수표가 다수 발생한다면 유통질서에는 큰 혼란이 일어날 뿐만 아니라 경제사회의 발전도 그만큼 장애를 받게됩니다. 이에 따라 은행으로서는 신용있는 거래처에만 당좌수표를 허용하도록 하고 있으며, 따라서 은행과 당좌거래를 개시하려면 까다로운 조건을 갖추고 여러 가지 절차도 거쳐야 합니다.

## 16. 자기앞수표와 지급보증의 비교

【질의】 ➡ 자기앞수표란 어떤 수표이고, 또 그것을 발행하려면 어떤 절차를 필요로 하는지?

【답변】 ➡

　수표는 결코 신용의 수단이 아닙니다. 지급은행은 수표의 인수를 할 수 없으며, 그 배서는 무효가 되고, 또 보증도 할 수 없습니다. 이 것은 모두 수표가 신용의 수단으로 쓰이는 것을 방지하는 취지에서 규정된 것입니다. 그러나 실제로 수표를 지급의 수단으로 인용함에 있어서 그 수표가 틀림없이 지급된다는 것을 보증하는 제도의 필요 성을 느끼는 경우가 있습니다. 이러한 필요에서 지급보증 또는 이에 갈음하는 지급 은행의 자기앞 수표의 제도가 마련되어 있는 것입니다.

　현행의 수표법이 제정되기 전부터 상관습으로서 지급 은행이 수표 에 '지급보증'이라는 기재를 하는 수가 있었습니다. 당시 판례는 법에 규정이 없는 한 이런 문구를 써도 수표법상의 효력은 발생하지 않으 나, 지급보증을 한 은행은 수표밖에서 수표소지인에 대하여 수표금액 의 지급을 할 의무가 있다고 판시하고 있었습니다. 이러한 관행하에 서 수표법 통일조약이 탄생하였는데, 이 조약에서는 각 체약국에서 지급보증의 제도를 설정할 것을 인정하고 있습니다. 우리나라의 수표 법도 이에 따라서 종래의 관습을 고려하여 지급 보증의 규정을 설명 한 것입니다. 다만 이 조약은 무조건 지급 보증제도의 채용을 각 체 약국에 인정한 것이 아니고, 인수로서의 효력을 부여해서는 안된다는 조건을 붙이고 있습니다. 이에 따라 수표법에서는 지급 보증인은 수 표가 지급제시 기간 내에 지급 제시되고, 지급거절을 거절증서 또는 지급은행이 어음교환소에 의한 선언에 의하여 증명하는 경우에만 지

급의무를 진다고 규정하고 있습니다. 즉 수표의 지급보증을 한 지급
은행은 마치 수표의 발행인과 같은 책임을 지게 되는 것입니다. 여
기에 은행이 지급 보증을 자기앞 수표의 발행으로 바꿀 수 있는 이
유가 있습니다.

자기앞 수표는 크게 은행이 자기 자신을 지급인으로 하여 발행하
는 수표를 말합니다. 그 중 은행의 어떤 점포가 자신앞으로(自店) 발
행하는 것을 보통자기앞수표 또는 담보수표라 하고, 같은 은행의 다
른 점포앞으로 발행하는 것을 송금수표라 합니다.

증답용으로 사용하는 쿠폰(금액이 미리 인쇄되어 있다고 하여 완
액수표라고도 함)도 자기앞 수표인데, 이것이 같은 은행이면 어느점
포(지점)에서든지 지급하도록 되어 있습니다.

수표법 제6조 제3항에 따르면, 수표는 발행인이 자기 앞으로 이를
발행할 수 있습니다. 그런데 최근에는 실제상 지급 보증이 실시되는
일은 전혀 볼 수 없습니다. 은행은 당좌계정약정서에 의하여 지급보
증을 청구받은 경우에는 이에 갈음하여 자기앞 수표를 교부하도록
되어 있습니다. 이와 같이 지급보증 대신에 자기앞 수표가 사용되게
된 이유는 다음과 같습니다. 즉 은행은 지급보증을 한 경우에는 이에
의하여 실제로 지급을 할 때까지는 수표 금액에 상당하는 금액을 당
좌예금 계정으로부터 인출할 수가 없습니다. 그러나 이렇게 하면 막
상 현실로 지급하지 않으면 안되게 된 때에 발행인에게는 지급자금
이 없어 은행이 자기 자금으로 지급하지 않으면 안 될 위험을 부담
하게 되는 처지에 놓이게 됩니다. 그래서 은행은 지급 보증을 할 때
에 수표금액 상당액을 고객의 당좌예금 계정에서 인출하여 '지급보증
계좌'에 대체함으로써 이러한 위험에 대처하게 되는 것입니다.

그러나 이와 같은 대처에도 불구하고 만일 지급 보증 후부터 지급
까지 사이에 예금자가 파산한 경우에는, 위의 지급 보증계좌에 대체
되어 있는 금액이 파산재단을 구성하든가 또는 예금자의 채권자에

의한 압류의 대상이 되는가에 대한 문제가 생길 가능성이 있습니다. 그래서 은행으로서는 이러한 시끄러운 일의 발생을 피하기 위하여 지급 보증서에 갈음해서 자기앞수표를 발행하고 있는 것입니다. 이렇게 되면 수표발행때에 그 상당액을 당좌예금에서 완전히 공제할 수가 있게 됩니다. 더욱이 전술한 바와 같이 지급보증에 의한 채무나 수표의 발행에 의한 채무나 모두 그 내용에 있어서는 같으므로 이왕이면 자기앞 수표를 발행하는 편이 좋을 것입니다. 또 지급보증은 고객이 발행한 수표에 대해서 하는 것이므로 변조 등의 위험이 크지만, 자기앞 수표라면 은행이 그러한 위험에 대해서 만전의 조처를 강구할 수 있다는 점도 자기앞 수표를 이용하는 이유입니다.

자기앞 수표에는 어떤 채무가 표시되어 있는가?

거기에는 발행인인 은행의 소구의무가 표시되어 있습니다. 물론 자기앞수표를 발행한 은행은 자기 자신이 지급인으로 되어 있으므로 지급제시가 된 때에는 수표의 지급인으로서 지급하는 것입니다. 만일 은행이 지급을 거절하는 일이 있는 경우에는, 소지인은 발행인인 은행에 대해서 소구권을 행사하게 됩니다. 따라서 은행은 법률적으로 만일 수표의 지급을 거절하면 반드시 소구의무의 이행을 강요받고, 결국은 지급하지 않으면 안되므로 처음부터 수표의 지급을 거절할 수도 없는 것입니다. 다만, 지급제시기간 내에 제시가 없으면 위의 소구의무는 소멸되며, 대신 그 은행에 대한 이득상환청구권이 발생합니다. 제시기간 경과 후에도 은행이 자기앞 수표의 지급을 거절하지 않는 것은 이를 거절해도 결국 이득상환청구권이 행사되기 때문입니다.

이상이 은행의 자기앞 수표가 현금과 같은 정도의 확실성을 가지고 있는 이유입니다.

은행의 자기앞 수표의 경우 보통의 수표와는 달리 지급위탁의 취소는 인정되지 않습니다. 비록 자기앞수표의 발행을 의뢰한 고객이 은행에 대하여 그 수표의 지급을 하지 말라고 하여도 은행은 이를 받아 들일 필요가 없는 것입니다. 이 경우, 고객의 부탁은 그 수표에 도난 등의 사고가 있었으나 지급에 주의해 달라는 사고신고의 의미 밖에는 가지지 않습니다. 은행이 고객의 의뢰에 따라서 자기앞 수표를 발행하는 행위는 수표의 매매와 유사한 관계이기 때문입니다. 즉 고객이 자기의 당좌예금을 인출해서 은행의 자기앞수표를 사들인 것과 같은 결과입니다. 결국 자기앞 수표에는 지급위탁의 취소라는 것이 없으므로 자기앞 수표란 것은 현금과 거의 같다는 사실을 잘 알아 두어야 할 필요가 있습니다. 따라서 이것을 분실한 경우에는 선의취득이 생길 가능성이 크며, 선의취득자가 청구하면 은행은 지급하지 않을 수 없으므로, 이 경우는 은행에 대해서 지급위탁의 취소를 해도 그 지급을 중지할 수 없다는 것을 유의하지 않으면 안됩니다.

그러나 실제에 있어서는 자기앞 수표의 사고신고서를 접수한 은행은 지급을 하지 않고 있는데 전술한 바와 같이, 자기앞 수표의 경우 은행 자신이 채무자이기 때문에 은행이 지급을 거절하면 소지인이 선의취득자인 경우는 반드시 은행을 상대로 해서 소송을 제기할 것이 예상됩니다. 이 경우 은행이 패소하는 것은 당연합니다. 다만 이 경우의 비용은 신고인에게 소구할 수 있도록 약정에서 규정하고 있습니다.

요컨대 신고인은 은행의 거래처이므로 이 거래처에 대한 영업 정책상의 배려와 자기앞 수표의 법적 성질을 어떻게 조화시키느냐 하는 것이 문제입니다. 그렇기 때문에 은행은 자기앞수표의 법적 성질을 충분히 이해하여 고객에게 이를 납득시켜야 합니다. 일단 발행받은 자기앞수표가 필요없게 된 때에는 이를 발행 은행에 돌려 주고 그 상당상 금액을 받을 수가 있습니다. 송금수표의 경우에 있어서 이 관행을 특히 퇴결이라고 합니다. 이와 같이 자기앞수표를 회수하고 발행의뢰인인 고객에게 그 자금을 환급하는 것이 법률적으로 어떤 것이 되느냐 하는 점을 설명해보겠습니다. 그 자기앞수표가 송금수표가 아닌 이른바 보증수표로서 소지인출급식인 경우는 은행이 바로 수표의 소지인에게 지급하는 것으로 보면 됩니다. 이 경우 비록 소지인이 무권리자라 하더라도 은행에 악의·중과실이 없는 이상 은행은 면책됩니다. 다만 곤란한 것은 소지인출급식 수표 이외의 자기앞수표로서 제3자 앞으로 된 기명식의 경우입니다. 이 경우에도 지급해야 한다고 보는 것이 이론적으로는 가능합니다. 자기앞수표의 발행을 매매와 비슷한 관계로 보면 발행의뢰인은 그 수표의 최초의 권리자가 되기 때문입니다. 비록 수표에는 발행의뢰인 이외의 제3자의 이름이 쓰여 있어도 그것은 두 번째로 권리자가 될 것이 예정되어 있는 사람의 이름이므로, 우선발행의뢰인이 최초의 실질적 권리자임에는 틀림이 없습니다. 따라서 실질적 권리자라면 권리행사를 할 수 있는데, 수표의 명의가 타인으로 되어 있으면 일은 그리 간단하지가 않으며, 실질적 권리의 증명이 필요합니다. 지급 은행으로서도 이 점을 확인한 뒤에 지급하지 않으면 위험합니다. 송금수표의 경우에는 퇴결의뢰서상의 명의와 인감이 당초에 은행에 제출한 송금수표발행의뢰서의 명의 및 인감과 동일한가를 대조함으로써 간단히 확인할 수 있으나, 보증수표나 발행의뢰서에 인감이 찍히지 않았던 송금수표의 경우에는 주민등록증의 확인, 보증인의 입회 등의 방법에 의해서만 할 경우도 있을 것입니다.

다만, 퇴결 또는 환급 의뢰인이 무권리자인 경우는, 그 사람이 본래의 명의자에게 수표를 양도하고 그것을 무권한으로 다시 가져왔다는 극히 드문 경우일 것이므로, 실제상은 그다지 큰 문제가 되지 않을 것으로 봅니다.

자기앞수표의 발행의뢰인에 대한 퇴결의 법적 성질에 대해서는 매매계약의 합의해제라든가 재매매 등 여러 가지로 해석되는데, 퇴결 또는 환급의뢰인이 무권리자인 경우에는 어떤 이론을 적용해도 은행이 절대로 안전하다고는 할 수 없다는 점을 주의해야만 합니다. 따라서 실제에 있어서는 송금수표가 아닌 보통의 자기앞수표, 즉 보증수표의 경우는 소지인출급식뿐만 아니라 기명식도 피기명인의 배서가 된 수표제시를 받고 지급하고 있습니다. 이렇게 하면 은행은 배서인의 기명날인 또는 서명을 조사할 의무는 없다는 법규정(수표법 제35조)에 따라 악의·중과실의 경우를 제외하고는 수표소지인 또는 배서인의 확인에 있어서 발행의뢰인에 대한 퇴결처럼 신경을 쓰지 않더라도 면책이 됩니다.

## 17. 자기앞 환어음이란?

**【질의】 ➡** 환어음 가운데 자기앞 환어음이란 무엇이고, 이것은 자기앞 수표와는 어떻게 다른가?

**【답변】 ➡**

환어음은 발행인·지급인·수취인의 세 당사자가 따로따로 존재하는 어음입니다. 당사자가 두 사람만이 있는 경우에는 약속어음이 이용됩니다. 돈을 지급할 사람이 발행인이 되고 돈을 받을 사람을 수취인으로 하여 언제까지 그 돈을 지급하겠다는 것을 약속하는 증권을 약속어음이라 하는데(지급약속증권), 이와 같이 약속어음을 발행하여야 할 사람이 약속어음의 형식을 취하지 않고 환어음의 형식을 취하여 어음을 발행할 수도 있습니다. 이러한 경우에는 발행인이 지급인을 겸하게 됩니다. 이를 자기앞 환어음이라고 합니다.

이러한 자기앞 환어음을 법률적으로 정의하면, 발행인이 자기를 지급인으로 기재한 환어음이라고 하게 됩니다. 이에 대하여 자기앞수표는 발행인이 자기를 지급인으로 기재한 수표를 말합니다.

이러한 자기앞 환어음은 발행인이 멀리 떨어져 있는 자기의 본점 또는 지점을 지급인으로 지정하여 어음을 발행하는 경우에 많이 이용됩니다. 자기앞수표는 일명 보증수표(보수)라고 하는 것으로서 그 성질은 수표입니다. 자기앞 환어음은 그것이 발행인 자신에 의한 인수가 되어 있는 경우라면 법률상으로는 환어음이지만, 경제상으로는 약속어음과 같은 것으로 볼 수 있습니다. 인수가 되지 않은 자기앞 환어음은 아직 완성하지 못한 상태의 어음이므로 어음을 수취하는 자는 이 인수여부를 확인해야만 합니다.

## 18. 자기지시 환어음과 자기지시 수표



**【답변】 ➡**

　　자기지시 환어음이라 함은 발행인이 자기를 수취인으로 기재한 어음을 말합니다. 당사자가 두 사람인 경우에 발행되는 환어음이라는 점에서는 자기앞 환어음과 비슷하지만, 이것들 사이에는 많은 차이가 있습니다. 즉 자기앞 환어음인 경우에는 돈을 지급할 사람이 발행하는 환어음임에 대하여 자기지시 환어음의 경우에는 돈을 받을 사람이 발행하는 환어음이므로 서로 반대의 면을 보여주는 것입니다. 이것은 발행인이 자기를 수취인으로 하여 환어음을 발행하여 그것을 배서양도함으로써 어음 할인을 구하려는 경우에 많이 이용됩니다. 그리고 발행인이 지급인으로부터 일단 인수를 받은 후에 그것을 유통시키려고 하는 경우에도 이용됩니다.

　　이에 대하여 자기지시 수표라 함은 발행인이 자기를 수취인으로 기재한 수표를 말합니다. 이것은 주로 발행인 자신이 예금을 찾기 위하여 많이 이용하는 수표입니다.

## 19. 백지어음의 개념

**【질의】 ➡ 백지어음은 무엇이며 어떤 경우에 이용되는지?**

**【답변】 ➡**

　백지어음이란 어음 요건이 결여되어 있는 어음을 말합니다. 그러나 형식상 무효인 어음과는 명백히 다릅니다. 백지어음은 어음 발행후에 보충권에 관한 합의가 있는 경우를 말합니다. 백지어음의 존재 필요성은 실제 거래사회에서 절대적인 것입니다. 법 규정에 따르면 법에서 정하고 있는 일정한 요건을 기재하지 않으면 어음으로서의 효력을 가지지 못합니다. 이 규정대로라면 아직 요건의 일부 또는 전부가 정하여져 있지 않을 때에는 어음은 발행할 수 없는 것이 됩니다. 백지어음은 예컨대, 발행인에 대한 수취인의 채권액은 아직 모르지만 어음에 의한 보증은 즉시 하고자 하는 경우 또는 은행이 고객에게 필요에 따라서 이용할 수 있도록 하고서 나중에 어음 금액과 같은 일정한 사항을 보충하도록 위임하면서 즉시 인수를 해주고자 하는 경우에 이용됩니다. 즉 결여되어 있는 요건은 장차 보충될 것으로 예정되어 있는 어음을 백지어음이라 하고, 어음과 같이 유통시켰다가 그 과정에서 보충할 권한을 가지는 소지인에 의하여 보충되면 그것에 의하여 어음으로서 완성되는 경우를 말합니다. 이는 어음행위의 종류에 따라 백지발행·백지배서 등이 있고, 백지로 되어 있는 어음 요건을 기준으로 하여 그의 전부 또는 일부가 백지인 어음으로 나눌 수 있습니다. 이와 같은 백지어음의 경우 백지로 둔 부분을 뒤에 보충시킬 예정으로 어음에 기명날인 또는 서명하여 교부한 자는 자기와 약속한 것과 다른 보충이 기재되었다 하더라도 선의이고 중과실이 없는 취득자에 대하여 보충되어진 그대로의 책임을 지게 됩니다.

## 20. 백지어음의 보충

**【질의】 ➡ 백지어음을 보충하는 경우 그 시기는 언제까지인가?**

**【답변】 ➡**

백지어음은 그 불완전성이 의도적이고 장래에 그 증권을 소지하는 자의 보충에 의하여 불완전성이 제거되는 어음이라는 것은 전술한 바와 같습니다. 그리고 어음의 백지 부분이 후일 보충되는 경우 어음 증명날인자가 책임을 지는 이유는 어음 증명날인자가 후일 소지인으로 하여금 백지를 보충시킬 의사로서 그 어음을 발행한데 따른 것입니다. 이와 같이 백지의 부분을 기명날인자 또는 서명자의 의사에 따라서 보충할 수 있는 권한을 보충권이라 합니다. 그리고 이 보충권은 백지어음의 기명날인자 또는 서명자와 그 수취인간의 합의에 의하여 수여되는 것인데, 이 합의를 보충권수여계약이라 합니다. 이 계약에 의하여 성립한 보충권은 먼저 수취인에게 주어지는 것이지만 동시에 그것은 백지어음에 표창되어 다음 다음으로 이전합니다. 따라서 백지어음을 정당하게 취득한 자는 그 보충권을 취득한 것이 되므로 이 권한을 가지고 백지를 보충하기만 하면 어음기명날인자 또는 서명자에게 어음금의 청구를 할 수 있습니다. 즉, 기명날인자 또는 서명자는 백지어음을 발행한 이상, 백지가 보충되어 어음금의 청구를 받게 되면 그것을 지급하지 않으면 안된다는 채무를 부담하게 됩니다. 말하자면 소지인에 의한 백지보충을 조건으로 한 정지조건부의 채무를 부담하는 것이 됩니다. 한편 백지어음의 수취인 혹은 그 후의 소지인은 언제라도 백지를 보충함으로써 어음채무를 성립시키고, 백지어음 기명날인자 또는 서명자에게 어음금의 청구를 할 수 있는 권리를 가집니다. 이 보충을 하기 위하여 어음 소지인은 기명날인자 또는 서명자의 승낙을 받을 필요는 없으며, 소지인이 일방적으로 이를 할 수 있습니다. 이와 같은 성질의 권리를 일반적으로 형성권이라고 합니다.

이 보충권은 앞에서 말한 바와 같이, 보충권 수여계약에 의하여 주어집니다. 백지어음의 발행인이 이 권리를 일단 유효하게 수여한 이상, 그 후에 발행인이 사망할지라도 이 권한을 수여받은자 또는 그 자로부터 그 권한을 양수한 자가 가지고 있는 권리는 상실되지 않습니다. 발행인의 사망 후라도 소지인은 백지를 보충하여 발행인의 상속인에 대하여 어음금의 청구를 할 수 있습니다. 마찬가지로 발행인이 그 후 금치산선고 혹은 한정치산선고를 받아서 무능력자가 되었다고 할지라도 그 이전에 발행한 백지어음의 효력에는 아무런 영향이 없습니다. 그 백지어음이 보충된 다음 지급제시되면 발행인은 무능력자가 되어 있다고 하더라도 어음금의 지급을 거절할 수 없습니다.

대리권이나 대표권의 경우에도 이와 동일합니다. 즉 회사의 대표이사가 회사를 대표하여 백지어음을 발행하고, 그 후 대표이사의 지위에서 물러난 후 보충이 되었다 하더라도 그것에 의하여 어음채무를 부담하는 자는 회사임에는 변함이 없습니다.

한편 백지어음의 소지인은 일방적으로 백지를 보충하여 어음 채무자에게 청구할 수 있지만, 언제까지나 제한없이 그렇게 할 수 있는 것은 아닙니다.

## 21. 백지어음 보충권의 남용과 그 책임

【질의】 ➡ 백지어음의 보충은 어느 한도에서 가능하며, 만일 보충권을 남용한 경우에는 어떠한 책임을 지는가?

【답변】 ➡

백지어음이란 후에 어음요건의 전부 또는 일부를 취득자에게 보충시킬 의사로 백지로 기명날인 또는 서명하고 융통시킨 어음을 말합니다. 어음은 유통증권이므로 처음부터 어음에 기재하여야 할 사항을 법에서 정하고 있는데 이를 결한 경우에는 그 어음은 무효로 보고 있습니다. 이 경우의 어음은 어음 요건의 흠결을 이유로 한 불완전한 어음으로서 무효가 됩니다. 이를 형식상 무효인 어음이라고 합니다. 이에 반하여 백지어음은 요건은 결하고 있지만 흠결된 요건을 취득자에게 보충시킬 의사로 기명날인 또는 서명한 것이므로 불완전하지만 무효로는 되지 않습니다. 따라서 후에 보충이 되면 기명날인자 또는 서명자는 그 내용에 따른 어음상의 책임을 부담하게 됩니다. 다만, 형식상 무효인 어음과 백지어음은 어음면상으로는 구별되지 않습니다. 이들의 구별은 결국 보충권 수여의 유무에 의해서 결정됩니다. 따라서 어음 용지를 사용한 경우에는 특별한 사정에 관한 증명이 없는 한 보충권의 수여가 있었다고 추정됩니다.

백지어음을 보충하는 경우 취득자 임의의 보충은 허용되지 않습니다. 보충권의 내용은 보충권수여계약에 따라 결정되지만, 명시적으로 되어 있지 않을 때에는 당사자간의 원인관계 및 어음 거래상의 관습을 고려하여 기명날인자 또는 서명자가 가지고 있으리라는 의사를 확정하고 그 범위내에서의 보충만이 허용됩니다. 다만, 주어진 보충권의 범위를 지키지 않고 보충한 경우의 보충자, 부당보충이 되었다는 사실을 알고 어음을 취득한 자 및 부당보충을 알지 못하였다고 하더라도 알지 못하였다는 사유에 관하여 중대한 과실이 있는 자에 대하여는 백지어음의 기명날인자 또는 서명자는 부당보충에 대항할 수 있지만 그 밖의 자에 대하여는 대항할 수 없습니다. 다만 미보충의 백지어음을 일정한 범위의 보충권이 부여된 것이라고 오신하고 취득한 제3자에 대해서는 그 오신에 중과실이 없는 이상 어음법 제10조에 의한 보호를 받습니다. 그리고 백지어음의 기명날인자 또는 서명자에게 소지인에 대하여 미리 행한 보충의 약정에 반하는 것을 그가 알고 있었다는 사실 또는 알지 못한 것에 중과실이 있었다는 사실에 대한 입증책임이 있습니다.

## 22. 발행일·수취인 등의 백지어음 보충

> **【질의】 ➡ 발행일 · 수취인 등이 백지인 어음을 수취하여 이를 보충하려고 할때 주의할 점은?**

**【답변】 ➡**

백지어음의 보충권은 백지어음 그 자체에서 화체되어 있으므로 백지어음을 보충할 때는 먼저 백지어음의 권면의 기재를 충분히 검토할 필요가 있습니다.

다음에 백지어음을 보충하는데는 어음 수여의 당사자 사이에 어떤 특별한 약속이 있으면 이를 지켜야 하므로, 백지어음의 수수에 있어서 어떤 결정이 있었는지 또는 그 결정에 위반되지 않도록 하기 위해서 어떠한 기재를 해야 하는지 등을 검토해야 합니다. 백지어음의 보충권이 인정되는 근거에 대해서는 학설이 나뉘어져 있습니다. 다만 보충권의 범위를 넘은 보충을 한 경우 선의의 취득자에 대하여는 어음의 발행일 기타의 기명날인자 또는 서명자가 어음에 보충된 기재에 따른 책임을 부담한다는 점에 대해서는 이론이 없습니다. 만일 그렇지 않다면 후일 어음을 취득한 자가 피해를 볼 수 있기 때문입니다.

백지어음을 보충하는 것은, 그것에 부여된 보충권에 근거하여 행해지는 것이지만, 어떠한 보충도 무제한으로 가능한 것은 아닙니다. 발행일 백지어음의 보충에 관해서 주의해야 할 것은 지급기일과의 관계입니다. 발행일이 지급기일보다도 후일자이면 이것은 발행하였을 때에 이미 만기가 도래되어 어음으로서 불완전한 형식상 무효인 어음이 됩니다. 따라서 발행일을 보충할 때에는 그 어음의 지급기일보다 전일자든가 적어도 지급기일과 동일자여야 합니다. 발행일 보충의 경우에는 세역에 따라 자동적으로 계산할 수 있기 때문에 비교적 용이합니다.

한편 수취인이 백지인 어음을 보충하는 경우에는 배서의 연속과의 관계에 주의해야 합니다. 수취인을 백지로 한 경우 어음이 수취인이 반드시 이것을 보충해야 하는 것은 아닙니다. 수취인 자신이 어음상의 권리를 행사하여 발행인 기타 앞의 배서인에게 금전상의 청구를 한 때에는 현재의 소지인이 누구인가를 증명할 필요가 있습니다. 따라서 이를 보충해야 합니다. 이때 수취인이 개인인지 법인인지를 구별해야 합니다. 법인인 경우에는 등기된 명칭과 일치하도록 보충해야 하고, 대표자의 표시도 등기상의 기재에 따라 충실하게 보충해야 합니다. 개인도 법인도 아닌 단체의 명의로 어음행위를 할 수 있는가에 관하여는 논의가 있으나 단체의 명칭과 대표자의 성명을 명기하면 할 수 있다고 보고 있습니다. 다만 이때에도 다른 단체와의 혼동·오해가 없도록 주소 기타의 사항을 구체적으로 기재해야 합니다.

어음소지인이 발행인이나 전배서인에 대하여 금전상의 권리행사를 하지 않고 새로운 제3자에게 그 어음을 양도할 때에는 수취인의 보충없이 그대로 이전할 수 있습니다. 이때에는 배서인란에 배서인으로서 기명날인 또는 서명할 수도 있습니다. 또 배서인란에 배서를 하지 않고 그대로 제3자에게 양도할 수도 있습니다. 이 경우에는 어음의 양도인은 어음면에 아무런 표시를 하지 않고서 어음증권의 교부만으로도 어음을 양도할 수 있으며 따라서 이 경우에는 장래 발생하는 어떠한 어음상의 책임도지지 않습니다. 요컨대 어음에 수취인을 보충하는 이상 배서를 할 때에 이것과 동일성이 인정되는 정도의 기재를 해 두지 않으면 어음의 효력을 상실하게 되므로 충분한 주의를 요합니다.

## 23. 어음·수표의 발행과 은행거래

【질의】 ➡ 은행과 거래를 하고 있지 않은 자는 어음 · 수표를 발행할 수 없는지?

【답변】 ➡

은행거래가 없는 사람이라도 약속어음을 발행하거나 환어음의 인수인이 될 수 있습니다. 어음법상의 그러한 어음도 유효하며, 오히려 그것이 기본적인 형태로 되어 있습니다. 수표에 관해서는 당초부터 당좌거래계약을 한 다음, 지급한 자금을 예치하고 은행도로 발행토록 되어 있지만, 당좌거래가 없는데도 은행앞으로 발행하거나 은행 이외의 자를 지급인으로 하여 발행한 경우 과태료가 규정되어 있을 뿐, 수표 그 자체는 유효합니다.

그러나 실제로는 어음이든 수표든 은행거래와 밀접하게 연관되어 있습니다.

만약 은행거래와 관여하여 생각하지 않는다면 어음 · 수표가 경제거래에서 하고 있는 역할은 훨씬 줄어들게 될 것입니다. 가령 약속어음의 지급장소가 은행 이외의 장소로 되어 있다면 어음 소지인은 지급기일에 그 곳에 가야만 하며, 발행인도 현금을 준비해 두어야만 합니다. 은행을 이용하면 발행인은 지급은행 앞으로 어음을 발행하고 소지인은 자기의 거래은행에 어음의 추심을 의뢰하면, 그 후는 은행이 모든 것을 수고해 주게 됩니다. 그리고 전국의 주요 지역에는 어음교환소가 설치되어 있어, 정당한 이유가 없는데도 어음의 부도를 낸 자에 대해서는 어음 거래정지의 처분을 하도록 되어 있습니다. 이 제도가 어음 · 수표의 지급을 보장하고 신용을 유지하는데 도움이 되고 있음은 말할 필요가 없습니다. 어음 · 수표는 은행의 조직 · 신용과 결합되어야만 충분히 발휘할 수 있는 것입니다.

## 24. 통일어음용지란?



【답변】 ➡

통일어음용지제도는 1970년 10월 1일부터 실시되고 있습니다. 어음교환소 규약에 의하여 은행은 통일된 어음양식에 맞추어 용지를 인쇄하여 거래처에 교부하고 있습니다. 이러한 용지가 아니면 은행은 설사 그 발행인이 당좌예금 잔액이 있더라도 어음을 결제하지 않기로 되어 있습니다. 이 제도는 종래의 은행에 거래가 없음에도 거래가 있는 것처럼 가장하여 은행도어음을 발행하여 부도를 내는 예가 많았기 때문에, 그 대안으로 등장한 것으로 오늘날의 은행도어음은 모두 이러한 통일어음용지에 의하여 발행되고 있습니다. 따라서 은행도어음이라 함에도 불구하고 통일어음용지가 아닐 경우에는 수취하지 말아야 합니다. 그러나 자가 어음일 경우에는 통일어음용지가 이용될 수 없으므로 문방구에서 파는 용지로 할 수밖에 없습니다.

통일어음용지란 대한금융단의 협정에 의한 양식에 맞추어 은행이 미리 인쇄한 용지를 말합니다. 구체적으로 이 양식을 규정한 것은 어음교환소규칙입니다. 그러므로 이 통일어음용지는 어음법의 규정 다시 말하면 법적인 근거는 없습니다. 그럼에도 불구하고 이러한 용지를 쓰지않고 은행도어음이 발행되면, 이를 지급제시받은 은행은 '협정용지상이'라고 하여 지급거절을 하고 있습니다. 이러한 통일어음용지에는 약속어음용지는 물론이고 환어음용지도 있습니다.

## 25. 통일어음용지의 종류와 교부방법

> **【질의】** ➡ 은행도어음을 발행하려면 통일어음용지로 하여야 하는데 어떤 것들이 있으며 어디에서 교부받아야 하는지?

**【답변】** ➡

통일어음용지는 전 항에서 설명한 바와 같이 어음법상으로 인정된 제도는 아닙니다. 따라서 그 어음용지 자체에 관한 종류가 있을 수 없습니다. 그러나 어음법에 따라 약속어음과 환어음이 구별되고 있으므로 그 용지도 약속어음용지와 환어음용지로 구별할 수 있습니다. 이에 따라 통일어음용지는 통일약속어음용지와 통일환어음용지로 나누어집니다.

통일어음용지는 예금업무를 취급하는 은행에서 교부받을 수 있습니다. 그러나 은행에 가도 아무에게나 용지를 교부하는 것이 아니라, 은행의 점포와 거래가 있는 자에게만 위의 어음용지를 교부하게 됩니다. 이와 같이 교부되는 통일어음용지에는 그 지급장소란에 교부은행의 명칭 및 점포명이 기재되어 있기 때문에 그 은행은 자점(自店)이 교부한 어음에 대해서만 발행인의 계좌(당좌어음 계좌)에서 지급하게 됩니다. 은행은 미지의 자와 곧장 거래를 시작한다는 것은 위험한 일이기 때문에 보통 1개월 정도의 예금의 거래상태를 보고 다시 신용조사를 한 후에야 비로소 당좌계정거래계약을 체결해 주고 있습니다. 이 경우에 은행은 자행이 비치하고 있는 당좌계정약정서를 내주어 이를 완성하여 제출케 하고 어음발행시에는 당해 금융기관 소정의 용지를 사용할 것과 그 용지 외에는 지급을 거절한다는 등의 특약을 고객과 체결하게 됩니다. 이것은 계속적으로 어음을 발행하려는 경우에 이용되는 방법입니다.

환어음의 경우에는 발행인의 자금이 문제되는 것이 아니라, 그 어음을 인수하고 지급할 지급인의 자금이 문제가 됩니다. 따라서 발행인에게 통일환어음용지를 교부하면서 당좌거래가 있어야만 한다는 것은 모순된다고 보여집니다. 그러나 그럼에도 불구하고 제도상으로는 당좌거래자만이 용지의 교부를 받을 수 있도록 되어 있습니다.

## 26. 어음교환소의 역할

> **【질의】** ➡ 어음교환소란 무엇을 하는 곳이며, 이곳에서는 실제로 어떻게 교환 결제되는가?

**【답변】** ➡

　어음교환소란 서로 다른 은행에 추심해야할 어음·수표를 일정한 시가에 모여 결제하기 위하여 마련된 기관을 말합니다. 따라서 일반의 회사·개인 등의 사업가에 대해서는 직접적인 관계가 없습니다. 그러나 기업이나 개인이 거래상의 결제를 하기 위해서 사용하는 어음·수표는 대부분이 은행등의 금융기관에 의하여 추심 또는 지급이 행해지고, 또한 그것들은 어음교환소를 통해서 결제되고 있는 실정을 고려한다면, 어음교환소의 구성은 어떻게 되어 있으며, 거기에는 어떠한 규칙이 있는가 하는 것도 어음·수표를 이용하는 자에게는 중요한 점일 것입니다. 어음교환소에서는 어음·수표의 교환결제 외에도 거래정지처분 제도를 그 부수적 업무로서 다루고 있습니다. 이 제도는 어음·수표의 불량거래자를 거래계로부터 배제해서 신용질서를 유지·향상시키는 것을 목적으로 하고 있으나 그 구체적인 절차는 일반사업가에게도 밀접한 관계가 있습니다. 따라서 어음 교환소와 일반사업가는 이 거래정지처분에 의해 결합되고 있다고 할 수 있습니다.

　어음교환소는 법무부장관에 의하여 전국 주요도시에 지정되어 현제 서울을 비롯하여 전국 각지에 **22개소**가 설치되어 있습니다.

　어음교환소에서는 가입은행의 어음·수표 등의 교환결제 및 거래정지 처분을 행합니다. 그리고 그 절차 효력 등은 모두 어음교환소규약의 규정에 따릅니다. 어음법·수표법에서도 어음교환소에 관한 규정이 일부 있지만, 사업 그 자체의 내용은 모두 이 교환소규약에서 정하고 있습니다. 전국 각지의 어음교환소는 각각 독립하여 설치되고 고유의 교환소 규약을 가지고 있으나, 그 내용은 거의 공통되므로 이하에서는 편의상 서울어음교환소 규약에 따라 설명하기로 하겠습니다.

어음의 교환은 은행이 거래처로부터 추심의 의뢰를 받거나 도는 어음할인에 의하여 수입한 타행지급어음·수표를 같은 입장에 있는 다수의 금융기관이 정기적으로 일정한 장소에 특참 집합하여 결제하는 제도를 말합니다. 즉 이것은 어음·수표의 간물집단적인 추심·지급방법입니다. 이 어음교환을 행하는 장소·시설이 바로 어음교환소입니다. 여기에서는 매일 1회 일정한 시간에 어음교환이 행해집니다.

현재 상거래결제에는 현금보다도 어음·수표가 많이 이용되고 있습니다. 더구나 어음·수표는 거래은행에 있는 당좌예금으로부터 지급받으며 수취어음은 거래은행에 입급해서 소정의 지급은행으로부터 추심을 받습니다. 은행은 거래처의 출납계로서 이 추심사무·지급사무를 처리하고 있습니다. 이 경우 은행은 입금된 어음·수표의 현금화를 위하여 일부러 지급은행에 가서 지급의 청구를 하지는 않습니다. 어음교환소에 가지고 가서 어음교환에 의해 지급을 구하고, 또한 동시에 자행(自行)이 지급해야할 어음·수표를 결제하는 것입니다.

어음교환이라 하면 어음을 상품으로서 교환, 즉 거래하는 것 같이 생각될지도 모르지만, 그것은 지급기일이 된 어음·수표의 지급을 청구 또는 지급하는 것이므로 오히려 어음결제 또는 어음결제소라고 하여도 좋을 것입니다. 더욱이 어음 교환소에서의 어음의 의의는 넓은 의미로 사용되고 있으며, 어음교환에 의해 결제되는 여러 가지 증권을 총칭하고 있습니다. 그 가운데는 약속어음·환어음·수표(당좌수표·송금수표·국고수표)·우편환증서·국공채 채권 및 수표·배당금영수증·은행간의 업무상의 수취서 등 그 종류가 다양합니다. 다만, 실제로 교환되고 있는 것 중에는 수표가 전체의 약70%를 차지하고 있으며, 약속어음·환어음이 약 **20%**로서 양자 합쳐 **90%** 이상을 차지하고 있습니다. 또한 어음교환일 하면 어음교환소에서의 교환의 절차를 말하자면, 넓은 의미에서는 어음교환에 추심어음을 특출하는 절차 및 교환소에서 수입한 지급어음을 가지고 와서 부터의 절차가 포함됩니다. 즉 특출절차의 익일의 어음교환에 지출하는 어음을 영업시간 후에 교환 모점이 각 지점으로부터 모아 그것을 상대방 은행별로 분류·계산하는 준비절차이며, 수입절차는 어음교환 종료후에 자행의 지급어음을 각 지점에 배포하여 각 지점은 이것을 어음의 발행인(환어음의 인수인)의 당좌예금 계정에서 공제하게 됩니다. 이 결제에 의해서 어음교환은 완전히 종료하게 됩니다.

어음교환소의 교환은 매영업일 영업시간 개시 **2시간** 후에 각 은행으로부터 교환받아 각자의 특출어음을 지침해서 행해집니다. 먼저 특출어음을 상대 은행에 배포하고 이와 함께 다른 은행으로부터 수입한 어음을 1매 1매 점검하고 계산합니다. 이 작업이 완료되면 교환차액의 결제 방법에 들어갑니다.

어음교환의 특수한 기능은 교환차액의 결제방법에 있습니다. 서울에서는 하루에 수백억원의 어음이 교환결제되고 있지만, 실제로 현금이 필요한 것은 불과 **30%** 정도에 지나지 않습니다. 그것도 각 은행이 한국은행에 가지고 있는 당좌계정의 대체에 의해서 종료됩니다. 이와 같이 어음교환이 차액결제방법을 취함에 따라 은행은 지급 준비자금을 많이 절약할 수 있으며, 이것은 또한 은행의 신용창조의 기초가 되고 있습니다. 이 결제 절차에서는 개개의 어음이 최종적으로 지급되는가 안되는가에 관계없이 일단 모두 결제를 마치게 됩니다.

교환으로부터 수입한 어음 가운데 거래처의 당좌예금이 부족한 경우 등으로 지급은행으로서 지급에 응할 수 없는 경우에는 원칙적으로 당일 영업시간 종료 1시간 전까지 특출은행에 반환하여 다음날 교환을 통하여 부도대전의 지급을 받게 됩니다. 부도어음의 최종반환시한은 은행에 입금한 어음이 자금화되는 시한을 나타냅니다. 환언하면 반환시한이 경과할 때까지는 입금어음의 자금은 확실한 것은 아닙니다. 지급은행이 어음을 부도반환할 때에는 수표의 경우에는 수표면에 부도선언(지급을 거절하는 취지, 제시일 등을 기재)을 행하며, 또한 약속어음·환어음에는 부도부전(선언과 동문의 기재)을 작성해서 어음에 첨부하게 됩니다. 이 부도선언·부도대전에는 반드시 부도가 된 이유를 구체적으로 기재해야만 합니다. 이것을 부도사유라고 하는데, 이 사유여하에 따라 거래정지처분에 중대한 영향을 미칩니다.

## 27. 거래정지처분 후의 재거래 방법

**【질의】** ➡ 어음을 부도낸 후 은행 거래정지처분을 받은 경우, 다시 은행거래를 하고자 하는 경우 어떻게 해야 하는지?

**【답변】** ➡

거래정지처분제도는 거래의 신용을 확보하기 위하여 어음 교환소에 의해 내려지는 처분을 말합니다. 즉 거래자의 신용에 관계되는 이유로써 어음이 부도나면, 제1회 부도로서 다음 영업일의 영업시간 내에 입금이 되는 경우를 제외하고 어음교환소는 그 어음의 지급 의무자를 거래정지처분으로 처리하게 됩니다. 어음 교환소에 의하여 거래정지처분이 되면 어음교환에 가맹하고 있는 금융기관 및 대리교환의 금융기관은 그 처분을 받은 자와 1년간은 당좌거래를 해서는 안됩니다. 이 의무는 어음 교환소의 규약에 따른 것입니다. 이 규약에 따라 처분을 받으면 이미 성립하고 있는 은행과의 당좌거래는 해약되고 신규로 당좌계약을 할 수가 없으며 또한 대출거래가 곤란하게 되기 때문에 거래면에서 까다로운 제재를 받게 되는 것입니다. 어음거래를 하는 자가 자기의 자력부족으로 어음부도를 낸 경우, 이러한 제재를 받게 됨을 알면서 은행을 지급인·지급담당자로서 어음거래를 한 것으로 보며, 신용이 없는 어음을 발행하는 자를 어음교환의 거래사회로부터 축출하는 것은 거래의 신용을 확보하기 위하여 필요한 것입니다. 따라서 이 거래정지처분의 제도는 이를 받은 자에게 치명적인 영향을 준다고 하더라도 합리적인 것이라고 봅니다.

그러나 거래정지처분을 받은 자가 그 후 현저하게 신용을 회복하였다고 인정할 수 있는 이유가 있을 때에는 처분의 계속 중 언제든지 어음교환 가맹은행은 어음 교환소에 대하여 그 사정을 명확하게 소명하여 거래정지의 해제를 청구할 수가 있습니다. 어음 교환소는 이 청구에 대하여 이유가 있다고 인정할 때에는 심사위원회의 심의를 거쳐 거래정지를 해제하게 됩니다. 거래정지가 해제되면 그 때부터 처분의 효과가 소멸되어 처분을 받은 자는 은행과의 사이에 거래를 재개할 수 있게 됩니다.

이와 같은 해제는 현저하게 신용을 회복하였다고 인정되는 경우로서, 거래정지처분 후 상당한 시일이 경과하고 그 사이에 그 자의 영업 성적이 호전되어 은행예금도 상당액에 달하여 당좌거래를 재개하더라도 어음 부도를 낼 염려가 없다고 하는 것이 그 요건이 됩니다. 다만, 여기에서 유의하여야 하는 점은 부도 후 이와 같은 제재를 회피할 목적으로 기업조직을 변경하거나 명의를 변경하여 은행거래를 개설하고자 하여도 그것은 불가능하다는 점입니다. 즉, 부도처분을 받은 자가 실질적으로 이러한 제재를 피하기 위하여 그 자가 회사인 경우에는 회사의 조직을 변경하고, 그 자가 개인일 경우에는 회사를 설립하여 실질상으로는 동일의 사업을 계속하고 있음에도 불구하고, 종전과는 다른 명의를 이용하여 은행거래의 재개를 신청한다는 것도 생각할 수 있습니다. 그러나 이러한 경우에 은행거래의 재개를 허용하면 자력·신용이 없는 자를 어음거래 회사로부터 배제하려는 거래정지처분제도의 목적을 달성할 수 없게 됩니다. 따라서 당좌거래의 신규개설은 자격요건이 갖추어져야 하며, 신용조사 등을 통하여 신용을 확인한 후 취급하게 되므로 명의를 변경한 거래는 하기가 곤란합니다.

## 28. 가계수표의 이용

【질의】 ➡ 가계수표란 무엇이고 그것을 이용하면 어떤 점이 편리한지?

【답변】 ➡

가계수표란 공무원·군인·국영기업 및 상장업체의 임직원 중 기관장의 추천을 받은 자와 의사·변호사 등의 자유직업 종사자 등이 가계종합예금에 가입하고 그가 예금한 예입금 한도 내에서 발행하는 수표를 말합니다. 가계수표제도는 은행에 자금을 맡기고 수표를 발행하는 제도를 활용하여 가계 자금을 은행이 흡수하여 사장되는 자금을 생산 자금으로 활용할 뿐만 아니라 통화량의 감소도 가져오는 효과도 기대할 수 있어 신용사회를 이룬다는 정책적인 필요에 의하여 창안된 제도입니다. 이것은 가계종합예금이라는 것을 근거로 하므로 가계예금도 하면서 현금대신 가계수표로써 조세공과금·학자금·상거래 결제금 등을 결제하는 지급 용도에 사용할 수 있는 이른바 지급제도입니다. 그리고 필요한 경우 대월약정 한도내에서 대출도 받을 수 있습니다.

가계수표는 일반 당좌수표와는 다릅니다. 즉 일반 당좌수표가 기업에 한하여 발행이 허용되는 제도임에 대하여 가계수표는 개인도 이용할 수 있는 수표입니다. 또 일반 당좌수표는 당좌예금이 있을 때에 발행되는 것인데 비하여 가계수표는 가계종합예금에 가입함으로써 발행될 수 있으며 일반 당좌예금에는 이자가 없지만, 가계종합예금에는 이자가 붙는 점도 다릅니다.

가계수표는 수표책만 가지고 다니면 수표발행을 통해서 지급 용도에 이용할 수 있으므로 현금을 소지할 필요가 없습니다. 따라서 현금소지에 따른 불편이나 도난의 우려가 없다는 점에서 편리합니다. 또한 예금자가 현금이 필요할 때에는 거래 은행에 가서 통장대신 수표를 이용하여 필요한 금액을 쉽게 인출할 수 있으므로 간편하고 시간이 절약되는 장점도 있습니다. 국가적으로 볼 때에는 현금의 유통이 없이 신용거래가 이루어지는 결과가 되기 때문에 인플레효과를 억제하는 면도 기대됩니다. 그리고 앞으로 가계수표가 우편대체수표와 더불어 세금이나 기타 국고세입금의 납부를 위하여 널리 이용된다면 현금으로 세금을 납부하는 경우보다 훨씬 편리하게 될 것입니다.

이와 같은 가계수표를 이용함에 있어서는 다음의 점에 유의하여야 합니다.

첫째, 가계수표는 그 유통을 촉진하기 위하여 일반당좌수표나 어음보다 부도 사유를 제한하고 있습니다. 부도 사유를 규정하고 있는 서울 어음교환소 규약 제61조에도 불구하고 서명불일치 및 겁사취는 부도 사유로 인정하지 않으며, 분실의 경우 수표법에서 정하는 수표요건으로 제출된 사항과의 불일치를 전제로 하지 않는 것을 부도 사유가 되지 않도록 금융단협정으로 정하고 있기 때문에 수표 발행인이 선의의 피해를 입을 수도 있습니다. 인장소지의 불편 등의 이유로 미리 수표에 기명날인 또는 서명을 하여 두는 경우가 있는데, 설령 금액을 기재하지 않았다 하더라도 분실하였을 경우 일단 선의의 취득자에 대하여 지급책임을 지지 않을 수 없습니다. 따라서 미리 기명날인 또는 서명해 두면 위험하며 또한 만약의 경우를 대비하여 수표용지·도장 및 보증카드는 따로 보관하는 것이 좋습니다. 도장은 분실하지 않았다 하더라도 보증카드와 수표 용지를 함께 분실했을 경우, 보증카드에는 수표에 사용할 서명 및 인감이 날인되어 있기 때문에 제3자가 위조하여 쓸 수 있고, 은행은 상당한 주의를 기울여 대조한 후 지급하여야만 책임을 지지 않습니다. 덧붙여 선의의 발행자를 보호하기 위한 보험제도가 시행되고 있습니다. 소정의 보험료를 납부하면 피해액에 대하여 보험금을 지급받을 수 있습니다.

둘째, 안전하게 가계수표를 수취하기 위해서는 발행인으로부터 보증카드를 제시받아 확인하는 것이 필요합니다. 보증카드는 요건에 합치되게 발행되고 수취인이 수표 이면에 보증카드 번호를 기입한 수표는 예금잔고 유무에 관계없이 은행이 지급하여 주기 때문입니다. 보증카드에는 수표를 발행할 때 사용할 서명·인감·유효기간 수표 한 장당 발행한도 및 주민등록번호가 기재되어 있고 발행인의 사진이 첨부되어 있습니다. 사진에 의하여 본인 여부를 확인하고 유효기간 내의 보증카드인가, 수표용지에 기재되어 있는 주민등록번호는 보증카드상의 것과 동일한가, 카드에 있는 서명 및 인감이 교부받은 수표상의 것과 동일한가, 한 장당 금액이 규정내의 것인가 등을 확인해야 합니다. 이러한 점들이 갖추어져 발행된 수표는 진정한 수표이며 지급이 보장되는 수표이므로 안심하고 거래할 수 있습니다.

## 29. 가계수표제도의 내용

---

**【질의】 ➡ 가계수표제도의 내용은 어떤 것이 있는지?**

---

**【답변】 ➡**

가계수표를 발행하기 위하여는 가계종합예금에 가입되어 있어야 합니다. 이 가계종합예금제도는 신용사회의 실현을 위하여 대한금융단의 공동협정에 의하여 마련된 제도로서 다음에 해당하는 자만이 개설할 수 있습니다.

첫째, 본인의 월정급여의 50% 이상을 금융기관과의 계약에 의하여 가계종합예금으로 이체지급을 받는 자로서, ①국가공무원법 · 지방공무원법에서 정하고 있는 공무원 전원(군인은 장기 복무 하사관 이상), ②정부관리기업체 · 특례법에 의한 법인체 · 국제기관 · 외국기관 · 금융기관 및 금융기관이 선정한 업체의 임직원 가운데 월정급여가 일정금액 이상인 자, ③위에 해당하지 않는 기관이나 업체로서 점포장이 인정하는 기관 또는 기업체의 임직원 가운데 월정급여가 일정금액 이상인 자, ④위 각호 해당자가 동의하는 경우 그 배우자(단, 본인 명의의 계좌개설은 허용되지 않음).

둘째, 수신전문위원회가 정한 자가 동의한 경우 그 배우자, 동 위원회가 정하고 있는 자는 ①5급(사무관) 이상의 일반직 공무원, ②총경급 이상의 경찰공무원, ③영관급 이상의 군인, ④3호봉 이상의 교육 공무원, ⑤위 ①~④에 준하는 공무원, ⑥정부관리 기업체 · 국제기관 · 외국기관 · 교육기관 · 언론기관의 차관급 이상 임직원 중 월정급여가 일정액 이상인 자, ⑦3급 이상의 금융기관 임직원 중 월정급여가 일정금액 이상인 자, ⑧금융기관이 선정한 기업체의 차장급 이상 임직원 중 월정급여가 일정금액 이상인 자 등입니다.

셋째, 연금법령에 따른 연금 수급권자 중 매월 연금액의 **50%** 이상을 금융기관과의 계약에 따라서 가계종합예금에 가입한 자.

넷째, 자유 기업인으로서 가계수표 협력 상점의 거래 실적이 양호하다고 점포장이 인정한 자.

다섯째, 전년도 재산세 납부액이 기준 이상인 자 또는 자격증, 면허증 소지자로서 은행이 인정하는 자 등입니다.

## 30. 가계수표를 분실한 경우의 법률관계

**【질의】** ➡ 가계수표를 소지하고 다니던 중 이를 분실하였습니다. 그런데 이를 취득한 자가 지급청구를 한 경우 지급해야 하는지?

**【답변】** ➡

일반적으로 가계수표를 분실한 경우에는 지급 은행에 분실신고를 하게 되는데, 이 신고를 하고 분실된 수표에 대한 지급정지의뢰서를 제출하였더라도 수표법에서 규정하고 있는 수표 요건의 불비 또는 수표요건으로서 제출된 사항과의 불일치를 전제로 하지 않는 수표에 대하여 은행은 지급을 거절하지 못합니다. 따라서 액면기재 없이 기명날인 또는 서명된 수표를 습득한 자가 금액을 기입하여 위조한 경우, 이 수표에 대하여는 분실의 사유만으로는 선의의 취득자에 대하여 지급책임을 면할 수 없습니다. 다만 과서 등을 참조하여 악의자를 찾아 수표대금 반환청구를 할 수 있고, 그 소지인이 악의자임을 증명하면 지급책임을 면할 수 있습니다.

기명날인 또는 서명이 없는 수표용지만을 분실 또는 도난당하였을 경우에는 진정한 수표에 사용할 기명 또는 서명 및 인감과 동일하지 않은 이상 지급하지 않으며 분실자도 지급책임을 지지 않습니다. 그러나 백지수표용지를 분실하였다 하더라도 보증카드와 함께 분실하여 습득자가 보증카드에 기재된 서명 및 기명날인에 의하여 실물과 유사하게 위조하여 그 수표를 은행이 상당한 주의를 기울여 확인한 후 진정한 것으로 믿고 지급하였을 때에는 잘못 지급된 것에 대한 책임을 지지 않습니다.

## 31. 은행거래 약정서류의 내용과 효력

【질의】 ➡ 어음·수표를 이용하기 위하여 은행에 당좌를 개설하려고 하는 경우 은행에 제시하는 서류가 있는데 무엇이 있으며 어떤 효력을 가지는지?

【답변】 ➡

당좌를 개설할 때에 은행으로부터 기명날인 또는 서명을 요구받는 서류에는 은행과의 사이에 앞으로의 거래에 관한 여러 가지 약속이 기재되어 있습니다. 은행의 신용과 조직을 이용한다는 것은 커다란 이익이지만 거기에는 의무와 책임 및 위험이 따릅니다. 어떠한 의무와 책임·위험이 있는 것인가는 이들 서류를 잘 보고 알아 두어야 합니다. 서류 가운데 중요한 것은 은행거래약정서와 당좌계정약정서입니다.

은행거래약정서는 은행여신거래의 기본계약서를 말합니다. 그러므로 은행에 당좌를 개설할 뿐 융자를 받지 않을 경우에는 필요하지 않지만, 융자를 받는 경우에는 반드시 차입하지 않으면 안됩니다. 그리고 이들 가운데는 환급을 비롯하여 어음·수표의 거래에 관하여 중요한 사항이 규정되어 있습니다.

당좌계정약정(당좌거래계약이라고도 함)은 은행을 수표의 지급인 또는 어음의 지급 담당자로서 이용하려고 하는 고객과 그 은행과의 사이의 법률관계(자금관계)에 관한 기본계약입니다. 이 가운데는 일반적으로 다음과 같은 계약이 요소로서 포함되어 있습니다.

### (1) 당좌예금계약

어음·수표의 자금으로서 고객이 은행에 맡긴 예금이 당좌예금이며, 이 자금을 수표자금, 이 계약을 당좌예금계약 또는 자금계약이라고 합니다.

당좌예금은 다른 예금과 같이 금전소비임치라고 생각되는 것이 보통이지만, 다른 점은 어음·수표에 의하지 않으면 지급을 청구할 수 없다는 것입니다. 약정서에 포함되어 있는 것은 금전소비임치의 예약으로서 그 예약에 의하여 은행에 당좌계정계좌가 설치되고, 그 후 입금이 있을 때마다 당좌예금이 성립되는 것입니다. 어음·수표 기타 증권류, 즉시 현금과 교환이 가능한 것, 예컨대 어음·수표 이외에도 이표, 우편환증서 등에 의해서 입금이 되지만, 은행은 수입과 동시에 그 어음 등의 권리를 취득하고, 따라서 예금도 즉시 성립하는 것이지만 추심완료까지는 특약에 의하여 환급을 하지 않을 뿐이라고 생각하는 입장과, 은행은 그 어음 등에 관하여 추심위임을 받은 것으로서 추심이 완료되어 현실적으로 입금이 있었을 때 예금이 성립한다고 생각하는 입장이 있습니다. 그러나 어느 입장에 의하더라도 수입한 어음 등이 부도가 되었을 때에는 예금이 없는 것으로 되며, 만약 그 전에 환급이 되어 버렸을 때에는 은행은 고객에게 구상할 수 있을 뿐만 아니라 그 어음 등의 권리를 행사하여 자금 회수를 할 수 있다고 하는 결론은 동일합니다.

### (2) 지급위탁계약

고객이 발행한 것이거나 인수한 어음·수표에 관하여 당좌예금으로부터 지급할 것을 은행에 위탁하는 준위임계약입니다. 판례적으로 수표계약이라고 불리워지고 있지만, 어음의 지급 위탁도 포함되어 있습니다. 고객이 발행한 모든 어음·수표에 관해서가 아니라 일정한 조건에 합치된것만을 지급하도록 되어 있다는 점을 주의하지 않으면 안됩니다. 지급위탁계약은 제3자를 위하여 하는 계약이 아니므로 고객 발행의 어음·수표를 소지하는 자도 은행에 대하여 직접적인 권리를 취득하는 것은 아닙니다. 그러나 은행이 적당한 이유없이 지급을 거부하면 고객에 대한 관계에서 임무불이행의 책임이 생기게 됩니다.

### (3) 상호계산계약

지급위탁은 준위임이므로 이에 의한 지급은 위임사무처리를 위한 비용의 지출에 해당하는 것이며, 은행은 고객에 대하여 비용채환청구권을 가집니다. 그리고 일정기간을 끊어서 그 간에 생긴 상환청구권의 총액과 당좌예금의 총액과를 상호계산에 의하여 일괄결제한다고 생각하는 것이 종래부터의 다수설입니다. 이에 대하여 당좌거래에는 상호계산이 포함되어 있지 않다고 생각하는 것이 주로 은행 실무자에 의해 주장되고 있습니다.

이 밖에 당좌개설서류에는 다음과 같은 것들이 있습니다. 첫째, 거래자가 법인인 때에는 등기부등본 또는 초본, 개인인 때에는 주민등록표 등본 또는 초본, 둘째, 거래정지처분 중에 있는자가 아님을 확인하는 개설지 어음교환소의 증명서, 셋째, 인감·명판신고서, 넷째, 기타 당좌대월을 받고자 할 때에는 당좌대월약정서 등의 서류를 제출하여야 합니다. 또한 은행에서는 고객의 신용상태를 파악하기 위하여 신용조사를 하고 신용조사서를 받고 있습니다.

이상의 서류들에 대하여 일단 기명날인 또는 서명한 이상 그에 대한 책임을 면할 수 없습니다.

# 제3편. 어음·수표의 발행

## 1. 어음·수표의 발행시 주의할 점

【질의】 ➡ 어음·수표를 발행할 때에 어떤 점에 주의해야 하는지?

【답변】 ➡

어음·수표의 발행이라 함은 어음(수표)요건 기타 기재 사항을 작성한 어음(수표)을 최초의 권리자인 수취인에게 교부하는 것을 말합니다. 어음·수표는 보통의 계약서나 차용증과 달라 그것에다 기명날인 또는 서명함으로써 새로운 채무가 발생한다고 하는 특수한 효과가 있습니다. 더욱이 최초의 당사자의 손을 떠나 여러 사람을 거쳐 전전유통되리라는 것이 예상되므로 반드시 기재하여야 할 사항(어음요건)을 엄격하게 규정하고 있습니다. 만약 잘못 기재한다면 그 자체가 무효가 되거나 혹은 자기가 생각하고 있건 바와는 전혀 다른 결과를 초래할 수도 있습니다. 따라서 일반적으로 어음·수표를 발행할 때에는 다음과 같은 점에 주의하여야 합니다.

요즘 발행일이나 수취인을 공백으로 둔 어음이 상당히 많습니다. 그러나 본해 기재해야 할 요건을 정확하게 기재해 놓지 않으면 후에 복잡한 문제가 일어날 우려가 있습니다. 특히 금액이나 지급기일을 백지로 두는 것은 극히 위험합니다. 특별한 이유가 없는 한 필요란에는 전부 기입하는 것이 좋습니다. 어음·수표는 일단 발행된 후에는 누구의 손에 들어갈지 모르는 것이므로 도중에서 변조되지 않도록 신중한 주의를 할 필요가 있습니다. 예를 들면 연필로 기입하는 것이 법률적으로 유효한 일이지만 변조의 위험을 막기 위해서는 절대로 그렇게 해서는 안됩니다. 잉크나 체크라이터에 의한 금액도 변조되는 예가 종종 있으며, 보통의 주의로써는 발견되지 않기 때문에 은행에서 지급을 하면 불의의 손실을 보는 경우가 있으므로 특히 주의해야 합니다.

일단 어음·수표를 발행하고 그것이 선의의 제3자의 손에 들어가면 그 발행의 원인이 된 거래에 관한 것을 이유로 감액을 청구하거나 지급을 거절할 수가 없습니다. 따라서 어음을 발행할 때에는 사전에 그 원인관계에 관하여, 즉 구입한 상품이 부족하거나 불량한 점은 없는가, 완성된 공사에 결점은 없는가 등에 관하여 자세히 확인하는 것이 필요합니다. 발행한 어음·수표를 어떻게 지급할 것인가에 관해서는 충분히 고려해야 합니다. 그러나 때로는 자금이 잘 회전되지 않을 경우도 있을 터이므로 이 점을 발행시에 잘 검토해야 합니다. 특히 주의해야 할 것은 융통어음의 경우입니다.

어음·수표는 편리하기는 하지만 사용하는 법을 모르면 대단히 위험합니다. 특히 수표는 법에 의하여 형사책임을 지게 될 염려도 있습니다.

## 2. 수표의 기재사항

【질의】 ➡ 수표를 발행하고자 하는 경우 수표용지상에 어떤 점들을 기재해야 하는지?

【답변】 ➡

수표에 관해서는 기재사항이 법정되어 있습니다. 따라서 그 가운데 어느 하나라도 기재하지 않으면 수표는 무효가 됩니다. 수표의 기재사항을 순서에 따라 설명하면, 은행이 교부하는 수표용지에는 필요적 기재사항의 대부분은 미리 인쇄되어 있으므로 실제 문제로서 발행인이 기재하는 것은 수표금액과 발행일 및 발행인의 기명날인 또는 서명뿐입니다.

### (1) 필요적 기재사항

인쇄된 용지에는 '수표'라는 문자와 '위의 금액을 이 수표와 상환하여 소지인에게 지급하여 주십시오'라는 문자와 일정한 금액을 기재합니다. 또한 지급인의 은행의 명칭과 지급은행의 소재지와 수표의 발행일을 적습니다. 발행인의 기명날인과 서명이 있어야 하는데 이는 어음의 경우와 같습니다.

### (2) 유익적 기재사항

은행이 인쇄하여 거래처에 교부하는 수표용지는 모두 소지인출급식인데, 수취인의 성명을 기재하여 기명식으로 변경할 수도 있습니다.

### (3) 무익적 기재사항

수표의 기능은 현금대용의 지급수단으로서 사용되는 것에 있으므로 모두 일람출급입니다. 그리고 그것 이외의 만기를 기재하여도 그 기재는 기재하지 않는 것으로 봅니다. 또 일정한 이자의 지급을 약속하는 이자 문자의 기재도 무효입니다. 환어음의 경우에는 인수제도가 있어 이를 인수한 지급인은 절대적인 어음채무를 부담하지만, 수표의 경우에는 인수제도가 없고 인수는 금지되고 있습니다. 또한 발행인이 수표가 부도난 때에도 담보책임을 지지 않는다는 무담보의 문언을 기재해도 그 효력은 인정되지 않습니다.

## 3. 약속어음 발행시의 기재사항

【질의】 ➡ 약속어음을 발행하고자 하는데 이에 기재할 사항은 무엇이고, 주의할 점에는 무엇이 있는지?

【답변】 ➡

약속어음에는 법률이 정한 일정한 사항을 기재하지 않으면 약속어음으로서의 효력이 생기지 않습니다. 약속어음은 거래계에서 유통되는 것이므로 증권상에는 실무에 어떤 권리가 있는가라는 것을 증권 그 자체에서 알 수 있도록 해 두어야 하기 때문입니다. 법률이 정하는 일정한 사항을 약속어음 요건이라 합니다. 그 요건으로서는 ①약속어음임을 표시하는 문자, ②일정한 금액을 지급할 뜻의 무조건의 약속, ③만기(지급기일)의 표시, ④지급지, ⑤수취인, ⑥발행일, ⑦발행지, ⑧발행인의 기명날인 또는 서명 등이 있습니다. 이와 같은 요건은 어떠한 방법으로 기재하여도 좋으나, 일반적으로 시판어음용지 또는 자사인쇄어음용지를 사용하여 그 공백을 기입하는 방법으로 어음을 작성하는 것이 보통입니다.

위의 어음요건을 하나라도 빠뜨린 경우에는 약속어음은 무효가 됩니다. 다만 여기에는 두가지 예외가 있습니다. 첫째는 빠져있는 요건이 법률규정에 의하여 보충되는 경우입니다. 즉 ①만기일의 기재가 없을 때에는 일람출급의 어음으로 봅니다. ②발행지는 특별한 표시가 없는 한 지급지로 봅니다. ③발행지의 기재가 없을 때에는 발행인의 명칭에 부기한 곳을 발행지로 봅니다. 이렇게 함으로써 요건의 흠결을 이유로 어음 요건을 해석하는데 있어서 가능한 한 유효하게 해석하려는 원칙(어음 유효해석의 원칙)의 현실적인 표현이라고 할 수 있습니다. 둘째는 어음을 발행한 뒤에 어음 수취인에게 빠져있는 요건을 보충할 수 있는 권한을 부여하고 아예 처음부터 요건을 결한 채로 발행한 어음, 즉 백지어음의 경우입니다. 이 경우에는 어음의 취득자에 의하여 그에 결여된 요건이 보충 기재되면 완전히 유효한 어음이 됩니다.

 어음은 고도의 유통성을 목적으로 하는 대단히 기술적인 증권이라는 점에서 특정요건의 기재를 필수적으로 요구함과 동시에 가능한 한 불필요한 사항의 기재를 피하도록 하여 증권에 나타난 권리의 내용을 누구나 쉽게 이해할 수 있도록 하는 것이 필요합니다. 이에 따라 ①발행인의 부기지, ②어음 금액이 외국통화로 기재된 경우의 환산율 또는 외국통화의 현실지급내용, ③일람출급 및 일람 후 정기출급어음에 있어서의 이자에 관한 문언, ④배서금지문헌, ⑤제3자방 지급문언(지급장소), ⑥일람출급어음에 대한 지급제시기간의 신축, ⑦일정한 기간의 지급제시 금지, ⑧거절증서 작성면제 등에 관한 기재는 법률에 의하여 그 효력이 인정됩니다. 그러나 확정일출급어음 등의 이자문언 등은 그 기재의 효력이 인정되지 않으며 지시문언 등은 특히 기재하지 않더라도 법률상 동일한 효과가 인정되므로 아무런 의미가 없는 기재가 됩니다. 다만 부도의 경우 손해금을 지급한다는 문언을 기재한 경우에 관하여는 지급에 조건을 붙이거나 불확정기한부로 하거나 또는 지급방법을 한정하는 등의 기재는 어음의 기재내용을 복잡하고 불확실하게 하므로 어음 자체를 무효로 합니다.

## 4. 어음발행일의 미기재

【질의】 ➡ 어음용지상의 발행일란을 비워둔 채로 어음을 발행한 경우 어음의 효력은?

【답변】 ➡

어음법에서는 각종의 어음에 대하여 한결같이 발행일을 어음 요건으로 규정하고 있습니다. 이에 따라 발행일의 기재가 없는 어음은 어음으로서의 효력을 갖지 않습니다. 이러한 규정에도 불구하고 거래현실에서는 발행일 백지의 어음이 상당히 많이 사용되고 있는데, 그 대부분은 백지미보충인 채로 지급제시 되고 또한 그대로 결제되기도 합니다. 발행일자 후 정기출급어음·일람 후 정기출급어음·일람출급어음에 있어서는 만기·인수제시기간·지급제시기간·이자발생시기 등을 정하기 위하여 각기 기준이 되는 발행일의 기재가 필요하지만 확정일출급어음에 있어서는 어음 관계상 발행일의 기재는 별다른 의미를 가지지 않습니다. 발행인의 능력이나 대리인의 대리권의 유무 등은 사실상 발행한 날을 기준으로 하여 결정되지만, 반증이 없는 한 어음은 기재된 발행일에 발행된 것으로 확정됩니다. 이와 같이 확정일출급어음의 발행일은 특별한 의미를 갖는 것이 아니며, 위와 같은 경우에 추정의 자료가 되는데 지나지 않습니다. 다만, 여기에서 확정일출급어음은 발행일의 기재가 없더라도 유효하다는 견해가 있지만, 획일적인 취급을 함으로써 거래의 안전을 기해야 할 어음제도로서는 명문규정은 없지만 예외적인 취급을 인정하는 해석은 허용되지 않는다고 보아야 합니다.

발행일 백지의 어음은 역시 미완성의 어음이므로 그대로 지급제시를 하더라도 효력이 생기지는 않지만 유통에서 지급에 이르기까지의 사이에 여러 가지 문제를 일으키는 수가 많습니다. 그리고 문제가 발생하면 발행인은 적든 크든 곤란을 받게 될 위험이 있습니다. 따라서 특별하게 백지로 할 필요가 없는 한 원칙대로 발행일을 기입한 어음을 발행하는 것이 좋습니다.

실제로 발행된 날과 다른 날을 기재해도 상관은 없지만 가능한 날이어야만 합니다. 일본의 판례에 다르면 달력에 없는 날을 기재한 어음, 만기 이후의 날을 발행일로 하는 어음은 무효라고 하였습니다. 그러나 어음상의 기재는 합리적인 해석이 가능한 범위에서 될 수 있는한 유효하다고 해석하여야 합니다. 예를 들면 11월 31일이라고 기재하였다면 11월 말일에 해당하는 기재가 있는 것으로 하여 그 효력이 인정된다고 보아야 합니다. 또 만기일 이후의 발행일에 관하여서도 그것을 유효하다고 보아야 합니다. 이는 거래의 안전을 도모하기 위함인데 발행일을 기재하였기 때문에 어음이 무효가 된다고 하는 특히 한정된, 즉 상당한 부주의로 인한 경우입니다. 따라서 가능한 한 특별한 사유가 없는 이상 원칙대로 발행일을 기입하여 발행하도록 하는 것이 좋습니다.

## 5. 어음·수표 발행시 발행지가 기재되지 않은 경우

【질의】 ➡ 어음·수표의 발행시에 발행지를 기재하지 않고 발행한 경우에 그 어음·수표의 효력은 인정되는지?

【답변】 ➡

어음 발행에 있어서 발행지의 기재는 어음·수표의 요건입니다. 따라서 발행지를 백지인 채로 발행한 어음·수표는 유효한 어음으로서 통용되지 않습니다. 이와 같이 발행지를 어음·수표요건으로서 규정하고 있는 것은 약속어음에서는 최종적인 지급책임자로서의 발행인의 소재를 명확히 할 필요가 있기 때문이고, 환어음의 경우에는 지급위임을 한 발행인이 어음의 작성자로서 그 동일성을 명확히 할 필요에서입니다. 발행지가 문제되는 경우는 섭외관계에 한정되는 것으로서 준거법의 결정 등의 기준이 되는 점에서 의미를 가집니다. 그러나 발행 행위의 준거법 결정의 기준이 되는 지점은 발행행위가 사실상 행하여진 곳이며, 어음상에 기재된 발행지는 추정력을 갖는데 지나지 않습니다. 어음법 제37조·제41조 제4항, 수표법 제36조 제4항과의 관계에서 문제가 생긴 경우에는 지급지를 기준으로 하면 되고, 발행지를 문제로 할 필요는 없습니다.

발행지의 기재는 앞에서 설명한 발행지 기재의 의무에서 보아 준거법 결정의 기준으로 되는 한 독립 최소행정구역으로 기재하면 됩니다. 예를 들면, 특별시·광역시·시·군·읍·면 등의 단위로 기재하면 됩니다. 다만, 어음법에 따르면 약속어음의 발행지는 특별한 표시가 없는 이상 지급지이고, 또한 발행인의 주소지로 보고, 환어음의 경우 역시 지급인의 지급지이고 또한 지급인의 주소지로 보고 있습니다. 따라서 어음에 지급인의 주소를 기재하는 것은 약속어음에 있어서는 발행지와 지급지가 동일한 곳이라는 것을 의미합니다. 한편 발행지의 복수기재는 인정하지 않습니다.

발행지가 기재되지 않은 경우라도 발행인의 주소지 기재가 있으면 주소지를 발행지로 봅니다. 그러나 발행지·주소가 다같이 기재되어 있지 않을 때에는 발행지를 보충하지 않으면 안됩니다.

발행인의 주소지는 어음주소라고 하며, 반드시 진실한 주소를 기재할 필요는 없습니다. 다만 진실한 주소와 다른 주소의 기입자체는 형사상의 문제를 발생하지 않지만 원인관계가 사기 등일 경우에는 이 사기를 인정하는 중요한 증거가 됩니다. 공동발행의 경우에는 어떤 발행인의 주소에 의하여 보충할 것인가 하는 것이 문제되지만, 먼저 기재한 사람의 주소를 기준으로 하는 것이 일반적입니다.

## 6. 수취인 기재의 주의사항

【질의】 ➡ 어음발행시 수취인의 기재에 있어서 문제가 되는 경우는 어떤 경우이고 그때의 법률관계는?

【답변】 ➡

수취인이란 어음의 지급을 받거나 지급을 받는 자를 지시하는 자로서 어음면상에 기재된 자를 말합니다. 수표의 경우에는 수취인의 기재가 필요없지만, 어음에는 반드시 기재해야 하며 소지인출급식·무기명식·병결무기명식의 어음은 인정되지 않습니다. 또 단순히 기명식이고 지시하는 문언기재가 없는 것도 어음은 법률상 당연히 지시증권이므로 배서에 의하여 양도할 수 있습니다. 인쇄된 어음용지를 사용하여 수취인을 기재하지 않고 발행한 경우에는 당연히 백지어음으로 보게되는 점, 또한 수취인이 보충되지 않고 지급제시를 하면 유효한 제시로 인정되지 않는다는 점 등에 관해서는 앞서 설명한 발행일의 경우와 같습니다.

어음 요건으로서의 수취인의 기재는 일반인의 명칭이라고 인정되는 기재가 있으면 족하고, 실제로 어음의 교부를 받는 사람과 다른 사람의 명칭 또는 가설인의 명칭을 기재하여도 어음으로서의 효력에는 지장이 없습니다. 회사나 조합 등의 법인을 수취인으로 하는 경우에는 법인의 명칭만을 기재하면 족하고, 대표이사나 이사장의 성명까지 기재할 필요는 없습니다. 법인이 아닌 조합의 경우에도 조합명을 기재하면 됩니다. 다만, 이와 같이 지정된 수취인이 제1배서인으로서 기명날인 또는 서명을 어떻게 해야 할 것인가는 별개의 문제입니다.

한편, 다수의 수취인이 중첩으로 기재한 경우에는 그 수인이 공동으로 권리를 취득하는 것이 되고, 선택적으로 기재한 경우에는 어느 쪽이든 어음을 교부받는 자가 권리를 취득하는 것으로 됩니다. 따라서 중첩 기재의 경우이든 선택적 기재이든 어느 것도 인정됩니다. 발행인으로서는 중첩적 기재의 경우에는 수취인 공동으로 권리를 행사하였을 때, 선택적 기재의 경우에는 현실적으로 증권을 제시한 자에게 지급을 하게 됩니다. 이 두 경우 외에 단순히 수인을 병기한 경우에는 중첩적 기재의 경우로 봅니다.

## 7. 비법인 단체의 어음발행은 어떻게 하는가?

【질의】 ➡ 법인이 아닌 단체에서 어음을 발행하고자 하는 경우, 발행인란에는 어떻게 기명날인 또는 서명해야 하는가?

【답변】 ➡

법인이 아닌 단체에는 일반적으로 권리능력이 없는 사단, 설립 중의 회사, 조합 등이 있습니다.

권리능력이 없는 사단이라 함은 형식상 법인이 아닐지라도 실질적으로 개개의 구성원의 개성이 중시되지 않고 마치 단일의 유기체와 같이 구성되어 있는 단체를 말합니다. 권리능력이 없는 사단은 법인이 아니므로 본래는 권리의무의 주체가 될 수는 없지만 대외적으로는 오히려 대표자를 정하고 그 단체의 이름으로 활동하며, 거래의 상대방도 개개의 구성원과 거래하지 않고 단체 그 자체와 거래하려는 것이 사실입니다. 그래서 소송상으로는 그와 같은 현실에 착안하여 법인 아닌 사단으로서 대표자가 결정되어 있는 단체는 그 사단의 명칭으로 원고로서 소를 제기하고 또 피고로서 응소할 수 있는 것으로 되어 있습니다. 따라서 이와 같은 단체는 대표자에 의하여 그 단체의 명의로 어음을 발행할 수 있다고 생각하는 것이 거래의 실제와 부합하는 동시에 소송상의 취급도 합리적으로 할 수 있게 됩니다.

이런 경우 어음 발행의 기명날인 또는 서명의 방식은 법인의 경우와 같이 단체의 표시 · 대표관계의 표시 · 대표자의 기명날인 또는 서명의 세가지 요소로 성립하게 됩니다. 다만 이 경우 어음상의 책임을 지는 것은 사단 그 자체인가 아니면 각 구성원도 무한책임을 지는 것인가 하는 점이 문제로 되지만 전자라고 생각하는 것이 현실에 적합하게 보여집니다. 그러므로 어음을 취득하는 편에서 본다면 앞의 어음 발행 기명날인 또는 서명외에 대표자 개인 또는 다른 구성원의 어음보증을 받아 두는 것이 안전할 것입니다.

　주식회사는 그 설립등기에 의하여 비로소 법인격을 갖는 회사가 됩니다. 그러나 그 이전이라도 이미 주식 인수인에 의하여 구성된 인의 단체로서의 실질을 갖추고 있습니다. 정관에 의하여 기본적 조직이 정하여져 있으며, 대표자로서의 발기인도 있습니다. 법률이 설립등기를 하지 않으면 법인격을 취득할 수 없다고 규정하고 있으므로 권리능력이 없을 뿐이며, 조직적인 사단으로서의 실질은 이미 갖추고 있습니다. 설립 중의 회사가 권리능력은 없지만 사단이라고 본다면 발기인 대표가 설립 중의 회사를 위하여 한 행위의 효과는 실질적으로는 설립 중의 회사에 속합니다. 전술한 바와 같이, 이 사단의 법인이 되려면 설립등기에 의하여 형식적으로 법인격을 취득할 뿐이므로 등기의 전후에 의하여 그 실질에는 아무런 변화가 없습니다. 그러므로 설립 중의 회사가 인쇄소에 대하여 부담한 인쇄대금 채무는, 회사가 등기에 의하여 설립하면 당연히 회사가 부담하게 됩니다. 다라서 대금을 받지 않은 인쇄소는 당연히 회사에 대하여 그 지급을 청구할 수 있습니다. 다만, 주식회사에 있어서는 회사의 재산확보를 위하여 설립절차가 엄격하여, 설립을 위하여 지출한 비용도 정관에 기재하여 검사인의 검사를 받지 않으면 설립 후의 회사는 이를 부담하지 않습니다. 따라서 필요한 절차를 거치지 않은 설립비용의 지급을 위하여 설립 중의 회사가 어음을 발행하여도 회사는 책임을 지지 않습니다.

　민법상의 조합이란 법인이 아닐 뿐만 아니라, 전술한 권리능력 없는 사단과 비교하면 단체로서의 단일성이 약하고 각 조합원이 공동목적에 의하여 계약적으로 결합하고 있는데 지나지 않습니다. 따라서 대외적 행위도 조합 전원의 명의로, 또는 그 일부가 다른 조합원을 대리하여 하게 됩니다. 그래서 조합이 어음을 발행하려면 조합 전원의 명의를 기재한 다음에 조합의 업무집행자가 그 대리인으로서 기명날인 또는 서명하는 수밖에 없습니다. 그러나 이렇게 되면 조합원이 많이 있을 경우에는 조합이 어음을 발행한다는 것은 실제에 있어서 불가능할 것입니다., 그래서 최근의 학설과 판례는 조합의 대표자가 조합을 위하여 조합의 대표자 명의로 어음을 발행할 경우에는 그 조합의 전원이 공동발행인으로서 그 어음에 대하여 공동으로 책임을 져야 한다고 보고 있습니다. 이 경우 기명날인 또는 서명의 방식은 법인의 경우와 같이 조합명칭의 표시, 대표관계의 표시 및 대표자의 기명날인 또는 서명이 필요합니다.

## 8. 어음의 기명날인 또는 서명

> **【질의】** ➡ 어음의 기명날인 또는 서명은 반드시 발행인 본인만이 하여야 하는지?

**【답변】** ➡

어음행위는 그 종류에 따라 형식이 법정되어 있으므로 모두 같지는 않지만, 모든 어음행위에서 공통되는 불가결의 요건은 기명날인 또는 서명입니다. 기명날인 또는 서명은 본인이 하거나 사용인을 시켜도 외관상은 같습니다. 따라서 기명날인 또는 서명에 의한 경우는 발행인인 본인이 할 필요는 없고, 타인에게 시켜도 어음은 유효합니다. 이를 기명날인 또는 서명의 대행이라고 합니다. 그런데 어음의 기명날인 또는 서명만을 대행시키지 않고, 발행 그 자체를 제3자에게 위임시킬수 있는가가 문제가 됩니다. 어음법에는 직접 어음행위의 대리를 인정한 규정은 없습니다. 그러나 어음행위는 재산상의 행위로서 제3자에게 이를 위임할 수 있는 성질의 것입니다. 어음법에서 무권대리인의 책임에 관하여 규정하고 있는 것은 어음행위의 대리를 전제로 한 것이기 때문입니다.

어음행위의 내용은 어음상의 기재에 의하여 결정되므로 어음행위가 대리에 의하여 행하여 진다면 그 뜻을 어음상에 명백히 해 둘 것이 필요합니다. 대리의 일반원칙에 따르면 대리인이 자기의 명의만을 표시하고 행위를 한 경우에도 상대방이 대리인으로서 행동한 것을 알고 있는 경우에는 대리행위로서 유효하지만, 어음행위의 경우에는 어음상의 기재가 없는 이상 대리행위로 인정되지 않습니다. 이것은 어음행위의 특수성에 따른 것입니다. 한편 대리인이 직접 본인의 명의를 기재하고 어음을 발행한 경우에는 본인이 이러한 발행권한을 대리인에게 부여한 때에 한하여 그 발행이 유효합니다. 다만, 이 경우에는 대리형식이 어음상에 표시되어 있지 않으므로 어음행위의 대리로는 인정되지 않으나, 그 실질은 역시 대리입니다. 이를 기관에 의한 어음행위라고 합니다. 대리인이 권한이 없는 자이면 어음행위의 대리의 경우 어음상에 대리인으로서 표시된 자는 무권대리인으로서 책임을 지게 됩니다. 그러나 기관에 의한 어음행위의 경우에는 위조로서의 책임을 질 뿐 어음상의 책임을 추궁할 수는 없습니다.

## 9. 어음용지상에 인쇄된 문언을 변경·추가할 수 있는지?

> **【질의】** ➡ 어음용지면에 인쇄되어 있는 문언을 사정에 의하여 다소 변경하거나 추가하여 기재한 경우에는 어떻게 되는지?

**【답변】** ➡

어음은 유통증권으로서 많은 사람 사이에 유통되면, 그 사이에 각종의 어음행위가 행하여져서 여러 가지 어음관계를 발생시킵니다. 따라서 법은 어음상의 권리의 내용이나 당사자를 명백히 함과 동시에 어음의 유통성을 촉진하기 위하여 최소한도의 기재사항과 어음으로서의 효력을 가지기 위하여 기재하지 않으면 안될 사항을 규정하고 있습니다. 법에서 정하고 있는 어음에 반드시 기재하지 않으면 안되는 사항을 필요적 기재사항 또는 어음요건이라고 합니다. 이에 대하여 완전한 어음이 유효하게 성립하기 위하여 기재를 필요로 하는 사항은 아니지만, 그 기재에 의하여 어음상 기재한대로의 효력이 인정되는 사항을 유익적 기재사항이라고 하고, 어음상에 기재되었다 하더라도 당연히 그에 따른 법률적 효과가 주어지지는 않지만, 그렇다고 하여 어음 그 자체를 무효로까지는 하지 않는 사항을 무익적 기재사항이라고 하며, 그러한 사항이 기재됨으로써 그 기재사항 뿐만 아니라 어음 전체를 무효로 하게 하는 사항을 유해적 기재사항이라고 합니다. 필요적 기재사항이 결여된 어음은 완성어음으로서는 효력을 가지지 않지만, 아무런 효력도 가지지 않은 무효의 어음이냐 하면 반드시 그렇지는 않으며, 기재가 결여된 부분에 관하여 어음소지인에게 백지보충권이 주어져 있는 경우는 백지어음으로서 유효한 기능을 가집니다.

## 14. 미성년자의 어음발행

【질의】 ➡ 미성년자가 어음을 발행한 경우 그 어음의 효력은?

【답변】 ➡

어음의 발행은 누구라도 할 수 있습니다. 개인 뿐만 아니라 법인도 가능합니다. 법인의 권리능력은 그 목적의 범위 내에서만 인정되는데 어음은 금전거래의 수단으로 어떤 법인에게나 금전의 거래는 그 목적의 수행상 불가결한 것이므로 법인은 모두 어음을 발행할 수 있습니다. 현행 어음법에서는 어음행위능력에 관한 규정이 없습니다. 다만 '어음채무를 부담할 능력이 없는 자'라는 문언을 사용하고 있는 규정도 있으므로 모든 자가 유효하게 어음행위를 할 수 있다고는 볼 수 없습니다. 도한 누가 유효하게 어음행위를 할 수 있는가에 관한 규정도 없습니다. 이것은 어음법이 어음행위 능력에 관하여는 민법상의 행위 능력에 관한 일반원칙이 적용된다는 것을 전제로 하고 있기 때문입니다.

민법에 따르면 법정 대리인의 동의가 없이 한 미성년자의 행위는 취소할 수 있으므로, 미성년자가 행한 어음발행은 친권자 또는 후견인의 동의없이 행하여진 경우에는 취소할 수 있습니다. 그리고 일단 취소가 되면 처음부터 무효로 되기 때문에 발행된 어음금을 청구할 수 없습니다. 다만, 미성년자가 일정한 영업의 허락을 받는 경우에는 그 영업의 범위 내에서는 행위능력이 인정되므로 이 때에는 법정 대리인의 동의 없이도 유효하게 어음을 발행할 수 있습니다. 따라서 어음의 발행인이 미성년자인 경우에는 법정 대리인의 동의 유무, 영업 허락의 취득 여부 등을 확인할 필요가 있습니다. 미성년자가 어음 발행시에 능력자인 것처럼 상대방을 속인 경우에는 작위로서 이때에는 그 행위를 취소할 수 없습니다.

이상에서와 같이 미성년자가 발행한 어음은 불안정한 것이 많으므로 될 수 있는 한 이러한 어음은 이용하지 않는 것이 안전합니다. 그러나 이러한 어음을 일단 수취한 경우에 수취인의 지위를 불안정한 상태로 둔다면 어음소지인에게는 불안하지 않을 수 없습니다. 이와 같은 불안을 가능한 한 빨리 제거하기 위하여 민법은 미성년자와 거래한 상대방에게 최고권을 인정하고 있습니다. 즉 미성년자가 성년자가 된 후 이 자에 대하여 1개월 이상의 기간을 정하여 그 어음의 발행행위의 추인 여부의 확답을 최고할 수 있습니다. 따라서 이 기간 내에 확답을 하지 않으면 그 행위는 추인한 것으로 간주됩니다. 추인에 의하여 완전히 유효한 행위로 되는 것입니다.

## 11. 한정치산자가 행한 어음행위의 효력

**【질의】** ➡ 갑으로부터 어음을 발행받아 이를 을에게 양도하였는데, 갑이 후에 한정치산선고를 받은 경우 을이 받은 어음의 효력은?

**【답변】** ➡

한정치산자는 단독으로 완전하게 단독으로 유효한 어음행위를 할 수 없습니다. 한정치산자가 유효한 법률행위를 하기 위해서는 반드시 후견인 등 법정 대리인의 동의를 필요로 합니다. 이러한 동의없이 행한 행위는 한정치산자 또는 후견인으로부터 취소될 수 있습니다. 취소의 의사표시에 관하여 판례는 어음을 교부한 직접의 상대방에게 할 수 있다고 하는데 대하여 학설에서는 직접 교부한 상대방 이외에 현재의 어음 소지인에 대하여도 이를 할 수 있다고 보고 있습니다.

한편 한정치산자의 어음행위도 다음과 같은 경우에는 취소할 수 없습니다.

첫째, 한정치산자가 후견인으로부터 어느 정도의 범위를 정하여 포괄적으로 재산처분의 허락을 받은 경우 그 범위 내에서 행한 어음행위, 둘째, 후견인으로부터 특정 종류의 영업허락을 받은 한정치산자는 그 영업에 관하여 행위능력이 부여된 것이므로 그 범위 내에서 행한 어음행위는 일반원칙에 따릅니다, 셋째, 한정치산자가 자기를 능력자라고 믿게하기 위하여 사술을 사용하여 어음발행을 하였을 경우에는 그 어음의 발행행위는 취소할 수 없습니다, 넷째, 어음행위에 관하여 후견인 또는 능력자가 된 한정치산자로부터 추인인이 있는 경우입니다. 추인은 어음을 교부한 직접의 상대방에 대해서도 또 현재의 소지인에 대해서도 이를 할 수 있다고 하는 것이 판례의 태도입니다.

한정치산자 또는 후견인으로부터 취소의 의사표시가 있으면 어음행위는 처음부터 무효가 됩니다. 이런 경우 어음이 직접 상대방에게 있으면 한정치산자는 상대방의 선의·악의를 불문하고 반환을 요구할 수 있습니다. 그러나 어음이 수취인의 손으로부터 제3자의 손에 인도되어 있을 때에는 제3자의 선의·악의에 관계없이 반환을 요구할 수 없습니다. 제3자도 수취인·보증인 기타의 어음 채무자의 책임을 추궁하는데 있어서 이 어음이 필요하기 때문입니다. 무능력을 이유로 하는 취소의 주장은 물적항변이므로 직접 상대방 이외의 제3자가 선의의 경우에도 한정치산자에 대한 책임을 물을 수 없습니다. 즉 이 때에는 선의취득은 인정되지 않습니다. 그러나 어음 요건이 갖추어져 있는 이상 제3자는 배서인·보증인 등에 대하여 어음상의 책임을 추궁할 수 있습니다. 이를 어음 행위독립의 원칙이라고 합니다. 판례에 따르면 이 원칙은 선의의 취득자에 대해서 뿐만 아니라 악의의 취득자에 대해서도 인정된다고 보고 있습니다.

## 12. 무익적 기재사항

【질의】 ➡ 어음·수표상에 기재하여도 아무런 효력이 생기지 않는 문언에는 어떤 것들이 있는지?

【답변】 ➡

이른바 무익적 기재사항이란 어음·수표상에 기재하더라도 아무런 효력이 발생하지 않는 문언을 말하는 것으로, 이에는 다음과 같은 것들이 있습니다.

**(1) 어음·수표법에 규정이 있는 사항**

① 이자의 약정(다만 일람출급 또는 일람 후 정기출급어음은 제외)

어음에 아무리 고율의 기한 후의 이자 또는 손해금을 지급한다는 뜻의 기재를 하더라도 그 기재는 무효이며, 어음 소지인은 연6%의 이율에 의한 이자 또는 손해금의 지급을 받는데 그칩니다.

② 환어음 및 수표 발행인의 지급무담보문언

수표의 발행인이나 주된 채무자가 아닌 환어음의 발행인이라 하더라도 당연히 그 어음이나 수표의 지급을 담보할 의무가 있으며, 어음등에 담보하지 않는다는 문언을 기재하더라도 그것은 아무런 효력도 없습니다. 어음의 주된 채무자인 약속어음의 발행인에 대해서도 마찬가지입니다.

③ 지시문언

어음이나 수표는 법률상 당연히 지시증권이므로 이러한 지시문언의 유무는 전혀 무의미합니다.

④ 파단문언

어음이나 수표에 수통의 복본이 발행되었을 때에 그 중의 어느 한통에 관해 지급이 되었을 때에는 다른 어음에 '이 경우

에는 기타의 어음은 무효로 한다'는 뜻의 기재가 없다고 하여
도 기타의 어음은 당연히 무효가 됩니다.


### (2) 어음·수표법에 규정이 없는 경우

① 대가문언

어음이나 수표를 발행함에 있어서 '○○대금을 지급하기 위하
여'라든가, '○○의 대금을 수취하였음'등의 문언을 기재하더
라도 법률상 아무런 의미가 없습니다. 후일에 '그 상품은 반
환하였다'라든가, '그 돈은 실질적으로 수취하지 않았던 것이
된다'는 사태가 발생할지라도 어음의 효력에는 아무런 영향도
줄 수가 없기 때문입니다.

② 자금문언

'이 어음은 ○○은행에 정기예금해 둔 돈에서 지급한다'고 하
는 것과 같이 지급의 자금관계에 관하여 기재하였다고 하더라
도 어음이나 수표의 권리의무에는 아무런 영향이 없습니다.

③ 지시문언 또는 환수문언

어음은 지시증권이며 또한 환수증권이므로 '이 어음은 제시를
할 때 이 어음과 상환하여 지급함'이라는 듯의 기재 유무에
상관 없이 지급을 위한 제시를 하지 않으면 지급할 의무가
없으며, 또 어음과 상환으로가 아니면 지급하지 못하겠다는
것을 주장할 수 있습니다.

④ 위약문언

시중에 유통되고 있는 어음 가운데에는 간혹 '이 어음이 만약
기일에 지급되지 않고 지연되었을 때에는 일금10만원을 지급
하겠음'이라고 한것과 같은 이른바 '위약문언' 내지 특약의 기
재가 되어 있는 것을 볼 수 있는데, 학설과 판례에서는 이러
한 문언의 기재는 어음의 정형성·전통성을 해하는 것으로

보고 있습니다.

⑤ 기타

그 어음금의 지급확보를 위하여 담보가 설정되어 있다는 뜻의 '담보문언'은 무효의 기재입니다. 다만 어음면에 표시하는 재판관할의 합의에 관한 기재는 어음 소지인에게 불이익이 되지 않는 한 유효하다고 보아야 합니다. 왜냐하면 어음 소지인은 그 관할기재에 의하여 발행인이 승낙한 관할의 법원을 선택할 수 있는데, 그렇다고 하여 기타의 일반적인 재판관할을 잃어버리는 것은 아니므로 그만큼 선택의 여지가 있는 법원의 수가 늘어나는 결과가 되기 때문입니다. 다만 이 합의의 기재는 그 기재를 한 발행인이나 배서인에 대해서만 효력을 인정하여야 하고 그러한 이익을 원하지 않는 배서인에게는 이를 강요할 수 없습니다. 따라서 이와 같은 의미에서 본다면 원하지 않는 배서인에게는 위의 기재는 무익적 기재사항으로 될 것입니다.

## 13. 어음상에 기재된 금액이 다른 경우

> **[질의]** ➡ 어음을 발행하였는데 어음면에 기재된 금액이 문자와 숫자
> 가 서로 다른 경우 어떻게 처리해야 하는지?

**[답변]** ➡

어음은 금전지급을 목적으로 하는 채권증권이므로, 당연히 어음면에 금액을 기재할 것이 필요합니다. 어음법에서는 금액의 기재방법에 관하여 '일정한 금액'을 기재하여야 한다고만 규정하고 있을 뿐입니다. 따라서 그 금액은 국내통화인 "원"으로 표시하는 경우 뿐만 아니라 외국통화로도 가능합니다.

다만 외국통화로 기재한 경우에는 국내통화인 "원"으로 환산하여 지급할 수 있습니다. 또한 금액은 일정하여야 하므로 선택적이고 애매한 기재는 일정성에 반하게 되어 허용되지 않스빈다. 일정한 금액을 표시하는 문자에는 어떤 제한도 없기 때문에 금액을 어떤 문자로 기재하여도, 또 어떤 필기용구를 사용하여도 법률상으로는 유효합니다. 그러나 각 은행에서는 금액을 아라비아숫자나, **壹·拾·萬** 등의 한문자로 기재할 것을 정하고 있습니다. 이것은 어음 취급의 편의와 될 수 있는 한 틀림을 방지하기 위하여 행하여지는 취급이고, 이것에 따르지 않는다고 하여 어음이 무효가 되는 것은 아닙니다.

어음에는 동일 금액을 중복하여 기재하는 경우가 실제로 많은데, 이것은 금액의 변조를 하지 못하게 하기 위하여 행해지는 것입니다. 그러나 이와 같이 중복 기재시에 잘못하여 틀린 금액이 기재되는 경우가 있는데, 이때 각 기재금액이 등가치의 것이 아니라고 하면 금액의 일정성에 반하게 되므로 어음은 무효로 됩니다. 그러나 어음법은 이와 같은 금액의 중복기재가 틀린 경우, 될 수 있는 한 어음을 유효한 것으로 하기 위하여 그 구제 규정을 두고 있습니다. 즉 어음 금액

이 문자와 숫자로 중복 기재되어 양금액에 틀림이 있는 경우에는 문자로 기재된 금액이 우선합니다. 또 어음 금액의 중복기재가 문자만으로 또는 숫자만으로 행하여진 경우에는 양금액을 비교하여 적은 금액이 우선합니다.

그러나 실무에서는 각 은행은 당좌계정약정서 또는 추심약관 등에 의하여 금액의 중복 기재가 어떻게 되었든지 어음 용지의 소정의 금액란에 기재된 금액을 어음 금액으로 하여 처리하고 있습니다. 이것은 문자와 숫자로 어음 금액이 중복 기재되어 있어도 소정 금액란에 숫자로 금액 기재가 되어 있으면 숫자로 기재된 금액이 어음 금액으로 취급되기 때문에 어음법의 규정과 일치하지 않습니다. 따라서 이것은 얼핏보면 틀린 것 같이 보여지나, 은행과 당좌거래처와의 약정은 은행사무의 신속·확실한 처리의 면에서 필요한 것이고, 또 이와 같은 약정은 유효하다고 봅니다.

# 제4편. 어음 · 수표의 기명날인 또는 서명

## 1. 어음 발행시 기명날인 또는 서명

【질의】 ➡ 어음요건으로서의 기명날인 또는 서명은 발행인이 직접 해야만 하고, 날인시에는 반드시 당좌거래에 사용할 인장만을 사용해야 하는지?

【답변】 ➡

어음법에서는 모든 어음행위에 반드시 있어야할 요건의 하나로써 기명날인 또는 서명을 규정하고 있습니다. 이와 같이 어음행위에 기명날인 또는 서명을 요구하고 있는 이유에는 두 가지가 있습니다. 그 하나는 주관적 이유로 어음 행위자로 하여금 어음상의 책임을 부담하여야 한다는 것을 자각시키기 위하여 특히 신중한 절차를 밟도록 한 것입니다. 다른 하나는 객관적 이유로 어음 행위자의 고유한 필적 또는 인영을 어음면에 나타나게 하여 어음 취득자로 하여금 어음 행위자가 누구인가를 확인시키고 어음 행위의 변조를 방지할 목적에서 입니다. 기명날인 또는 서명의 방법은 어음 행위자의 명칭을 표시하고 그것에 그의 인장을 날인하는 것입니다. 반드시 자필적 서명에 국한되지는 않지만, 일반적으로는 자필적 서명을 한 후에 날인을 합니다. 외국인의 경우에는 자필적 서명만으로 기명날인에 갈음할 수 있습니다. 자필적 서명이라 함은 어음행위자가 스스로 자기의 명칭을 필기하는 것을 말합니다.

한편, 이를 은행거래와의 관계에서 보면, 지급은행에 신고되어 있는 인감과 같은 인장을 사용하지 않으면 인감상위로서 어음이 부도가 될 것입니다. 그러나 기명날인자에게 어음상의 책임을 지운다는 점에서 본다면 기명과 날인이 당해 어음 행위자의 의사에 의한 것인 한(즉 행위자 자신의 입장에서 사용된 것인 한) 은행에 신고되어 있는 인감이 아니라도 좋으며, 인감증명을 낼 수 없는 것이라도 상관없습니다. 일상 사용하고 있지 않는 인장이라도 좋으며, 무의미한 인형을 새긴 인장이거나 아호 또는 고래의 명언 명구를 새긴 것이라도 관계없습니다. 또한 타인의 인장을 빌려서 찍더라도 관계 없습니다. 다라서 기명과 인장의 문자가 전혀 관계 없더라도 괜찮습니다.

그러나 인장을 엉뚱한 곳에 날인하면 어음은 무효가 됩니다. 이에 관하여는 상점명과 성명의 기재가 있고, 그 한가운데에 ○○상점의 각인이 찍힌 것이어서는 안된다고 한 판례가 있습니다. 또한 무인을 찍은 것도 무효가 됩니다. 어음의 발행·배서·보증 등 어음행위에 있어서 어음면에 기명날인 또는 서명한다는 것은 절대적 요건이기 때문입니다. 물론 무인은 인간의 동일성을 확인하는 방법으로서는 오히려 인장보다 확실하다고 할 수 있지만, 그 진위의 식별이 육안으로써는 불가능하며, 특수한 기구와 특별한 기능을 필요로 하므로 전전 유통하는 어음에는 부적당한 것으로 볼 수 있기 때문입니다.

이상에서와 같이 우리나라에서 행해지고 있는 기명날인 또는 서명은 새겨놓은 기명판 또는 인장을 눌러도 상관이 없으므로 이를 기명날인자 스스로 할 필요는 없으며, 타인에게 위임하여 이를 하여도 됩니다. 이것은 기명날인 또는 서명의 대행이라고 합니다. 최근 일부 선진국에서는 어음·수표의 발행량의 증대와 더불어 체크싸이너라고 하는 기계가 사용되고 있습니다.

이것을 사용하면 시명부분과 날인부분이 동시에 인쇄되는데, 이것에 의한 것도 기명날인 또는 서명으로써 유효합니다.

## 2. 법인의 어음발행시 유의점

【질의】 ➡ 법인이 주식회사 명의로 어음을 발행하고자 하는 경우, 그 기명날인 또는 서명은 어떻게 해야 하는지?

【답변】 ➡

학설과 판례에 따르면 회사 등의 법인이 어음 행위를 하는 경우, 그 대표자가 법인을 위하여 하는 것임을 명백히 표시하고 대표자 자신의 기명날인 또는 서명을 하지 않으면 안된다고 합니다. 다만 학설 가운데에는 법인의 대표기관의 행위가 법률적으로는 법인의 행위라고 인정되는 것이기 때문에 대표자가 직접 법인의 이름을 쓰고 법인인을 찍은 것이라면 그것으로 법인 자신의 유효한 기명날인 또는 서명이 있었던 것으로 보아도 좋다고 보는 견해도 있습니다. 그러나 판례·통설이 이러한 견해를 인정하지 않는 것은 법인의 대표기관도 법률상으로는 대리의 관계와 똑같이 취급되며, 실제상으로도 법인의 경우에 대표자가 법인명과 법인인만으로 대표기명을 하는 것을 인정할 필요가 없다는 이유에서라고 봅니다. 따라서 통설·판례의 입장에서는 회사가 어음을 발행하거나 배서를 하기 위해서는 어음 위에 회사명과 대표자의 직함을 쓰고 대표자 개인의 기명날인 또는 서명이 되어지지 않으면 됩니다. 만일 이 형식에 따르지 않고 회사명과 회사인만으로 어음을 발행했다면, 적식의 발행·기명날인 또는 서명이 없는 것으로 되기 때문에 통설에 의하면 어음 그 자체가 요식을 결한 것으로 무효가 되며, 그 후의 배서인도 책임을 지지 않아도 됩니다. 이 기명날인 또는 서명의 형식을 나누어 설명하면 다음과 같습니다.

첫째, 회사명의 기재가 필요합니다. 이것을 쓰지 않고 대표자 개인의 기명날인 또는 서명만 한다면, 실제로 회사를 위하여 회사의 대표자로서 기명날인 또는 서명할 생각이었다 하더라도 대표자 개인의 발행으로서의 책임을 지지 않으면 안됩니다.

둘째, 회사를 대표하여 기명날인 도는 서명하는 것임을 확실히 하기 위하여 대표자의 직명이나 지위를 기재하여야 합니다. 만일 이를 하지 않고 회사명의 기재와 개인의 기명날인 또는 서명만을 한다면, 그것이 회사를 위하여 기명날인 또는 서명한 것인가, 회사명은 기명자의 근무처를 표시하는 것만으로서 기명날인 또는 서명은 어디까지나 개인으로서 한 것인가가 분명하지 않기 때문입니다. 따라서 그 어느 쪽인지 모르는 어음소지인이 기명날인자 개인에게 지급을 청구하였을 때에는 개인으로서 책임을 져야만 합니다. 기명날인자의 지위나 직명의 기재로서는 반드시 대표이사, 대표사원과 같이 그 명칭 자체로 보아 법률상 회사의 대표권이 있음을 알 수 있는 것이 아니라도 사장, 전무이사, 업무담당사원, 이사회장, 이사 등의 명칭을 기재하는 것으로도 족합니다. 그리고 이들 명칭은 기명날인자의 이름과 나란히 그 직함으로써 표시하는 것이 적당하고, 실제에서도 그렇게 하는 것이 보통이지만, 기명날인자의 이름 아래 그 날인으로서 직인이 찍혀 있는 경우라 하더라도 적법한 대표기관의 표시가 있었던 것으로 인정됩니다. 다만 직함으로서의 회사명의 기재마저 없는 경우에는 날인한 개인이 개인으로서의 책임을 지게 됩니다.

셋째, 대표자 개인의 기명날인 도는 서명이 필요합니다. 이 기명날인 또는 서명의 방식은 일반의 경우와 마찬가지입니다. 다만 회사의 어음에 기명날인 또는 서명하는 대표자의 성명과 인영은 거래은행에 신고되어 있고, 은행은 신고되어 있는 대표자명의 기재와 인영이 있는 어음이 아니면 지급을 하지 않기 때문에, 기일에 원활하게 은행으로부터 지급을 받기 위해서는 그 신고되어 있는 대표자의 기명날인 또는 서명을 얻지 않으면 안됩니다. 회사에 따라서는 이상의 형식 이외에도 회사의 어음행위임을 확실하게 하기 위하여라든가, 은행에 사인(社印)도 신고하여 두고 이에 관해서도 인감대조를 하도록 하게 하는 등의 이유에서 회사의 명칭을 새긴 기명판과는 별도로 '甲會社印'이라고 하는 사인을 찍는 경우도 있습니다. 다만 이러한 사인을 찍는 것은 물론 상관이 없는 것이지만, 이것은 회사의 어음발행의 형식으로서 필요한 것은 아닙니다.

대표이사가 여러 사람 있는 경우, 법률상으로 각자가 자기의 이름으로 회사를 위하여 어음을 발행할 수가 있지만, 실제로는 그 중 사장만을 어음의 대표자로 정하고 있으며, 혹은 사장 이외에 전무이상 등을 어음의 기명날인자로 정하고 그 성명과 인감을 거래은행에 신고하고 있는 것이 보통입니다. 회사와 은행과의 사이에는 당좌거래약정서 등에 의하여 은행이 회사가 발행한 어음을 지급하는 경우, 회사의 신고인감과 대조하여 정확하면 면책된다고 정하여져 있어 그 인감대조에 의한 면책의 이익을 은행이 받기 위하여 신고가 행해지고 있습니다. 따라서 그 신고명의인과 회사의 실제 어음 발행권자와는 반드시 일치해야 하는 것은 아니지만, 실제문제로서 어음발행의 권한은 신고한 대표자에게만 주어져 다른 대표이사에게는 그 권한이 없다고 보아야 할 경우가 많습니다.

그러나 경우에 따라서는 신고가 되어 있지 않는 대표이사에 관하여도 어음발행의 권한 그 자체가 없는 것은 아니고, 그 권한은 있지만 단지 어음에 기명날인 또는 서명하는 대표자의 명의가 은행에 신고된 명의에 포함되어 있다고 보아야 할 경우도 있을 것입니다. 어떻든 이러한 것은 대표이사의 법정의 대표권에 가하여진 내부적인 제한에 지나지 않으므로 대표이사가 이에 위반하여 신고명의 이외의 명의로 어음행위를 할지라도 회사는 그 제한의 사실을 모르는 제3자(은행 이외의 제3자)에 대항할 수 없습니다.

## 3. 공동대표이사 가운데 1인의 이사가 한 어음 발행행위의 법률관계

> **【질의】 ➡** 甲주식회사는 공동대표제를 취하고 있는 회사로서, 어음을 발행하고자 하는데, 이 때 어음면의 기명날인 또는 서명을 공동대표 가운데 1인만이 하여 발행한 경우 그 어음의 어떠한지?

**【답변】 ➡**

공동대표제도는 2인 이상의 대표자가 공동으로 회사를 대표할 수 있도록 함으로써 대표권의 행사를 신중하게 하고 그 오용을 방지하려는데 목적을 두고 인정된 제도입니다. 어음행위에 있어서 회사를 대표한다고 하는 것은 어떠한 어음행위를 하는가를 대표자 자신이 스스로 정하고 그런 다음 어음상에 자기의 기명날인 또는 서명을 하는 것을 말하는 것이므로, 회사의 공동대표제도를 두었을 때에는 그 대표자는 단독으로 어음에 기명날인 또는 서명할 수 없으며, 반드시 공동대표자 전원의 기명날인 또는 서명을 하지 않으면 안됩니다. 공동대표자 가운데 한 사람이 마음대로 단독의 기명날인 또는 서명을 하여 어음을 발행할지라도 그것은 유효한 회사대표행위가 될 수 없으므로 회사는 그 책임을 지지 않습니다. 특히 이 공동대표의 규정이 등기되었을 때에는 그것을 모르는 선의의 제3자에 대해서도 회사는 대항할 수 있다는 점을 주의하지 않으면 안됩니다. 다만 어음에 기명날인 또는 서명하는 행위 그 자체는 사실행위이기 때문에 공동대표자의 전원이 어떠한 어음행위를 할 것인가를 결정하기만 하였다면 그 기명날인 또는 서명의 대행을 공동대표자 중의 한 사람에게 위임하여 행하여도 관계는 없습니다.

법에서 공동대표제도를 인정하고 있는 이유는 이상에서와 같습니다. 그러나 실제에 있어서는 이 원칙을 엄격히 지킨다면 불편한 경우가 생길 수도 있습니다. 예를 들면 공동대표자의 1인이 병이나 해외 여행 등으로 어음에 기명날인 또는 서명할 수가 없을 때에는 다른 단독대표자가 없는 한, 그동안 회사는 어음을 발행할 수 없는 경우도 있을 것입니다. 이 밖에도 여러 가지 이유로 공동대표자의 전원이 기명날인 또는 서명할 수 없는 경우도 있을 것입니다. 이러한 경우를 고려한다면, 첫째, 공동대표자의 전원이 승인한다면 일정한 범위 내에서 그 중 한사람의 공동대표자에게 어느 정도 넓게 어음행위를 위임하고 그 사람이 자기의 기명날인 또는 서명과 동시에 다른 공동대표자 전원의 기명날인 또는 서명도 대행하여 어음행위를 하도록 하면 어떠한가, 둘째, 한걸음 나아가 이러한 경우에 한 사람의 공동대표자에게 그 사람 단독의 대표 기명날인 또는 서명만으로 어음행위를 할 수 있도록 위임하는 것을 인정하는 것은 어떠한가 라고 하는 의문이 생깁니다.

본래 공동대표제도는 회사를 보호하기 위한 제도입니다. 따라서 회사로서는 공동대표자 전원에 의한 공동의 결정으로 법률행위가 이루어져야만 하고, 일반적·포괄적으로 어음행위의 전부를 공동대표자의 1인에게 위임할 수는 없습니다. 그러나 가령 일정한 거래의 결제관계와 같이 그 어음행위의 원인관계 등을 한정하여 그 범위 내의 어음행위를 한 사람에게 위임하여도 무방하다고 생각됩니다. 그리고 이것이 인정된다면 공동대표자의 한 사람이 다른 공동대표자의 기명날인 또는 서명까지도 대행하여 전원의 대표 기명날인 또는 서명 아래에서 어음행위를 하는 것만이 아니라 자기 한사람의 기명날인 또는 서명으로 어음행위를 하는 것을 인정해도 좋을 것이라고 봅니다.

학설 가운데 소수설은 어음행위에 관하여, 공동대표자의 1인이 다른 공동대표자로부터 특정한 사항에 관해 개별적으로 위임을 받아 대표행위를 하는 것이라면 단독으로 회사를 대표할 수 있다고 주장하는 견해도 있습니다. 그러나 이 견해도 특정의 개별적인 위임만을 인정하고 있을 뿐이며, 넓게 일반적으로 다른 공동대표가 한 사람의 기명날인 또는 서명만으로써 어음을 발행할 수 있다고 하는 것은 아닙니다. 실제상으로도 이와 같은 포괄적인 위임을 인정하면 대표권의 오용·남용을 방지하기 위하여 인정된 공동대표제도는 그 의미를 상실하게 됩니다. 따라서 실무상으로도 공동대표자의 한 사람에게 기명날인 또는 기명을 맡기는 것은 피하는 것이 좋습니다. 어음을 받는 편에서 보더라도, 공동대표자 한 사람의 단독의 기명날인 또는 서명으로써 어음이 발행되어 있을 경우, 그것이 정말로 다른 공동대표자의 유효한 위임에 의하는가 어떤가는 용이하게 알 수가 없고, 설령 알 수 있다고 하더라도 문제가 생겼을 때 다른 공동대표자의 위임이 있었다는 것을 어음소지인 측에서 입증하지 않으면 안되기 때문에 그러한 어음을 받는 것은 위험합니다.

판례에 따르면 공동대표라고 등기되어 있는 경우라도, 공동대표 이사가 단독으로 대표권을 행사할 수 있다고 보여지는 외관을 가지고 대표이사의 명칭을 사용하여 거래를 하고 있고 회사가 이를 묵인하고 있는 것과 같은 경우에, 회사는 선의의 제3자에 대하여 유효한 단독대표가 있었던 것과 같은 책임을 지지 않으면 안된다고 합니다. 학설도 이에 찬성하고 있습니다. 그리고 어음의 지급은행인 거래은행에 관해 이러한 것이 문제가 되는 경우를 생각해 본다면, 종래 단독대표였던 것이 공동대표로 변경되었을 경우에는 그 명의변경의 신고가 없었기 때문에 은행이 그 사실을 모르고 있을 경우도 있을 것입니다. 그러나 새로이 공동대표로서 대표자를 선임하는 경우에는 대표자(변경)신고시에, 그 등기부등(초)본이 은행에 신고되어 은행은 그 사실을 알게 되는 것이 통례이므로, 공동대표자의 1인이 마음대로 단독으로 공동대표자로서 기명날인 또는 서명한 어음을 지급한 경우에는 은행은 보호를 받을 수 없는 것입니다.

## 4. 타인이 대행한 기명날인 또는 서명의 법률관계

【질의】➡ 어음의 발행인이 기명날인 또는 서명을 직접 스스로 하지 않고 타인에게 본인의 기명날인 또는 서명을 하게 한 경우 어음 발행에 따른 기명날인 또는 서명의 효력은?

【답변】➡

어음의 기명날인 또는 서명은 그 성질상 반드시 본인이어야 하는 것은 아니므로 이를 타인이 대행하여도 크게 문제되지는 않습니다. 다만 기명날인 또는 서명의 대행에는 두 가지의 경우가 있다는데 주의하여야 합니다. 그 하나는 본인이 직접 기명날인 또는 서명을 하는 대신 타인으로 하여금 기명날인 또는 서명을 하게 하는 경우이며, 다른 하나는 타인에게 처음부터 인장을 맡겨 놓고 필요한 경우에 타인의 판단으로 본인의 기명날인 또는 서명을 하고 어음을 발행하는 것을 허용하는 경우입니다. 전자의 경우에는 어떠한 어음에 기명날인 또는 서명하는가는 본인이 스스로 정하고, 다만 기명날인 또는 서명의 행위만을 타인에게 대행시키는 것에 지나지 않기 때문에 어음상의 기명날인자가 본인인 것은 실질적으로나 형식적으로 분명합니다. 그러나 후자의 경우에는 어느 정도 타인의 의사가 작용하고 있으며, 타인의 재량하에 기명날인 또는 서명이 행해지고 있기 때문에 실질적으로는 타인이 본인의 대리인으로서 어음행위를 하는 것과 같은 관계가 됩니다. 판례에 따르면 이 후자의 경우를 기명날인 또는 서명의 대리라 표현하고, 대리의 한 방식으로서 유효한 것으로 보고 있습니다. 그러나 학설은 어느 경우이든 기관에 의한 본인의 어음행위로 보고 있습니다. 후자의 경우는 실질적으로는 대리의 한 방식이라고 볼 수 있으나 어음상에는 서면행위로서의 어음행위의 법률적 평가는 오직 어음의 기재에만 의존하여 판단하여야 하므로 본인의 기명날인 또는 서명만이 있고 대리관계의 표시와 대리인의 기명날인 또는 서명도 없으므로 형식적으로는 역시 어음행위의 대행으로 보아야 합니다. 왜냐하면 오히려 형식상으로는 타인이 본인의 손발이 되어 기명날인 또는 서명한 것과 같은 형태가 되기 때문입니다.

## 5. 사기·강박에 의하여 어음을 발행한 경우

【질의】 ➡ 사기나 강박에 의하여 어음을 발행하였는데, 이를 취득한 제3자가 지급을 청구한 경우 어떻게 되는지?

【답변】 ➡

민법에 따르면 사기나 강박을 이유로 하는 의사표시의 취소는 선의의 제3자에 대하여 대항할 수 없습니다. 또 상대방의 의사표시에 관하여 제3자가 사기나 강박을 행한 경우에는 상대방이 그 사실을 알았거나 알 수 있었을 경우에 한하여 그 의사표시를 취소할 수 있고, 이때에도 그 취소는 선의의 제3자에게는 대항할 수 없습니다. 민법은 일반의 거래행위에 적용되는 법률이므로 어음행위와 같은 특수한 행위에도 그대로 적용되는 것인지에 대해서는 이론이 있습니다. 만일 적용된다면 이 경우 제3자가 사기나 강박의 사정을 모르고 취득하였다면 그 지급을 거절할 수는 없습니다. 그러나 어음의 거래는 일반 사인간의 물건의 매매나 금전의 대차와 같이 당사자간에서 완결되는 것이 많은 거래와는 달리 제3자간을 전전유통되는 것이 당연히 예상되는 거래이므로 제3자에 대하여 항상 취소를 이유로 지급을 거절할 수 있다고 하면 어음의 유통은 현저하게 저해될 것입니다. 어음을 취득할때에 사기나 강박에 의하여 발행되었는지를 일일이 조사하지 않으면 안되기 때문입니다. 따라서 어음의 경우에는 일반거래와 달라서 사기나 강박의 피해자로부터 어음을 취득한 자를 보호할 필요가 있습니다.

이와 같이 발행인이 사기나 강박에 의한 취소를 이유로 어음금의 지급을 거절할 수 있는 경우는 제약을 받게 되나, 이 취소의 의사표시는 누구에게 하면 되는가, 학설은 어음은 다수인 사이를 전전유통하는 것을 전제로 하여 발행되는 것이므로, 유통에 관여한 자라면 누구에게나 할 수 있다고 보고 있습니다. 다만 판례는 직접 상대방 즉 수취인을 상대로 해야 한다고 보고 있습니다.

## 6. 보이기 위한 어음의 법률관계

> **【질의】** ➡ 타인으로부터의 부탁을 받아 단순히 그 타인의 자력을 보이기 위한다는 약속을 하고 어음을 발행한 경우, 이러한 법률관계는 어떻게 되는지?

**【답변】** ➡

이른바 모이기 위한 어음이란 단지 어음 소지인의 자력을 가장할 목적에서 타인에게는 양도하지 않는다는 약속하에 발행되는 어음을 말합니다. 이러한 어음은 대개 이 어음의 발행을 의뢰한 자를 수취인으로 하거나 또는 수취지란을 백지로 하여 의뢰자에게 교부하는 방식을 취합니다. 이 보이기 위한 어음에 관해서는 민·형사상의 법률문제가 발생합니다.

먼저 민사상의 법률문제를 살펴보면, 예컨대 어음발행 의뢰인이 당초의 약속을 어기고 어음을 제3자에게 배서양도하여 최종의 어음 소지인이 발행인에 대하여 어음금의 지급을 청구하는 경우의 문제입니다. 이와 같은 경우에는 최종의 어음 소지인이 발행인과 의뢰인 이외의 타인에게는 양도하지 않겠다는 약속 또는 의뢰인이 처음부터 타인에게 양도할 심산이었는데도 발행인을 기망하여 발행하게한 것이라는 등의 사정을 알지 못한 경우에는 발행인은 어음지급금의 책임을 면하지 못합니다. 어음의 발행인과 의뢰인 사이의 법률 관계만을 생각하여 본다면 보이기 위한 어음의 경우는 보통 다음 두 가지의 경우에 해당합니다. 그 하나는 의뢰인이 처음부터 타인에게 양도할 것을 목적으로 발행인을 기망하고 발행하게 한 경우, 즉 위계에 의한 발행의 경우입니다.

이 경우 발행인은 위계를 이유로 발행의 의사표시를 취소할 수 있습니다. 다른 하나는 발행인과 의뢰인 사이에 처음부터 어음을 발행할 의사는 없었으나, 통정하여 발행한 것처럼 가장하는 경우이며, 이 경우에는 통정한 허위의 의사표시로서 발행은 무효가 됩니다. 다만,

이와 같은 법률관계는 발행행위의 당사자인 발행인과 의뢰인 사이에 만 해당됩니다.

보이기 위한 어음이라 하더라도 의뢰인으로부터 제3자에게 양도되었을 때에는 그 법률관계는 달라지게 됩니다. 즉 위계의 경우 발행인은 의뢰인이 자기를 속이고 발행케 하였다는 사정을 모르는 제3자에 대하여 취소의 주장을 할 수 없습니다. 또한 허위의 의사표시의 경우에도 발행인과 의뢰인 사이에 통정한 사실을 알지 못하고 어음을 취득한 제3자에 대하여 발행인은 무효를 주장할 수 없습니다.

이와 같은 법률 규정의 이면에는 거래안전의 고려가 적용하고 있는데, 특히 어음에 있어서는 양도성이 어음의 최대 기능으로 되어 있으므로 더욱더 거래안전의 고려가 필요한 것입니다. 이에 따라 학설·판례는 어음행위의 의사표시에 하자가 있는 경우 허기·작위의 의사표시 등과 같이 민법에 제3자를 보호하는 규정이 있을 때에는 이를 적용하고 착오·강박 등과 같이 제3자를 보호하는 규정이 있을 때에는 이것을 수정 배려하여 제3자 보호에 노력하려고 하는 견해, 어음행위에는 민법의 적용이 없고 어음 독자적 입장에서 어음법 제17조의 규정이나 일반 악의의 항변을 적용하여 제3자를 보호하려고 하는 견해 등 여러 입장이 나누어져 있습니다. 그러나 그 어느 학설·판례의 입장을 취하여도 보이기 위한 어음의 경우 제3자에 대하여 어음 발행인은 그의 무효와 취소를 주장할 수 없다는 점에서 공통됩니다.

다음 형사상의 문제에 관하여는, 예컨대 의뢰인이 제3자에게 보이기 위한 어음을 제시하고 자력이 있는 것처럼 속여 의뢰인의 제3자에 대한 채무의 변제기를 연장받은 경우, 의뢰인은 형법상의 사기죄의 적용을 받게 됩니다. 또한 발행인은 의뢰인이 이 어음으로 사기행위를 할 것을 예견하고 또 이를 인용하고 있었다면 사기죄의 방조범으로서의 책임을 면하지 못합니다. 결국 이와 같은 보이기 위한 어음을 발행한 경우에는 발행인은 그에 대한 민·형사상의 책임을 면하지 못함을 주의해야 합니다.

## 7. 횡선수표

【질의】 ➡ 특수한 수표로서 횡선수표란 무엇이고 이 수표를 발행하는
실익은 무엇인가?

【답변】 ➡

횡선수표는 수표상에 두 줄의 평행선을 그은 수표로서 그 지급수
령 자격에 제한이 있는 수표를 말합니다. 일반적으로 수표는 현금의
대체물로서 항상 일람출급이고 더욱이 대개의 경우 소지인출급식이
기 때문에 도난이나 분실 등의 사고가 발생한 경우 부정한 소지인은
용이하게 지급을 받을 수 있습니다. 수표법은 이러한 위험을 방지하
기 위하여 횡선수표제도를 인정하고 있는 것입니다.

즉 횡선수표에 대여 지급인은 은행 또는 자기의 거래처에게만 지
급할 수 있고, 또 은행은 자기의 거래처 또는 다른 은행으로부터만
이 수표를 취득할 수 있도록 규정하고 있습니다. 이에 따라 은행으로
부터 지급을 받은 자를 쉽게 알 수 있게 되고, 또 소급하여 수표의
유통경로를 알 수 있기 때문에 피해자의 구제가 용이하게 됨과 동시
에 수표의 부정취득으로 인한 피해를 방지할 수 있다는 장점이 있습
니다. 횡선의 방식은 보통 수표의 네 귀퉁이 중 어느 한쪽에 철도선
로 모양의 평행선을 잉크나 볼펜으로 두줄 나란히 그리는 것입니다.
이것은 수표발행인만이 할 수 있으나, 발행인이 하지 않을 때에는 소
지인도 이를 할 수 있습니다.

횡선수표에는 두종류가 있는데, 그 하나는 단순히 두 개의 선만을
그어 두는 단순횡선수표이고, 다른 하나는 두 줄의 선을 그리고 그
안에 은행 이름을 기입하는 특정횡선수표가 그것입니다. 일반횡선수
표의 경우에 그 수표는 아무나 찾을 수 없고 은행이나 지급은행의
거래처만이 찾을 수 있으므로 만일 그 수표의 지급은행에 당좌거래

라도 하고 있으면 그냥 찾을 수 있지만 그렇지 않은 경우에는 고지인이 거래하고 있는 다른 은행을 통해서 찾거나 그 수표의 지급은행과 거래가 있는 아는 사람을 통하여 찾을 수밖에 없습니다. 지급받는데 어느 면으로는 불편한 점이 있는 것 같기도 하지만 만일의 분실사고에 대처한다는 이점에서 보면 그같은 불편은 아무것도 아닙니다. 특정횡선수표는 그 횡선 안에 표시된 특정은행에 대해서만 지급하게 되고 또는 은행이 지급인인 경우에는 자기의 거래처에 대해서만 지급하게 되는 것입니다. 그러나 횡선 안에 지정 기입된 은행은 다른 은행을 통해서 추심할 수 있습니다. 또 이 수표는 지정된 은행에 대해서만 지급할 수 있으므로 일반인은 횡선내 기입된 은행을 통하지 않고서는 지급을 받을 수 없게 됩니다. 한편, 은행으로서는 자기거래처 또는 다른 은행에서만 횡선수표를 받을 수 있으며, 이외의 자를 위해서는 횡선수표의 추심을 하지 못합니다.

## 8. 수인이 공동으로 어음을 발행한 경우

**【질의】 ➡ 수인이 공동으로 어음을 발행한 경우의 법률관계는?**

**【답변】 ➡**

어음의 발행인란에 여러 사람의 기명날인 또는 서명하고 있는 경우에 그것이 공동발행인가 어음보조인가를 분명하게 확인해야 합니다. 복수의 기명날인자 모두가 발행인인 것이 확실한 경우는 각기 기명날인 또는 서명이 된 위에 발행인이라고 하는 문언이 명기되어 있는 경우입니다. 이와는 반대로 1인의 기명날인 또는 서명에는 발행인이라고 기재되고 다른 기명날인 또는 서명에는 위 보증인이라고 기재되어 있으면 1인은 주된 채무자이고 다른 사람은 그 보증인임이 확실합니다. 실무상으로도 은행이 작성하는 어음이나 은행이 직접 고객으로부터 받는 어음일 경우에는 이와 같이 화실한 문언을 넣도록 하고 있습니다. 그러나 일반인이 작성하는 어음에는 이러한 조치가 취해지지 않고, 다만 발행인란에 여러 사람이 기명날인 또는 서명만을 나란히 하는 경우가 많이 있습니다. 이런 경우 맨처음의 기명날인 또는 서명에는 처음부터 인쇄되어 있는 발행인이라는 문언이 직접 쓰여 있으므로 이 자가 발행인임은 분명합니다. 그러나 그 이하의 자는 함께 발행인인가 그렇지 않으면 어음보조인인가 하는 것이 확실하지가 않습니다. 다만 복수의 기명날인 또는 서명이 모두발행의 기명날인 또는 서명이라는 것이 확실하다 하더라도 그것이 곧 공동발행이라고는 할 수 없습니다. 다음과 같은 문제가 있기 때문입니다. 예컨대 갑·을·병 3인이 각기 확실하게 발행인이라고 하는 기재 아래 기명날인 또는 서명하고 있는 경우를 생각해 보면, 이 기명날인 또는 서명의 의미가 갑·을·병의 의미라면 공동발행이 됩니다. 그러나 이것은 갑 또는 을·병의 의미로도 볼 수 있으며, 또 먼저 갑에게, 다음은 을에게, 그 다음으로는 병에게라는 의미로도 해석할 수 있습니다. 그러나 발행인의 순차적 기재는 법률상 인정되지 않습니다. 또 판례에 따르면 선택적기재도 인정되지 않습니다. 그러나 유력설에 따르면 선택권이 소지인에게 있는 것이라면 이를 인정하여도 좋다는 견해도 있습니다.

이렇게 보면 결국 복수의 발행인이 있은 경우에는 중첩적기재, 즉 공동발행인가 아니면 선택적 기재인가가 문제가 됩니다. 그러나 물론 이것은 공동발행으로 보아야 합니다. 공동발행으로 보는 편이 어음소지인의 이익보호에 보다 철저하기 때문입니다. 이와 같이 공동발행과 어음보증을 엄격히 구별하는 이유는 다음과 같은 효력상의 차이를 보이기 때문입니다.

### (1) 지급에 있어서의 처리의 차이

① 공동발행의 경우

각 발행인이 각기 어음의 제1차적 의무자로서 어음금 전액의 지급의무를 집니다. 따라서 공동발행인 갑·을 쌍방이 같은 지급은행과 당좌거래가 있으며, 어느 편에도 예금잔고가 있을 경우에 은행은 선택적으로 어느 편의 계좌에서 지급하여도 됩니다.

② 어음보증의 경우

갑이 발행인이고 을이 보증인인 경우에 가령 을과 당좌거래가 있고 또 예금잔고가 있더라도 은행은 을의 승인없이 그 계좌에서 지급할 수는 없습니다. 왜냐하면 당좌계정약정서에 거래처가 한 어음보증에 관하여 은행이 당연히 지급하도록 되어 있는 것은 아니기 때문입니다.

### (2) 부도처분에 있어서의 차이

갑·을 양자가 공동발행인이면, 이론적으로는 양자의 어느 편에 대해서도 부도처분을 할 수 있습니다. 그러나 실무상 공동 발행일 경우의 부도처분은 지급담당은행에 있어서의 소지인의 이익을 감안하고 의무자를 구체적으로 지정하여, 그 피지정자만이 부도처분의 대상으로 됩니다. 실제로는 지급담당은행이 당좌거래가 있는 공동 발행인에게 연락·처리하지만, 그 전원과 당좌거래가 있는 경우에는 기명날인자 사이의 내부관계에서는 필두기명날인자가 주된 채무자인 것이 보통이므로 그 자만이 부도처분의 대상인 의무자로 하는 수가 많습니다.

다만 어음소지인이 공동발행인 가운데 특정인을 지명하여 지급제시를 하는 경우에 은행은 그 피지정자의 계산으로 지급사무를 처리해야만 합니다.

그리고 부도처분을 받은 자에 대한 거래중지처분의 효과는 다른 공동 발행인에게는 미치지 않습니다. 이에 대하여 갑·을 양 기명날인자 가운데 갑이 발행인이고 을은 보증인이면 을에 대하여 부도처분을 할 수는 없습니다. 어음보증인은 지급은행에 지급위탁을 한 자가 아니기 때문입니다. 즉 어음 보증인의 채무는 어음교환을 통하여 결제될 성질의 것이 아니므로 그 자와의 거래가 없거나 자금이 부족하다고 해서 부도처분을 취소할 수는 없습니다.

### (3) 시효문제에 있어서의 차이

갑·을이 공동발행인이었지만 소지인이 을에 대해서만 소를 제기하였을 경우, 갑의 채무에 관하여 시효가 완성될지라도 을의 채무는 소멸하지 않습니다. 그런데 갑이 발행인이고 을이 어음보증인인 경우에는 설령 을에 대하여 소를 제기하고 시효를 중단하고 있을지라도 갑의 채무가 시효로 소멸하면 그와 더불어 을의 채무도 소멸합니다.

이상과 같이 공동발행으로 보는가 아니면 어음보증으로 보는가에 따라서 소지인의 권리에 상당한 차이가 생깁니다. 다만, 실제 발행인란에 단지 복수의 기명날인 또는 서명을 나란히 기재하고 있는 경우에 이를 어떻게 보아야 하는가는 아주 어려운 일입니다. 그런데, 이 경우 공동 발행으로 보면 다음과 같은 효력이 발생합니다. 판례와 학설에 따르면 공동발행인은 합동책임을 부담한다고 보고 있습니다. 즉 공동발행인의 1인에 대하여 청구하여도 다른 발행인은 이행지체에 빠지지 않습니다. 또 1인에 대하여 시효를 중단하여도 다른 발행인에 대하여 중단의 효력은 생기지 않습니다. 다만 이행지체의 문제에 관하여 실무상 다음과 같은 점을 주의해야 합니다. 즉 공동 발행의 어음이라 하더라도 대개의 경우, 지급장소로서 은행의 한 점포가 지정되어 있다는 점입니다. 이 지급은행 점포에 어음이 교환제시되면 공동발행인 전원에 대하여 어음은 적법하게 제시한 것으로 봅니다. 따라서 어음이 부도가 되면 전원이 만기부터 어음법이 정하고 있는 법정이자를 지급해야 합니다. 소지인이 은행에 추심을 의뢰하지 않고 직접 제시기간 내에 그 지급은행에 제시한 경우도 동일합니다. 다만, 공동발행인의 1인에 대하여 청구하여도 다른 발행인이 이행지체에 빠지지 않는다고 하는 것은 소지인이 제시기간 내에 제시하지 않고 그 기간 경과 후에 제시하는 경우에 해당한다는 점에 유의하여야 합니다. 판례·학설에 따르면, 제시기간이 경과한 경우에는 어음상의 지급장소의 기재는 효력을 잃기 때문입니다. 따라서 제시기간 경과후에는  공동발행인 각자의 채무의 이행장소는 그 각자의 영업소 내지 주소가 됩니다. 이때에 비로소 공동발행인의 1인에게 청구하여도 다른 자는 이행지체에 빠지지 않는다고 할 수 있게됩니다.

한편, 공동발행인의 1인에 대하여 시효를 중단하여도 다른 발행인의 채무에 관하여 시효의 진행을 막을 수는 없습니다. 그리고 공동발행인의 인에 관하여 시효가 완성하여도 다른 발행인의 채무가 소멸하지 않습니다. 또한 공동발행인의 1인의 어음소지인에게 변제를 하면 기타의 발행인도 어음상의 채무를 면하게 됩니다. 그러나 갑·을 양인의 공동발행인이 되어 실제로 을이 갑의 채무를 보증할 목적으로 그렇게 했을 경우에는 을이 어음소지인에게 어음금을 지급하면 을은 그 지급한 액을 구상권을 행사하여 갑으로부터 반환받을 수 있습니다. 이 경우 을은 그가 받은 어음을 갑에게 제시할 필요는 없습니다.

어음소지인은 공동발행인 가운데 누구에 대해서도 어음금을 직접 청구할 수 있습니다. 또한 동시에 수인에게 청구하여도 좋고 또 1인에게 청구한 다음 다른자에게 청구하여도 상관이 없습니다. 그런데 이런 경우 청구를 받은 공동발행인의 1인은 다른 발행인이 어음소지인에 대하여 주장할 수 있는 사유를 자기도 어느 정도 주장할 수 있는가 하는 문제가 있습니다.

예컨대 공동발행인의 1인이 어음소지인과의 사이에 계약을 맺고 자기의 어음채무를 소멸시키고 그 대신으로 금전소비대차계약을 성립시킨 경우에도 그 어음소지인은 다른 공동발행인에 대하여 여전히 어음채권을 행사할 수 있습니다. 이를 경개라고 하는데 경개의 효력은 이 자에게는 미치지 않기 때문입니다. 그리고 공동발행인의 1인이 어음소지인에 대하여 반대채권을 가지고 있지만 상계에 의하여 어음채무를 소멸시키지 않고 있는 경우에 다른 발행인이 이 상계권을 채용하여 자기 채무의 이행을 거부할 수는 없습니다.

## 9. 어음·수표 기재사항의 정정과 말소

> **【질의】 ➡ 어음·수표를 발행한 후 그 내용의 기재에 잘못이 있는 경우 어떻게 해야 하는지?**

**【답변】 ➡**

어음·수표에 일단 기재된 사항을 변경하기 위해서는 그것을 할 수 있는 권한이 있어야 합니다. 이러한 권한없이 변경을 하면 변조가 되고, 동시에 유가증권위조죄 등의 형법상의 책임문제까지 생기게 됩니다. 그러면 어떤 경우에 변경할 수 있는 권한을 가지는가?

환어음의 인수인에 의한 지급장소의 추가권, 어음을 환수한 배성인의 배서말소권 등과 같이 법률 규정에 따른 경우는 물론이고 일반적으로 타인의 권리의무에 영향을 미치지 않는 범위내에서의 변경은 허용되지만, 영향을 미치는 경우에는 그 타인의 동의를 얻어야만 이를 변경할 수 있습니다. 어음·수표의 경우 한 장의 증권상에 다수의 어음관계자의 권리와 의무가 중복되어 성립하는 것이므로 어떤 기재를 변경하는 것이 타인의 권리 의무에 영향을 주는가 아닌가 도 누구의 권리 의무에 어떤 영향을 주는가의 판단이 반드시 간단하다고는 할 수 없습니다. 예컨대 어음금의 기재가 잘못된 경우 아직 누구에게도 교부하지 않았고, 다른 기명날인자가 없는 경우라면 금액을 정정하는 것은 자유입니다. 그러나 그 어음을 수취인에게 교부하고 그 인수인이 다시 제3자에게 배서양도한 후라면 소지인이 제3자의 동의는 물론, 배서인으로서 담보책임을 부담하는 인수인의 동의도 필요합니다. 그러나 금액을 감액하는 경우에는 제3자의 동의가 있는 한 의무도 그만큼 면제되는 것이므로 그의 동의를 요하지 않는다고 봅니다. 그리고 수취인이나 확정일출급 어음의 발행일 등은 권리 의무의 내용에 영향이 없는 사항이므로 누가 정정하였더라도 변조로 되지 않는다고 볼 수 있습니다. 다만 판례의 입장은 그렇지 않습니다.

백지어음에 한 보충을 변경하는 것도 기본적으로는 보통의 변경과 동일합니다. 예컨대 갑이 금액을 백지로 한 어음을 발행하여 수취인 을에게 100만원의 보충권을 주어서 교부한 경우 을이 일단 한 보충을 변경하는 것은 위에서의 경우와 같습니다. 보충 후 다른 사람에게 교부하기 전이라면 갑의 동의없이 변경하더라도 변조의 문제는 생기지 않습니다. 200만원으로 보충한 후 이것을 100만원으로 정정할 수 있음은 물론, 100만원으로 한 보충을 200만원으로 변조하는 것도 백지보충권의 남용은 되지만 변조는 되지 않는다고 해석하고 있습니다.

그러나 수취인 백지의 경우, 그 보충권은 어음과 함께 소지인에게 옮겨가는 것이 원칙입니다. 그 보충권에 의하여 한 보충이 틀렸을 때에 그것을 정하는 것도 보충권의 범위 내에 속하는 것입니다. 따라서 틀렸다고 생각하여 곧 정정한 것이라면 갑·을의 동의를 구할 것도 없이 정정을 할 수 있습니다.

보충권이 보충정정권으로 변형되어 보충을 한 자의 손에 남아있다고 볼 수 있기 때문입니다. 이 보충정정권은 언제까지 존재하게 되는가? 판례에는 보충 후 어음을 유통시켰을 때, 또는 권리행사(지급청구)를 할 때에 소멸하고 그 후의 변경은 변조가 된다고 하는 것과, 권리행사 후에도 정정할 수 있다고 하는 것입니다.

앞의 예에서 갑이 금액백지의 어음을 발행하였는데, 을이 착오로 5,000원이라고 보충하고 이를 병에게 양도한 후 1만원으로 다시 정정하려고 할 때에는 병 이하의 동의를 요하는 것은 명백합니다. 그것은 그 정정에 의하여 병 이하의 권리의무에 영향을 주기 때문입니다. 만약 을의 보충권이 소멸하였다면 갑의 동의도 필요하지만 갑은 처음부터 1만원에 대한 책임을 진다는 생각으로 어음을 발행한 것이므로 갑이 착오로 보충을 하였기 때문에 책임이 감액되는 결과가 된다는 것은 이상한 일입니다. 이것은 지급제시 후에 보충을 정정하는 경우에도 동일합니다. 따라서 이론적으로는 시효 등으로 보충권이 소멸하는 시기까지는 정정이 되지만 다만 최초의 보충 후에 어음관계에 개입된 자의 동의를 요한다고 보아야 합니다.

　법률상 정정·말소의 방법에 관한 특별한 규정은 없습니다. 어떤 방법으로든지 정정하면 되고 정정인을 찍지 않아도 무효로는 되지 않습니다. 그러나 실무적으로는 변경 전의 기재를 알 수 있도록 두 줄로 말소하고 정정인을 찍어 놓는 것이 좋습니다. 금액 등 중요한 사항의 변경에 관해서는 동의가 있었던 것을 명확하게 하기 위하여 어음 관계자 전원의 정정인을 받아야 할 것입니다. 특히 발행인(환어음의 인수인)의 인장이 찍혀져 있지 않으면 지급은행에서 지급하지 않는 경우가 있습니다.

# 제5편. 어음·수표의 만기와 시효

## 1. 부도어음·수표 발행자의 책임

【질의】 ➡ 어음 · 수표를 발행한 후 부도가 난 경우 어떤 책임을 지는지?

【답변】 ➡

수표발행자가 제시일에 지급을 거절한 경우, 비록 고의는 아니라 하더라도 수표의 경제적 기능을 보장하기 위하여 부정수표단속법에 따른 형벌을 면하지 못합니다. 동법에 따르면 고의로 부도를 낸 경우에는 5년 이하의 징역형 또는 수표금액의 10배 이하의 벌금형에 처해지고, 과실에 의한 경우에는 3년 이하의 금고형 또는 수표금액의 5배 이하의 벌금형에 처해집니다. 결국 수표를 부도낸 자는 그의 본의 여하에 불구하고 그에 대한 형사책임을 면할 수 없습니다.

한편 어음 · 수표를 부도낸 자는 위와 같은 형사재판 외에도 서울어음교환소규약 제47조에 따른 제재를 받습니다. 즉 교환에 회부된 어음 · 수표가 부도난 경우에 어음교환소는 그 지급의무자에 대하여 거래정지처분을 하게 됩니다. 거래정지처분이 내려지면 교환부장은 이를 조합은행에 통보하게 됩니다. 어음교환소가 거래정지처분을 내리는 경우는 다음과 같습니다. 첫째, 어음 · 수표가 부도가 나더라도 그 대금이 다음 영업일의 영업시간 내에 지출은행에 입금되면 지출은행은 다음날 교환개시 시간까지 부도어음 입금계를 어음교환소에 내게 되는데 이것이 없는 경우, 둘째, 위와 같은 입금계가 있더라도 전조합은행을 통하여 1년간 2회의 어음 부도가 있는 경우, 셋째, 거래없는 은행을 지급인 또는 지급장소로 정하고 그로 인하여 부도가 난 경우 등입니다. 이상과 같은 사유에서 어음교환소가 거래정지처분을 내리고 이를 전조합은행에 통지하면 전조합은행은 그 자와의 당좌거래를 즉시 해제하고 통지일로부터 1년간 대출거래를 금하게 됩니다.

## 2. 어음채권의 소멸시효

**【질의】 ➡ 어음 채무에 관한 소멸시효 기간은?**

**【답변】 ➡**

어음법은 어음상의 청구권에 관하여 단기의 소멸시효를 규정하고 있습니다. 이는 어음이 가지는 성질상 그 법률관계의 신속한 종결을 필요로 하기 때문입니다. 어음법 제70조에 따르면 어음의 주채무자인 약속어음의 발행인, 환어음의 인수인에 대한 청구권에 관하여는 만기의 날로부터 3년, 어음 소지인의 배서인과 발행인에 대한 청구권은 적법하게 작성시킨 거절증서의 일자로부터, 무비용 상환의 문언이 기재된 경우에는 만기의 날로부터 1년, 배서인이 다른 배서인과 발행인에 대한 청구권은 그 배서인이 어음을 환수한 날 또는 그 자가 제소된 날로부터 6개월이 경과하면 소멸시효는 완성됩니다. 또한 어음상의 보증인·참여인수인 및 무권대리인에 대한 청구권의 시효기간은 각각 주채무자·피참여인 및 본인에 대한 각 청구권의 시효기간에 따르게 됩니다. 이상과 같이 어음의 시효는 청구권의 종류나 누가 행사하는가에 따라 기간의 등기일이나 기간이 다르기 때문에 특히 주의해야 합니다.

기간의 계산은 민법 제160조와 어음법 제73조에 따릅니다. 즉 만기의 날로부터 3년, 1년, 거절증서 작성일로부터 1년, 환수한 날로부터 6개월 등의 경우에는 그 초일인 만기의 날, 거절증서 작성일자, 환수한 날은 산입하지 않고 그 다음날을 기산일로 하여 그 날로부터 3년, 1년, 6개월 후의 그 대응일의 종료로써 기간의 만료로 하여 시효가 완성됩니다. 다만, 그 대응일의 종료로써 기간의 만료로 하여 시효가 완성됩니다. 다만, 그 대응일이 없는 경우, 예컨대 윤년의 2월 28일이 만기로 되어 있는 경우 그 기산일은 다음날인 2월 29일이므로 3년, 1년 후의 그 대응일이 없는 경우에는 그 월의 말일 즉 2월 29일이 만기로 됩니다. 또 발행일자 후 또는 일람 후 정기출급의 어음으로서 기간이 월로 기재되어 있는 것은 특히 초일의 대응일이 만기로 됩니다.

 만기가 휴일은 경우에도 시효기간의 계산은 앞에서의 경우와 같이 그 다음날을 기산일로 합니다. 만기가 휴일인 경우는 이에 이은 제1의 거래일까지 지급청구를 할 수 없는데, 민법 제166조 제1항의 소멸시효는 권리를 행사할 수 있는 때로부터 진행한다고 하는 규정은 어음시효에는 적용이 없습니다. 따라서 만기가 휴일이기 때문에 이 날에 어음권리의 행사가 없더라도 어음시효는 만기로부터 진행하게 됩니다. 이와 같이 기간의 말일이 휴일인 경우도 연장은 인정되지 않습니다. 이 점에 관하여 민법에서는 그 익일이 말일로 되나, 어음시효의 경우는 민법 제161조의 적용은 없다고 보는 것이 통설입니다. 따라서 말일이 일요일인 경우, 시효를 중단하려고 하면 채무자를 찾아가서 청구를 하는 절차를 밟아야 합니다.

 어음법이 규정하고 있는 시효기간은 당사자가 어음 외의 목적에서 이것을 신장하거나 단축할 수 없습니다. 또 이와 같은 목적에서 어음의 만기를 변경하여도 이것이 어음상의 어음관계자 전원의 동의를 얻어 행해진 경우에는 변경된 만기가 시효의 기산점으로 되나, 어음관계자 중의 한 사람이라도 동의를 하지 않으면 만기의 변경은 변조로 볼 수밖에 없고, 따라서 동의하지 않은 자에 대한 관계에서는 변경 전의 만기가 시효의 기산점으로 됩니다. 그 결과 1통의 어음에 있어서 두 가지의 시효가 진행하게 되어 어음 관계는 매우 복잡하게 됩니다. 또 재소구의 경우 환수한 날이라고 하는 것은 상환의무를 이행한 날이 아니고, 현실로 어음의 반환을 받은 날을 말합니다. 또 이것은 어음상의 소구의무에 기하여 행하여진 것이므로 은행에 할인을 위하여 제출한 어음을 은행의 환매청구권에 응하여 인수한 경우는 환수라고 할 수 없습니다. 따라서 환매를 하고 다시 전자에게 상환청구를 하는 경우의 시효기간은 6개월이 아니고 1년입니다.

## 3. 수표채무에 대한 소멸시효 기간은?

**【질의】** ➡ 수표는 어음과는 달리 지급증권으로서의 성질을 가지므로 발행시에 발행일만을 기재하여 발행되는데, 시효기간은 없는 것인지?

**【답변】** ➡

시효에는 취득시효와 소멸시효가 있습니다. 전자는 일정기간 일정한 상태가 계속되면 타인의 재산이 점유자의 재산으로 되는 제도이고, 후자는 일정한 기간 권리가 행사되지 않으면 그 권리가 소멸하는 제도입니다. 수표도 역시 시효에 걸리는데 이것은 후자의 경우입니다. 어음·수표는 유통증권의 하나이므로 소지인의 지위는 견고하고 그 형식은 엄격합니다. 따라서 이와 같은 권리는 오랫동안 존속되어서는 아니되며 가능한 한 신속하게 처리되어야 하므로 단기시효로 소멸되도록 되어 있습니다. 이것은 수표의 경우에 더욱 그러합니다. 수표는 지급증권이므로 어음보다 더 한층 신속하게 처리되어야 하기 때문입니다. 수표법 제51조 제1항에서는 소지인의 배서인·발행인·기타의 채무자에 대한 소구권은 제시기간 경과 후 6개월간 행사하지 않으면 소멸시효가 완성된다고 규정하고 있습니다. 수표는 어음과 달라서 주된 채무자가 없습니다. 즉 수표는 지급용구로서 금전 대신에 발행되는 것이므로 지급인은 채무자가 아닙니다. 따라서 여기에 규정되어 있는 권리는 모두 상환청구권입니다. 이것도 제1차적 관계의 것으로 소멸시효도 6개월입니다. 수표법 제51조 제2항은 제2차적 상환채권관계를 규정하고 있습니다. 즉 수표의 채무자의 다른 채무자에 대한 소구권은 그 채무자가 수표를 환수한 날 또는 그 자가 제소된 날로부터 6개월간 행사하지 않으면 소멸시효가 완성됩니다. 그러나 수표법 제58조에서는 지급보증을 한 지급인에 대한 수표상의 청구권은 제시기간 경과 후 1년간 행사하지 않으면 소멸시효가 완성한다고 규정하고 있으므로 지급보증을 한 자는 제시기간이 경과된 날로부터 기산하여 1년 이내에 있어서는 수표자금 중에서 그 지급분을 남겨둘 필요가 있습니다.

그러나 수표는 어디까지나 원인관계가 있고, 그 법률관계의 결제방법으로서 발행되는 것이므로 수표가 6개월의 소멸시효에 걸렸다고 하더라도 원인관계에 있어서는 시효에 걸리지 않고 청구할 수 있다는 것은 물론입니다. 예컨대 생산업자의 도매상에 대한 채권, 도매상의 소매상에 대한 채권과 같은 것은 민법 제163조 제6호의 단기소멸시효 즉 3년의 시효에 걸리게 됩니다. 수표무효로 되어도 매매계약에서 생긴 채권은 3년간은 유효하므로 원인관계에 의하여 청구할 수 있습니다. 수표의 시효도 청구·압류 또는 가압류·가처분·승인 등 민법 제168조의 소멸시효의 중단사유에 의하여 그 진행을 중단할 수 있습니다. 그러나 수표법 제64조는 제소된 경우의 시효중단에 특별규정을 두고 수표상의 상환청구의 소멸시효는 그 자가 제소된 경우에는 전자에 대한 소송고지를 함으로 인하여 중단한다고 규정하고 있습니다. 따라서 이 경우 제소된 자는 배서인·발행인에게 소송이 있었다는 뜻을 통지해 둘 필요가 있습니다.

## 4. 어음의 지급기일

> **【질의】 ➡** 어음금을 지급하여야할 날인 지급기일에는 법률상 어떤 것
> 이 있는지?

**【답변】 ➡**

어음금액을 지급하여야할 날로서 어음상에 기재되어 있는 지급기일(만기라고도 함)은 법률상 다음과 같은 네 종류로 한정되어 있으며, 지급기일을 이 이외로 하는 어음은 무효가 됩니다.

### (1) 일람출급

지급을 위하여 제시된 날을 지급기일로 하는 것입니다. 이 어음은 특히 발행인에 의하여 단축 혹은 신장, 배서인에 의하여 단축하는 기재가 되지 않는 한 발행일자로부터 1년 이내에 지급을 위한 제시를 하지 않으면 안됩니다.

### (2) 일람 후 정기출급

일람을 위해 어음이 제시된 날로부터 어음에 기재된 기간이 경과한 날을 지급기일로 하는 것입니다. 이 일람 후 정기출급어음도 특히 발행인에 의하여 단축 도는 신장, 배서인에 의한 단축의 기재가 없는 이상 발행일자로부터 1년 이내에 일람을 위하여 제시되어야 합니다. 지급기일은 발행인이 일람의 뜻을 기재하여 기명날인 또는 서명한 일자 또는 일람을 증명하는 거절증서의 일자를 표준으로 하여 계산합니다.

### (3) 발행일자 후 정기출급

어음에 기재된 발행일자로부터 어음에 기재된 기간을 경과한 날을 지급기일로 하는 것입니다. 이것은 실질적으로는 확정일출급과 같습니다.

## (4) 확정일출급

특정된 날을 지급으로 하는 것입니다. 이것은 확정된 날임을 필요로 하는 것으로서, 도래하는가 않는가 또는 언제 도래할 것인지를 모르는 날이나 복수적기재는 허용되지 않습니다.

한편 어음법 제76조 제2항은 만기의 기재가 없는 약속어음은 일람출급으로 봅니다. 그러나 어음면에 만기의 기재가 전혀 없을지라도 백지어음으로 발행된 것이라면 위 규정의 적용은 없으며, 어음 소지인은 그 백지를 보충하여 확정일출급, 발행일자 후 정기출급 또는 일람 후 정기출급으로 할 수가 있습니다. 그런데 대부분의 판례에서는 발행인의 의사가 명확하지 않고, 어음용지에 인쇄된 '지급기일' 혹은 '지급기일 년 월 일'이라고 하는 문자를 말소하지 않고 공백인채로 교부된 어음에 대하여 백지어음이라고 판시하고 있습니다. 다만 이를 백지어음으로 보는가 일람출급어음으로 보는가는 어음의 권리행사 시기에 많은 차이가 있습니다. 즉 일람출급어음이라고 보는 경우, 발행일로부터 1년 이내에 지급을 위한 제시를 하지 않으면 배서인에 대한 권리를 상실할 뿐만 아니라, 그로부터 3년을 경과하면 발행인에 대한 권리도 상실하게 됩니다. 이에 대하여 백지어음으로 본다면 발행일로부터 5년간은 지급기일에 관한 백지부분을 보충하여 권리행사를 할 수 있습니다.

이와 같이 백지어음으로 보느냐, 일람출급어음으로 보느냐는 어음 소지인의 권리에 중대한 영향을 주는 것이므로 발행인이 이러한 어음을 발행한 이상, 어음의 소지인은 선택에 의하여 그 어느것으로도 어음상의 권리를 행사할 수 있다고 보는 견해도 있습니다. 그리고 년호만을 기재하고 월일을 기재하지 않은 어음은 이것을 어음법 제76조 제2항에 의하여 일람출급어음으로 보는 견해, 부적법한 기재라고 하여 동법 제33조 제2항에 의해 무효인 어음으로 보는 견해, 월일에 관하여 어음소지인에게 보충권을 준 백지어음으로 보는 견해 등이 있습니다.

## 5. 부도어음의 시효기간

【질의】 ➡ 부도가 난 약속어음도 시효에 걸리는지? 그렇다면 그기간은 몇 년인지?

【답변】 ➡

약속어음의 발행인과 환어음의 인수인에 대한 채권은 만기일로부터 3년의 시효에 걸립니다. 또 어음보증인에 대한 채권은 주된 채무자에 관하여 시효가 완성되면 그 시효도 소멸합니다. 그리고 어음소지인의 배서인에 대한 소구권의 시효는 거절증서 작성일자로부터 또 무비용상환의 문언이 기재된 경우에는 만기일로부터 1년입니다.

이상과 같은 시효기간은, 만기일로부터 3년 또는 거절증서 작성일자로부터 1년인 경우에 초일인 만기일 또는 작성일은 산입하지 않고 그 익일을 기산일로 하여 3년 또는 1년 후의 그 해당일의 전일로써 만료합니다. 또 만기일이 법정휴일이라도 기산일은 변경되지 않으며, 기간의 말일이 휴일인 경우에도 그로 인하여 시효기간이 연장되지는 않습니다.

한편 어음이 부도났기 때문에 소지인으로부터 소구권의 행사를 받은 자는 다시 그 전자에 대하여 재소구권의 행사를 할 수 있는데, 지 재소구권에 한하여 어음을 환수한 날 또는 제소된 날로부터 6개월이라고 하는 단기소멸시효에 걸리게 되므로 특히 주의하여야 합니다. 여기에서 어음을 환수한 날이라 함은 소구의무에 기하여 현실로 어음의 반환을 받은 날을 의미하고, 제소된 날이라 함은 소구권에 기한 어음금 지급청구의 소장이 도달된 날을 의미합니다. 또 시효기간의 기산일에 그 초일인 어음을 환수한 날이 산입되지 않는 것과 기간 계산의 방법 등은 다른 경우와 같습니다.

이미 시효가 완성되어 있더라도 채무자가 그것을 원용하지 않는

한, 법원은 시효에 걸린 것으로 하여 재판할 수 없다는 것은 일반 시효의 경우와 같으며 따라서 시효에 걸렸더라도 채무자가 그것에 생각이 미치지 않거나, 생각이 미쳤다 하더라도 수용하지 않는 경우에는 어음금의 지급을 받을 가능성이 있습니다.

## 6. 어음의 시효중단

> **【질의】 ➡ 어음을 사고로 인하여 분실한 경우, 이를 소지하지 않고도 그 시효를 중단할 수 있는지?**

**【답변】 ➡**

　시효제도는 영속하는 사실 상태에 일정한 법률 효과를 부여하는 제도입니다. 따라서 시효의 기초인 사실 상태와 부합되지 않는 사실이 생기면 시효는 여기에서 중단되어, 진행해 온 시효기간은 효력을 잃게 됩니다. 이것을 시효의 중단이라고 하고 시효완성의 장애라고도 합니다. 권리자에 의하여 진실한 권리가 주장되고, 또는 의무자에 의하여 진실한 권리가 승인됨으로써 시효의 기초는 깨어집니다. 일반적으로 시효의 중단 사유는 민법 제168조 이하에서 규정하고 있는데, 어음의 시효중단도 이에 따릅니다.

　청구는 권리자(어음소지인)가 시효에 의하여 이익을 얻는 자(어음채무자)에 대하여 그 권리내용을 주장하는 것인데 재판상은 물론 재판외에 있어서도 할 수 있습니다. 구체적으로 말하면 (가)재판상의 청구(소의 제기), (나)지급명령, (다) 화해를 위한 소환, (라)임의출석, (마)파산절차참여, (바)최고로 나누어지고 각각 일정한 요건이 필요합니다. 이 중에서 가장 일반적인 것은 (가)와 (바)입니다.

　(가)의 재판상의 청구는 소를 제기하는 것인데. 가장 확실한 방법입니다. 시효는 소정이 상대방에게 도달한 때에 중단되는 것이 아니고, 소송을 제기한 때에 중단되는 것입니다. 상대방의 주소가 불명인 경우에도 공시송달의 방법에 의하여 소를 제기할 수 있습니다.

　(바)의 최고는 채무자에 대하여 이행을 청구하는 채권자의 의사통지를 말합니다. (가)~(마)도 최고적 효력을 포함하고 있으나 민법은 또 어떤 형식이 수반되지 않는 재판 외의 최고를 중단사유로 하고 있습니다. 따라서 이론상은 구두·전화·편지라도 됩니다. 그러나 이

것만으로는 다툼이 있을 때 무력합니다. 적어도 등기내용증명우편과 같은 명료 확실한 형식을 취해야 합니다.

또 어음의 경우, 특히 재판상의 최고에 있어서 어음을 제시할 필요가 있는가가 문제가 됩니다. 판례는 시효 중단을 위한 최고에는 어음의 제시를 요하지 않는다고 하고 있으나 제시하는 것이 좋고, 될 수 있는대로 채무자를 찾아가서 어음을 보이고, 이것을 지급해 달라고 하는 것이 가장 확실하고 좋은 중단방법입니다. 이 최고는 그 후 6개월 이내에 (가)∼(마)의 청구 또는 후술하는 바와 같은 집행절차를 밟지 않으면 중단의 효력이 생기지 않습니다.

6개월 내에 지급을 해 주면 문제가 없으나, 그렇지 않으면 6개월마다 최고를 반복해도 소용이 없습니다. 따라서 최고에는 시효기간의 만료가 가까워졌을 때에 다른 강력한 중단 방법을 취하기 위한 예비적인 것으로서 실익이 있습니다.

압류는 확정판결이나 기타의 집행 명의에 기하여 행하는 채무자의 재산에 대한 강제집행 행위이며, 가압류 또는 가처분도 장래의 강제집행을 보전하기 위한 집행행위이므로 권리행사의 의사가 있다는 것은 명확합니다. 이 경우에는 실제상 변호사의 관여하에 행하여지는 것이 통례입니다.

승인은 채무자가 채무를 인식하고 이것을 표시하였다고 인정할 수 있는 행위가 있으면 그것으로서 충분합니다. 채무자가 시효를 중단시킬 의사를 가지고 있지 않더라도 이와 같은 행위가 있으면 승인으로서 시효는 중단하게 됩니다. 특별한 형식은 필요없고, 또 어음의 제시를 받았는지의 여부도 문제되지 않습니다. 최고의 경우와 같이 6개월 이내에 다시 재판상의 수단을 추하지 않더라도 완전히 시효는 중단됩니다. 따라서 권리자인 경우, 이 승인을 취하는 것이 가장 용이하고 또 확실합니다. 지급유예·분할지급의 신청·어음금의 일부지급·이자만의 지급·어음개서의 승낙 등은 모두 승인으로서 시효중단사유가 됩니다. 따라서 어음을 특정하고 그 어음채무를 승인하는 뜻의 확인서·승인서·각서 등을 받아 두는 것이 유리합니다.

# 제6편. 어음의 배서

## 1. 어음의 배서와 양도시 주의사항

【질의】 ➡ 어음의 배서에는 어떠한 방식이 있으며 이를 양도할 때에는 어떠한 점에 주의하여야 하는가?

【답변】 ➡

어음에 배서하는 방식은 그 어음을 특정인에게 양도하는 취지의 문언을 기재하고 기명날인 또는 서명하면 됩니다. 즉 어음의 배서방법은 기명식입니다. 실무에서는 어음용지의 뒷면에 양도 문언이 인쇄되어 있으므로 그 난에 기명날인 또는 서명하고 피배서인의 명의를 기입하면 됩니다. 법률적으로는 어음의 표면에 기재하여도 되지만, 그럴 필요는 없으며 하지 않는 편이 좋습니다. 용지의 배서란이 부족하면 보전을 붙이는데, 보전은 어떤 용지라도 좋지만, 일반적으로 같은 크기의 어음용지를 사용하게 됩니다. 어느 경우이거나 잘 붙여야만 합니다. 그리고 붙인 곳에 계인하는 것과 어음용지를 보전에 사용했을 경우에 그 표면을 말소할 아무런 법률상의 필요는 없습니다. 그러나 후일 문제가 생기는 것을 방지하기 위하여 어음용지의 표면을 말소해 두는 것이 좋습니다. 수인이 공동상속하거나 공동으로 수취한 어음을 양도한 경우에는 전원이 배서하지 않으면 안되며, 난이 좁아다 쓰지 못할 경우에는 백지를 보전으로 하여 양도문언을 쓰고 연명으로 기명날인 또는 서명하여 두는 편이 안전합니다. 기명날인 또는 서명의 방법은 발행의 경우와 같습니다. 피배서인의 기재방법도 발행의 경우의 수취인의 기재 방법과 같습니다.

이와 같이 배서를 하여 어음을 발행하면 어음상의 모든 권리는 피배서인에게 이전됩니다. 이 때에 그 어음의 지급을 담보하기 위한 저당권이나 민법상의 보증이 있는 경우 이들의 담보권고 배서에 의하여 당연히 이전하게 되는가에 관해서는 학설상 다툼이 있습니다. 그러므로 담보부의 어음을 배서 양도할 때에는 담보권을 붙여서 양도하는 것인가 아닌가를 양수인과의 사이에 확실하게 하고 서류를 만들어 두는 것이 좋을 것입니다. 배서에 의하여 어음을 양도한 후 그 어음이 부도가 되었을 때에는 배서인이 담보책임을 지게 됩니다. 또 선의취득이라든가 인적항변의 절단 등의 제도에 의하여 양수인은 강한 보호를 받습니다. 이것들은 보토의 채권양도에는 인정되지 않는 제도들입니다. 이상과 같은 배서의 부기사항에 관하여 다음에서 특히 유의해야할 사항들을 설명하겠습니다.

### (1) 배서의 일자

이것을 기재라고 하면 일단 그 날로 배서가 되어진 것으로 추정됩니다, 언제 배서가 되었는가는 배서인의 능력이나 자격과 관련하여 중요한 문제로 되는 경우가 있습니다. 또한 틀린 일자를 기재하여도 그것만으로 배서가 무효가 되는 것은 아니지만, 기재하는 이상은 진실한 배서일을 기재하여야 합니다. 특히 기한 후에 배서를 할 때는 반드시 그 일자를 기입하여야 합니다. 일자를 기재하지 않으면 기한 전 배서라고 법률상 추정되어 담보책임을 지게됩니다. 달력에 없는 날이나 발행일보다 전의 일자를 기재한 경우에도 그 배서는 유효합니다. 판례에 따르면 배서일자의 기재는 어음 배서의 요건이 아니므로 발행일자보다 앞선 배서일자가 기재되어 있다 하더라도 그 배서는 유효합니다.

### (2) 배서인의 주소

배서인의 주소에 관한 기재가 없으면 부도의 통지를 받을 수 없는 불이익일 있습니다. 그리고 배서인의 주소가 기재되어 있지 않은 어음은 신용이 없는 어음으로 인정될 수가 있으므로 역시 기재하여 두는 것이 좋습니다.

### (3) 거절증서 작성면제 문구

어음이 부도되었을 때 소지인이 배서인에게 담보책임을 추급하기 위해서는 부도의 사실을 증명하는 공문서(거절증서)를 작성하는 것이 원칙입니다. 그러나 이것은 소지인에게는 불편하고 배서인도 그 비용을 부담하지 않으면 안되는 불이익이 뒤따릅니다. 어음의 부도는 보통의 경우 은행의 부도선언으로 확실하게 되므로 거절증서 작성 의무를 면제하여 두는 것이 어느 편에게나 유리합니다. 어음용지에는 '거절증서 작성을 면제함'이라는 문구가 인쇄되어 있으며, 이것을 말소하지 않는 한 면제되는 것으로 봅니다.

### (4) 목적

어음의 입질이나 추심위임의 경우에는 그 뜻을 기재하여야 합니다.

### (5) 무담보 배서와 배서금지 배서

어음은 양도하지만 부도가 되었을 경우의 책임은 지지 않겠다는 경우에는 무담보라든가 배서의 책임을 지지 않음이라는 문구를 기재하면 담보책임은 모두 변제될 수 있습니다. 환어음에 관해서는 인수거절의 경우의 담보책임만을 면하는 의미에서 인수부담보라고 할 수도 있습니다. 지급무담보라고 기재하면 지급거절·인수거절의 어느 경우의 담보책임도 면제됩니다. 다만 배서금지라고 기재하면 담보책임을 면할 수 없으며, 다만 소지인으로부터 청구를 받았을 때 직접 양수인에 대한 항변을 주장할 수 있을 뿐이므로 주의하여야 합니다. 이 경우에는 발행인이 배서금지를 한 어음과는 달리 그 후의 소지인은 배서에 의하여 어음을 양도할 수 있습니다. 무담보·배서금지 등의 문구는 기명날인 또는 서명한 배서란 내에 기재하면 됩니다.

### (6) 기재할 수 없는 사항

발행의 경우에 조건을 붙이면 어음 전부가 무효가 되지만, 배서에 조건을 붙였을 때는 그 조건의 기재가 무효가 될 뿐이며, 배서는 무조건배서로서 유효합니다. 다만 어음금의 일부만을 양도하는 배서는 인정되지 않습니다. 이러한 경우에는 배서 전부가 무효가 됩니다.

한편 또 하나의 방식으로 백지식 배서방식이 있습니다. 이는 피배서인란을 공백으로 둔다든가 소지인이라고 기재한 배서를 말하며, 기타의 점은 기명식 배서와 같습니다. 간약백지식이라고 하여 양도문구도 기재하지 않고 뒷면에 기명날인 또는 서명만 하는 배서도 있지만, 보통의 어음용지에는 양도문구가 인쇄되어 있으므로 이용되는 경우는 거의 없습니다. 백지식배서에 의하여 어음을 양수 받은 자는 다시 배서할 수도 있지만, 배서를 하지 않고 그대로 어음을 교부하는 것만으로 양도할 수 있습니다. 다만 이때에도 선의취득이나 항변절단의 효과는 인정됩니다. 이것은 배서를 하지 않으므로 담보책임은 지지 않으며, 그도 단순한 교부에 의하여 양도되는 점에서는 위의 백지식 배서와 같지만, 이 경우는 미완성인 백지어음이므로 보충하지 않으면 권리를 행사할 수 없습니다. 그러나 백지식 배서는 완성된 배서이므로 그대로 지급을 청구할 수 있습니다.

다음에는 양도시에 주의할 점들을 살펴보도록 하겠습니다. 일반적으로 배서인이 담보책임을 면하기 위해서는 무담보배서를 하는 것이 유리하지만, 이것은 어음 전체의 신용을 약화시키는 것이므로 양수인의 승인을 필요로 합니다. 최후의 배서가 백지식이면 양수인으로부터 배서를 요구받지 않는 한 단순한 교부의 방식으로 양도할 수 있습니다.

한편 만약 상품대금의 선급으로서 어음을 양도하고 그것이 선의의 제3자에게 넘어가 버리게 되면, 납품이 되지 아니하였을 때 그 어음을 반환하라고 한다 해도 반환받기는 극히 어려울 뿐만 아니라 담보책임까지도 져야 하는 경우가 있습니다. 따라서 발행의 경우와 마찬가지로 원인관계에 문제가 없는가를 충분히 확인하여야 합니다. 할인을 위하여 어음을 교부하였지만 할인금을 받지 못하는 사고가 많으므로 특히 주의를 요합니다. 또한 양수를 받을 경우에도 다음의 점들에 주의하여야 합니다.

### (1) 어음 요건과 배서의 연속

먼저 표면의 각 난은 정확하게 기입되어 있는가를 잘 검토하여야 합니다. 금액이나 지급기일을 정정·변경한 흔적이 있는 것은 발행인과 어음 기명 날인자 전부의 정정인이 없으면 수취하지 않는 것이 안전합니다. 어음의 표면도 잘 살펴보아야 합니다. 특히 배서가 연속되어 있는가의 여부를 반드시 조사하고 연속이 없는 어음은 될 수 있는 한 받지 않는 것이 안전합니다. 거절증서 작성을 면제한다는 기재를 말소한 배서가 있는 어음도 가능한 한 받지 않는 것이 좋습니다. 부도가 났을 때 복잡한 절차를 밟지 않으면 안되기 때문입니다. 마지막으로 양도인으로부터는 배서, 그것도 될 수 있는 한 백지식 배서를 받아 두는 것이 유리합니다.

### (2) 기명날인 또는 서명

어음상의 기명날인 또는 서명은 유효하게 되어진 것인가도 잘 살펴보아야 합니다. 금액이 많은 경우에는 적어도 발행인(환어음에서는 인수인)의 기명날인 또는 서명이라도 확인하여 두는 것이 좋습니다. 가장 확실한 방법은 어음번호를 가지고 직접 발행인(인수인)을 조회하는 방법입니다. 지급은행에 어음을 가지고 가면 인감이 확실한 것인가 어떤가 하는 인감대조는 할 수 있습니다. 자기거래에 해당함을 알고 있는 어음에 관하여는 이사회의 승인결의 의사록을 받는 것이 가장 확실한 방법입니다. 그리고 미성년자 등이 발행한 경우에는 취소되거나 무효되는 수가 있다는 점을 항상 염두에 두어야 합니다.

### (3) 신용도

무엇보다도 그 어음의 신용이 있는가 없는가, 환언하면 지급할 수 있는 가능성이 충분한가를 조사하는 것이 가장 중요합니다. 그러나 여기에도 확실한 방법은 없습니다. 금융기관이나 지급은행에 신용조회를 하여 발행인(인수인)의 업종·자본금·은행거래의 종류와 당좌거래의 유무·지급가능성을 알아볼 수 있으며, 어음교환소에 거래정지처분자가 아닌가를 조회하는 등 발행인이나 배서인이 거래정지처분을 받고 있는가 어떤가를 간단하게 조사할 수 있습니다. 이것은 본래 은행 상호간의 제도이지만, 일반인이라도 자기의 거래은행에 부탁하여 편의를 볼 수도 있습니다. 그러나 지급은행의 회답은 어디까지나 참고자료에 지나지 않으며, 그 회답이 결과와 다르다고 하더라도 회답은행은 책임을 지지 않습니다. 또한 발행인의 영업내용이나 재산상태, 책임자의 인간성이라든가, 업계의 상태 등을 조사하고, 경험을 바탕으로 하여 판단하지 않으면 안됩니다. 만일 어음의무자가 여러 사람일 경우에는 발행인(환어음에서는 인수인)의 신용이 첫째이고, 또 발행인 못지않게 중요한 것이 그 어음을 양도한 배서인입니다. 중간의 배서인 등은 참고 정도로만 생각하여야 합니다. 발행인(인수인)이 무능력으로 부도가 나게 되면 설사 배서인에게 청구할 수 있다고 하더라도 불편하고 부도대금 회수도 어렵습니다. 직접의 배서인은 자기의 거래처이므로 신용상태도 쉽게 알 수 있으며, 만일 부도가 되었을 때는 제일 먼저 교섭해야 할 상대방이기 때문에 중요합니다.

### (4) 원인관계

그 어음을 수취할 것인가의 선택이 끝나면 발행(환어음에서는 인수)의 원인관계를 조사하여야 합니다. 발행(인수)에 인적항변이 있다 하더라도 본인이 선의라면 대항할 수 없으며, 조사하면 도리어 악의의 항변으로 대항받을 수 있으므로 조사하지 않는 편이 좋다고 생각할 수도 있습니다. 그러나 계약불이행 등으로 부도가 나면 결국은 지급을 받는다 하더라도 시간과 비용이 들게 됩니다. 그러한 위험이 있는 어음은 처음부터 받지 않는 편이 안전합니다. 따라서 융통어음은 될 수 있는 한 수취하지 않는 것이 안전합니다.

### (5) 양도인의 권리와 자격 등

양도인이 참다운 권리자인가는 어음배서의 연속이 있는 한 조사할 필요는 없습니다. 선의취득의 제도로써 보호되기 때문입니다. 그러나 무권리자임을 알고 있었거나, 몰랐을 리 없다고 의심을 받게 되는 때는 보호를 받을 수 없는 경우가 있으므로 이런 경우에는 어음을 수취하지 않는 것이 좋을 것입니다. 그리고 최후의 배서가 기명식인 경우는 현실로 어음을 가지고 온 사람이 피배서인이라고 기재되어 있는 사람과 동일한가 그렇지 않으면 정당한 대리인인가에 관하여도 주의하여야만 합니다.

## 2. 백지어음의 배서와 양도

【질의】 ➡ 백지어음을 수취하였는데 이를 양도하려면 어떻게 해야 하는지?

【답변】 ➡

백지어음도 일반 어음과 같은 방법으로 양도할 수 있습니다. 다만, 백지어음은 보충되기 전까지는 미완성인 어음이므로 어음법상의 권리를 그대로 행사할 수는 없습니다. 백지어음을 양도하기 위해서는 수취인란에 기재가 있으면 수취인의 배서에 의하여, 수취인란이 백지인 경우에는 이를 보충하거나 배서함으로써 양도할 수 있습니다. 또한 단순히 백지어음을 교부하는 것으로도 양도할 수 있습니다.

한편 백지어음을 취득한 자에게도 선의취득제도와 인적항변의 제한이 적용됩니다. 즉 배서양도를 받은 경우에 전자가 무권리자라면 원칙적으로 권리는 이전하지 않습니다. 다만 취득자가 전자의 무권리를 알지 못하고 또한 그것에 대한 중대한 과실이 없는 경우에는 권리를 취득할 수 있습니다. 또한 백지어음의 발행인은 종전의 소지인에 대하여 대항할 수 있는 사항으로써 제3자인 백지어음의 소지인에 대하여 주장할 수 없습니다. 즉 발행인의 항변은 어음소지인에 대하여는 제한을 받습니다.

## 3. 배서인의 담보책임

【질의】 ➡ 어음에 배서한 자는 어느 경우에 어떠한 책임을 지게 되는지?

【답변】 ➡

어음의 배서인은 그 배서의 상대방 및 그 다음의 모든 어음취득자에 대하여 어음의 지급을 담보하는 책임을 집니다. 즉 약속어음의 제1차적 채무자는 발행인이지만, 발행인이 만기에 어음금을 지급하지 않든가, 만기 전이라도 발행인에게 지급의 가망성이 없다고 보여졌을 경우 배서인은 발행인 대신 그 어음을 지급하여야 합니다. 이것을 배서의 담보적 효력이라고 합니다. 이렇게 하여 배서인이 부담하는 어음금 지급의 의무를 소구의무라고 합니다. 그리고 이 소구의무에 따라서 지급한 배서인이 다시 자기의 전자에 대하여 청구하는 것을 재소구라고 합니다. 다만, 배서인은 다음과 같은 경우에만 이 소구의무를 부담합니다. 첫째, 어음의 만기가 도래하지 않았더라도 배성인에게 소구할 수 있는 경우가 있습니다. 이것은 약속어음의 발행인(환어음의 인수인)이 파산·지급정지처분을 받거나 그 재산에 대하여 행하여진 강제집행이 주효하지 않은 경우등입니다. 이런 경우에는 만기에 지급제시를 하여도 어음의 지급을 받을 가능성이 없으므로 만기전이라도 소지인이 배서인에게 청구할 수 있도록 하는 것입니다. 또한 법률의 구체적 명문규정은 없지만, 화해·회사정리·법정청산 등이 개시되었을 때라도 만기 전에 소구할 수 있다고 보고 있습니다. 다만 그 발행인이 발행한 다른 어음이 부도가 난 경우에도 이와 같이 볼 것인가에 대하여는 이론이 있습니다. 그러나 적어도 부도를 내었기 때문에 거래정지 처분을 받은 경우에는 만기 전일지라도 소구할 수 있다고 보아야 합니다. 둘째, 만기에 적법한 지급제시를 하였는데도 지급받지 못한 경우에도 소구의무를 집니다. 이 소구를 하기 위해서는 지급을 하여야할 날 및 이에 이은 2거래일 내에 적법한 지급제시가 되었다는 것이 절대적으로 필요합니다. 위의 기간 내에 적법한 지급제시가 되지 않았을 경우의 소구의무는 소멸합니다. 거절증서의 작성이 면제되어 있을지라도 지급제시 그 자체가 면제되지는 않습니다. 이 요건이 완화되는 경우는 국가의 법령에 의한 금제 기타 불가항력이 있는 경우에 한합니다. 여기에서 불가항력이라고 함은 외부로부터 발생한 사건으로서 합리적으로 기대되는 최대의 주의를 다하였을지라도 피하지 못하는 경우를 말합니다. 따라서 소지인 또는 그 위임을 받는 자가 병으로 제시하지 못하였다고 하는 것과 같은 여기에서 말하는 불가항력은 아닙니다.

이상에서와 같이 소구할 수 있기 위하여는 법정의 기간 내에 적법한 지급제시를 한다는 것이 절대적으로 필요하며, 가령 만기에 제시하여도 지급을 받지 못하리라는 것이 처음부터 확실한 경우일지라도 제시는 필요한 것입니다. 제시를 면제하는 특약이 있는 경우에도 약속어음의 발행인이 소지인에게 제시를 면제할지라도 배서인에 대하여서는 역시 제시를 하지 않으면 소구할 수가 없습니다. 배서인이 소지인에 대하여 면제를 하는 경우에는 그 당사자 사이에서만 유효합니다. 따라서 이 경우에는 법정제시 기간 내에 제시하지 않았을지라도 소지인은 그 후 지급인에게 제시하여 지급을 받지 못하면 배서인에게 청구할 수 있습니다. 일반적으로 은행거래에서는 그 거래약정서에서 이 취지의 특약을 정하고 있습니다. 이와 같이 처음부터 일반적으로 지급제시 면제의 특약을 하여 두는 것도 유효합니다.

그러면 어음의 취득자는 배서인에 대하여 어느 정도의 어음금에 대하여 소구할 수 있는가. 이에 대하여는 다음과 같은 경우로 나누어 설명합니다.

## (1) 만기 전 소구의 경우

이 경우에는 어음 금액으로부터 공정 해인율(은행율)에 의하여 계산된 변제일에 있어서의 이자가 공제됩니다. 여기에서 공정 해인율이라 함은 한국은행의 해인율을 말합니다. 그러나 만기 전에 소구가 제기될지라도 현실의 변제가 만기 후에 되었을 경우에는  할인되지 않습니다. 뿐만 아니라 만기 후에는 법정이자를 지급하여야 합니다.

## (2) 만기 후의 경우

이 경우에는 ①지급이 안된 어음 금액, ②만기 이후의 법정이자, ③거절증서 작성의 비용·통지의 비용 및 기타의 비용 등을 지급하여야 합니다. 여기에서 주의하여야 할 것은 ②의 만기 이후의 법정이자입니다. 지급제시를 전술한 바와 같이 지급해야 할 날 및 그에 이은 2거래일 내에 하였다면, 가령 2일째에 하였든 3일째에 하였든 이자는 만기 이후의 것을 청구할 수 있습니다. 만기 이후의 이자에는 만기 당일이 휴일인가 아닌가에 관계없이 그 날의 이자를 포함합니다. 또한 거절증서는 일반적으로 작성면제가 되어 있으므로 실제로 작성되는 일은 없습니다. 따라서 작성면제가 되어 있음에도 불구하고 작성하였다고 하더라도 그 비용은 청구할 수 없습니다. 통지의 비용이란 소구의무자에 대한 통지의 비용을 말합니다.

기타의 비용으로서는 소구의무자에 대한 변제최고의 비용, 어음법 제52조에 의해 발행한 환어음의 비용, 소구의무자의 주소조사의 비용 등이 포함되지만, 소송비용은 여기에 포함되지 않습니다.

## (3) 재소구의 경우

소지인으로부터 소구되어 그에 따라서 지급을 한 배서인은 다시 자기보다 앞의 배서인 또는 발행인(혹은 인수인)에게 자신이 청구하게 됩니다. 이 경우에는 ①자기가 지급한 모든 금액, ②이 금액에 대한 법정이율에 의한 지급일 이후의 이자, ③지출한 비용 등을 청구할 수 있습니다.

이상에서의 설명은 위조어음에 대하여도 그대로 적용됩니다.

다만, 다음과 같은 경우에 배서인은 담보책임을 지지 않습니다.

### (1) 기한 후 배서

지급거절증서 작성 후의 배서 또는 지급거절증서 작성기간 결과 후의 배서를 말합니다. 이 경우에는 담보책임을 지지 않습니다.

### (2) 무담보 배서

배서란에 '무담보'라고 문언을 확실하게 기재하여 놓으면 그 배서인은 누구에 대하여도 담보책임을 부담하지 않습니다.

### (3) 배서금지 배서

새로운 배서를 금지하는 뜻을 기재한 배서로써 금전배서라고도 합니다. 이 경우 배서인은 담보책임을 지지 않습니다.

### (4) 백지식 배서를 이용하여 교부에 의해 양도한 경우

자기에의 배서가 백지식인 어음의 취득자는 그 백지 부분을 타인 명칭으로 보충하거나 혹은 백지를 보충하지 않고 하등의 배서를 하지 않은 채 그 어음을 타인에게 교부하는 것만으로 적법하게 그 권리를 양도할 수가 있는데, 이 방식으로 어음을 양도한 자는 자기의 명의를 기명날인자로서 어음상에 표시하지 않았기 때문에 배서인으로서의 담보책임을 부담하지 않습니다.

한편 수표도 기명식 또는 지시식으로 발행되는 수가 있는데, 그때에는 양도를 위하여 배서가 행하여집니다. 이것에 의하여 배서인이 담보책임을 지는 것은 어음의 경우와 동일합니다. 소지인출급식수표는 그대로 교부하는 것만으로 양도할 수 있으므로 배서를 요하지 않습니다. 그러나 이에 배서한 경우, 그 자는 수표가 부도가 되었을 때, 담보책임을 지지 않으면 안됩니다. 어음이라도 최후의 배서가 백지식이었을 때에 그 양도는 교부만으로 될 수 있지만, 그럼에도 불구하고 그것에 배서한 자는 담보책임을 지는 것과 같은 이치입니다. 다만, 주의하여야 할 점은 기명식수표이거나 소지인출급식수표라도 지급인, 즉 지급은행이 한 배서는 무효라고 하는 점입니다. 이것은 다음과 같은 이유에서입니다. 만일 지급은행이 한 배서를 유효하다고 하여 이것에 담보책임을 지우면 그 수표는 대단히 신용이 있는 것이 될 것입니다. 그 결과 수표는 발행인이 지급은행에 자금을 갖고 있지 않을지라도 배서인인 은행의 신용만으로 유통하게 될 것입니다. 그렇게 되면 수표법에서 수표에 인수를 금지하고, 수표가 신용증권화되어 버리는 것을 방지하려는 취지에 위배되기 때문입니다.

　지급은행이 한 배서는 위에 설명한 바와 같이 무효이지만, 지급은행에 대하여 행해진 배서도 역시 배서로서의 효력을 갖지 못하며, 영수증으로서의 효력밖에 인정되지 않습니다. 이것은 소지인이 지급은행으로부터 수표금을 지급받았을 때 영수증 대신에 수표에 배서 기명날인 또는 서명한다고 하는 관습이 있기 때문입니다. 이 관습이 있기 때문에 영수증 대신으로 배서를 한 것이 배서인으로서의 담보책임을 지우게 한다면 곤란한 일이 될 것입니다. 따라서 법률은 지급은행에 대한 배서는 영수증으로서의 효력밖에 없다고 일률적으로 규정하고 있는 것입니다.

## 4. 배서양도의 효력

> 【질의】 ➡ 배서양도는 어떤 효력을 가지고 있는지?

【답변】 ➡

어음에 있어 배서양도의 성질은 어음상 권리의 양도이며, 이 점은 일반 채권양도와 동일합니다. 다만, 어음은 지시증권으로서 전전유통 하는 것을 본래적 사명으로 하기 때문에 일반 채권양도에 부여된 효 력만으로는 안전·신속한 유통요구에 부응할 수 없습니다. 여기에서 어음법은 어음의 유통성을 강화하기 위하여 전형적 유통수단의 배서 에 특별한 효력을 부여하고 있습니다. 일반적으로 어음에 하는 배서 에는 권리이전적 효력, 담보적 효력 및 자기수여적 효력등 세 가지 효력이 있습니다.

### (1) 권리이전적 효력

배서는 외부계약과 함께 어음상의 모든 권리를 피배서인에게 이전 하는데, 이를 배서의 권리이전적 효력이라고 합니다. 배서에 의한 권 리양도가 일반의 권리양도와 다른 점은 양도인이 무권리자이더라도 특별한 효력이 인정된다는 점입니다. 배서에 의하여 항변의 절단이 생기고, 피배서인이 그 어음 채무자를 해할 것을 알고 어음을 취득한 경우를 제외하고는 종래 배서인에 대하여 할 수 있는 항변으로서 피 배서인에게 대항할 수 없습니다.

### (2) 담보적 효력

배서인은 원칙적으로 장래의 모든 어음 취득자에 대하여 어음의 인수와 지급을 담보할 책임을 집니다. 이를 배서의 담보적 효력이라 고 합니다. 즉 배서인은 원칙적으로 패배서인 및 그 후의 어음 취득자 전원에 대하여 인수와 지급을 담보하고 어음의 인수와 지급이 없는 경우에도 어음 금액을 주로 하는 수구금액을 지급할 의무를 부담하게 됩니다. 따라서 배서인은 지급인 또는 발행인의 보증인과 같은 책임을 지게 되는 것입니다.

### (3) 자기수여적 효력

배서에 의하여 양도된 어음의 양수인은 적법한 권리자로서 추정되는 것을 배서의 자기수여적 효력이라고 합니다. 배서에는 이러한 효력이 인정됨으로써 형식상 연속된 배서의 패배서인 또는 최종 배서가 백지식인 경우의 어음 소지인은 그것으로서 어음법상 적법한 권리자로 추정되어 어음채무 자가 권리자인 자격에 관하여 다룰 경우에 어음 채무자 측에서 패배서인에게 권리가 없다는 것을 입증하여야 합니다. 또 어음 채무자는 선의로 형식상 연속된 배서의 피배서인 또는 소지인에게 변제를 하면 설사 그 자가 실질적으로 무권리자이더라도 책임을 지지 않습니다.

## 5. 배서의 연속과 그 효력

【질의】 ➡ 배서의 연속이란 무엇이고, 어떠한 효력을 가지는지?

【답변】 ➡

배서의 연속이란 제1베서에서 영수인이 배서인이 되고, 제2배서에서는 전배서의 피배서인이 배서인이 되어 발행인부터 현소지인까지 어음면상 배서가 연속되는 것을 말합니다.

배서의 연속이 있는 어음의 소지인은 진실한 권리자로 추정되며, 실질적인 권리자임을 증명하지 않고도 어음상의 권리를 행사할 수 있습니다. 본래 어음상의 권리를 행사하기 위해서는, 자기가 진실한 권리자임을 소지인측에서 증명하여야 하지만, 그렇게 되면 소지인은 어음이 발행으로부터 자기에 이르기까지의 어음 이전의 모든 경위를 분명히 한 다음, 만약 그 상이에 무권리자가 개재해 있으면, 어음의 선의취득이 있었음을 주장하여 자기가 어음상의 권리자라는 사실을 분명히 하지 않으면 안되므로 권리행사는 대단히 복잡하게 됩니다. 도한 이러한 권리행사가 지장을 받게 되면 어음의 유통성 자체도 자연히 위험을 받게 될 것입니다. 이에 따라 법은 정규로 어음이 배서 양도된 경우에는 A→B, B→C, C→D와 같이 배서가 연속되는 것이 보통임을 고려하여 그러한 배서의 연속이 있는 어음을 소지하고 있는 자는 그 사실만으로 적법한 권리자로 추정하도록 하여 어음소지인의 증명의 부담을 가볍게 함과 동시에 그 자격의 추정을 기초로 하여 선의취득과 지급인의 면책의 보호를 인정하고 있습니다. 이와 배서의 연속에 의한 권리의 추정력에 따라, 어음의 기재로 보아 배서가 전체적으로 연속하고 있다는 하나의 사실을 전제로 하여 그 어음 소지인을 바로 권리자로 추정하는 효력을 부여하는 것입니다. 따라서 배서의 연속이 있는 어음의 소지인은 실제로 자기가 권리자라는 것을 발행으로부터 자기에 이르기까지의 어음 이전의 모든 경과에 대하여 주장·증명할 필요는 없으며, 다만 배서의 연속이 있는 어음을 소지하고 있다는 사실을 주장·증명하는 것만으로써 어음금을 청구할 수 있게 됩니다.

이와 같이 연속하는 배서가 있는 어음의 소지인은 권리자로서의 형식적 자격이 인정되는 것입니다. 즉 권리자로서 추정된다고 하는 의미에 지나지 않습니다. 따라서 배서의 연속이 있는 경우라도 소지인이 무권리자인 이상 채무자는 그 사실을 증명하여 권리의 행사를 부정할 수 있습니다. 예컨대 연속된 배서 가운데 위조한 사실이 있는 경우는 그 사실 및 그 후에 선의취득이 없었다는 것을 증명하여 권리를 부인할 수 있습니다. 반대로 배서의 연속이 없다고 하여 소지인이 권리자가 되지 못하는 것은 아니며, 실질적으로 권리자인 한 권리를 행사할 수 있습니다.

배서의 연속은 형식적으로 어음의 기재상으로 인정될 수 있는 것이어야만 합니다., 어음의 기재상 연속되어 있으면 중간에 위조의 배서, 가설인의 배서, 취소에 의하여 무효가 된 배서 등이 있을지라도 배서의 연속은 있다고 봅니다. 다만, 형식적으로 동일하지 않는 한 실질적으로 동일인이라고 할지라도 배서의 연속은 인정되지 않습니다. 상속·회사합병·채권양도·전부명령 등으로 어음을 취득한 자가 다시 배서로서 어음을 양도한 것과 같은 경우에도 동일하게 취급됩니다. 피배서인과 배서인이 한 자, 한 획, 똑같은 것이 아니어서는 안 된다는 것은 아니며, 오기·약기·용어의 차이가 있다 하더라도 사회통념상 동일성이 인정되는 한 연속이 있다고 봅니다. 한 편이 개인명의이며 다른 편이 그 명칭을 포함한 상점명으로 되어 있는 것과 같은 경우도 마찬가지입니다. 상소의 경우도 상속인이라는 것을 기재하고 배서를 하면 배서는 연속된다고 한 판례가 있으며, 학설에도 소수설이지만 이 입장을 지지라고 있는 것이 있습니다. 또 어음법상의 기명날인 또는 서명에 기명무인은 포함되지 않으므로 기명무인으로써 한 어음행위는 무효입니다. 판례에 따르면, 약속어음에 수차 배서가 된 경우 처음에 한 배서가 기명무인으로 되었다면 그 어음에는 어음법 제16조에서 규정한 배서의 연속이 없고, 또 동법 제7조에서 규정하고 있는 어음 채무의 독립성의 경우에도 해당되지 않으므로, 위 무효인 배서나 이후의 어음 취득자는 배서의 연속에 의하여 그 권리를 증명한 자라고 할 수 없다고 보고 있습니다. 또한 배서 일자의 선후가 바뀌어 있어도 배서란의 순서에 다라 연속되어 있다면 이는 배서의 연속으로 인정됩니다.

## 6. 위조어음 배서인의 책임

**【질의】** ➡ 위조된 어음인 줄 모르고 이를 취득한 후 다시 배서하여 제3자에게 양도한 경우 배서인의 책임은?

**【답변】** ➡

위조된 어음이나 수표이더라도 그 요건이나 형식을 모두 갖추고 있어 누가 보더라도 정당하게 발행된 것으로 인정될 경우에 그 어음을 취득하여 배서한 자는 그 기명날인 또는 서명한 사실 자체에 의하여 어음채무를 지게 됩니다. 배서를 한 자는 배서인으로서의 담보책임을 부담하기 때문입니다. 피위조자인 어음 명의인은 지급의무를 부담하지 않기 때문에 배서인이 어음소지인에 대하여 지급책임을 지게 되는 것입니다. 이와 같이 어음이 위조되어 발행 명의인이 책임을 지지 않는 경우에도 그 후에 배서를 한 자는 전자의 사정을 묻지 않고 스스로 독립한 채무를 부담하게 되는 것을 어음행위독립의 원칙이라고 합니다. 이 경우 배서인이 지는 책임은 위조사실에 대한 선·악의에 상관없이 부담하는 책임입니다.

## 7. 환배서와 그 책임

**【질의】 ➡ 환배서어음을 취득한 경우의 법률관계는?**

**【답변】 ➡**

환배서란 어음·수표상의 의무자인 발행인·인수인·배서인·보증인·참가보증인 등을 피배서인으로 하는 배서를 말합니다. 어음법 제11조 제3항의 규정은 환배서의 인정취지 및 환배서의 피배서인은 다시 배서할 수 있다는 취지를 정하고 있습니다. 환배서의 경우 발행인은 자기에 대한 채권을 취득한 것이 되므로 동일인이 채권자와 채무자를 겸하는 결과가 되어 채권은 소멸하게 됩니다. 이를 채권의 혼동이라고 하는데. 어음의 경우에도 이를 그대로 적용할 수 있는가에 대하여 논의가 있습니다. 현재의 통설은 어음의 경우에도 민법상의 혼동은 그 적용이 없다고 보고 있습니다.

이에 따르면, 배서인은 실제로는 책임을 부담할 의사가 아니었다고 하더라도 현채상으로 보아 배서를 하였으므로 발행인은 어음상의 권리자가 되고, 다시 발행인으로 보아 배서를 함으로써 그 어음의 취득자가 권리자가 됩니다. 이 경우 발행인이 배서를 하지 않고 배서인이 한 백지식 배서를 이용하여 그대로 어음을 현재의 어음소지인에게 인도한 경우에도 마찬가지입니다. 다만, 이러한 것이 인정되기 위하여는 발행인이 그 어음을 만기 전에 양수하고 만기 전에 양도하는 경우로 한정됩니다. 왜냐하면 어음의 환배서가 행하여질지라도 혼동에 의하여 권리가 소멸하지 않는 것은 어음의 유통을 보호하기 위하여 특히 정책적으로 인정된 특칙이라고 보기 때문입니다. 이러한 입장에서 약속어음의 발행인(환어음의 인수인)이 만기 후에 환배서를 받았든가 혹은 만기 전에 취득하고 그대로 만기를 맞은 경우에는 단연히 민법의 혼동원칙이 적용되어 어음채무는 소멸하여버리는 것으로, 어음의 발행인은 그 이후는 권리의 행사도 이전할 수 없게 됩니다. 다만, 이 경우에도 배서인은 어음의 채권자가 어음 취득시에 악의가 있었다는 사실을 주장·입증하면 배서인으로서의 담보책임을 지지 않습니다.

한편, 보통의 배서라면 소지인이 악의이더라도 소지인의 전자가 선의이면 그 채무자는 지급을 거절하지 못합니다. 예컨대 어음발행인의 채무불이행을 어음의 채권자가 알지 못하고 어음을 취득한다면 어음의 채권자로부터 배서를 받은 소지인은 이러한 사실을 알고 있었다고 하더라도 채무자는 지급을 거절할 수 있습니다. 왜냐하면 항변이 있는 채권이 어음채권자의 선의에 의하여 씻겨져 깨끗한 권리가 되었기 때문에 현재의 소지인에게 악의가 있다고 하더라도 그 권리는 소지인에게 그대로 이전되었기 때문입니다. 즉 악의의 항변을 주장할 수 없습니다.

## 8. 기한 후 배서어음

【질의】 ➡ 기한 후 배서어음이란 무엇이고, 이를 취득한 자에 대한 지급청구를 거절할 수 있는지?

【답변】 ➡

기한 후 배서란 지급거절증서 작성 후의 배서 또는 지급거절증서 작성기간 경과 후의 배서를 말하며, 이를 후배서라고 합니다. 이러한 배서가 있는 어음에 대하여는 이미 어음으로서의 유통성을 상실하고 소구단계에 들어간 어음에 대하여 유통확보를 위한 배서의 특수한 효력을 인정할 필요가 없기 때문에 지명채권양도의 효력만이 인정됩니다. 일반적으로 거래되고 있는 확정일출급어음의 경우는 지급하여야 할 날과 이에 이은 제2거래일이 증서작성 기간으로 됩니다. 따라서 만기를 포함하여 3일간이 그 작성기간으로 되므로 적어도 그 기간이 경과되어 어음을 취득한 때에는 기한 후 배서가 됩니다.

배서가 기한 후의 것인지에 대한 판단은 어음상에 기재된 배서 일자에 의하지 않고 현실로 배서된 일자에 의하여 결정됩니다. 그렇지만 이것은 반드시 명백하지 않을 뿐만 아니라 그 입증이 매우 어렵습니다. 따라서 어음상에 배서 일자가 기재되어 있으면 그 일자에 배서가 있었던 것으로 추정됩니다. 이것은 사실상의 추정에 불과합니다. 한편, 배서 일자가 없는 경우에는 지급거절증서 작성기간 경과 전에 배서된 것으로 추정됩니다. 따라서 이때는 기한 후 배서라고 할 수 없습니다. 이것은 법률상의 사실추정입니다. 이상의 두 경우는 모두 사실추정이므로 다투는 자가 기한 후의 배서임을 주장하면 번복됩니다.

기한 후 배서의 경우는 이미 소구단계에 들어간 것이므로 위에서 설명한 바와 같이 유통보호를 위한 배려는 필요하지 않습니다. 이에 대하여 어음법 제20조 제1항 단서에서 규정하고 있습니다. 즉 기한 후 배서의 경우에는 전자가 가지고 있던 권리와 같은 내용의 권리밖에는 취득하지 못합니다. 따라서 이러한 어음을 취득한 제3자가 지급을 청구하면, 제3자의 선·악의를 불문하고 전자에 대하여 가지고 있던 권리로서 그 지급을 거절할 수 있습니다. 이때 제3자의 배서가 기한 후의 배서가 되는데 대한 입증을 하여야 합니다. 한편 제3자가 기한 전에 그 어음을 취득한 것이라면 어음법상의 유통보호를 위한 규정의 적용을 받습니다. 즉 이때 제3자가 선의이면 항변은 단절됩니다.

　기한 후 배서의 경우에도 다음과 같은 효력이 인정됩니다. 첫째, 기한 후 배서의 경우에도 배서하여 교부하면 어음상의 권리는 이전합니다. 이를 배서의 이전적 효력이라고 합니다. 둘째, 배서가 연속되어 있으면 어음상에 연속된 배서의 기재에 의하여 소지인에게 권리가 귀속되는 것이라고 법률상 추정되는 반면에 이러한 자에게 지급을 한 자는 소지인이 무권리자라고 하여도 책임이 면제됩니다. 셋째, 기한 후 배서의 경우에는 일반적으로 선의취득제도가 부인되고 있습니다. 또한 배서인에 대하여도 담보책임은 부정되고 있습니다.

## 9. 추심위임배서

**【질의】 ➡ 어음을 교환하기 위하여 하는 보통의 배서와 추심위임배서는 그 효력이 다른지?**

**【답변】 ➡**

어음교환이란 동일한 지역 내에 있는 은행들이 서로 다른 은행에서 추심하여야 할 어음이나 수표를 일정한 장소와 시간을 정하여 제시·교환하여 그 수령총액과의 차액만을 집단적으로 결제하는 제도를 말합니다.

이를 위하여 어음 소지인은 자기와 거래가 있는 은행에 그 추심을 위임하는 방법을 취할 수 있습니다. 그러므로 어음을 은행에 가지고 가서 교환에의 제출을 의뢰한다는 것은 보통의 거래상대방에게 어음을 교부하는 것과는 성질을 달리합니다. 보통 어음에 배서를 하여 상대방에게 교부한다는 것은 모든 어음의 권리를 상대방에게 양도하는 것이나, 은행에 교부한다는 것은 권리를 양도하는 것은 아니고 추심을 위하여 교환에의 제출을 의뢰하는 것이므로 추심을 위한 배서가 됩니다. 따라서 은행은 그 추심을 위한 일반을 할 의무를 부담합니다. 따라서 이것을 자기채무의 충당을 위하여 딴 곳으로 돌릴수는 없습니다. 은행에 어음을 제출하는 취지는 이상과 같은 것이므로 어음 소지인이 '추심을 위하여'라는 배서를 하거나 이와 같은 문언을 기재하지 아니하고 보통의 배서를 하여 교부하여도 효력은 동일합니다. 추심위임의 방법은 보통의 배서형식에 의하여 하는 것이 일반적입니다. 이것은 추심이라는 것이 표면에 나타나지 아니하므로 숨은 추심위임이라고 합니다. 그리고 대부분의 경우 백지식 배서를 합니다. 다만, 은행간에 돌릴 때에는 '추심을 위하여'라는 고무인을 찍는 예가 많습니다. 이와 같은 보통의 배서 형식에 의하지 아니하고 정식으로

‘추심을 위하여’ 또는 ‘대리를 위하여’등의 문언을 기재한 어음을 추심위임어음이라고 합니다. 어음법 제18조에서는 배서에 ‘회수하기 위하여’, ‘추심하기 위하여’, ‘대리를 위하여’ 기타 단순히 대리권 수여를 표시하는 문언이 있는 때에는 소지인은 환어음으로부터 생기는 모든 권리를 행사할 수 있습니다. 그러나 소지인은 대리를 위한 배서만을 할 수 있음을 규정하고 있습니다. 은행에 추심하기 위하여 제출한 때에는 ‘추심하기 위하여’라고 기재하거나 또는 기재하지 아니하여도 법률상 그 효력에는 차이가 없습니다. 다만, 은행측의 부정행위 등으로 이 어음이 타인에게 넘어간 경우에는 ‘추심하기 위하여’라고 기재한 것과 그러하지 않은 것은 어음소지인에게는 그 효과가 다르게 나타납니다. 어음 소지인에게 기재한 것이라면 어음의 권리는 어디까지나 최후의 권리자인 추심을 의뢰한 자에게 있으므로 간단히 입증이 되지만, 기재하지 아니한 것이라면 그 추심의 입증이 곤란한 뿐 아니라 현재의 소지인이 자기 이후의 배서인에 대하여 어음배서에 의한 지급담보의 책임을 부담하게 됩니다.

## 1∆. 어음의 입질배서와 양도담보

【질의】 ➡ 입질배서와 은행에서 어음을 담보할 때 하는 양도배서는 어떠한 차이점이 있는지?

【답변】 ➡

입질배서란 어음 위에 '담보하기 위하여' 또는 '입질하기 위하여' 기타 질권설정을 표시하는 문언이 있는 경우의 배서를 말합니다. 이러한 경우에는 그 어음에 질권을 설정하였다는 것을 확실하게 알 수 있게 됩니다. 따라서 이것을 공연한 입질배서라고 합니다. 이 경우 피배서인은 어음으로부터 생기는 일체의 권리를 행사할 수 있습니다. 즉 지급제시 · 어음금의 수령은 물론 거절증서의 작성 · 소구 · 소송의 제기도 할 수 있습니다. 그리고 질권자는 추심금을 자기의 채권의 우선변제에 충당할 수 있습니다. 그러나, 그 채권의 기한이 도래하지 않았을 때에는 미리 변제에 충당할 수 없으며, 이를 공탁하여야만 합니다. 또 피배서인은 추심위임배서를 할 수 있지만, 다시 양도배서나 입질배서를 할 수 없습니다. 이를 한 경우에는 추심위임배서로서의 효력밖에는 인정되지 않습니다.

공연한 입질배서는 실무상 거의 인정되지 않고 있습니다. 가령 상업어음을 담보로 하여 은행으로부터 대부를 받을 경우에는 그 상업어음에 통상의 양도배서를 하여 은행에 주고, 동시에 차주는 다시 차입금을 상당액의 약속어음을 은행에 대하여 발행하는데, 이때 상업어음 담보차입증까지도 차입시키는 것이 보통입니다. 이 경우의 배서는 담보의 목적으로 어음을 채권자에게 양도한 것으로서 양도담보의 일종으로 보고 있습니다. 그러나 그 법적 성질을 밝히기 위하여는 먼저 이러한 담보를 위하여 되어지는 양도배서의 구체적 효과를 분명히 할 필요가 있는 것입니다. 실제로 사용되고 있는 담보차입설에 따르면, 은행은 담보어음을 기일에 추심한 다음 대부금의 변제기에 관계 없이 임의로 채권의 변제에 충당할 수 있다고 정하고 있습니다. 예 컨대 만기가 다른 여러 통의 상업어음을 담보로 잡고 e대부를 해 준 경우 대부금 채권의 만기까지 담보어음의 지급기일이 차례로 다가오 는데, 이러한 경우에 은행이 어음의 권리자로서 어음금을 추심하고 순차로 변제에 충당할 수 있도록 하기 위하여 그러한 약정이 되어 있는 것입니다. 이에 대하여 입질배서일 경우에는 추심한 금액은 이 를 공탁하지 않으면 안된다는 것입니다. 이상과 같은 취급하에서 담 보어음의 경우, 담보어음을 추심함과 동시에 대금채권은 그 금액만 큼 당연히 소멸하게 될 것이지만, 추심할 때마다 내입으로 잡는 것 은 절차가 번잡이므로 일부 은행에서는 추심한 어음금을 바로 내입 으로 잡지 않고 일단 차주 명의의 가수금에 넣어 둔 다음 일정액에 달하였을 때 변제에 충당하도록 하고 있습니다. 그리고 이렇게 처리 를 한 때에 이자계산은 추심일에 내입이 있었던 것으로 계산하여 추 심일 이후 이자는 반환하게 됩니다.

한편 담보어음을 재담보에 넣을 수 있다고 약정하는 경우가 있는 데, 이 재담보에는 담보를 위한 양도배서를 하는 것이 보통입니다. 그런데 입질배서의 형태로 어음을 담보한 경우에는 전술한 바와 같 이 추심위임배서밖에 할 수가 없습니다. 그리고 특약이 없는 한 채권 자는 담보어음을 할인할 수 있다고 보아야 합니다.

## 11. 수표의 양도

【질의】 ➡ 수표를 양도하려고 하는데, 수표는 어음과는 달리 그 이면에 배서란이 없습니다. 수표를 양도하려면 어떻게 하여야 하는지?

【답변】 ➡

수표에는 지시식·기명식·소지인출급식·선택소지인출급식 등이 있습니다. 이들 경우를 각각 살펴보면, 먼저 소지인출급식수표를 양도하는 경우, 배서를 할 필요가 없으며 수표를 단순히 교부하는 것만으로써 이를 할 수 있습니다. 은행에 추심을 의뢰하는 경우에도 배서를 할 필요는 없습니다. 다만, 은행실무의 편의상 수표의 입수 경로를 밝히는 목적으로 수표 배서에 입금자의 기명 또는 서명을 하게 하는 것이 보통입니다. 이와 같이 소지인출급식수표를 단순한 교부에 의해서 양도한 경우에는 그 수표가 부도가 된다 하더라도 양도인은 그 소구의무를 지지 않습니다. 그러나 만일 양도에 있어서 배서를 하면 그 배서인은 수표의 소지인에 대해서 소구의무를 진다는 점에 주의하여야 합니다. 따라서 은행에 추심을 의뢰하는 때의 관행에 따를 때에도, 은행에 가지고 가는 도중에 그 수표를 분실하야 그것이 선의자의 손에 들어가면, 뒤에 기명날인 또는 서명한 자는 그 선의의 소지인에 대해서 소구의무를 부담하여야 합니다. 수표의 배인은 이러한 경우의 위험을 가져오므로 주의하여야 합니다. 다음 선택소지인출급식수표의 양도 방법도 소지인출급식수표의 경우와 같이 생각하면 됩니다. 실제로 은행에서 받아오는 수표용지는 소지인출급식으로 되어 있는 것이 보통입니다. 따라서 이 용지를 사용하여 기명식수표를 발행하려면 소지인출급식문구가 있는 곳에 수취인의 이름을 적어 넣지 않으면 안됩니다. 여기에는 두 가지 방법이 있는데 하나는 소지인이라는 문구를 말소하고 특정인 또는 회사의 이름을 기입하는 방법입니다. 이 방법을 취한 경우는 기명식수표로 처리하여야 합니다. 따라서 양도나 추심을 하는 때에는 배서를 하여야 합니다. 이때 말소한 자리에 정정인이 없어도 무방합니다. 다른 하나는 소지인이라는 문구를 말소하지 않고 특정인 또는 회사명을 기재하여 넣는 방법입니다. 이 경우에는 선택소지인출급식으로 하는 것인지 또는 단순히 수표의 교부처를 메모해 둔 것인지 발행인의 의도가 분명하지가 않습니다. 그러나 수표는 그 기재를 바탕으로 해서 객관적으로 해석하여야 하므로 소지인출급교부를 분명히 말소하지 아니하는 한 역시 선택소지인출급으로 취급하여야 합니다.

마지막으로 기명식 또는 지시식수표의 경우에는 어느 경우에든지 어음의 경우와 같이 배서에 의해서 양도합니다. 다만 수표에는 어음의 경우처럼 배서란이 인쇄되어 있지 않는 것이 보통이므로 뒤의 적당한 곳에 세로든 가로든 배서를 하기만 하면 됩니다. 그것도 배서문구나 피배서인의 이름을 쓰지 않고 배서인의 기명날인 또는 서명만을 하면 됩니다. 은행에 추심하는 경우에도 같습니다.

# 제7편. 어음의 원인관계

## 1. 원인관계와 원인관계

【질의】 ➡ 갑은 을에게 물품매매계약을 체결하고 약속어음을 발행하여 교부하였습니다. 그런데 매매계약상의 문제로 갑은 계약을 해제하고 어음을 반환해 줄 것을 그에게 청구하였는데, 을은 이 어음을 반환하지 않고 있습니다. 이 경우에는 어떻게 되는지?

【답변】 ➡

원인관계란 당사자 사이에서 그 어음 인수의 원인이 된 법률관계를 말합니다. 원인관계에는 이밖에 채무의 추심 · 담보차입 · 어음권리의 매매(할인) · 증여 등 여러 가지가 있습니다. 이에 대하여 어음관계란 어음상의 법률관계, 이를테면 약속어음의 소지인이 발행인에게 어음금을 청구할 수 있다고 하는 법률관계를 말합니다. 어음관계와 원인관계는 경제적 · 실질적으로는 같은 것이라 하더라도 제3취득자를 보호하여 어음의 유통증권적 기능을 충분히 발휘시키기 위하여 법률적으로는 따로 독립시키고 있습니다. 질문에서 본다면, 매수인인 갑과 물품의 매도인 사이에는 매매계약이 있었고, 그에 의하여 갑은 을에게 상품의 인도를 청구할 권리를 가지며, 을은 갑에게 대금을 청구할 권리를 가집니다. 이것이 원인관계입니다. 이 대금결제를 위하여 약속어음을 발행한 것이었으므로 실질적으로 보아 그것이 거래의 일부인 것만은 분명합니다. 그러나 약속어음이라는 것은 일정한 금액을 지급할 것을 약속하는 증권으로서 그 지급약속은 단순 무조건이어야 합니다. 갑이 을에게 넘겨준 약속어음에도 어떠한 상품의 대금으로서 지급한다고는 되어 있지 않을 것입니다. 만약 그러한 것을 썼다면 어음은 무효가 됩니다. 어음상의 권리는 갑이 그와 같은 무조건의 지급약속을 한 어음에 기명날인 또는 서명하여 을에게 양도하였다는 것 - 발행이라는 어음행위 - 으로부터 발생하게 됩니다. 따라서 그것은 매매계약으로부터 생기는 대금소구권과는 다르며, 이와는 다른 독립된 권리가 되는 것입니다. 이와 같이 을과 갑사이의 거래는 경제적으로는 하나이지만 갑이 이에 관하여 어음을 발행하면 어음관계와 원인관계라는 두 개의 법률관계가 발생하여, 을은 어음에 의한 권리(어음채권)와 원인관계에 의한 권리(원인채권)의 둘을 가지게 됩니다.

이 어음관계는 원인관계와는 달리 조건을 붙일 수 없는 어음행위에서 발생하는 것이므로 원인관계가 무효·취소·해제되더라도 그에 의하여 영향을 받지 않습니다. 이것을 어음관계의 무인성이라 합니다. 따라서 이 경우에도 어음상의 권리 그 자체는 역시 존재하며, 다만 그 행사가 원인관계의 해제라는 항변에 의하여 저지될 뿐이라고 해석됩니다. 그리고 이 항변은 이른바 인적항변에 불과하며, 어음이 제3자에게 양도된다는 원칙적으로 주장할 수 없게 됩니다. 결국 매매계약을 해제하더라도 그것만으로 이미 양도한 어음이 무효로 되지는 않습니다. 을로부터의 청구는 거절할 수 있으나 선의의 제3자에게 양도되어 그 자로부터 청구를 받는다면 지급을 거절할 수 없습니다.

그러므로 그대로 내버려 두어서는 안됩니다. 어음이 아직 을의 수중에 있는 동안에 어떻게 해서라도 반환받도록 하여야 할 것입니다. 만약 갑이 매매계약의 이행으로서 상품의 인도를 받아 놓았다면 어음의 반환과 상환으로 이를 원장으로 회복하여 을에게 돌려 주어야 합니다. 아무리 해도 반환하여 주지 않으면 어음반환청구소송을 제기하여야 하는데 시일이 너무 걸리며, 집행관에 의하여 어음을 회수하려는 취지의 가처분을 하는 일이 가장 강력한 방법이지만 실제집행에 이르러 어음을 발견하지 못한다면 헛수고가 될 것입니다. 어음의 양도를 금지하는 가처분을 얻더라도 매도인이 이를 무시하고 제3자에게 양도하여 버린다면 그 사람이 선의인 한 이에 대항할 수 없음은 마찬가지입니다. 이론적으로는 의문시되지만 지급은행을 제3채무자로 하여 지급제시에 응하여서는 안된다고 하는 취지의 가처분을 신청하는 방법도 있습니다. 만약 이 가처분까지 얻는다면 일단 지급을 거절할 수 있는 효과는 생깁니다. 그러나 선의의 소지인으로부터 어음소송을 제기당하게 되면 효과는 상실하게 됩니다. 이 경우 최후의 수단은 형사절차입니다.

이미 어음이 양도되었을 때는 소지인에 대하여 악의의 항변이 성립하지 않는가를 조사해 보고, 그것이 안되면 을로 하여금 회수하여 주도록 교섭하는 수 밖에는 다른 방법이 없습니다. 소지인이 은행이라면 을로부터 취득하고 있는 담보에 의하여 회수하는 방법도 있습니다. 한편 을에 대해서는 손해배상 혹은 부당이득반환의 청구권을 보전하기 위하여 문제의 상품 등을 가압류하여 두는 것이 유리할 것입니다.

## 2. 숨은 추심위임배서

**【질의】** ➡ 숨은 추심위임배서란 무엇이며 이러한 어음을 수취한 자는 어떠한 권리를 가지는지?

**【답변】** ➡

어음의 소지인이 제3자에게 어음금의 추심을 부탁하는 방법에는 공연한 추심위임배서의 방법과 숨은 추심위임배서의 방법이 있습니다. 실제로 많이 이용되는 방법은 후자의 방법입니다. 다만, 이에 관하여는 어음법상 특별히 규정하고 있지 않기 때문에 그 법적 성질에 대하여 종래부터 논리의 여지가 있습니다.

숨은 추심위임배서란 어음상의 권리행사의 대리권을 수여할 목적으로 보통의 양도배서의 방식으로 하는 배서를 말합니다. 이러한 배서의 피배서인은 자기의 명의로 배서인을 위하여 어음상의 권리를 행사할 수 있습니다. 또한 공연한 추심위임배서의 경우와는 달리 어음을 제3자에게 양도하여 그 대가를 취득하는 것도 금지되지는 않습니다. 이 경우의 피배서인은 실질적으로 배서인을 대신하여 어음상의 권리를 행사하는 자에 불과하지만, 형식적으로는 어음상의 권리자로 됩니다. 이와 같이 숨은 추심위임배서의 경우에는 그 실지로가 형식에서 많은 차이를 나타냄으로써 문제를 가지고 있으며, 그에 따른 학설상의 다툼도 있습니다.

숨은 추심위임배서의 법적 성질에 관하여, 신탁양도설(신탁배서설)에 따르면 어음상의 권리는 피배서인에게 이전하고, 피배서인은 다만 어음의 추심위임의 계약관계에 의하여 추심을 위하여 어음상의 권리를 행사하는 것으로서, 추심이 되면 추심금을 배서인에게 주고, 추심이 되지 않으면 어음을 반환할 의무를 지는데 지나지 않는다고 봅니다. 즉 이 견해는 양도배서라는 형식을 중시하는 견해입니다. 이에 대하여 자각수여설(자각배서설, 권한수여설)에 다르면, 추심위임이라고 하는 당사자의 목적에 따라서 배서의 효력을 생각하고, 배서인은 피배서인에 대하여 어음상의 권리를 자기의 이름으로 행사할 권한을 수여하는 것뿐으로서, 어음상의 권리자는 여전히 배서인이라고 보는 실질을 중시하는 견해입니다. 또한 상대적 권리이전설에 따르면, 기본적으로는 신탁양도설의 입장이지만, 그 권리이전의 의미를 상대적으로 파악하여 당사자간에는 실질을 중시하여 권리가 이전하지 않는 것으로 보지만 제3자에 대한 관계에서는 실질이 추심위임이므로 권리가 이전하지 않는다고는 주장할 수 없기 때문에 그 결과 어음상의 권리가 이전한 것으로서 효력이 생기며, 제3자는 당사자 사이에서 권리가 이전하고 있음을 주장할 수도 있고, 또한 그 권리가 이전하고 있지 않음을 주장할 수도 있다고 봅니다. 한편 판례의 입장은 분명하지는 않지만 학설의 대부분은 신탁양도설의 입장에 따르고 있습니다.

그러나 신탁양도의 입장도 배서가 실은 추심을 위하여 되어진 것이라는 점이 문제가 될 때에는 그 실질에 따른 해결을 인정하고 있으므로 자각수여설을 취하는 경우와 구체적인 결과의 차이는 별로 없습니다. 예컨대, 어음 채무자는 배서인에 대하여 가지고 있는 항변으로써 피배서인에게 대항할 수 있다는 점에서는 자각수여설의 입장과 동일합니다. 신탁양도설에서도 배서인과 피배서인과의 사이에 추심위임계약이 존재하고 있다는 사실 자체가 피배서인에게는 악의의 항변이 된다든가, 피배서인은 오직 배서인을 위하여 권리를 행사하는 것이므로 피배서인에게 고유한 경제적 이익이 없다든가, 배서당사자 측으로부터 추심위임을 이유로 권리가 이전하지 않고 있음을 주장할 수는 없지만 제3자 측에서 추심위임관계를 들추어 내어 권리가 이전되지 않았음을 주장할 수 있다는 등의 이유에서 같은 결과를 인정할 수 있는 것입니다.

## 3. 불법원인에 의한 어음의 교부

> **【질의】 ➡ 도박을 하다가 어음을 발행한 경우, 이러한 어음은 효력을 가지는지?**

**【답변】 ➡**

도박행위는 형법에서는 처벌규정을 두고 금지할 뿐만 아니라, 도박에 져서 도금을 주는 행위나 약속은 사회질서에 반하는 법률행위로서 민법에서는 무효로 하고 있습니다. 따라서 도박에 이긴 자가 진 자에게 도박채무를 청구하는 것은 법률상 인정되지 않기 때문에 도박에서 어음을 발행한 자는 도박 상대방 즉 어음수취인에 대하여 그 어음금을 지급하지 않아도 되는 것입니다. 이를 불법원인에 의한 어음의 교부라고 하는데 이와 같은 예로는 도박에서 뿐만 아니라 이자제한법 위반의 고리의 지급, 성매매 행위의 대가 등의 경우도 이유가 적용됩니다. 요컨대 도박장에서 어음을 직접 교부받은 자들에 대한 어음금 지급의 걱정은 아니하여도 됩니다.

다만 염려되는 것은 그 어음이 선의의 제3자에게 양도되어, 이 제3자가 청구해 올 경우입니다. 또 불법원인에 의하여 발행한 어음이라도 어음을 발행한 자가 일단 지급을 한 경우에는 그것이 법률상 무효였다는 이유로 다시 반환을 청구할 수 없음을 주의하여야 합니다.

도박에 져서 발행한 어음이 수취인(도박의 상대자)의 손을 떠나 그 사정을 모르는 선의의 제3자의 손에 들어가게 되면 이제 그 원인관계의 불법을 항변할 수 없게 됩니다. 즉 제3자가 청구하여 오면 억울하지만 발행인은 지급하지 않으면 안됩니다. 이와 같은 위험을 면하려면 조속히 그 무효어음을 회수해야겠는데 판례는 이러한 경우에 민법 제746조를 근거로 하여 무효어음의 반환청구를 인정하지 않고 있습니다. 또한 이 어음은 범죄행위로 인하여 생기거나 취득한 물건으로서 형법 제48조에 의거 형사절차상 몰수의 목적이 될 수 있지만 현소지인이 그 사정을 모르고 취득한 것이라면 적용되지 않습니다. 최후의 방법으로는 그 어음이 환어음일 경우에는 곧 은행에 사고신고를 내어 일단 부도로 하고, 약속어음일 경우에는 지급을 거절해 놓고 나서 그 어음의 소지인이 과연 선의의 취득자인지 아니면 도박어음인 사정을 아는 자인자를 조사해 보는 수밖에는 없습니다.

## 4. 어음의 선의취득



【답변】 ➡

어음의 양도인이 무권리자라고 할지라도 배서가 연속되어 있는 어음을 배서에 의하여 양수한 자는 그 양수를 받을 때 양도인의 무권리에 관하여 선의이며 중대한 과실이 없는 한 어음상의 권리를 취득하고, 이것을 진정한 권리자에게 반환할 의무가 없습니다. 이를 어음의 선의취득이라고 합니다. 이것은 선의의 어음 취득자의 신뢰를 보호하고 어음의 유통성을 확보하기 위하여 인정된 제도입니다. 중산에 관하여는 민법 제249조 이하에서 선의취득제도가 인정되어 있지만, 어음(수표)의 선의취득제도는 어음(수표) 특유의 고도의 융통성을 고려하여 동산의 선의취득의 경우보다 한층 더 취득자의 신뢰를 보호하고 있습니다.

이와 같은 어음의 선의취득이 인정되기 위해서는 크게 세가지의 요건이 충족되어야 하는데 그 첫째는, 배서가 연속된 어음을 배서 또는 교부에 의하여 취득하여야 합니다. 형식으로 보아서 배서가 연속되어 있지 않은 어음에 관하여는 어음 취득자의 신뢰를 보호하여 양도인이 무권리자라 할지라도 취득자에게 권리의 취득을 인정할 필요가 없기 때문입니다. 어음법 제16조 제2항 본문에서 사유의 여하를 묻지 않고 어음 소지인이 배서의 연속에 의하여 권리를 증명한 때에는 어음을 반환할 필요가 없다고 하는 것은 이러한 의미에서입니다. 다만 배서의 연속이 없는 경우에도 그 끊어진 부분에 관하여 실질적으로 유효한 권리의 이전이 있었다는 것을 증명하면 권리행사를 할 수도 있습니다. 그리고 형식상 배서의 연속이 있을지라도 피배서인에게 독립된 경제적 이익이 없는 경우 선의취득은 인정되지 않습니다. 그러므로 무권리자로부터 숨은 추심위임배서를 받은 피배서인은 그 어음취득에 있어 전자의 무권리에 관하여 중과실이 없을지라도 선의취득은 인정되지 않습니다. 그리고 어음법상의 유통방법, 즉 배서·교부에 의하여 어음을 취득한 경우에 한하여 선의취득이 인정되는 것이고, 채권양도·상속·회사의 합병 등 일반 사법상의 권리이전의 방법에 의한 경우에 이 보호는 인정되지 않습니다. 이 제도는 어음의 특유한 유통방법에 고도의 유통성을 인정하여 취득자의 신뢰를 보호라는 것이기 때문입니다. 따라서 이 어음의 특유한 유통방법에 의한 취득의 경우에는, 민법상 중상의 선의취득에 있어서는 요건으로 되어 있는 평온·공연한 취득은 문제가 되지 않습니다. 한편 기한 후 배서의 피배서인이 선의취득을 할 수 있는가에 대해 논란이 있지만, 통설·판례는 이에 대하여 부정하고 있습니다.

둘째, 민법 제249조의 동산의 선의취득이 인정되는 것은, 취득자가 무권리자로부터 선의로 동산의 점유를 취득한 경우에 한정되지만, 어음의 선의취득에 관하여는 무권리자로부터의 어음취득의 경우에 한정되는 것인가, 그렇지 않으면 어음의 배서·교부가 배서인 혹은 교부인 측의 사유에 의하여 무효 또는 취소될 수 있는 경우에도 취득자 측에 그에 관하여 악의 또는 중대한 과실이 없으면 인정되는 것인가를 둘러싸고 학설상 논란이 있습니다.

후설에 따르면 배서인·교부인이 무권리자인 경우 뿐만 아니라 그들이 무능력자인든가, 또는 의사의 흠결 또는 하자가 있는 경우, 대리인의 대리권에 흠결이 있는 경우, 또는 혹은 사람의 착오(최후의 피배서인으로서 기재되어 있는 자와 현시의 양도를 하려고 하는 자와의 사이에 동일성이 없음)의 경우 등에도 취득자는 선의취득에 의하여 보호됩니다. 어음의 유통을 될 수있는 한 확보하여 선의자의 신뢰를 보호하는 것이 선의취득제도의 인정취지라고 본다면 이 견해가 타당하다고 봅니다.

셋째, 선의취득은 어음의 유통확보를 위하여 진실한 권리자의 이익을 희생함으로써 그 자의 권리 혹은 하자가 없는 양도행위를 신뢰한 어음 취득자의 이익을 보호하는 제도이므로, 양수인이 선의이며 중대한 과실이 없을 것을 요합니다. 선의이며 중대한 과실이 없을 것을 요하는 시기는 어음을 취득한 때로서, 그 후 양수인이 악의로 된다 하더라도 선의취득에는 영향이 없습니다. 그리고 선의이며 중대한 과실이 없다는 것은, 자기의 직접 양도인의 하자에 관하여 존재하면 되며, 다시 그 전자의 하자에 관하여 악의가 있거나 중대한 과실로 몰랐다고 하더라도 선의취득은 인정됩니다. 어음의 유통과정에 있어서 한 사람에 관하여 하자가 있다 하더라도 자기의 직접의 전자가 선의취득을 하고 있으면 당연히 그 권리를 승계하여 취득할 수 있기 때문입니다. 여기에서 중과실이라고 함은 거래상 필요한 주의의무를 현저하게 결하는 것인데, 이것은 선의취득을 부정하는 자 측에서 입증하여야 합니다.

# 제8편. 어음할인

## 1. 어음할인이란 무엇인가

【질의】➡ 은행의 여신업무의 하나인 어음할인이란 무엇이고, 어떠한
이점이 있는가?

【답변】➡

어음할인이란 어음 소지인이 만기 전에 환가를 위하여 제3자에게
어음을 양도하고, 이에 대하여 양도일 이후 만기일에 이르기까지의
금리상당액(할인료)을 어음금액에서 공제한 금액을 수취하는 것을 말
합니다. 이것의 법적성질에 대해서는 매가·소비대차·무명계약이라 하
는 것 등으로 설이 나누어져 있지만 통설은 이를 어음의 매매라 봅
니다. 그러나 거래계에서 어음할인이라 불리어지는 것의 모두가 어음
의 매매라고는 할 수 없습니다. 어음에 의한 금융의 경우 어음할인인
가, 어음대부(소비대차)인가로 서로 다투어지는 것은 할인료에 대한
이자제한법 적용의 여부, 만기 후의 지연손해금에 할인료가 적용되는
가의 여부, 채무자의 신용이 나빠졌을 때 채권자는 만기 전에 회수를
꾀할 수 있는가 없는가 등의 차이를 가져오기 때문입니다.

어음할인은 보통 단기간이기 때문에 자금의 고정화를 면하며, 필요
한 때는 재할인하여 환금할 수 있습니다. 회수의 면에서도 어음은 자
금계획에 따라 발행되기 때문에 본래적인 결제가 예정되어 있으며,
교환절차를 이용하는 때는 어음 교환소의 부도처분제도가 사실상의
지급강제기능을 하고 있으므로 회수하기 쉽고 설사 부도가 된다 하
더라도 배서인에게 소구할 수 있다는 등의 이점이 있습니다. 반면에
융통어음, 위조어음 등을 할인하여 줄 위험도 있습니다. 또한 계획적
으로 유령회사를 설립하여 이른바 공어음을 발행하고 이에 배서하여
일반 투자가들에게 할인하도록 하는 부정적 요소도 가지고 있습니다.
금융기관이 할인어음을 시중에 재할인을 위해 내 놓는 일은 없습니

다. 대금업자로부터의 재할인은 유리할 것같이 보이나, 그만큼 어음의 신용도가 낮고 위험성이 높은 것입니다. 그리고 일반인들이 안이하게 생각하고 어음을 할인하는 것은 위험한 일입니다. 어음을 할인하는 경우에는 다음에 설명하는 바와 같은 조사를 하여야 함은 물론 은행거래 약정서에 있는 바와 같이 어음의 환매, 만기 후의 지연손해금 등에 대하여 특약을 하고 가능하면 담보도 설정하는 것이 안전합니다.

어음할인을 위하여는 무엇보다도 먼저 할인의뢰인의 신용상태를 조사하지 않으면 안됩니다. 어음에 대하여는 진정하게 성립한 것인가 아닌가, 어음요건 완비의 여부, 배서연속의 유무, 상법 제398조 또는 민법 제124조에 위반하지 않는가, 이밖에도 어음 채무자의 신용상태나 융통어음인가 아닌가도 조사하여야 합니다. 백지어음에 대해서는 일정한 범위의 보충권이 주어졌다고 믿고 취득한 자도 선의의 취득자로서 보호되지만, 이것은 가능한 할인의뢰인에게 보충하도록 하여야 합니다. 발행일이 만기 이후의 날로 되어 있는 어음은 무효로 보기 때문에 주의하여야 합니다.

상법 제398조에 해당할 때는 부전으로 이사회의 승인을 얻었다는 뜻을 증명하는 것이 보통이지만 승인의 사실이 없으면 아무런 의미도 가지지 못합니다. 어음의 외형은 주된 어음 채무자의 신용상태를 판단하는 하나의 자료가 되며, 할인어음이 특정한 자가 발행한 어음에 치우치고 있는가 어떠한가를 검토하고 위험을 방지하기 위하여 어음을 분산하는 것이 안전합니다.

어음을 할인하면 어음금액에서 할인료와 추심수수료를 공제한 잔액이 교부됩니다. 이 어음금액에서 공제되는 할인율에 대해서는 이자제한법이 적용되지 않습니다. 어음할인은 어음의 매매이므로 경제적으로는 소비대차의 이자와 같이 보이더라도 법률상으로는 금전대차의 법정과실이라고 말할 수 없기 때문입니다. 그러나 현저한 고액의 경우는 할인료계약이 무효로 되는 경우도 있습니다. 할인료산정의 기초가 되는 이율은 어음의 신용도와 할인의뢰인에 따라 다릅니다. 어음금액 일부의 할인을 일부할인 또는 내할이라 하는데, 실제로 어음의 일부가 할인되는 경우는 극히 드뭅니다. 일부를 할인하는 것은 할인의뢰인이 가지고 있는 어음이 필요로 하는 자금을 융통하기에 적당한 액면이 아니거나 그 어음을 담보하여 어음대부를 할 수 없는 사정이 있을 때입니다. 일부할인의 경우에 당사자 사이에서는 어음채권의 일부양도가 행하여지지만 어음법상 일부배서는 허용되지 않지 때문에(어음법 12조 2항) 전부에 대하여 배서를 받게 됩니다. 이에 따라 할인금액을 상환하는 부분에 대해서 할인인은 할인의뢰인으로부터 숨은 추심위임을 받은 것이 되며 어음 채무자는 인적항변으로써 이에 대항할 수 있습니다.

은행에서는 지급인별로 상업어음 할인잔액표를 작성하여 어음의 분산을 도모하는 외에 할인의뢰인에 대해서는 총 할인잔액을 제한하여 위험방지에 유의하고 있습니다. 또한 은행의 거래약정서에서는 할인료 · 지연손해금 · 기한의 이익상실 · 할인어음의 환매 · 상계 · 차감계산 · 어음의 제시·교부의 항변배제 · 변제충당순서 · 위험부담 등에 대하여 특약을 하여 두며, 어음할인을 소비대차로 구성할 필요는 없게 되어 있습니다. 어음할인은 대부와 함께 금융기관의 여신업무로서 중요한 지위를 차지하고 있으며, 은행의 중요한 수입원이기도 합니다.

## 2. 할인료와 이자제한법

> **【질의】 ➡** 단골 거래처의 어음을 은행에서 할인해 주지 않기 때문에 아는 금융업자에게 가져갔더니 굉장히 비싼 할인료를 요구하는데, 이 경우 법률에 따라서도 가능한지?

**【답변】 ➡**

어음할인의 법적 성질에 관해서는, 학설상 ① 어음의 매매라는 견해, ② 금전의 대차관계 ③ 어음의 매매와 금전의 대차 양쪽이 공존한다는 견해 등의 세 가지가 있습니다.

어음 매매설에 따르면 어음의 매매이므로 금전의 대차를 적용대상으로 하는 이자제한법의 적용은 없습니다. 즉 매매인 이상 100,000원짜리를 500원에 매매하든 1,000원에 매매하든 이는 당사자의 자유에 맡겨져 있으며, 궁박한 사람이 고리의 돈을 빌려 더욱 곤란을 받는 것을 구제하기 위한 목적으로 제정된 이자제한법과는 그 적용대상을 달리하고 있습니다.

판례도 일반적으로 어음 매매설의 내용과 같이 어음할인은 어음의 매매이며 이자제한법의 적용은 없다고 봅니다. 그러나 계약서에 어음할인이라는 문언이 있을지라도 수수된 어음 자체의 가치에 의하여 매매된 것이 아니고 금전의 대차가 존재하고 채권확보를 위하여 어음이 수수되었다고 볼 수 있는 경우에는 어음의 할인이 아니라 어음대부에 의한 금전대차의 계약을 체결한 것이라고 보아야 한다고 한 판례도 있습니다.

다만, 어음의 할인이 어음의 매매라고 하는 순수한 형태로 되어진 것이라 하더라도 금융업자가 어음할인의뢰자의 궁박·무경험을 기화로 현저하게 고율의 어음할인료를 공제한 때에는 그 공제를 약속한 약속이 불공정한 법률행위로써 무효가 될 수 있습니다(민법 104조).

따라서 이자제한법의 적용이 없이도 할인의뢰자는 금융업자에 대하여 공제된 할인료의 전부 또는 일부를 부당이득으로 반환청구할 수가 있게 되며, 이러한 주장을 가지고 금융업자로부터의 어음금 지급청구에 대항할 수 있습니다.

## 3. 어음할인과 개인보증

【질의】 ➡ 어음을 할인하고자 이를 부탁하였는데, 개인보증을 세우면 어음을 할인해 준다고 하는 경우에 어떤 점에 주의하여야 하는지?

【답변】 ➡

어음을 할인하는 데는 금융기관이나 시중의 할인업자에게 약정서를 작성하고 그에 의하여 할인이 실행되는 것이 보통인데, 그때 담보의 제공이나 제3자 혹은 개인의 보증을 요구하는 경우가 있습니다. 할인해 주는 편에서는 장래 그 어음이 부도가 된다면, 그 어음금액을 회수해야 하기 때문에 그것을 확보하기 위한 수단을 강구하게 되는 것은 당연한 일입니다. 실제로 그 어음이 일류회사이거나 지급능력에 조금도 염려가 없는 자가 발행한 것인 경우와 그러한 점에 불안이 있는 경우와는 할인에 있어서도 취급에 차이가 있습니다. 그러므로 후자와 같은 어음을 가지고 갈 경우에는 담보로서 질권 혹은 부동산의 제공을 요구받는 수가 있으며, 할인의뢰인이 회사일 경우에는 개인의 보증 혹은 제3자의 보증을 요구받게 됩니다. 개인보증을 한다는 것은 그 어음이 사고를 일으키면 그 어음금의 지급을 보증한다는 것입니다. 따라서 할인을 할 때에 공정증서에 의한 약정서를 작성하였다고 하는 경우에는 강제집행을 받게될 수도 있습니다.

어음할인은 할인의뢰인이 제3자로부터 어음을 받고 그것을 금융기관 등에 가지고 가서 현금화하는 것인데 대하여, 어음대부는 어음보증을 요구하는 것이 일반적입니다. 즉, 대부계약서를 작성함과 함께 어음을 발행하고 결제는 어음에 의하여 행하는 것으로, 이런 경우에 보증은 어떻게 하는가가 문제됩니다. 회사에 대하여 대부를 해 주는 경우, 통상은 회사의 대표자 등에게 보증인이 될 것을 요구하는데, 그 방법으로서는 대부계약증서에 보증인으로서의 기명날인 또는 서명이 행하여 집니다. 그리고 개개의 어음에도 보증의 기명날인 또는 서명을 하게 되는 것입니다. 그러나 개개의 어음이나 그 개서어음에 어음보증을 하게 하는 것은 사무상 극히 번잡하므로 그러한 어음보증을 면제하는 것을 생각할 수 있습니다. 그런데 그렇게 면제한 경우와 면제하지 않은 경우와는 어떠한 차이가 있는가. 그리고 면제한다면 금융기관 등 대부자로서는 어떠한 점에 주의해야 할 것인가. 어음보증과 일반 민사상의 보증의 차이는, 어음보증은 발행인과 동일한 책임을 지는 것이기 때문에 민사상의 보증과 같이 최고의 항변권과 검색의 항변권이 없다는 데에 있습니다. 그러므로 금융기관으로서는 번잡하지만 어음보증을 받아두는 편이 안전합니다. 그리고 어음보증을 면제해 줌으로써 원인관계상의 보증(대부계약서상의)까지도 면제해 준 것으로 오해되는 수가 있으므로 그러한 경우에는 보증인으로부터 각서를 받아 두어야 할 것입니다.

## 4. 어음대부절차

**【질의】 ➡** 은행으로부터 어음대부를 받고자 하는데, 이를 위하여는 어떠한 절차를 밟아야 하는지?

**【답변】 ➡**

어음대부란 대부를 받는 차주로부터 차용증서를 제출시키는 대신에 또는 차용증서와 함께 대금채권을 확보하기 위하여 어음을 받고서 하는 대부를 말합니다. 즉 그 증거와 지급확보의 수단으로서 소비대차계약증서에 갈음하여 어음을 이용하는 것을 말하며, 대주는 소비대차상의 채권과 어음채권을 병유하고 있다고 봅니다. 그러나 보통은 어음과 소비대차계약증서의 두 가지를 병용하며 이것을 어음대부라고 부르고 있습니다. 또 어음을 이용하여 융자를 받는 방법에는 어음할인이 있습니다. 어음대부에 있어서는 소비대차상의 채권의 지급을 확보 또는 담보하기 위하여 어음을 교부하는데 대하여, 어음할인에 있어서는 어음이 매매의 목적물로서 수수되는 점이 다르다고 일반적으로 해석되고 있습니다. 어음대부는 대주편에서 볼 때에 금융기관은 대출일부터 반제일까지의 양단산입의 이자계산을 하여 대부금의 변제기보다 짧은 기일을 만기로 한 어음을 발행시킴으로써 개서, 당일분의 이자의 이중취득이 용이하다는 것, 채권추심의 면에서 볼 때에 어음의 지급장소를 자점으로 하여 둠으로써 차주의 당좌예금으로 결제할 수 있다는 것 등 유리한 점이 많다는 이유에서 많이 이용되고 있습니다.

다음은 어음대부의 방법에 관하여 설명하기로 하겠습니다. 대주인 금융기관은 차주로 하여금 자점에 비치된 어음거래약정서에 연대보증인을 세워 제출하도록 합니다. 이 약정서에는 어음대부와 어음할인 등의 어음거래에 관한 규정이 기재되어 있습니다. 이 약정서가 한 번

제출되면 그 후 어음대부를 받으려고 하는 경우 별도의 서면에 의한 어떤 약정을 하지 않는 것이 보통입니다. 그리고 차주는 그 금융기관으로부터 통일어음용지를 교부받아 이에 발행인으로서 기명날인 또는 서명을 하고 제출하게 됩니다. 그렇게 되면 금융기관은 어음금에서 이자를 공제한 잔액을 차주에게 교부합니다. 이자는 대부금 교부일부터 어음의 만기일까지의 기간분을 양단산입으로 계산하게 되므로 소비대차상의 변제기가 1년이라 하더라도 2개월 만기의 어음을 제출시켜서 어음을 기일마다 개서한다는 방법을 취할 때에는 개서당일분의 이자를 이중으로 받게 됩니다. 이자계산에는 이자제한법의 적용을 받아 이율이 제한됨은 물론입니다. 또 대부금 교부시에 일부를 강제적으로 정기예금조로 예금시켜 그의 변제에 어떤 구속을 가합니다. 이와 같은 방법은 금융기관에서는 확실한 담보의 수단과 예금유치경쟁의 양자를 충족시키게 되어 극히 유리하게 되나, 차주에게는 실질적으로 높은 금리를 부담하는 결과가 되어 불리하게 됩니다. 이상은 어음대부의 일반적인 절차에 관한 것이나 실제에 있어서는 대부금 회수의 담보로서 상당한 정기예금이나 부동산의 근저당권 설정 등이 요구될 것입니다.

대부금의 회수는 어음거래약정서의 규정에 따릅니다. 이에 따르면 금융기관은 어음채권과 소비대차상의 채권 가운데 어느 하나를 선택적으로 행사할 수 있습니다. 다만, 후자를 행사하는 경우에는 차주가 어음의 반환을 요구하지 못합니다. 일반적인 회수방법은 차주가 창구에 지참한 현금 또는 수표를 수령하는 것입니다. 그러나 차주가 변제기에 임의로 이행하지 않을 때, 다른 채권자로부터 강제집행을 받았을 때, 또 다른 채권자로부터 강제집행을 받았을 때와 같은 경우에는 특별한 회수방법으로 차감계산방법이 규정되어 있습니다. 이것은 금융기관의 차주에 대한 채권이 변제기에 있으면 차주의 예금 등과 같은 금융기관의 채무가 변제기에 있지 않더라도 상계할 수 있다는 것,

예금 등을 권리자인 차주에 갈음하여 인출하여 대부금의 변제에 충당할 수 있다는 것 등과 같은 특약의 형식으로 행해집니다.

결국은 어음대부를 받는데 있어서는 무엇보다도 기본이 되는 어음거래약정서를 잘 읽어보는 것이 중요하다고 할 것입니다.

## 5. 어음·수표에 대한 강제집행

> **【질의】** ➡ 갑은 을에게 돈을 빌려주었는데, 을이 기일이 경과한 후에
> 도 차금을 반환하지 않고 있습니다. 그런데 을은 거의 재산이 없는
> 것으로 보입니다. 그러던 중 을이 병으로부터 상당액의 약속어음을
> 수취하였는데, 갑은 을에 대하여 이 약속어음을 압류할 수 있는지?

**【답변】** ➡

　금전채권의 만족을 얻기 위하여 어음에 대한 강제집행을 하는 경
우, 그 절차에 대하여 학설상은 그 견해가 나누어져 있습니다. 다만,
판례와 실무에 따르면 ①어음채권에 대한 법원의 채권압류명령, ②집
행관에 의한 채권압류 명령에 표시된 어음의 점유, ③환가, ④배당의
순서에 따르는 것으로 하고 있습니다. 이에 따라서 어음에 대하여 강
제집행을 하기 위하여는 먼저 법원에 신청하여 채권압류명령을 얻을
것을 요합니다. 질문의 경우 어음이 丁 발행의 것이라면 丙은 丁에
대하여 어음금의 지급을 청구할 수 있는 채권(어음채권)을 가지고 있
는 것이므로 법원의 명령으로 그것을 압류하도록 하는 것입니다. 이
명령에는 갑이 채무자인 병은 압류당한 채권을 추심 또는 처분하여
서는 안된다는 것, 제3채무자(정)는 채무자(병)에게 그 어음을 지급하
여서는 안된다는 것이 기재되는데, 그 밖에 그 어음을 집행관이 압수
한다는 취지를 넣는 경우가 많습니다.

　이와같이 압류명령을 받아 집행관에게 위임하여 명령에 표시된 어
음을 압수하면 압류가 완료합니다. 이 점이 보통의 채권의 압류와는
다른 점입니다. 집행관은 압류의 조서를 만든 다음 어음을 보관하는
데, 보관 중에 만기가 되면 지급제시를 하고, 어음금이 지급되면 이
를 보관하게 됩니다.

　한편, 채권자인 갑은 압류한 어음채권에 관하여 법원으로부터 추심

명령의 등본을 받으면 좋을 것입니다. 추심한 후의 배당절차는 보통의 채권에 대한 집행의 경우와 같습니다. 그리고 판례에 따르면 전부명령에 의하여 어음의 교부를 받은 경우, 이것을 타인에게 배서양도할 수 없습니다.

이와 같은 현행실무의 최대의 난점은 실용적이 아니라는 점에 있습니다. 왜냐하면 집행관에 의한 어음점유의 전체로서 채권압류명령이 필요하게 되는데, 질문과 같이 상당액의 약속어음이라고만 알고 금액·만기·발행인·수취인 등 어음 요건을 상세하게 모를 때에는 법원에 압류명령의 신청을 할 수가 없기 때문입니다. 그러므로 많은 학설은 이러한 압류명령없이 집행관은 유체동산의 집행과 같은 방법으로 어음을 압류할 수 있다고 해석하고 있지만, 아직 실무의 대세를 변경하기에는 이르지 못하고 있습니다. 그리고 수표와 인수 전의 환어음에 관하여는 약속어음의 경우와 달라 주된 채무자가 없기 때문에 누구를 제3채무자로서 압류 혹은 추심·전부하면 좋은가 하는 어려움이 있습니다. 질문의 경우와 같이 약속어음의 경우라도, 만약 이것에 A가 배서를 하고 있으면 을은 A에 대하여서도 어음채권(소구권)을 갖게 되는 것이므로 제3채무자를 발행인 정과 배서인 A의 2인으로 하여 두 개의 어음채권을 함께 압류로부터 추심·전부까지 절차를 밟을 수 있는가도 문제입니다. 이론적으로는 가능하다고 생각하지만, 실무상으로는 꼭 그렇지만도 않습니다.

이와 같이 어음·수표에 대한 강제집행은 이론상으로나 실무상으로 간단하지 않은 것이므로 변호사에게 의뢰하든가, 법원의 관계인에게 잘 물어서 절차를 밟도록 해야 할 것입니다.

# 제9편. 어음·수표의 추심과 지급

# 1. 지급정지와 추심

【질의】 ➡ 소유하고 있는 어음의 금액을 지급받기 위해서 은행에 추심을 하려고 하는데 어떻게 하여야 하는지?

【답변】 ➡

## (1) 지급제시의 목적

어음·수표는 본질상 '유통성'이라는 특성을 가지고 있습니다. 따라서 어음·수표상의 지급인은 어음·수표의 정당한 권리자가 누구인지를 인식할 수 있는 방법을 필요로 합니다. 그리고, 어음·수표의 소유자는 자신이 어음·수표상의 권리를 주장할 수 있는 정당한 권리자임을 지급인에게 알릴 필요가 있습니다.

이와 같이 어음·수표의 권리자가 어음금액의 지급을 받기 위하여 어음·수표를 어음·수표상의 지급인에게 보이는 것을 제시라고 하며, 그 가운데서도 약속어음의 발행인과 같이 본래의 지급자로 예정되어 있는 자에게 제시하는 것을 지급을 위한 제시 혹은 지급제시라고 합니다. 어음 또는 수표의 소지인이 지급인에 대하여 지급제시를 함으로써 그 결과 어음금액이 지급되면 어음·수표의 경제적 가치는 소멸하게 됩니다.

## (2) 지급제시기간

일람출급어음의 제시기간은 원칙적으로 발행일로부터 1년 이내이며, 그밖의 어음인 경우는 지급일 또는 지급일에 연속되는 2거래일입니다. 예컨대 어음의 만기가 5월 5일인 경우 지급할 날은 5월 5일이며 이에 이은 2거래일은 6일과 7일이므로 7일까지 제시하면 무방합니다. 이 가운데 공휴일이 포함되어 있으면 그 날은 제외되고 그 익일까지 연장됩니다. 즉 5월 5일이 공휴일이고 5월 7일이 일요일인 경우에는 지급할 날이 5월 6일이 되고, 이에 이은 2거래일은 8일과 9일이 되므로 9일까지 제시하면 됩니다.

수표는 발행일자의 다음날부터 기산하여 10일 이내입니다(수표법 29조 1항). 다만 외국의 수표에 관하여는 특별한 규정에 따릅니다(수표법 29조 2항). 또한 선일자수표의 경우에는 수표상에 기재되어 있는 발행일자 이전이라도 그 지급을 위한 제시가 가능합니다(수표법 28조 2항).

### (3) 지급제시의 상대방

어음의 경우에는 그 종류에 따라 지급제시의 상대방에 차이가 있습니다. 즉, 약속어음일 때에는 어음의 발행인, 그리고 환어음일 때에는 어음상의 지급인(즉 인수인)에 대하여 제시하여야 합니다. 일반적으로 지급장소로서 은행의 점포가 기재되어 있는 경우가 많은데, 이 때에는 그 은행점포에 제시하면 됩니다. 수표의 경우에는 지급은행에 대하여 제시합니다.

### (4) 지급제시의 효과

① 지급제시에 의하여 어음·수표상의 금액의 지급을 청구하는 효과가 발생합니다.

② 지급제시기간 내에 제시를 하였는데 지급인으로부터 지급이 거절되면, 배서인 등에게 소구할 수 있게 됩니다. 제시기간 내에 제시하지 않게 되면 소구권을 잃어버리게 됩니다. 즉, 제시기간내에 지급제시를 함으로써 배서인 등에 대한 소구권을 보전할 수 있습니다.

③ 지급제시기간 내에 제시를 하였음에도 지급이 거절되는 경우에는 그 제시일이 제시기간의 최종일이라 하여도, 어음·수표상 기재되어 있는 만기일부터의 법정이자를 청구할 수

있습니다.

④ 지급제시기간 이후에 제시하여 지급이 거절된 경우에는 법
  정이자는 청구할 수 없으나, 지급이 거절된 때부터 지급인
  은 이행지체가 성립되며, 따라서 지연이자를 청구할 수 있
  습니다.

⑤ 지급제시에 의하여 지급을 받으려면 지급인에게 당해 어음
  이나 또는 수표를 교부하여야 하며, 따라서 지급제시에는
  일면 어음·수표의 교부라는 효과도 포함됩니다.

## (5) 은행에 대한 추심의 위임

은행에 대하여 어음·수표의 추심을 의뢰한 경우, 은행은 당해 어
음·수표상에 기재된 지급지가 동일한 교환지역인지의 여부에 따라
추심하여야 할 어음·수표를 당소출급과 타소출급으로 분류합니다.
당소출급인 동시에 지급기일이 도래한 어음이나 수표는 당좌예금 또
는 보통예금에 입금하는 방법으로 은행에 대하여 추심을 의뢰할 수
있습니다. 그 이외의 것, 즉 당소출급이라도 지급기일 전의 어음 및
타소출급의 어음·수표는 대금추심어음·수표에 해당되며 은행의 환
계(창구)에서 담당합니다.

타소출급일 경우는 교환·결제할 수 없는 어음인 때에는 예금으로
서도 또는 대금추심어음으로서도 취급을 하지 않는 것이 관행입니다.
또 일단 지급제시하여 부도된 경우, ‘형식부비’, ‘배서부비’ 등의 재지
시하여야 할 사유가 예상됨으로써 부도로 처리된 때 이외에는 지급
은행의 승낙이 없으면 추심의 위임을 받지 않는 것이 일반적입니다.

수표는 발행일자의 전후에 관계없이 취급하여 주지만, 제시기간이
경과한 어음의 경우에는 상대방이 양해한다는 것을 알 수 없는 한
취급하여 주지 않는 경우가 많습니다.

은행에 추심을 위임하기 위해서는, 어음 및 기명식수표인 경우에는

추심위임배서를 하고, 소지인출급식수표인 경우에는 그대로 은행에 추심을 의뢰하는 것도 가능하지만 거래계에서는 양도배서를 하는 경우가 대부분이며, 그렇게 하더라도 특별한 문제는 발생하지 않습니다.

은행에 대하여 어음·수표의 추심을 의뢰한 경우, 추심을 의뢰한 자와 추심을 위임받은 은행 사이에는 위임(준위임)의 관계가 성립된다고 봅니다. 그 결과 은행은 민법 제681조에 따라 "위임의 본지에 따라 선량한 관리자의 주의로써 위임사무를 처리하여야 할 의무"를 부담할 것입니다.

## 2. 지급정지와 유예

【질의】 ➡ A가 발행한 어음이 유통되어 B가 배서한 어음을 소지하고 있는데, 어음 기일이 몇일(1주일 정도)밖에 나지 않아서 은행에 추심을 의뢰하려고 합니다. 그런데 발행인 A로부터 은행에 추심하는 것을 미루어 달라는 부탁을 받았습니다. 자금사정은 나쁜 편이 아니어서 연기해 주어도 상관은 없지만, 발행인의 요청을 승낙하는 경우에는 어떤 문제가 있는지?

【답변】 ➡

### (1) 제시유예

어음기일이 되어 지급제시된 어음·수표에 대하여 예금부족 등의 사유로 인하여 지급하지 못하는 경우에는 어음·수표상의 지급의무자는 거래정지처분의 제재를 받습니다. 이러한 거래정지처분제도는 어음·수표의 지급강제라는 기능을 갖습니다.

어음상의 지급의무자가 어음기일에 지급제시된 어음에 대해 지급할 가능성이 없는 경우, 위의 거래정지처분을 받지 아니할 목적으로 어음 소지인에 대하여 어음을 돌리지 말라는, 즉 은행에 추심을 의뢰하지 말아 달라는 요청을 하는 경우가 있습니다. 이를 지급제시 유예의 의뢰라 합니다.

이러한 제시유예의 의뢰를 승낙하는 경우에는 어음의 개서·기일의 변경 및 어음 외의 특약 등의 방법이 있습니다.

### (2) 어음의 개서

사례에서 발행인이 A에게 기일을 앞으로 한(즉, 연기한) 어음을 발행하도록 하고, 배서인인 B의 배서를 받아오도록 하는 방법입니다.

### (3) 기일의 변경

지금 소지하고 있는 어음의 지급기일을 일정기간 후일로 변경하는 방법입니다. 배서인의 동의도 필요로 하므로, 발행인 A, 배서인 B의 정정인을 날인받아 두는 것이 확실한 방법입니다.

### (4) 어음외의 특약

소지하고 있는 어음은 그대로 두고 일정한 시간까지 지급을 유예하는 약속을 하는 방법입니다. 이런 경우에도 배서인 B의 동의가 필요합니다. 이 동의는 법정의 제시기간 경과 후의 제시에 의하여서도 소구의무를 진다고 하는 취지(제시기간의 연장)의 경우도 있고, 발행인 A에 대한 지급제시를 전혀 요하지 않고 소구의무를 인정한다고 하는 취지(제시의 면제)의 경우도 있을 수 있습니다.

### (5) 지급유예와 소구권의 보전

어음의 개서·기일의 변경 및 어음 외의 특약에 의하는 경우 배서인 B가 협력하지 않는 때에는 B에 대한 소구권을 보전하기 위해서라도 발행인 A가 거래정지처분을 받지 않을 방법으로 단순히 지급제시만을 필요로 하는 경우가 있습니다. 일반적으로 사용되는 어음 교환소에서의 교환(본교환)에 대하여 본지점교환이라고 하는 것이 있습니다. 이것은 일정지역 내의 동일은행(및 대리교환위탁은행) 본지점간에서의 교환절차입니다. 그리고 은행의 창구에 직접 지참하여 지급제시하는 점두제시라고 하는 것도 있습니다. 본지점교환이라도 거래정지처분의 취급은 본교환의 경우와 동일하게 받습니다. 점두제시의 경우에도 거래정지처분을 할 수 없는 것은 아닙니다. 그러나 본지점교환일 경우는 지급의무자의 신용이 극히 나쁘지 않는 한, 부도신고를 하지 않는 경우가 많고 또 점두제시로 거래정지처분되는 일은 거의 없습니다. 그러므로 이들 방법으로 지급제시를 하면 발행인 A의 거래정지처분을 피하면서 배서인 B에 대한 소구권을 보전할 수 있게 됩니다.

## 3. 지급제시기간 경과 이후의 제시장소

【질의】➡ 소지하고 있는 어음 가운데 지급기일이 경과된 어음이 있습니다. 이 중 하나는 A·B 공동발행의 어음입니다. 그리고 지급기일이 며칠 남지 않은 C 발행의 어음도 있는데 A·B의 소재지와 동일지역에 있습니다. 이러한 경우에는 어떻게 해야 하는지?

【답변】➡

### (1) 지급제시기간 경과 후의 제시장소의 효력

어음은 지급제시기간 이내에 지급되는 것을 원칙으로 발행되는 것이며, 어음상의 지급장소의 기재도 어음금액의 정상적 지급을 전제로 이루어지는 것이라고 보아야 합니다. 따라서, 지급제시기간이 경과한 후에는 지급장소의 기재는 그 의미가 상실된다고 하겠습니다. 그 결과 지급장소에 어음을 제시하여 지급을 받으려 하여도, 발행인 또는 인수인 등의 지급의무자에게 지체의 책임을 물을 수는 없습니다. 그렇지 않다면 지급의무자에게 언제까지나 어음금액에 대한 부담감을 주게 되어 불합리하기 때문입니다. 이와 같이 제시기간이 경과하면 지급장소 지정의 효력은 상실되는 것이므로 발행인에게 지급을 요구하기 위해서는 그의 영업소 또는 주소에서(민법 467조 2항) 직접 발행인에게 어음을 제시하여야 합니다. 어음면에 기재된 지급은행에 제시하여도 은행은 지급의 권한이 없으며, 가령 지급하였다 하더라도 은행은 그 금액을 발행인의 당좌예금 중에서 공제할 수 없습니다. 그러나 이것은 어음상의 지급장소의 기재효력에 관한 것으로서, 지급은행이 발행인과의 특약에 의하여 제시기간이 지난 어음에 대하여 지급하는 것이 허용되지 않는다고 하는 의미는 아닙니다. 새로이 그 은행을 지급은행으로 정하고 발행인이 자금을 넣어서 어음의 지급을 위임한다면 은행은 지급을 할 수가 있으며, 발행인도 그 지급에 의하여 당연히 책임을 면하게 됩니다. 그러나 사례의 경우와 같이 지급제시기일이 경과한 어음은 거래은행에서 취급하지 않는 것이 일반적인 실무계의 관행입니다.

지급제시기간이 경과한 이후에는 발행인의 위탁이 없는 한, 어음상의 지급은행에서 지급을 받을 수가 없습니다. 따라서 그때는 발행인의 영업소 또는 그의 주소에서 직접 발행인에게 어음을 제시하여 지급을 청구하여야 합니다.

한편, 판례에 따르면 지급제시기간 경과 후는 지급장소의 기재는 효력을 잃지만 지급지의 효력은 여전히 유효한 것으로 봅니다. 따라서 소지인은 지급지 내의 발행인의 영업소 또는 주소에서 제시하여야 합니다. 다만 지급지로 기재된 지역 내에 발행인의 주소 또는 영업소가 없는 경우가 있습니다. 이 경우 발행인 또는 인수인(즉 지급의무자)에게 이행지체의 책임을 주장하기 위해서는, 소지인이 주소 또는 영업소를 발견하기 위하여 적절한 방법을 강구하였다는 사실이 필요합니다. 즉, 관공서에 조회를 의뢰하는 등의 노력이 필요한데, 이러한 사실을 후일에 증명하는 것은 매우 어려운 문제입니다. 따라서, 어음의 발행시 또는 수령시 어음상 기재된 사항을 면밀히 확인하는 것이 필요합니다.

### (2) 공동발행인이 존재하는 경우의 지급제시

지급제시기일이 경과한 어음이 공동으로 발행된 경우에는, 설문에서 A와 B가 합동책임을 부담하므로, A·B 누구에게나 그 지급을 청구할 수 있으며, A에게 청구하여 효과가 없으면 B에게 다시 청구할 수 있다고 봅니다.

### (3) 만기말도래 어음의 지급제시

설문에서 만기는 도래하지 않았지만 C에게 제시하여 C가 지급하여 준다면 별도의 문제는 발생하지 않습니다(어음법 40조 2항). 다만

C는 지급기일 전이므로 지급하지 않아도 무방하며, 이 경우에는 만기의 도래를 기다려 그때에 지급제시를 행하는 수밖에 없습니다.

한편 지급기일이 도래하여도 지급자소가 특정의 은행으로 기재되어 있는 경우에는 C의 주소 또는 영업소에 제시하여도 C는 지급을 거절할 수 있습니다. 그리고 지급장소에서의 지급제시가 아니므로 지급기일 이후의 이자를 청구할 수도 없고, 배서인이 있는 경우 배서인에 대하여 소구권을 행사할 수도 없습니다.

## 4. 배서의 불연속

> **【질의】** ➡ 배서가 연속되어 있지 않은 어음을 소지하고 있는데 추심을 의뢰할 수 있는지?

**【답변】** ➡

어음상의 권리행사와 배서의 불연속 ········ 소지하고 있는 어음에 배서가 연속되어 있는 경우에는, 그 어음을 소지하고 있다는 사실에 따라 어음청구권을 가진 자라는 법률효과가 인정되며, 이것을 '법률상의 권리추정'이라 부릅니다. 따라서 배서가 연속되어 있지 않으면 이러한 법률상의 권리추정을 받을 수 없게 됩니다. 그러나 전적으로 어음상의 권리를 행사할 수 없게 되는 것은 아니며, 소지인이 정당한 권리자임을 증명하는 경우에는 권리를 행사할 수 있게 됩니다.

배서의 연속이 결여된 어음은 은행에 추심을 의뢰하여도 '배서부도'라는 사유로써 반환되는 것이 일반적입니다. 그리고 이러한 어음에 따른 지급제시는 법적으로 적정한 지급제시로 볼 수 없으므로, 배서인에 대한 소구권을 행사할 수 없게 됩니다.

배서의 연속이 결여된 어음으로서 권리를 행사하기 위해서는 다음과 같은 방법들을 생각할 수 있습니다.

### (1) 어음양수 이후에 배서를 받는 방법

어음을 양수한 이후에 배서의 연속이 없음을 알았을 때에는 양도인에게 요구하여 배서를 받으면 됩니다.

### (2) 수취인을 기입하는 방법

수취인 백지어음을 보충하지 않고서 지급을 위하여 제시하면 안되므로 먼저 수취인을 보충하여야 합니다. 이런 경우, 이미 배서인이 있으면 그 배서인의 명의를 수취인란에 기입하면 됩니다. 즉 A가 배서양도한 수취인 백지어음을 B가 양수한 경우에는 수취인란에 A의 명의를 보충해야 하며, B의 명의를 기재하여서는 안됩니다.

그리고 양수한 어음상에 이미 수취인과 제1배서인 사이에 불연속의 상태가 존재하는 때에는 수취인의 명의를 지우고 그 옆에 배서인의 명의를 기재하면 배서의 불연속 상태는 제거되지만, 일정한 제한이 따릅니다. 또한 자기를 수취인으로 하여 양수한 어음의 수취인란을 흔적없이 지우고 백지와 같은 형태를 갖춘 다음 배서에 의한 담보책임을 면하기 위하여 교부에 의하여 제3자에게 양도하는 경우에도 일정한 제한이 따릅니다.

### (3) 배서를 말소하는 방법

① 배서양도한 어음이 부도가 되어 배서인으로서의 소구의무에 따라 어음을 다시 취득한 자가 전자에게 재소구하려면 자기가 한 배서를 말소하면 됩니다. 자기 뒤에 또 배서인이 있는 경우라면 그 자의 배서도 말소하여야 합니다.

② 일단 할인한 어음을 환매한 경우, 할인인이 배서하지 않고서 반환한 경우에는 할인할 때에 자기가 한 배서를 말소하면 됩니다.

③ 숨은 추심위임배서를 하여 추심을 위임한 어음이 부도로 반환되어 왔을 때에도 역시 그 배서를 말소하면 됩니다.

④ 잃어버린 어음을 다시 찾았지만 어음에 제3자 앞으로 된 위조배서 내지 그 후의 배서가 있는 경우에는 이들 배서를 말소합니다.

### (4) 상적 또는 합병의 경우

어음의 수취인 또는 피배서인이 사망한 경우, 그 상속인으로부터 어음을 양수하는 때에, 상속인이 어음에 배서를 하게 되면 배서의 불연속 상태가 발생하게 됩니다. 따라서 상속인이 배서를 하면서 그 옆에 사망자의 상속인이라는 기재를 함으로써, 배서의 문언상으로는 연속이 없으나, 연속이 있는 것으로 보게 됩니다.

합병의 경우도 상적의 경우와 동일합니다. 합병으로 인한 흡수회사 또는 신설회사가 승계취득한 어음은, 은행에 추심을 의뢰하기 위해서 추심을 위한 배서를 해야 합니다.

## (5) 권리의 실질적 이전의 증명

배서의 불연속이 있는 때에는 상기의 방법에 따라 추심함으로써 지급을 받을 수 있습니다. 즉, 배서인으로서의 소구의무에 응하여 환수한 어음에 대하여 자신이 행한 배서와 그 후의 배서를 말소하는 것은 어음법 제50조 2항과 수표법 제46조 2항에 의하여 인정되어 있습니다. 그리고 할인 또는 추심한 어음을 환수하여 자신의 배서를 말소하는 것도 무방합니다. 또한 도난어음을 회수하여 불법으로 기재된 배서를 말소하는 것도 무방합니다. 또한 도난어음을 회수하여 불법으로 기재된 배서를 말소하는 것도 상관이 없습니다. 다만 타인의 배서나 피배서인의 명의만을 자의로 말소함으로써 배서의 연속을 이루어 내는 것에는 일정한 제한이 따릅니다. 그리하여 이 경우에는 불연속 부분을 증명하여 권리를 주장하는 방법이 안전합니다.

① 최종의 배서에 있어서 불연속이 발생한 경우

어음의 소지인은 어음상의 권리를 상속 또는 합병에 의하여 승계했다는 것을 호적등본 또는 상업등기부등본으로 증명하여야 합니다. 그리고 소지인이 단순한 의사표시로 어음채권을 양수하였을 때는 그러한 사실을 증명하여야 합니다. 이러한 사실의 증명에 더하여 가능한 한 어음의 양도인으로 하여금 발행인(인수인)에게 양도통지를 하도록 하든가, 아니면 발행인의 승낙을 필요로 합니다. 이를 채권양도의 대항요건이라 부릅니다.

② 배서의 중간에 불연속이 있는 경우

불연속이 존재하는 중간 부분에 권리의 이전이 실제로 있었다는 사실(상속·합병·채권양도·강제집행에 의한 취득 등)을 증명하면 권리를 행사할 수 있다고 보는 것이 일반적입니다. 따라서, 그 후의 배서가 연속되어 있는 부분은 그대로 사용할 수 있습니다. 그리고 중간이 빠져있는 부분이 채권양도로 인하여 발행한 경우도 그 증명만 할 수 있으면 되는 것으로, 채권양도의 대항요건으로서의 양도통지는 필요로 하지 않는다고 봅니다.

## 5. 어음금의 지급과 어음의 반환

> **【질의】** ➡ A로부터 건축자재를 공급받고 어음을 발행해 주었는데, A
> 가 지급기일에 어음을 분실했다고 하면서 지급을 요청한 바, 어떠
> 한 문제가 발생하는지?

**【답변】** ➡

### (1) 선의취득

A에게 발행·교부한 어음이 멸실(예컨대 불에 소각되는 등)된 경우를 제외하고는, 분실에 의해 선의로 제3자에게 유통된 경우, 선의의 제3자가 당해 어음을 지급지시기간 전에 취득한 때에는 그 자가 어음의 정당한 권리자가 됩니다. 따라서 A에게 어음을 반환받지 않고서, 어음금을 지급한 후에 어음을 선의취득한 제3자가 지급제시를 하면 또다시 어음금을 지급할 수밖에 없습니다.

다만, A가 어음을 지급제시기간 이후에 분실한 경우에는, 제3의 선의취득자도 당해 어음을 지급제시기간 이후에 취득한 것이 되므로, 어음상의 정당한 권리를 취득하지는 못합니다. 다만 제3의 선의취득자가 어음금의 지급을 요구하는 때에는, 그 자의 지급제시기간 후 취득을 발행인이 증명하는 경우에 한하여 그 자의 청구를 거절할 수 있습니다.

### (2) 어음·수표의 동시 반환

어음법 제39조에 따르면, 어음의 지급인은 어음금의 지급과 동시에 소지인에 대하여 어음상에 영수를 증명하는 기재를 하고 이것을 교부하도록 청구할 수 있다고 규정되어 있습니다. 수표법 제34조 1항도 수표에 대하여 위와 같은 취지를 규정하고 있습니다. 즉 어음·수표상의 지급금액을 소지인에게 지급하는 경우에는, 소지인이 어음·수표

상의 금액을 영수하였다는 뜻을 어음에 기재하도록 하여 어음·수표를
반환받는 것이 가장 안전한 방법입니다.

### (3) 일부지급의 경우

어음법 제 39조 3항과 수표법 제34조 3항에 따르면, 어음·수표상
의 금액 가운데 일부만을 지급하는 경우에도 원칙적으로는 어음·수표
의 제시를 받고 어음·수표에 일부지급이 있었다는 사실을 기재하고
영수증서를 교부받는 것이 법정되어 있습니다. 따라서 사례에서와 같
이 어음이 분실된 경우 일부지급을 해 주게 되면 일부지급해 준 금
액만큼에 대해서는 이중지급의 위험을 부담할 수밖에 없습니다.

### (4) 원인책무의 행사와 어음의 회수

만약 A가 어음금을 지급할 것을 청구하지 않고 공급해 준 건축자
재 대금을 청구하는 경우, A에게 발행해 준 어음은 건축자재 대금을
변제하기 위하여 발행한 것이므로, 건축자재 대금을 지급하는 때에도
발행한 어음을 회수하여야 합니다. 즉, 건축자재 대금의 지급은 어음
과 상환하여 행하여야 합니다.

### (5) 제권판결에 따른 지급

A에게 어음금을 지급하고도 불이익(예컨대 선의취득자에 대한 이
중지급)을 면하려면, A로 하여금 제권판결을 받도록 한 연후에 지급
을 하는 수 밖에 없습니다.

### (6) 타인이 발행한 어음을 A에게 양도한 경우

이러한 경우 A가 어음의 발행인에 대하여 만기에 어음을 제시하
지 않으면 소구책무를 부담하지 않습니다.

그러므로 A는 건축자재 대금을 청구할 수도 있는데, 이 경우에도

어음과 상환하지 않으면 지급할 수 없다고 할 수 있습니다. 왜냐하면 A에게 건축자재 대금을 지급하면서 어음을 반환받아 가지고 그 어음으로 발행인에게 청구하지 않으면 안되며, 또는 발행인에 대하여 원인채권을 행사하는 경우에도 역시 어음을 반환받아서 하여야 하기 때문입니다.

## 6. 선일자수표

【질의】 ➡ 사업상 거래처에 대금을 지급하는 경우, 어음보다는 수표를 선호하고 있습니다. 물론 은행의 당좌계좌를 이용하여 수표를 발행하는데, 간혹 계좌에 잔액이 충분하지 않은 경우가 있어서 수표금액에 상당하는 잔액이 입금될 때를 예상하여 그 일자로 수표를 발행하는 때도 있습니다. 만약 그 일자 전에 수표가 유통되어 은행에 지급제시가 되면 어떻게 되는지?

【답변】 ➡

### (1) 수표의 일람출급성

수표법 제28조에 따르면 수표는 당연히 일람출급으로 지급하며, 이 규정과 배치되는 만기를 수표에 기재한 경우, 그러한 기재는 없는 것으로 봅니다. 즉 어음과 같이 어음상에 만기를 별도로 기재할 필요가 수표의 경우에는 없습니다.

수표를 발행하는 경우에는 당해 당좌계좌에 수표금액을 지급할 수 있는 잔액이 있는 것이 일반적이지만, 장래에 일정금액이 입금될 것을 예정하고, 발행일을 장래의 일정일로 기재하여 수표를 발행하는 경우가 있는데, 이러한 경우의 수표를 선일자수표라고 부릅니다. 선일자수표를 실무에서는 보통 연수표라고도 부릅니다. 따라서 선일자수표의 발행일은 현실적으로 수표를 발행할 때 아직 도래하지 않은 장래의 날로 기재되어 있으며, 발행 후 유통되어 수표상 기재된 발행일 이전에 은행에 지급을 위한 제시가 행하여질 수 있습니다.

### (2) 선일자수표의 발행일 전 지급제시

수표는 일람출급으로 지급하도록 규정되어 있으므로, 선일자수표의 경우 발행일이 아직 도래하지 않았어도 지급을 위한 제시가 가능합니다. 따라서 은행은 발행일 이전에 지급제시를 받은 경우 당좌계좌에 수표상의 금액을 지급할 수 있는 잔액이 있는 경우에는 당연히 소지인에게 지급하여야 합니다.

선일자수표의 발행일자 전의 지급제시에 대하여, 예금잔액의 부족 등을 이유로 지급이 거절되면, 수표의 소지인은 즉시 발행인에게 소구권을 행사할 수 있습니다. 이 경우 발행인은 수표금액을 지급할 만한 잔액을 보유하지 않고 수표를 발행하였으므로 수표법 제3조의 위반에 대한 제재를 받으며(수표법 67조), 은행에서는 발행인에 대하여 거래정지처분을 내릴 수 있고, 특별법인 부정수표단속법에 따라 발행인은 형사책임을 피할 수 없습니다.

### (3) 발행인과 소지인간의 합의의 효력

선일자수표를 발행하는 경우에는 소지인과 발행인 사이에 수표상의 발행일자 전에는 제시를 하지 않는다는 합의가 이루어지는 것이 상례입니다. 이 경우에 발행일자 전에 제시를 함으로써 발행인에게 손해를 끼친 때에 발행인과 소지인 사이에는 수표예약의 채무불이행 상태가 발행하며, 발행인은 소지인에 대하여 손해배상을 청구할 수 있다고 보는 것이 통설의 입장입니다. 즉 위와 같은 발행인과 수취인 사이의 특약은 강행규정인 수표법 제28조 2항의 변경을 직접 규정하는 것은 아니며 발행인이 자금유통의 편의에서 발행일자까지 지급제시를 유보하여 달라는 요청일 뿐이므로 선량한 풍속 기타 사회질서에 배치되지 않고, 현재 우리나라의 거래·실무계에서 광범위하게 사용되고 있으며, 이를 전면적으로 부정·배제하려는 해석태도는 정당하지 않다는 것 등을 그 근거로 합니다. 이러한 입장에 대하여, 수표법 제28조 2항이 규정하는 수표의 일람출급성을 강조하여 특약 자체는 무효라고 보는 견해도 있습니다. 대법원 판례는 선일자수표를 추심할 것을 위임하면서 발행일자 이전에 지급제시를 금하는 것은 상관없다고 하여 이러한 특약의 효력을 간접적으로 인정하고 있습니다.

### (4) 발행일자의 제도적 의의

선일자수표상에 기재된 발행일자는 그 일자 이전에 지급을 위한 제시가 허용되는 경우에도 전혀 무의미한 것은 아닙니다. 즉 선일자 수표상에 기재된 발행일자는 수표의 지급제시기간의 기산점이 될 뿐만 아니라, 시효기간도 또한 제시기간을 기준으로 하여 진행되며, 지급위탁의 경우 취소기간의 기산점을 결정하는 기준이 됩니다.

## 7. 화해조서의 효력

【질의】 ➡ 어음의 지급에 관하여 법원에서 화해조서를 작성하는 경우가 있다던데, 어떠한 효력을 갖는지?

【답변】 ➡

법원이 어음금의 지급에 관한 양당사자의 타협된 내용을 기재한 조서를 화해조서라 합니다. 민사소송법 제220조는 "화해, 청구의 포기 또는 인낙을 조서에 기재한 때에는 그 조서는 확정판결과 동일한 효력이 있다"고 규정함으로써, 화해조서는 확정된 판결과 동일한 효력을 갖습니다. 따라서, 양당사자가 합의한 화해조서에 기재되어 있는 내용에 관하여는 다시 그 여부를 다툴 수 없습니다.

소송을 제기하여 소송절차가 개시되기 전에 양당사자가 사이에 타협이 성립하는 경우에는 즉결화해의 절차를 통하여 그 타협내용을 화해조서에 기재할 수 있습니다. 이에 따라 양당사자간의 타협의 내용이 확정되고, 타협의 내용에 대한 집행력이 확보될 수 있습니다.

공정증서의 작성에 의해서도 타협의 내용을 확정하고 집행력을 확보할 수는 있으나, 민사집행법 제56조 4호에 따르면 "공증인이 일정한 금액의 지급이나 대체물 또는 유가증권의 일정한 수량의 급여를 목적으로 하는 청구에 관하여 …… 채무자가 강제집행을 승낙한 취지의 기재가 있는 것"에 한하여 강제집행의 대상이 될 수 있습니다. 그러나 화해조서의 경우에는 판결에 의한 경우와 마찬가지로 특정한 동산이나 부동산에 대하여도 강제집행을 할 수 있다는 점에 공정증서와 차이가 있습니다.

# 제10편. 지급거절

# 1. 항변의 제한·인적항변의 절단

**【질의】** ➡ 물품대금으로 어음을 발행하였으나 인도받은 물품의 질이 계약상의 질과 상이하므로 물품매매계약을 해제하였습니다. 그러나 발행한 어음은 이미 제3자에게 유통된 상태인데 이때 어음 발행인은 어떠한 책임을 지는지?

**【답변】** ➡

## (1) 유가증권의 유통성과 항변의 제한

유가증권은 유통성을 띠고 있기 때문에 증권상의 권리자 자주 변경됩니다. 따라서 채무자가 증권의 양도인에게 대항할 수 있는 항변으로 증권의 선의취득자에게도 대항할 수 있게 되면 유가증권의 유통성을 확보하기 어렵게 됩니다. 그러므로 법률은 선의의 유가증권의 취득자를 보호하기 위하여 항변의 제한을 인정하였습니다. 즉, 제시채권과 무기명채권의 채무자는 소지인의 전자에 대한 인적관계의 항변으로서 소지인에게 대항하지 못하도록 하였으며(민법 515조), 어음·수표에 관하여도 동일한 항변의 제한을 규정하고 있습니다(어음법 17조, 수표법 22조). 금전·물건 또는 유가증권의 지급을 목적으로 하는 유가증권에도 이 규정이 적용됩니다(상법 65조).

## (2) 인적항변

인적항변이란 특정 또는 모든 어음 채무자가 특정한 어음 소지인에 대하여서만 대항할 수 있는 항변을 말합니다. 어음법은 인적항변의 존재를 인정하고 있으나(어음법 7조), 그 구체적인 내용에 대하여는 법상 하등의 규정이 없으므로 물적항변의 경우와 마찬가지로 이론에 따르는 수밖에 없습니다.

인적항변은 다음과 같이 구체적으로 분류할 수 있습니다.

**1) 원인관계에 기한 항변**

① 원인관계의 무효·취소 또는 해지의 항변

원인관계인 매매계약이 무효로 되거나 취소된 경우, 원인관계의 부존재 또는 원인채무의 소멸 등이 원인관계에 기한 인적항변에 해당됩니다.

② 불법원인에 기한 어음행위라고 하는 항변

도박채무를 지급하기 위하여 또는 이자제한법에 위반하는 고리를 지급하기 위하여 어음을 발행하는 경우, 발행인이 어음 소지인에게 불법원인에 기하여 어음이 발행되었다고 주장하는 항변입니다. 이러한 불법원인에 기한 항변도 역시 인적항변으로써 당사자간에만 주장될 수 있습니다. 동 어음이 선의의 제3자의 수중에 귀속되었을 때에는 어음 채무자는 어음금 지급채무를 면할 수 없습니다. 다만 이같이 불법원인에 기하여 어음을 교부한 발행인이 수령인에 대하여 어음의 반환을 청구할 수 없고 어음도 일종의 재산으로 보아 어음의 반환을 청구할 수 있는가가 민법 제746조와의 관련에서 문제되는데, 민법 제746조에 따라 불법의 원인으로 인하여 재산을 급여한 경우 그 이익의 반환을 청구할 수 없다고 보는 견해가 있습니다. 그러나 불법원인 취득자가 그 어음을 선의의 제3자에게 양도하면 발행인은 어음금 지급을 강제당하게 되므로 민법 제103조의 취지에 비추어 부당하다 아니할 수 없습니다. 따라서 발행인에게 수령인으로부터 어음을 반환시켜 불법원인에 의해 성립된 어음채무를 면제시키는 것이 정당하다고 봅니다.

③ 동시이행의 항변

상품의 매매계약에 있어서 매수인이 매매대금을 지급하기 위하여 어음을 발행하였으나 매도인이 상품을 인도하지 않는 경우 매수인은 동시이행의 항변권을 원용하여 어음의 지급을 거절할 수 있습니다. 그러나 어음금 지급거절은 반드시 민법상의 동시이행의 항변권이 성립되어야 합니다. 민법상 동시이행의 항변이 인정되지 않는 경우에는 어음의 지급을 거절할 수 없습니다. 예컨대, 도급계약에 있어서 수급인의 담보책임과 보수와는 동시이행의 관계에 있지 아니하므로 완성공사에 하자가 있다 하여 보수로 교부한 어음금의 지급을 거절할 수 없습니다.

2) 어음상의 채무자체에 관한 항변

① 어음행위의 의사의 흠결 또는 하자로 인한 항변

법률행위인 어음행위에 의사표시에 관한 민법총칙의 규정을 적용하는 것은 당연합니다. 즉, 어음행위의 의사의 흠결 또는 하자의 경우에 당사자는 어음행위의 무효 또는 취소를 주장할 수 있으나 이는 인적항변사유가 될 뿐입니다. 먼저 진의 아닌 의사표시에 의한 어음행위라는 항변이 있습니다(민법 107조). 실질적으로 어음을 양도할 의사가 없이 제3자의 배서를 얻음으로써 어음의 신용을 높이기 위하여 상대방에게 배서하였다면, 상대방이 어음 채무부담의 의사가 없었고 또 배서인의 진의아님을 알았거나 알 수 있었을 경우에는 상대방에 대한 배서는 무효가 됩니다. 그러나 그 무효로서 선의 제3자에게는 대항할 수 없습니다. 둘째, 통정한 허위의 의사표시에 의한 어음행위라는 항변이 있습니다(민법 108조). 어음의 발행인이 은행에 할인을 얻기 위하여 상대방과 통정하여 상대방의 인수에 대한 효과의사가 없는 가운데 어음을 인수시킨 경우 그 인수행위는 무효가 됩니다. 그러나 그 무효로서 선의의 제3자에게 대항할 수 없음은 물론입니다. 셋째, 착오에 의한 어음행위라는 항변이 있습니다. 어음행위의 착오는 그 내용의 중요부분의 착오이어야 합니다. 예컨대, 배서금지어음을 작성하여 상대방에게 교부하기 위하여 제3자에게 잠시 보관하였으나 그 제3자가 착오로 배서금지문구가 없는 다른 어음을 상대방에게 교부한 경우 등이 이에 해당합니다. 어음행위의 내용의 중요부분에 착오가 있는 경우에는 어음행위의 내용의 중요부분에 착오가 있는 경우에는 어음행위는 그 어음행위를 취소할 수 있으며 어음상 책임을 지지 않습니다. 그러나 그 어음이 선의의 제3자에게 양도되었을 경우에는 그 취소로서 선의의 제3자에게 대항할 수 없습니다. 그리고 착오가 어음행위자의 중대한 과실에 의한 경우에는 어음행위의 직접 당사자에게도 취소할 수 없습니다. 넷째, 사기 또는 강박에 의한 어음행위라는 항변이 있습니다(민법 110조). 사기에 의한 어음행위라 함은 어음행위자가 타인의 기망행위로 말미암아 착오에 빠지고 그 결과로서 한 어음을 말합니다. 착오에 의한 어음행위라는 점에서는 보통의 착오는 보통의 착오와 다르지 않으나 타인의 기망행위에 의한 착오라는 점에서 차이가 있습니다.

사기에 의한 어음행위는 취소할 수 있으며 직접 상대방에 대하여 어음상의 채무를 부담하지 않습니다. 다만 그 어음이 선의의 제3자에게 양도된 경우 그 취소로서 선의의 제3자에게 대항할 수 없습니다. 강박에 의한 어음행위라 함은 어음행위자가 타인의 강박행위에 의하여 공포심을 가지게 되고 그 해악을 피하기 위하여 진의없이 행한 어음행위를 말합니다. 행위자에게 효과의사가 생길 여지가 없을 만큼 강박의 정도가 지나치게 큰 경우에는 절대적 강박으로서 여기서 말하는 강박에 의한 어음행위를 볼 수 있습니다. 이러한 경우는 의사무능력에 의한 어음행위로써 절대적 항변 즉 물적 항변으로서 당연히 무효이고 누구에 대해서도 어음상의 책임을 지지 않습니다. 강박에 의한 어음행위는 직접의 상대방에 대하여 취소할 수 있으며 어음상의 책임을 지지 않습니다. 그러나 이것은 인적항변의 사유로서 선의의 제3자에게 대항할 수 없음은 물론입니다.

② 자기의 의사에 의하지 않고 유통되었다는 항변(교부 흠결의 항변)어음채무는 행위자가 법정의 방식에 따라 기재하고 그것을 유통시킬 의사를 갖고 권리자에게 교부함으로써 성립하게 됩니다. 다만 발행에 의해 이미 수취인의 소지에 속한 약속어음에 공동 발행인이 기명날인 또는 서명한 경우에는 다시 교부가 필요하지 않습니다. 이에 대하여 어음상의 기재는 적법하게 이루어졌으나 그것이 행위자의 의사에 반하여 유통되게 된 경우 또는 특정인에게 교부하도록 청탁을 받은 자가 본인의 의사에 반하여 다른 사람에게 교부한 경우 등에 있어서 기명날인자는 어음상의 채무를 부담하여야 하는가가 문제됩니다. 과거에는 부정설이 유력하였으나 최근에는 악의·중과실이 없는 소지인에 대하여서는 기명날인자는 어음상의 책임을 부담하지 않으면 안된다는 것이 통설입니다. 이 문제는 백지어음이 기명날인자의 의사에 기하지 않고 유통된 경우에도 기명날인자는 어음상의 책임을 부담한다는 것과 동일한 문제입니다. 약속어음의 발행인으로서 기명날인한 자가 그 어음의 명의인 또는 제3자에게 교부한 경우에는 단순히 어음을 예치시킨 경우에도 제3취득자에 대하여 어음채무의 무료를 물적항변으로서 주장할 수 없습니다. 배서인으로서 기명날인 또는 서명하여 교부한 이상 유통시킬 의사가 없었다 하더라도 배서

인은 선의의 제3취득자에 대하여 책임을 부담하여야 합니다. 어음의 주된 채무자가 반환을 받은 어음이 그의 악의에 반하여 유통된 경우에도 동일한 문제가 발생합니다. 예컨대, 어떤 원인채무의 지급을 위하여 발행된 약속어음이 원인채무의 완제에 의하여 발행인에게 반환된 경우 어음채무는 당연히 소멸합니다. 따라서 만약 그 어음이 발행인의 의사에 반하여 다시 유통된 경우에 제3취득자의 보호는 어음법 제16조 2항의 선의취득의 규정에 의하여 고려될 수는 있으나 제17조의 항변절단의 문제는 아닙니다. 그러나 그와 같이 반환을 받은 어음이 발행인의 수중에서 만기를 기다릴 때에는 어음채무는 소멸한다고 말할 수 없습니다. 그 어음이 발행인의 의사에 반하여 유통되고 거절증서 작성기간이 경과하기 전에 선의의 제3자에 의해 취득된 경우 기명날인 또는 서명한 발행인은 어음상의 책임을 부담하게 됩니다.

③ 소지인이 무권리라는 항변

소지인이 무권리라는 항변은 인적항변에 속합니다. 다만 이 무권리라는 항변은 당해 어음 소지인에 관한 한 모든 어음채무자가 그것에 대항할 수 있다는 점에서 다른 인적항변과 다르며 물적항변과 유사한 점이 있습니다. 즉, 모든 어음 채무자는 소지인이 어음상의 권리자가 아니라는 항변을 주장함으로써 그 소지인에 대한 지급을 거절할 수 있습니다. 어음상의 권리·권한을 가지지 아니하는 자가 어음금을 청구하게 하는 것은 부당하기 때문입니다. 소지인이 무권리로 되는 원인은 여러 가지가 있습니다. 어음 소지인이 어음을 절취·횡령·습득에 의하여 취득하는 경우 및 어음채권이 압류됨으로써 어음 소지인에게 지급수령 능력이 없는 경우 등이 이에 해당됩니다.

### (3) 인적항변의 절단

어음법 제17조에 따르면 "환어음에 의하여 청구를 받은 자는 발행인 또는 종전의 소지인에 대한 인적관계로 인한 항변으로써 소지인에게 대항하지 못하다"고 규정하고 있고, 어음법 제77조 1항 1호는 이를 약속어음에 관하여 준용하고 있습니다. 이러한 원칙을 인적항변의 절단이라고 합니다. 사례에서와 같이 매매계약을 원인으로 하여 매수인이 매도인에 대하여 매매대금의 지급을 위하여 어음을 발행·교부한 경우, 그 매매계약이 무효라면, 매도인이 매수인에 대하여 어음금을 청구하는 때에는 매수인은 위 매매계약이 무효라는 항변으로써 어음금의 지급을 거절할 수 있습니다. 그러나 이 항변은 매수인의 매도인에 대한 인적항변이므로, 이 어음이 매도인으로부터 선의의 제3자에게 배서양도되고 선의의 제3자가 매수인에 대하여 어음금을 청구한 경우에는 매수인은 선의의 제3자에 대하여 위의 항변으로써 대항하여 어음금의 지급을 거절할 수 없습니다.

### (4) 인적항변 절단의 요건

인적항변의 절단은 어음의 유통성을 보호하려는 목적에서 인정되는 것이므로, 이 보호를 받을 수 있는 어음 취득자는 배서 또는 인도(최후가 백지식 배서의 경우)에 의하여 어음을 취득한 자로 한정되어 있습니다. 통상의 채권양도·상속·회사의 합병·전부명령 또는 강제경매에 의한 취득자는 보호를 받을 수가 없습니다. 기한 후 배서인 경우의 피배서인도 마찬가지입니다.

배서 또는 인도에 의한 경우에도 고유한 경제적 이익을 가지지 않은 취득자는 항변제한의 보호를 받을 가치가 없다고 해석되고 있습니다. 숨은 추심위임배서의 피배서인 등이 이에 해당합니다.

## 2. 악의의 항변

> 【질의】 ➡ A는 B로부터 자재를 구입하면서 대금지급으로 어음을 발행·교부하였습니다. 그러나 자재에 하자가 있어서 A와 B의 자재 매매계약은 무효가 되었습니다. 그런데 이러한 사실을 알고 있는 C가 B에게서 당해어음을 양수하여 A에게 어음금의 지급을 청구하였는데, 이 경우 A는 C에게 어음금을 지급하여야 하는지?

【답변】 ➡

### (1) 악의의 항변

악의의 항변은 소지인이 채무자를 해할 것을 알고 어음을 취득한 때에 소지인에 대해 가지는 항변을 말합니다(어음법 17조 단서). 어음상의 청구에 대하여 항변의 제한이 인정되는 것은 어음면상 알 수 없는 여러 가지 사유로 어음채무의 지급을 거부하는 경우에 어음의 유동성이 심히 저해되기 때문입니다. 따라서 항변의 절단을 인정하여 피배서인을 보호하는 것은 선의의 피배서인만인지 악의의 취득자까지 보호할 필요는 없습니다. 이것이 악의의 항변이 인정되는 이유입니다. 악의의 존재는 어음 취득시를 표준으로 하고 또 직접 전자에 대하여 항변의 존재를 모르는 한, 그 전자에 대한 항변의 존재를 알고 있어도 악의의 항변은 성립되지 않습니다.

### (2) 악의의 내용

악의의 항변이 성립하기 위한 요건은 소지인이 채무자를 해할 것을 알고 (bewubt zum Nachteil des Schuldners) 어음을 취득해야 합니다. 이 해악 또는 악의의 내용에 관하여는 여러 가지 견해가 있습니다. 제1설은 악의의 내용을 가장 좁게 해석하여 채무자를 해할 의사로써 양도 당사자가 공모(fraudulent understandign; entende frauduleuse)하였어야 한다는 설입니다. 영미법 및 헤이그 통일 규칙이 이 주의를 채택하고 있습니다. 제2설은 악의의 내용을 가장 넓게 해석하는 입장인데, 악의의 통례적 용법에 따라 악의를 단순한 인식의 의미로 해석하는 입장에서 양수인이 항변 존재의 사실을 아는 것(bad faith ; mauvaise foi)으로서 충분하다고 하는 설입니다. 이것은 일본의 구 수형법에 의한 판례와 학설이 채용하고 있었습니다. 제3설은 통일어음법 회의에서 채택한 타협안으로서 항변사유의 인식만으로는 부족하고 더 나아가 자기가 어음을 취득함으로써 항변의 절단이 되고 따라서 채무자가 해를 입는 것을 알아야 한다고 합니다. 어음법 제17조 단서는 제3설 의한 규정이라 할 수 있습니다. 즉, 악의의 항변이 성립하기 위하여는 소지인의 전자에 대하여 채무자가 인적항변으로서 대항할 수 있음을 알고 있는 것만으로는 부족하며 자기가 어음을 취득하게 되면 채무자가 그 항변으로서 대항할 수 없게 되어 결국 채무자에게 해를 끼치게 된다는 것을 알면서 취득함을 요한다고 하는 것이 우리나라의 다수설 및 판례의 견해입니다.

어음법 제17조의 항변의 절단에 관한 규정과 제16조 2항의 선의취득에 관한 규정은 모두 선의의 어음 취득자와 어음의 유통을 보호하는데 목적이 있는 규정입니다. 그러나 양 규정은 입법 취지에 있어서 약간 그 차원을 달리하고 있습니다. 즉, 전자는 어음 채무자가 부담하는 의무의 내용에 관한 것인데 비하여 후자는 어음상의 권리의 귀속에 관한 규정입니다. 이와 관련하여 어음법 제17조 단서의 악의에 관하여는 상술한 의의의 악의가 있는 경우에 한정할 것이며 중과실로 인하여 알지 못한 경우를 포함시키지 않는 것이 정당하다고 봅니다. 선의취득의 경우에는 중과실이 있을 때에는 선의 취득자가 보호받지 못하고 있는 것과 대조되는 규정입니다. 항변의 문제는 양도인과 채무자간이라고 하는 타인간의 사정을 소지인이 우연히 알게 된 것에 관한 것이므로 직접의 양도인 자신에 관한 사유를 문제로 하는 선의취득의 제도보다 요건을 완화하여 중과실을 문제시하지 않는 것이 타당하다고 봅니다.

## 3. 융통어음

【질의】➡ A는 B와 아무런 거래관계가 없음에도 불구하고 B의 C에 대한 채무이행을 도와주기 위하여 비교적 신용도가 높은 자신의 명의로 B에게 어음을 발행·교부해 주었습니다. 그런데 이러한 A·B간의 합의에 반하여 B가 A에게 어음금의 지급을 청구한 때에는 어떻게 되는지?

【답변】➡

### (1) 융통어음의 의의

발행인과 수취인 사이에 매매·도급 등 실질적인 거래없이 오직 자금의 조달·융통을 위하여 발행된 어음을 융통어음이라 하고 호의어음·빈어음·대어음 또는 차어음이라고 부르기도 합니다. 그리고 자금의 조달을 원하는 양당사자가 서로 융통어음을 교환적으로 발행·교부하는 경우도 있습니다. 이것을 특히 기승어음 또는 교환어음이라 부릅니다.

### (2) 융통어음의 효력

융통어음은 당해 어음이 약속어음인 경우에는 발행인 그리고 환어음인 경우에는 인수인이 어음의 수취인에 대하여 금전을 지급할 실질적인 원인관계가 존재하지 않는데도 발행한 것입니다. 따라서 양당사자 사이에서는 원인채무의 부존재라는 사유를 항변으로써 대항할 수 있습니다. 사례의 경우처럼 B가 A에게 만기에 어음금의 지급을 청구하는 때에는 A(즉, 어음 채무자)는 당해 어음이 융통어음이라는 항변으로써 B의 어음금 지급청구를 거절할 수 있습니다. 다만, B가 C에게 어음을 배서양도하고 C는 당해 어음이 융통어음이라는 사실을 모르고 선의로 양수한 경우, C가 A에게 어음금의 지급을 청구하면 A는 C에 대해 융통어음이라는 항변으로써 대항할 수 있습니다.

### (3) 융통어음과 악의의 항변

융통어음은 피융통자가 그 어음을 배서양도함으로써  제3자로부터 금융을 받음을 목적으로 하는 것입니다. 융통을 위해 어음행위를 한 자는 직접의 피융통자 이외의 어음 취득자에 대하여 그 어음이 융통어음이라는 것을 주장하여 지급을 거절할 수 없습니다. 특히 융통어음의 당사자간에 융통자에게 어떠한 어음상의 책임을 부담시키지 않는다는 내용의 합의를 하고 제3자가 그 합의의 존재를 알고 어음을 취득한 경우에도 위와 동일합니다. 대개 그러한 합의는 단순히 어음의 지급에 관하여 융통자에게 일체의 의심을 주지 않기 위하여 융통어음에 당연한 것으로 정하여진 것에 불과한 것으로 생각되기 때문입니다. 다만, 어음의 양도·처분을 금지하고 할인금융의 목적에만 사용한다는 약속을 한 어음을 발행한 경우에는 그러지 않습니다. 그러한 경우에는 상기한 특약의 존재를 알고 있는 악의의 제3자에게 대항할 수 있다고 봅니다.

## 4. 인적항변의 절단 후 어음양수인의 지위

> **【질의】** ➡ A는 B와 원자재 매매계약을 체결하고 대금으로 어음을 발행·교부하였다. B는 당해 어음을 사채업자인 C의 알선으로 은행에서 할인하였다. 그런데 B가 A에게 공급한 원자재에 하자가 있어서 A와 B 사이의 계약이 해제될 처지에 놓여서 C는 은행의 사정을 감안하여 은행으로부터 당해 어음을 다시 매입하였다. 이 경우 C는 어떠한 지위에 놓이는가?

**【답변】** ➡

**(1) 선의취득자로부터 악의로 어음을 양수한 자의 지위**

사례에서 C가 어음을 은행으로부터 다시 매입한 때에는 이미 당해 어음의 원인관계인 매매계약이 해제될 우려가 있음을 인식한 경우입니다. 그리고 은행은 B에게서 어음을 교부받을 때 이러한 항변에 대해서 선의인 경우입니다. 따라서 은행이 배서에 의하여 B에게서 어음을 양수함으로써 인적항변은 절단된다고 봅니다.

그 결과, C의 전자인 은행이 선의취득자로서 인적항변의 절단에 따라 보호를 받는 경우이므로, C는 배서에 의하여 그 전자인 은행의 권리를 그대로 승계받는다고 보는 것이 일반적입니다. 왜냐하면, 배서는 채권양도를 그 본질로 하며, 전자의 단계에서 항변이 일단 제한되면 후자는 그의 선의·악의에 관계없이 항변이 따르지 않는, 즉 인적항변이 절단된 권리를 승계하는 것이기 때문입니다.

**(2) 항변의 존재를 알고서 선의취득자로부터 어음을 양수한 자의 지위**

사례에서 C가 어음할인을 은행에 알선할 때부터 A와 B사이의 매매계약이 해제될 우려가 있음을 인식한 경우에는 신의성실의 원칙에 어긋난다고 보아 A에 대하여 어음금의 지급을 청구할 수 없다고 봅니다.

## 5. 환배서와 인적항변

【질의】 ➡ A가 B에게 발행한 어음을 B가 은행에서 할인하였는데, A 는 B의 사취를 이유로 지급을 거절하였습니다. 그리하여 B가 당해 어음을 은행으로부터 다시 매입하여 C에게 배서양도한 경우 C는 A에게서 어음금을 지급받을 수 있는지?

【답변】 ➡

원칙적으로 인적항변의 존재를 알지 못하고 선의로 어음을 취득한 자는 어음법 제17조에 의하여 어음 채무자에게 어음금의 지급을 청구할 수 있으며, 이러한 선의의 취득자에게서 어음을 다시 배서양도 받은 자 또한 그 전자의 권리를 승계하므로 어음금의 지급을 청구할 수 있다고 봅니다. 그러나 인적항변의 대항을 받는 자가 선의의 제3 자에게 어음을 배서양도하고 다시 그 제3자로부터 재취득한 경우에 는 여전히 그가 받는 인적항변이 절단되지 않는다는 것이 학설의 통일된 견해입니다. 왜냐하면, 이러한 경우에도 인적항변이 절단된다면, 인적항변의 대항을 피하기 위하여 형식적으로 어음을 배서양도 하고 다시 환매하여 어음금의 지급을 청구하는 불합리가 발생할 수 있기 때문입니다. 따라서 C는 B의 권리를 승계하는 결과, 선의 · 악의를 묻지 않고 A에 대하여 어음금의 지급을 청구할 수 없습니다.

## 6. 인적항변의 회피를 목적으로 하는 어음의 양도

【질의】 ➡ A와 B는 매매계약을 체결하고, A는 전도금으로 B에게 어음을 발행·교부하였습니다. 그러나, 물품인도 약정일까지 B는 A에게 매매계약에 따른 물품을 인도하지 않았고 그 사이 어음 기일이 도래하였으므로 A와 B는 어음 개서의 특약을 체결하기로 합의하였습니다. 그런데 어음개서 이전에 B는 친척인 C에게 당해 어음을 할인하였고 C는 A에게 어음금의 지급을 청구하였습니다. 이 때 A는 C에게 어음금을 지급하여야 하는지?

【답변】 ➡

### (1) A와 B에 대한 인적항변

A가 B에게 발행 교부한 어음은 A와 B사이의 매매계약을 이행하는데 필요한 자금의 조달을 위한 이른바 전도금어음입니다. 따라서 당해 어음에 대해 특히 양도가 금지된다고는 볼 수 없으며, B가 C에게서 어음을 할인한 것에는 별다른 법적 하자가 없습니다.

B는 A에게 매매계약상의 물품인도 약정일까지 물품을 인도하지 않았고, 계약의 이행이 지체되는 동안 어음기일이 도래하였으므로, A와 B는 어음 개서의 특약을 체결하기로 한 바, 어음의 개서가 이루어지기 전에 B가 A에 대하여 어음금 지급을 청구한다면, A는 B에 대하여 원인관계상의 채무불이행을 항변으로 하여 대항할 수 있고, 따라서 B의 어음금 지급청구를 거절할 수 있습니다.

### (2) A의 C에 대한 인적항변 절단의 여부

C가 B에게서 당해 어음을 배서양도 받을 때, C가 선의였다면, A가 B에 대하여 대항할 수 있는 인적항변은 어음법 제17조에 따라 절단되는 것이 원칙입니다. 따라서 C가 선의인 경우에 A는 C의 어음금 지급청구를 거절할 수 없습니다.

사례에서는 B와 C가 친척간이고, 이 경우 C는 B의 어음금 지급청

구에 대한 A의 인적항변의 절단을 도와줄 목적으로 피배서인이라는
명의만을 이용하게 해 준 것이므로, B와 C 사이에 어음의 배서에
따른 이전에 관한 원인관계가 없다는 것을 A가 증명하면, A는 C에
대하여서도 B에 대하여 대항할 수 있는 항변으로써 대항할 수 있습
니다. 물론 C가 악의인 경우에는, 어음법 제17조에서 "……청구를 받
은 자는 발행인 또는 종전의 소지인에 대한 인적관계로 인한 항변으
로써 소지인에게 대항하지 못한다. 그러나 소지인이 그 채무자를 해
할 것을 알고 어음을 취득한 때에는 그러하지 아니한다"라고 규정하
고 있으므로, 이른바 악의의 대항으로써 A는 C에 대항할 수 있습니
다.

B가 C에게 어음을 양도하면서 추심위임배서를 해 준 경우에는, 어
음법 제18조 2항에서 추심위임배서가 있는 때 "어음의 채무자는 배
서인에게 대항할 수 있는 항변만으로써 소지인에게 대항할 수 있다"
고 규정하고 있으므로, A는 B에 대한 인적항변으로써 C에 대하여도
대항할 수 있습니다. 그리고 이른바 숨은 추심위임배서가 있는 경우
에도 마찬가지입니다.

### (3) B와 C간의 어음 이전에 대한 원인관계 부존재의 입증

B가 C에게 어음을 양도할 때에 추심위임배서를 한 경우에는 A는
별도의 입증이 필요없습니다. 그러나 숨은 추심위임배서를 한 경우에
는, B와 C사이에 아무런 거래관계가 없이 어음이 수수되었다는 점이
나 또는 B와 C가 특별한 관계에 있어서 단순히 B에 대한 A의 인적
항변을 방지하기 위하여 숨은 추심위임배서가 행하여졌다는 점 등을
입증하여야 합니다. 즉 B가 C에게 금전상의 지급수단으로 당해 어음
을 배서양도할 만한 원인관계가 없다는 것을 소송에서 입증하여야
합니다. 그리고 A가 C에 대하여 악의의 항변으로써 대항하기 위해서
는, A의 B에 대한 어음의 발행교부가 B의 계약이행을 위한 전도금
에 따른 어음인 점과 A와 B사이의 계약이 B에 의해 이행되지 않을
것이라는 점을 C가 알고 있었다는 것을 A는 입증하여야 합니다.

## 7. 원인관계의 무효 외 지급의 거절

【질의】 ➡ A는 자금의 조달을 위하여 어음을 발행하여 B에게 할인을 의뢰하였으나, 할인대금은 아직 수령하지 않았습니다. B는 C에 대한 채무의 담보로 당해어음을 C에게 배서양도하였으나, 즉시 C에 대한 채무를 변제하고 어음의 반환을 요구하였습니다. 그러나 C는 당해어음을 B에게 반환하지 않고 A에 대하여 어음금 지급을 청구하였을 경우 A는 C에게 어음금을 지급하여야 하는지?

【답변】 ➡

### (1) 배서양도원인의 무효와 배서의 효력

어음의 유통성 보장이라는 측면에서 선의의 제3취득자는 보호받아야 하는 것이 원칙이며, 따라서 A 스스로 작성하여 발행·교부한 어음은 선의의 제3자가 이를 취득하여 지급을 청구하면 A는 이를 거절할 수 없습니다. 그러나 사례에서는 C가 B에 대해 가지고 있는 채권이 실현되었고(즉, B가 C에 대하여 채무를 변제하였고), 따라서 B에게서 어음을 양도받은 원인이 소멸한 것입니다. 그런데도 C가 재차 A에게 어음금의 지급을 청구하여 이를 수령한다면 C는 이중의 금전 변제를 받게 되는 불합리한 결과가 발생합니다. 즉 A는 B로부터 발행어음을 할인하여 자금을 조달하지 못한 상태에서 C에게 어음금을 지급해야 한다는 결과를 감수해야 하는 것입니다.

그러나, 어음법에는 어음행위의 무인성이라는 기본적인 원칙이 존재하는 바, B와 C 사이의 채권채무관계가 소멸하더라도, 이를 원인으로 하여 이루어진 배서 자체의 효력에는 아무런 영향을 미치지 않습니다. 단지 C는 B에게 어음을 반환할 의무만을 부담하며, 특히 이러한 관계는 B와 C 사이의 관계일 뿐이지 A 와는 무관한 것입니다. 즉 당해 어음의 소지자인 C는 어음상 정당한 권리자인 것입니다. 따라서 A는 어음상 어음의 주된 채무자이므로 어음상 정당한 권리자인 C에게 어음금을 지급할 의무를 부담합니다.

### (2) 어음 소지인의 독립된 경제적 이익의 흠결과 항변의 절단

사례의 경우 A는 B에게 어음을 발행·교부하면서 할인을 의뢰하였으나 할인대금을 수령하지 못하였으므로, A는 B에 대해서 어음금액을 지급할 필요가 없습니다. 다만 당해 어음이 선의로 C에게 배서양도 되었다면 A는 B에 대한 인적항변으로써 C에 대하여 대항할 수 없습니다. 즉, 인적항변의 절단이 성립되는 것입니다. 그러나 이러한 인적항변의 절단, 즉 어음 항변의 제한은 경우에 따라 적용되지 않을 때도 존재합니다. 악의의 항변 등이 그러한 경우입니다. 사례와 같이 B가 C에 대한 금전채무의 담보로써 당해 어음을 배서양도하였으나, 즉시 B가 C에 대하여 배서양도의 원인채무인 금전채무를 변제한 경우에는 어음 소지인인 C의 당해 어음에 대한 독립된 경제적 이익은 소멸되었다고 보며, 이와 같이 독립된 경제적 이익이 없는 어음 취득이나 법적으로 보호할 가치가 없는 어음 취득의 경우에는 어음항변 제한의 법칙이 적용되지 않습니다.

사례에서는 C가 B로부터 어음을 배서양도받은 원인인 채무의 변제를 받았으므로 당해 어음에 대하여 독립된 고유의 경제적 이익을 갖지 않는다고 볼 것이며, 따라서 A는 B에 대한 인적항변으로써 C에 대해서도 대항할 수 있다고 봅니다. 그 결과 C가 A에 대하여 어음금의 지급을 청구하더라도 A는 이를 거절할 수 있는 것입니다. 또한 이러한 경우에는 이중무권의 항변도 참고할 만합니다.

## 8. 원인관계의 무효와 지급의 거절

【질의】 ➡ A는 B와 자재 매매계약을 체결하고 대금으로 어음을 발행·교부하였습니다. B는 C와의 매매에 따라 당해 어음을 배서양도하였습니다. 그러나 B와 C와의 계약이 이행되지 않아 B는 C에게 어음의 반환을 요청하였으나 C는 반환하지 않았습니다. 결국 B는 A에게 어음 기일이 도래하여도 C의 지급청구를 거절하라는 부탁을 하였습니다. 이 경우 A는 C의 어음금 지급청구를 거절할 수 있는지?

【답변】 ➡

A는 당초 B와의 유효한 매매계약에 따라 어음을 발행·교부하였고 그 후 당해 계약에 아무런 하자가 발생하지 않았으므로 C의 지급청구를 거부할 아무런 이유도 존재하지 않습니다. 더구나 어음행위의 무인성이라는 특성에 따라 C는 어음상의 진성한 권리자인 셋입니다.

A가 C의 어음금 지급청구를 거절한다면 C는 소송을 제기할 것이며, 이 경우 A는 패소의 위험성이 너무 크므로, 만일 A가 B의 부탁을 거절할 수 없는 거래상의 이유가 있는 경우에는 소송이 제기된 때의 소용비용 등 일체의 비용을 B가 부담한다는 합의를 하는 것이 A의 입장에서는 필요하며, 지급은행에 대해 피사취를 이유로 당해 어음을 부도처리하도록 별단 예금으로 자금예치조치를 해 둠으로써 은행으로부터 거래정지처분을 받지 않을 수 있습니다.

# 제11편. 부도와 어음사고의 대책

## 1. 부도사유의 종류

【질의】 ➡ 거래처에서 대금으로 받은 어음을 은행에 추심을 의뢰하였는데 부도가 났다고 하는데, 어음은 어떠한 사유에 의해서 부도가 되는지?

【답변】 ➡

어음상에 기재된 만기일에 지급제시를 하였는데도 환어음의 경우에는 지급인 또는 인수인, 약속어음의 경우에는 발행인에 의하여 어음금의 지급이 거절된 어음을 부도어음이라 하며, 은행 실무상으로는 어음 교환소에 제시교환하였으나 지급에 응하지 않고 반환된 어음을 부도어음이라 부릅니다.

서울어음 교환소 규약의 제32조는 9종의 부도사유를 규정하고 있습니다. 즉 ①예금부족, ②무거래, ③형식부도(인감누락, 서명 또는 기명의 누락, 인감의 불선명, 정정인 누락이나 상이, 배서부도, 금액 또는 발행일자의 오기 및 지시금지·근선조건의 위배), ④사고계의 접수(피사취, 분실 및 도난), ⑤위조·변조, ⑥제시기간의 경과 또는 미달(수표의 경우 미달은 제외), ⑦인감·서명의 상이, ⑧지급지의 상달 및 ⑨법적으로 가해진 지급제한 등이 그것입니다.

(1) 예금부족 : 어음·수표의 발행인 어음·수표상에 기재된 지급은행에 지급액에 상당하는 금액을 예치하지 않았거나 또는 당좌대월의 한도를 초과하여 어음·수표를 발행한 경우입니다.

(2) 무거래 : 지급은행에 발행인의 당좌계정계약이 체결되어 있지 않은 경우 또는 거래정지처분을 받아 당좌계정계약이 해제된 상태에서 어음·수표를 발행한 경우입니다.

(3) 배서부도 : 배서의 연속이 결어되어 있는 경우로서 그 판단은 일률적이지 않으며, 반환되어 백지가 보충되거나 배서의 연속

을 구비하여 다시 제시되는 경우도 있습니다.

(4) 금액 또는 발행일자의 오기 : 단위 등의 누락으로 금액이 잘못 기입된 경우 또는 일력에 없는 일자나 이미 경과한 일자 등이 기재된 경우입니다.

(5) 지시금지의 위배 : 어음의 유통을 제한하기 위하여 지시금지의 문언을 기재하였음에도 은행에 제시된 경우입니다.

(6) 근선조건의 위배 : 특정 은행으로 특정근선이 되어 있는 수표 (근선수표)가 다른 은행에서 교환제시된 경우 또는 서로 상이한 두 개의 특정근선이 있는 수표가 제시된 경우입니다.

(7) 사고계의 접수 : 사고 신고서가 은행에 제출되어 부도처리로서 어음이 반환되는 경우입니다. 이 경우 은행에서 부도반환하기 전에 사고어음의 상당금액을 예치하여야만 거래정지처분을 받지 않습니다.

(8) 위조·변조 : 어음·수표상의 발행인이 실제 발행하지 않은 경우가 위조이며, 어음·수표상의 발행인이 발행한 것으로서 타인에 의해 그 일부가 변경된 경우가 변조입니다.

(9) 지시기간의 경과 또는 미달 : 수표의 경우, 예외적으로 선일자 수표가 인정되므로 제시기간의 미달은 해당되지 않습니다.

(10) 인감·서명의 상이 : 당좌계정이 체결된 은행에 제출한 인감·서명과 상이한 인감·서명을 어음·수표상에 사용한 경우입니다.

(11) 지급지의 상위 : 은행의 사무착오로 인하여 지급지가 다른 곳에 교환제시하는 경우입니다.

(12) 법적으로 가해진 지급제한 : 법령에 의하여 특정한 때에 지급이 제한되는 경우입니다.

## 2. 부도사유의 중복

> **【질의】** ➡ 계약대금으로 A는 B에게 어음을 발행하였는데, 발행일이 백지인 상태였습니다. 그리고 A는 지급은행에 어음금액에 상당하는 액수도 예금하지 않았습니다. 만기가 도래하여 B는 은행에 어음의 추심을 의뢰하였으나, 형식부도의 사유로 부도가 되었습니다. 예금부족이라는 사유도 존재하는데 형식부도의 사유만으로 부도처리할 수 있는지?

**【답변】** ➡

부도사유의 종류에 따라 어음상 채무자는 그 취급을 달리 받습니다. 즉 거래정지처분을 받게 되는 부도사유와 그렇지 않은 부도사유가 있는 것입니다.  사례에서 볼 때, 예금부족의 부도사유인 경우에는 어음상 채무자가 거래정지 처분을 받게 되며, 형식부도의 부도사유인 경우에는 그러한 처분을 받지 않습니다.

은행의 실무상 교환제시되는 어음 가운데에는 발행일 등이 백지인 경우가 비교적 많으며, 백지상태 그대로 제시·결제되는 실정입니다. 그리고 은행에서는 사례와 같은 경우에 형식부도의 사유로써 부도처리를 하는 것이 예금부족의 사유로써 부도처리를 하는 것보다 업무상 간편하다는 편리함도 있습니다. 즉 은행이 예금부족의 사유로써 부도처리를 하게 되면 A는 거래정지처분을 받을 수 밖에 없고, 따라서 A는 형식부도의 사유로써 부도처리를 하지 않음으로써 거래정지처분을 받게 된 손해를 은행에 대하여 배상하라는 청구를 할 수도 있기 때문입니다.

다른 한편 어음을 발행하면서 고의로 백지인 어음을 발행하여 실무상의 관행을 이용하는 경우를 방지하기 위해서는 사례와 같은 경우에 대비한 입법적 고려가 요청된다고 하겠습니다.

## 3. 피사취의 사유가 허위인 경우

【질의】➡ A는 B에게 어음을 발행하고서 어음금액에 상당하는 금액을
예금하지 않고 지급은행에 피사취계를 제출하여 부도로 처리하도록
하였습니다. 그러나 A가 제출한 피사취의 사유는 허위입니다. 이때
어떠한 문제가 발생하는지?

【답변】➡

일본의 판례에 따르면, 어음 채무자가 은행에 피사취계를 제출하였
으나 그 사유가 허위로써 전적으로 어음금의 지급을 피하기 위한 것
인 경우, 은행이 이에 대하여 잘 인식하고 있으면서도 어음 채무자의
의도대로 부도처리를 한 때에는, 어음 소지인이 손해에 대하여 어음
채무자와 지급은행은 공동불법행위에 따른 책임을 진다고 합니다.

그러나 지급은행은 단순히 지급인의 위탁에 따라 어음금을 지급하
는 기능만을 할 뿐이므로 은행측에 대해서는 가혹한 판결이라고 말
할 수 있습니다. 따라서 어음 채무자만이 책임을 진다고 볼 것이며,
불성실한 신용을 이유로 당연히 부도의 처리를 하고 이에 대한 규제
로써 피사취계의 제출시 당해 어음 금액에 상당하는 금액을 예치시
키도록 하고, 이에 응하지 않는 경우에는 거래정지처분의 제재를 가
하여야 할 것입니다.

## 4. 사고신고담보금

> **【질의】** ➡ 매매계약 대금으로 어음을 받았는데 은행에 추심을 의뢰하였더니 피사취계가 제출된 어음이라는 이유로 지급을 거절당하였습니다. 매매계약에는 그 성립과 이행에 있어서 아무런 하자가 없는데 어떻게 보호받을 수 있는지?

**【답변】** ➡

### (1) 발행인의 사고신고와 소지인의 보호

어음의 발행인이 분실·도난 또는 사기에 의하여 어음을 발행한 경우에는 은행에 그 사유를 은행에 신고함으로써 당해 어음의 지급을 거절하도록 의뢰할 수 있으며, 이 경우 은행은 어음의 소지인에게 지급을 거절할 수 있습니다. 다만 은행에 사고신고를 하기 위해서는 어음 교환소 규약 제75조 제3항에 따라 어음금액의 상당액을 은행에 예치하거나 또는 각종 증빙자료를 제출하여야만 부도제재, 즉 거래정지처분을 받지 않습니다. 이는 거래정지처분을 면하면서 자금의 부족을 은폐하거나 어음금을 지급하지 않으려는 허위의 사고신고를 방지함으로써, 어음 소지인의 정당한 어음금 지급 청구권을 보장하고 또한 담보하려는 제도입니다.

### (2) 어음 교환소 규약에 따른 담보금

거래정지처분제도는 본래 신용이 부실한 거래자를 배제하여 어음의 유통성과 거래계의 질서를 보장하기 위하여 창안된 제도입니다. 따라서 분실·도난 또는 사취 등으로 인하여 손해를 볼 우려가 있는 경우에는 일정한 요건하에 사고신고를 하게 함으로써 거래정지처분을 면하게 할 수 있도록 하였습니다. 그러나 신용이 부실한 자가 자신의 자금부족을 은폐하거나 지급을 하지 않으려는 의도를 숨기고서 동시에 거래정지처분도 함께 면하려는 목적으로 허위의 사고신고를 행하는 경우가 있으며, 이러한 경우에는 어음의 소지인이 손해를 입을 우려가 있습니다. 따라서 지급거절의 사유가 무자력(즉, 발행인의 신용되므로)에 인한 것이 아님을 담보하기 위하여 분실·도난·피사취의 경우에는 사고신고담보금을 별단 예금으로서 예치하도록 하였습니다.

어음 교환소 규약 제75조 제1항은 "사고신고담보금은 어음 발행인이 어음금 지급 자금부족을 은폐하고 거래정지처분을 면탈하기 위한 허위사고신고가 아님을 담보하기 위한 것이며 만일 사고신고가 허위라고 판명된 경우에는 정당한 어음 소지인에 대한 어음금 지급 자금으로 충당함을 목적으로 한다"고 규정하고 있습니다.

어음 교환소 규약 제75조 제2항에 따르면 상기의 사고신고담보금에 관한 청구권에 대하여, 사고신고의 내용이 허위가 아니라고 판명된 때에는 어음의 발행인이 당해 담보금의 반환청구권을 갖고, 사고신고의 내용이 허위로 판명된 때, 즉 어음의 소지인이 정당한 어음상의 권리자로 판명된 때에는 어음의 소지인이 당해 담보금에 관한 지급청구권을 갖습니다. 또한 이러한 내용은 사고신고를 하는 자(즉 발행인)가 담보금을 예치할 때 지급은행과 약정으로서 체결하여야 하며, 이 경우의 약정은 이른바 제3자를 위한 계약으로 간주됩니다. 즉 사고신고인과 지급은행간에 금전보관위탁의 소비임치의 계약이 체결되고, 제3자 약관으로서 정당한 어음 소지인에게 담보금 지급청구권을 부여하는 약정을 체결하는 것입니다. 상술한 약정이 체결된 경우, 어음 소지인은 사고신고의 허위 여부 또는 소지인의 정당한 권리 여부가 판명되기 전에는 정지조건이 붙은 제3자약관에 대하여 수익의 의사표시를 행할 수 있다는 형성권적 권리를 갖게되고, 따라서 상기 정지조건이 성취되는 경우에는 담보금 지급청구권을 취득하는 지위에 서게 되며, 어음 발행인 즉 사고신고인은 상기 정지조건의 불성취가 발생하는 경우에는 제3자 약관이 효력을 발생하지 않게됨으로써 약정이 순수한 소비임치계약으로 확정되고, 따라서 담보금 반환청구권을 취득하는 지위에 서게 됩니다.

## 5. 어음면에 기재된 금액이 서로 상이한 경우

【질의】 ➡ 어음면에 문자와 숫자로 기재된 금액이 각각 다른 어음을 양도받은 경우에는 어떻게 되는지?

【답변】 ➡

창고증권이나 선하증권이 물품의 인도를 목적으로 하는 것과 마찬가지로 어음은 어음상에 기재된 금액의 지급을 목적으로 하는 유가증권입니다. 어음법 제1조는 어음으로서의 효력을 발생할 수 있는 요건으로서 8개의 사항을 열거하고 있으며 그 중 제2호에서 "일정한 금액을 지급할 뜻의 무조건의 위탁"이라고 규정하고 있는 바, 금액이 어음상에 확정되어 있지 않은 경우에는 "일정한 금액"이라고 할 수 없습니다. 따라서 문자와 숫자로 금액이 기재된 경우 두 개의 금액이 상위한 때에는 어음법 제1조 2호에 대한 위반으로서 어음요건을 결하게 되며, 다만 어음상 한 곳에만 금액이 기재된 경우에는 어음요건 흠결의 문제는 발생하지 않습니다.

위와 같은 경우에 대비하여 어음법은 제6조에서 "어음금액의 기재에 차이가 있는 경우"라는 제목의 규정을 두고 있습니다. 즉, 어음상의 금액이 문자와 숫자의 두 가지로 기재되었는데 서로 틀린 경우에는 문자로 기재한 금액을 어음금액으로 하며(어음법 6조 1항, 77조 2항), 문자 또는 숫자로 중복하여 기재한 경우(즉 문자와 숫자 가운데 한가지로만 어음상의 두 곳에 기재한 경우)에는 최소금액을 어음금액으로 합니다(어음법 6조 2항, 77조 2항).

수표의 경우에도 어음의 경우와 동일합니다(수표법 9조).

어음법과 수표법의 상기 규정에 의해서도 금액을 확정할 수 없는 경우에는 당해 어음은 무효이며, 사고어음의 일종으로 보아 어음상의 권리를 행사할 수 없습니다.

## 6. 분할출급어음

> **【질의】** ➡ 거래대금을 3차에 나누어 받기로 하고 1매의 어음상에 각각의 어음금마다 만기가 다르게 기재된 어음을 교부받은 경우, 이 어음은 유효한 것인지?

**【답변】** ➡

예컨대 300만원의 거래대금을 3차에 분할하여 받기로 한 경우, 만기가 5월 1일, 6월 1일, 7월 1일로 된 어음 3매를 발행·교부하는 것은 법적으로 아무런 문제가 발생하지 않습니다. 그러나, 어음 1매에 100만원은 5월 1일, 100만원은 6월 1일, 100만원을 7월 1일에 지급한다는 식의 문구(분할출급문구)를 기재한 경우에는 이를 분할출급어음이라 하여 어음법 제33조 2항·제77조 1항 2호에서 명문으로 금지하고 있습니다. 이러한 기재가 있는 어음의 경우, 일부금액에 대하여 지급인이 지급을 하지 않는 때에는 상환관계가 복합해질 우려가 있기 때문입니다. 따라서 이러한 어음은 효력을 발생할 수 없으며, 지급제시를 하여도 거절됩니다.

위와 같은 분할출급문구가 기재된 어음은 무효이지만, 실질적으로 만기 이후에 지급인이 일부 금액만을 지급하는 경우에는, 어음법 제39조 2항이 어음 소지인은 만기 이후의 일부지급을 거절할 수 없다고 규정하고 있으므로 불가피하게 분할출급의 상태가 발생합니다.

## 7. 어음과 원인계약의 불이행

【질의】 ➡ A는 B와 상품의 매매계약을 체결하고 상품의 인도가 있기 전에 상품대금으로 어음을 발행하였습니다. 그런데 어음상의 만기가 되어도 B는 매매계약상의 상품을 계속 인도하지 않는 경우 A는 어떻게 하여야 하는지?

【답변】 ➡

A의 B에 대한 어음의 발행·교부는 양자간의 매매계약을 원인으로하여 행하여진 것입니다. 매매계약에 따라 A는 B에게 상품의 대금을 지급할 의무가 있으며, B는 A에게 상품을 인도할 의무를 부담합니다. 그리고, 매매계약은 쌍무계약이므로 민법 제536조에 따라 A와 B는 각각 상대방에 대하여 동시이행의 항변권을 갖습니다. 따라서 사례의 경우 B가 A에 대하여 어음금의 지급을 청구하는 때에는, 아직 B가 A에 대하여 어음금의 지급을 청구하는 때에는, 아직 B가 A에 대하여 상품을 인도하지 않은 상태이므로 A는 B의 어음금 지급청구를 거절할 수 있다고 봅니다.

B의 계약불이행을 이유로 하는 A의 어음금 지급청구 거절은 B에 대해서만 주장할 수 있는 것입니다. 따라서 어음이 B에게서 선의의 제3자에게 배서·양도된 경우에는 어음법 제17조의 규정에 의하여 항변이 절단되므로 A는 선의의 제3자의 어음금 지급청구를 거절할 수 없게 됩니다. 다만 C가 악의인 경우에는 그렇지 않습니다. 그러나 C의 악의를 입증하는 데에는 많은 곤란이 따른 것입니다.

## 8. 융통어음과 상업어음의 식별

【질의】 ➡ 거래의 대금 수령방법으로 여러 곳에서 어음을 받는 경우가 허다한데 융통어음과 상업어음을 구별할 수 있는 방법이 있는지?

【답변】 ➡

실질적인 거래에 의하여 발행·유통되는 상업어음에 비하여, 융통어음의 경우에는 자금의 조달을 위하여 실질적인 거래없이 발행되는 것이므로 부도가 발생할 위험이 비교적 큽니다.

우선 어음발행의 원인이 되는 거래관계가 타당한 것인지, 어음금액이 발행인 또는 발행회사의 지급조달 규모에 비추어 상당한 것인지를 검토할 필요가 있습니다. 한편 발행인과 배서인의 관계에서도 계열회사가 아닌지 또는 특수관계인(1인이 양 회사의 임원을 중임하는 경우 등)이 관여되어 있지는 않은지 등도 검토하여야 합니다.

다른 한편 상당한 기일을 두고 여러 번의 배서를 통하여 전전유통되었다든가 또는 발행인의 주소와 지급은행의 주소가 지리적으로 원격에 위치한다든가 하는 경우, 또는 발행회사의 주거래은행이 아닌 다른 거래은행이 지급은행으로 기재된 경우에는 상당한 주의를 요합니다.

## 9. 위조어음 · 변조어음의 구별

【질의】 ➡ 매매대금으로 어음을 배서 · 양도받는 경우가 많은데 어떤 점에 주의하여야 위조어음이나 변조어음의 취득을 방지할 수 있는지?

【답변】 ➡

어음법 제69조에 따르면 어음상의 문언에 변조가 있는 경우에는 당해변조 이후에 기명날인 또는 서명한 자는 변조된 문언에 따라 책임을 지고 그 변조 이전에 기명날인 또는 서명한자는 원래의 문언에 따라 책임을 지므로, 선의로 기명날일 또는 서명한 자는 불측의 손해를 입을 우려가 큽니다. 우선 어음을 취득할 경우 주의점을 살펴보고, 어음의 변조·위조에 관하여 설명하도록 하겠습니다.

### (1) 인감의 선명성에 유의

인감의 선명도가 상식 이하로 저조하여 육안으로 관찰할 때 너무 흐린 경우, 또는 진정한 인감이 아닌 것을 은폐할 목적으로 중첩하여 날인하였거나 돌리면서 날인한 경우에는 특별한 관찰이 필요합니다.

### (2) 금액의 변조에 유의

지급기일이나 발행일 등을 변조하는 경우도 있으나, 어음 금액을 변조하는 경우가 대부분입니다. 필체의 굵기, 필기 용구에 따른 차이, 잉크 색깔의 차이, 글자 사이의 간격 및 약품 등을 이용하여 지웠던 흔적 등을 유의하여 살펴 볼 필요가 있습니다.

### (3) 백지어음에 유의

어떠한 이유로 어음을 발행하든지, 어음 금액, 지급기일, 발행일 등을 백지로 하고 기명날인 또는 서명만을 하여 발행 · 교부된 어음은 상대적으로 위 · 변조의 위험성이 크므로 많은 주의를 요합니다.

### (4) 어음의 변조

어음 변조는 권한없이 기명날인 또는 서명 외의 어음 내용의 기재를 변경하는 것입니다. 변조의 대상은 반드시 필요적 기재사항(어음요건)에 한하는 것은 아니고 유익적 기재사항도 포함됩니다. 그러나 무익적 기재사항은 변경하여도 어음법적 효력의 내용에 아무 변경이 생기지 아니하므로 이것은 변조의 대상으로 되지 아니하며, 따라서 그 변경은 어음의 위조로 되지 않습니다(통설). 어음의 위조가 기명날인 또는 서명, 즉 어음 행위자에 관한 것이고, 어음의 변조는 어음상의 법률관계의 내용에 관한 것입니다. 따라서 권한없는 자에 의한 변경에 한하므로 모든 어음 관계자의 동의를 얻어서 기재사항을 변경하였을 경우에는 변조가 아닙니다. 변조의 방법에는 제한이 없고, 현재문언의 개변뿐 아니라 말소와 신문언의 부가 등도 포함되는데 변조의 결과 어음 요건을 결하였을 경우에는 변조가 아니라 어음 훼멸로 됩니다. 백지어음 중의 유효한 기재사항을 권한없이 변경하는 것은 보충권의 남용이 아니라 변조인데 백지어음의 부당보충은 변경하게 될 내용이 아직 기재되어 있지 아니하므로 변조가 아닙니다. 어음(수표)에 단순히 변조를 하였을 뿐으로 스스로 기명날인 또는 서명하지 않은 자는 민사상 및 형사상의 책임은 면할 수 없으나 어음상의 책임을 지지 않습니다. 이에 대하여서는 변조자도 위조자와 같이 어음법 제8조에 의한 어음상의 책임을 면할 수 없다는 설도 있습니다. 변조와 동시에 기명날인 또는 서명하였을 때에는 변조후의 문언에 따라서 책임을 지고 변조 후의 기명날인 또는 서명한 자는 변조 후의 문언에 따라서 책임을 집니다(어음법 69조, 수표법 50조).

### (5) 어음의 위조

어음 위조는 어음상에 권한없이 타인의 기명날인 또는 서명을 위작하여 타인이 어음행위를 한 것처럼 외관을 조작하는 것입니다. 위조는 객관적 사실이므로 위조자에게 고의 또는 과실을 요하지 않습니다. 따라서 동기가 선의인 경우에도 권한없이 타인의 기명날인 또는 서명을 위작하면, 어음의 위조로 됩니다. 기명날인 또는 서명 그 자체를 위조하는 경우에 한하지 않고 다른 목적으로 하게된 타인의 기명날인 또는 서명을 어음에 전용한다거나, 절취 또는 위조한 타인의 인장을 사용하여 타인 명의로 어음행위를 하는 것도 어음의 위조가 됩니다. 어음의 위조는 타인이 명의인 스스로 직접 기명날인 또는 서명을 하여 어음행위를 하는 것처럼 하는 경우이고, 대리권이 없음에도 불구하고 자기가 타인의 대리인이라 표시하여 어음행위를 하는 무권대리와 다릅니다. 무권대리인이 비록 타인의 대리인으로 행위할 의사로써 하더라도 그 뜻을 표시하지 않고 직접 그 타인의 기명날인 또는 서명을 하는 경우에는 무권대리가 아니라 위조(통설)입니다. 수표의 위조에 관하여도 같습니다. 피위조자는 자신이 어음행위를 한 자가 아니므로 어음상의 책임을 지지 않습니다. 또 위조자도 자기의 명의로 한 어음행위가 없으므로, 형법상의 책임이나 불법행위상의 책임은 면할 수 없으나, 어음상의 책임은 지지 않는다는 것이 통설입니다. 통설은 무권대리에 준하여 책임을 인정해야 한다고 합니다. 무권대리의 경우는, 본인은 책임을 지지 않으나, 무권대리인은 본인에 갈음하여 어음상의 책임을 집니다(어음법 8조, 수표법 11조). 위조어음 위에 어음행위를 한 자는 어음행위독립의 원칙(어음법 7조, 수표법 10조)에 따라 책임을 집니다. 위조어음(수표)에 대하여 지급한 경우, 그 손실을 지급인이 부담하느냐 또는 피위조자인 발행인이 부담하느냐의 문제가 생깁니다. 어음(수표)관계 자체에 관한 한, 위조어음(수표)의 지급은 어음상의 지급위탁에 응하는 지급이라 할 수 없으므로, 지급인이 손실을 부담할 수 밖에 없습니다. 다만, 어음 외의 실질관계 여하에 따라서는 손실의 부담이 피위조자에 전가되는 경우도 있습니다.

특히 수표에 관하여는 은행이 거래처에 대하여 사전에 인감을 제출하게하고 제시된 수표상의 인감과 대조한 뒤에 지급하는 실정이므로 인장의 도감, 수표의 위조로 인하여 생긴 손해는 발행인의 부담으로 한다는 특약을 하는 것이 우리 나라의 관습으로 되어 있습니다.

# 14. 어음 부도시 조치

【질의】 ➡ 어음상의 지급기일이 도래하여 은행에 추심을 의뢰하였으나 부도로 처리되었습니다. 소송제기 이전에 우선 어떠한 조치를 취하여야 하는지?

【답변】 ➡

## (1) 부도사유의 조사

부도의 사유가 형식불비인 경우에는 어음의 불완전성을 이유로 지급이 거절된 것이므로 형식상 미비한 곳을 보충·정정한 후 어음상 지급제시기간 이내에 제시하도록 합니다. 이와 같은 조치를 취하지 않으면, 어음상의 지급인이 사실상 예금부족인 경우에도 부도제재, 즉 거래정지처분에 의하여 지급을 강제로 실행할 수 없고, 또한 소지인의 전 배서인에 대한 소구권도 상실하게 됩니다.

## (2) 소구권의 보전

형식불비를 보정하여 지급제시기간 내에 제시하였다는 것을 증명하여 배서인 또는 발행인 등 소구의무자에 대한 소구권을 보전할 필요가 있습니다. 어음법 제44조에 따르면 위의 증면은 거절증서에 의하는 것으로 되어 있으나, 대부분의 경우 거절증서작성 의무가 면제되어 있습니다. 다만 수표의 경우에는 수표법 제39조가 거절증서를 소구의 요건으로 법정하고 있으므로 거절증서의 작성 또는 이에 대신하는 절차, 즉 지급은행은 부도선언 등의 절차를 필요로 합니다.

## (3) 지급거절의 통지

어음법 제45조에 따라 소지인의 전 배서인, 발행인 또는 이들의 보증인에 대하여 어음을 제시하였으나 지급이 거절되었다는 사실을 통지하여야합니다. 통지하지 않는 경우에도 소구권은 소멸하지 않으나, 이로 인하여 소구의무자가 손해를 입은 때에는 어음 금액을 초과하지 않는 범위 이내에서 그 손해를 배상하여야 합니다.

### (4) 소구의 개념

어음(수표)금액의 지급이 없거나 지급이 현저하게 불확실하게 되었을 때, 그 소지인이 어음(수표)의 작성이나 유통에 관여한 자에 대하여 어음(수표)금액 기타 비용의 변상을 청구하는 것을 말합니다.  (1) 소구당사자 ① 소구권리자는 ㉠ 어음 소지인(어음법 43조·77조 1항 4호, 수표법 39조), ㉡ 소구의무를 유효하게 이행하여 어음을 환수한 배서인·보증인·참가지급인 등입니다(어음법 47조 3항·32조 3항·63조 1항, 수표법 43조 3항·27조 3항). ② 소구의무자는 ㉠ 소구권자의 전자인 배서인·발행인과 ㉡ 이들의 보증인·참가인수인(어음법 9조 1항·15조 1항·32조 1항·58조 1항·77조 1항·3항, 수표법 18조 1항·12조·27조 1항) 입니다. 약속어음의 발행인과 환어음의 인수인은 소구의무자가 아닙니다. ③ 수인의 소구의무자는 인수인과 같이 합동책임을 집니다(어음법 47조 1항·77조 4호, 수표법 43조 1항). (2) 요건 ① 만기 전의 소구 ;실질적으로는 ㉠ 인수의 전부 또는 일부의 거절(어음법 43조 1호), ㉡ 인수인 또는 지급인의 파산의 경우에 그 지급정지 또는 그 재산에 대한 강제집행의 부주효(어음법 43조 3호), ㉢ 인수제시를 금지한 어음 발행인의 파산(어음법 43조 3호) 등이고, 형식적으로는 ㉠ 인수제시는 인수거절 인한 소구에 필요하나, 이를 게을리하여도 지급거절로 인한 소구권까지 잃지 않으나 인수지시명령이 있는 어음(어음법 22조 1항)과 일람후정기출급어음(어음법 23조)에 있어서는 이를 게을리 하여 소구권을 다 잃습니다. ② 거절증서의 작성(어음법 44조 1항) ㉢ 파산결정서의 제출(어음법 44조 4항)을 하여야 하고 화의개시결정이 있었던 경우에는 화의개시결

정이 있었던 경우에는 화의개시결정서를 제출하면 됩니다. ㄹ 제시 또는 거절증서작성이 불가항력으로 인하여 방해되었을 때에는 그 기간은 연장됩니다(어음법 54조 1항) ②만기 후의 소구 ; 실질적으로는 만기에 있어서 적법한 기간내에 소지인이 지급제시를 하였으나 지급인이 지급하지 아니하였음을 요하고(어음법 43조·77조 1항 4호, 수표법 39조), 형식적으로는 지급거절증서를 작성하여야 합니다(어음법 44조 1항). 다만 지급거절증서 작성 면제의 경우(어음법 46조), 이미 인수거절증서를 작성한 경우(어음법 44조 4항), 불가항력으로 인하여 거절증서작성을 할 수 없는 경우(어음법 54조 4항·5항)에는 그러하지 않습니다. 예비지급인과 참가지급인이 있는 경우에는 이러한 전원에 대하여 지급제시하고 거절증서를 작성시켜야 합니다(어음법 60조 1항).

## 11. 어음취득시의 주의사항

【질의】 ➡ 어음거래가 많지 않아서 어음을 취득하는 경우 유효한 어음인지 잘 모르는 경우가 있는데 일반적으로 주의할 사항에는 어떠한 것들이 있는지?

【답변】 ➡

### (1) 기재사항의 정오 여부

어음에는 두 가지 종류가 있으며, 어음상에 약속어음 또는 환어음이라는 기재가 분명히 있어야 합니다. 금액은 일반적으로 문자와 숫자 두 가지를 병용하는 것이 일반적이며 두 가지 금액이 일치하여야 하고 확정된 금액이어야 합니다. 지급지와 발행지가 기재되어 있어야 하며, 지급지는 지급장소와 구별되므로, 지급지 외에 지급장소도 또한 기재되어 있어야 합니다. 발행일은 실질적인 발행의 일자가 아니어도 상관이 없습니다. 그것은 단지 어음법상 기간의 계산에 있어서 기산점이 될 뿐이므로 미래의 날, 즉 선일자로 발행하거나 과거의 날, 즉 후일자로 발행할 수도 있습니다. 그리고 만기가 기재되어 있어야 하는데, 이것은 어음금액이 지급될 날은 의미하며, 실제로 지급되는 날과는 다른 경우도 있습니다. 이외에 지급을 받을 자, 즉 수취인이 기재되어 있어야 하며, 이는 어음의 분실·도난의 경우에 대비하여 중요한 점입니다. 그리고 발행인의 기명날인 또는 서명이 있어야 하며 배서의 경우에도 배서인의 기명날인 또는 서명이 반드시 있어야 하고 회사가 어음을 발행하는 경우에는 회사의 상호가 반드시 있어야 합니다. 이러한 사항을 어음 요건이라 하며, 어음법 제1조에서 환어음에 관하여 규정하고 있고 제75조에서 약속어음에 관하여 규정하고 있습니다.

## (2) 배서의 연속

어음은 배서에 의해서 유통되는 것이 그 특성이므로 배서가 정확하게 연속이 되는지를 주의하여야 합니다. 따라서 수취인과 제1배서인은 동일인이며, A→B 다음의 배서는 B→C이어야지 C→D일 수는 없습니다.

## (3) 자기거래의 여부

어음 행위에서도 상법상 자기거래의 금지에 관한 규정의 적용이 있다고 보는 것이 일반적이므로 어음이 이사의 자기거래에 의한 것인지의 여부에 주의를 하여야 합니다.

## (4) 기재사항의 정오 여부

권한이 없는 자에 의한 정정은 변조어음을 발생시킬 수 있으므로 기재사항의 정정·말소는 그에 관한 권한이 있는 자에 의하여 행해져야 하며, 해당부분에 확인인이 있어야 합니다.

## 12. 어음시효

**【질의】 ➡ 어음상의 권리도 시효에 걸린다고 하는데 어음시효는 어떠한 것인지?**

**【답변】 ➡**

어음시효는 어음상 존재하는 권리의 소멸원인이 되는 단기시효를 뜻합니다. 어음 채무자는 보통의 채무자에 비하여 엄격한 책임을 부담하므로 시효기간을 비교적 단기로 하여 무한정으로 어음책임에 구애되지 않도록 하고 있습니다. 즉 환어음의 인수인 및 약속어음의 발행인에 대한 청구권은 만기일로부터 3년이면 시효가 완성합니다(어음법 70조 1항). 만기일이 거래일이 아닐지라도 그날부터 기산하며, 당해일의 전일이 휴일일지라도 기간은 연장하지 않습니다. 배서인이나 환어음의 발행인 등의 소구의무자에 대한 청구권(소구원)은 거절증서가 작성되었을 때에는 그 일자로부터 1년, 거절증서의 작성이 면제되어 있는 경우(어음법 46조)에는 만기일로부터 1년이면 시효가 완성합니다. 만기 전 소구의 경우에도 거절증서작성의 일자로부터 기산하지만, 파산 등 거절증서를 작성하지 않는 경우에는 만기일부터 기산합니다. 상환을 하여 어음을 환수한 소구의무자의 전자인 배서인이나 환어음의 발행인, 그들의 보증인에 대한 청구권(재소구권)은 상환을 하여 어음을 환수한(현실의) 날로부터 6개월이면 시효가 완성합니다. 만약 상환하지 아니하여 소의 제기를 받을 경우에는 그자가 제소된 날로부터 6개월이면 시효가 완성합니다. 발행인·배서인에 대한 청구권은 지급제시기간(수표법 29조 1항)이 완료된 그 익일부터 기산하여 6개월이면 시효가 완성합니다. 상환을 하고 수표를 환수한 배서인의 전자에 대한 청구권(재소구권)은 어음의 경우와 같이 환수한 날 또는 상황을 하지 아니하여 제소된 날로부터 6개월이면 시효가 완성합니다. 소송으로 어음 채권이 확정된 경우에는 모두 시효가 10년입니다(민법 165조). 시효가 중단되는 것은 일반적인 중단사유(민법 168조)에 의하지만 특히 상환을 하지 아니하여 제소된 경우의 재소구권의 시효중단에 관하여는 패소로 인하여 상환을 강제당하는 한편 어음을 환수하지 아니하였으므로, 중단되지 않는 상태로 재소구권이 6개월로 소멸된다면 매우 부당하므로 소송고지의 방법에 의한 시효중단을 인정하고 있습니다(어음법 80조).

그리고 재소구의무자가 소송의 고지를 받으면 시효는 중단되고 재판이 확정되면 다시 시효가 진행하고 6개월로 시효가 완성합니다. 어음시효의 중단에 어음의 제시를 요하는가에 관하여는, 재판상의 청구에는 어음제시를 요하지 않고 재판 외의 최고에는 어음의 제시를 요한다고 해석되고 있는데, 최근에는 재판상 시효중단을 위하여는 어음의 제시나 소지를 필요로 하지 않으며 내용증명의 우편을 통한 최고만을 충분하다고 되어 있습니다.

# 제12편. 부도·사고어음의 회수방법

1. 어음 부도시의 소구의무자
2. 어음의 부도와 발행인에 대한 지급청구
3. 소구의 개념
4. 만기 전 소구의 요건
5. 어음항변의 종류
6. 어음 보증인에 대한 어음금 청구
7. 공정증서의 효과
8. 위조·변조어음의 어음금 청구
9. 거절증서의 작성방법
10. 만기전 발행회사의 파산
11. 회사발행의 어음과 이사에 대한 지급청구
12. 어음부도와 신설회사

# 1. 어음 부도시의 소구의무자

【질의】 ➡ 상품대금으로 받은 어음이 부도로 처리된 경우에는 누구에 대하여 어음금의 지급을 청구할 수 있는지?

【답변】 ➡

### (1) 부도어음금 회수의 상대방

어음상의 주채무자는 어음금액에 대하여 본래의 지급의무를 부담하는 자로서, 환어음인 경우에는 인수인이며, 약속어음인 경우에는 발행인입니다. 다만 어음이 부도로 처리되면 어음의 소지인은 주채무자 이외에도 배서인 또는 보증인에게 어음금 지급을 청구할 수 있습니다. 어음법 제47조 1항이 "환어음의 발행·인수·배서 또는 보증을 한 자는 소지인에 대하여 합동하여 책임을 진다"고 규정하고 있기 때문입니다. 또한 어음법 제77조 1항 4호는 이러한 환어음에 관한 규정을 약속어음에 준용한다고 규정하고 있습니다. 그리고 어음법 제47조 2항에 따르면 어음의 소지인은 발행인·인수인·배서인 및 보증인 등 어음 채무자에 대하여 그들의 채무부담에 관한 순서에 관계없이 그 가운데 1인, 수인 또는 전원에 대하여 어음금의 지급을 청구할 수 있습니다. 이들 소구의무자의 책임은 합동책임인 것입니다.

### (2) 일부 채무자에 대한 채무면제와 지급유예

어음상의 채무자가 수인인 경우, 주된 채무자 또는 최종의 소구의무자에 대한 채무의 면제는 이들 이외이 다른 채무자의 채무도 면제시키는 결과를 발생시킵니다. 왜냐하면 이들 이외의 배서인 또는 보증인은 원래 주된 채무자 또는 최종소구의무자가 어음금을 지급하지 않는 때에 어음금 지급의무를 부담하는 종된 채무자이기 때문입니다. 또한 배서인 가운데 1인에 대하여 지급의무를 면제한 경우에는  당해 배서인 이후의 배서인에 대하여도 어음금 지급의무를 면제해 준 것과 같은 효력이 발생합니다.

한편, 주된 채무자에 대하여 지급유예를 인정한 경우, 즉 수회에 걸쳐 분할하여 지급하도록 인정한 경우에는, 기타의 채무자에게 아무런 영향을 주지 않는 것으로 해석됩니다.

## 2. 어음의 부도와 발행인에 대한 지급청구

【질의】 ➡ 매매대금으로 받은 어음을 은행에 추심의뢰하였으나 부도가 되었습니다. 배서인도 있으나 직접 발행인에게 지급을 청구하려고 하는데 어떠한 점에 주의 하여야 하는지?

【답변】 ➡

### (1) 부도사유의 검토

은행에 추심을 의뢰한 경우 부도가 나는 때에는 그 사유가 부전에 기재되는 것이 일반적입니다. 부도의 사유 가운데 발행인에게 책임이 없는 사유로 인하여 어음이 부도로 된 경우에는, 발행인은 발행행위에 전혀 관계하고 있지 않으므로 책임이 없고, 따라서 발행인에게 지급청구를 하여도 아무런 소용이 없습니다. 이러한 경우의 대표적인 예로써 어음의 위조나 변조를 들 수 있습니다.

부전에 '피사취'라고 기재되어 부도처리되는 경우가 있는데, 기만 또는 사술에 의하여 어음을 발행하거나 원인채무가 이행되지 않은 때입니다. 이 경우, 어음은 발행인의 의사에 따라 발행되었으므로 그 자체는 유효한 어음이지만, 기만 · 사술로써 어음을 발행 · 교부받은 자 또는 원인채무의 불이행을 행한 자는 발행인에게 어음금 지급을 청구할 수 없습니다. 다만, 이러한 자에게서 선의로 어음을 배서양도받은 자는, 발행인의 인적항변의 절단에 따라 발행인에게 어음금 지급을 청구할 수 있게 됩니다(어음법 17조).

한편, 예금부족이나 무거래라는 사유로 부도가 된 경우에는, 어음 자체에는 법적인 하자가 없으므로, 발행인에게 어음금 지급을 청구할 수 있습니다. 다만 실제로는 이 경우가 어음금을 회수하기 가장 어려운 경우이며, 따라서 부도의 사유가 어음 자체의 형식에 기인하거나 피사취인 경우에는 법률적인 대책이 필요하지만, 발행인의 자금능력이나 신용에 관한 것인 경우에는 직접 발행인에게서 회수하거나 소송을 제기하여 강제집행으로써 회수하는 방법을 고려하여야 합니다.

### (2) 발행인에 대한 지급청구

예금부족 또는 무거래라는 사유로서 어음이 부도로 처리된 경우, 당해어음의 소지인은 만기 이후 시효가 완성될 때가지 시기 및 회수에 관계없이 발행인에게 직접 어음금 지급을 청구할 수 있습니다.

어음의 소지인이란 배서에 의해 유통되지 않은 경우에는 수취인이며, 배서에 의해 유통된 경우에는 배서의 연속이 있는 최종 피배서인입니다. 그리고 부도가 예상되는 어음을 수취인으로서 취득하거나 또는 피배서인으로서 배서·양도 받은 경우에는 만기 이전에 선의의 제3자에게 배서양도하여 제3자가 어음금의 지급을 청구하도록 하는 것이 안전한 경우도 있습니다. 왜냐하면 수취인 또는 악의의 피배서인인 소지인에 대한 발행인의 인적항변을 절단시킬 수 있기 때문입니다.

## 3. 소구의 개념

> **【질의】** ➡ 결제대금으로 어음을 배서양도 받았는데 은행에 추심을 의뢰하였더니 부도로 반환되었습니다. 배서인에게 어음금 지급을 청구하려고 하는데 어떻게 하여야 하는지?

**【답변】** ➡

### (1) 소구의 의의

소구란 어음의 인수 또는 지급이 거절된 경우나 지급이 현저히 불확실하게 된 경우에 어음 소지인이 어음의 발행·유통과 관계있는 자에게 어음금액 및 기타 비용의 변제를 청구하는 것을 말합니다. 이를 상환청구라고도 부릅니다. 발행인과 배서인 등은 어음금액의 지급과 인수를 담보하는 자이며, 어음금액의 지급과 인수가 실행되지 않거나 이에 갈음하는 일정한 사유가 존재할 때에 발행인이나 배서인 등에 대하여 그들의 담보책임을 묻는 것이 소구제도로서, 민법상 매도인의 하자담보책임과 비슷합니다.

### (2) 지급제시의 필요성

어음법 제43조에 따라 어음의 소지인은 만기에 있어서 적법한 기간 이내에 지급제시를 하였으나 지급인으로부터 어음금액 전부 또는 일부에 대하여 지급을 받을 수 없어야 합니다. 어음법 제46조에 의하여 지급거절증서의 작성이 면제되어 있는 경우에도 지급제시는 반드시 필요합니다. 수인의 지급인이 있는 경우 그 지급인 전부가 지급거절을 하지 않았다면, 이 경우는 어음법 제43조의 지급거절에 해당하지 않습니다. 한편 지급제시는 적법하여야 하므로 백지어음인 경우에는 이를 보충·완성한 후에 제시하여야 합니다.

### (3) 지급거절증서의 작성

지급의 거절을 증명하기 위해서는 어음법 제44조 1항이 정하는 바에 따라 공정증서, 즉 지급거절증서를 작성하여야 합니다. 지급거절증서의 작성은 확정일출급어음, 발행일자 후 정기출급어음 또는 일람 후 정기출급어음의 경우에는 지급을 할 날에 연속되는 2거래일 이내에 행해져야 하며(어음법 44조 3항), 일람출급어음의 경우에는 어음법 제34조 1항에서 규정하고 있는 제시기간 이내에 이루어져야 합니다.

### (4) 지급거절증서 작성의 면제

소구권의 행사를 위해서는, 파산의 경우를 제외하고는, 지급거절증서의 작성이 필요합니다. 그러나 이것은 비용의 소용 뿐만 아니라 어음의 신용도의 경감을 초래하므로, 소구의무자가 지급거절증서의 작성이 없어도 소구에 응한다는 뜻을 어음에 명시한 경우에는, 어음 소지인은 지급거절증서를 작성할 필요가 없으며, 이러한 뜻의 기재를 지급거절증서 작성면제문구 또는 무비용상환문구라고 합니다. 어음법 제46조와 제77조 제1항 제4호에서 인정하고 있습니다.

### (5) 소구의 통지

어음의 소지인이 소구권을 행사하기에 앞서 소구권 행사의 원인이 발생하였음을 소구 의무자에게 인식시키기 위해 행하는 통지를 소구의 통지라고 합니다. 어음법 제45조 1항은 어음 소지인으로 하여금 거절증서 작성일에 이은 또는 무비용상환의 문언의 기재가 있는 경우에는 어음 제시일에 이은 4거래일 이내에 자기의 배서인과 발행인에 대하여 지급거절이 있었음을 통지하도록 규정하고 있습니다.

## 4. 만기 전 소구의 요건

> **【질의】** ➡ 매대금으로 취득한 어음의 지급인이 파산할 우려가 있는데, 아직 만기는 도래하지 않았습니다. 이 경우에도 소구를 할 수 있는지?

**【답변】** ➡

어음법 제43조는 어음상의 만기가 도래하지 않은 때에도 소구권을 행사할 수 있는 경우를 규정하고 있습니다. 즉 만기 이전이라도 지급의 가능성이 현저하게 감소할 우려가 있는 경우를 대비한 것입니다. 어음의 소지인이 만기전에 소구권을 행사하기 위해서는 만기 후의 소구권 행사의 전제요건과는 다른 일정한 요건을 구비하여야 합니다.

**(1) 실질적 요건**

① 인수의 전부 또는 일부의 거절(어음법 43조 1호) …… 유효한 인수를 얻지 못한 경우입니다. 적극적인 거절은 물론 지급인의 부단순인수도 이에 해당합니다. 지급인이 수인인 경우에는 그 가운데 1인의 인수거절도 만기 전 소구의 원인이 됩니다.

② 인수인 또는 지급인의 파산·지급정지 또는 그 재산에 대한 강제집행의 불주효(어음법 43조 2호) …… 지급인의 파산은 그 확정을 의미하는 것이 아니라 파산개시의 선고결정을 의미합니다. 소구원인에 따라 소구권이 발생하게 되면 그 행사 이전에 소구원인이 소멸한다 하여도 소구권이 함께 소멸할 이유는 없으므로, 파산 및 기타의 자력불확실의 사실이 소구권의 행사시까지 계속될 필요는 없습니다. 어음법 제44조의 사실이 소구권의 행사시까지 계속될 필요는 없습니다. 어음법 제44조 5항에 따르면, 인수를 하였거나 하지 아니한 지급인이 지급정지 또는 그 재산에 대한 강제집행이 주효하지 아니한 경우에는 소지인은 지급인에 대하여 지급제시를 하고 거절증서를

작성시킬 것이 요구됩니다. 지급정지 또는 강제집행의 불주효는 쉽게 확인할 수 없는 성질의 것이므로, 만기에 상관없이 지급을 청구시키려는 취지입니다. 지급정지는 파산법 제116조 2항의 지급정지를 표준으로 하여 그 사실의 유무를 판단하게 되며, 강제집행의 불주효는 소지인의 집행만이 아니고 어떠한 채무자에 의한 강제집행이어도 무방합니다.

③ 인수제시를 금지한 어음 발행인의 파산(어음법 43조 3호) …… 인수제시금지어음은 발행인의 신용만으로 유통되는 것이므로 이 경우의 발행인의 파산은 인수인의 파산과 동일한 것으로 볼 필요가 있기 때문입니다. 인수제시금지어음의 경우에는 발행인의 파산만을 소구의 원인으로 하고 있는바, 발행인에 대하여는 지급인에 대한 거절증서와 같은 입증방법이 없기 때문에, 이에 대신하는 입증방법으로서 파산결정서를 이용할 수 있는 경우인 파산만을 소구의 원인으로 한 것입니다. 어음법 제44조 6항에 따르면, 인수를 하였거나 하지 아니한 지급인이 파산선고를 받은 경우 또는 인수제시를 금지한 어음의 발행인이 파산선고를 받는 경우의 소구에 있어서는 파산결정서를 제출하면 됩니다.

④ 자력불확실에 대한 입증책임

자력의 불확실을 이유로 소구권을 행사하는 경우에는 소구자가 이에 대한 사실을 입증하여야 합니다. 그리고 소구를 받은 자의 청구가 있는 때에는 이 사실을 입증하는 증거서류, 즉 거절증서 및 파산결정서 등을 교부하여야 합니다.

## (2) 형식적 요건

① 인수제시

인수거절을 이유로 하는 소구의 경우에는 인수제시가 반드시 필요합니다. 다만 인수거절에 따라 절대적으로 소구권을 행사할 필요는 없으므로 만기를 기다리거나 후일의 인수를 기다릴 수도 있습니다. 한편, 일람 후 정기출급어음 및 인수제시명령어음에 한하여는 인수의 제시가 없으면 소구권이 소멸합니다.

② 거절증서의 작성

인수의 거절을 증명하기 위해서는 어음법 제44조 1항에 따라 인수거절증서를 작성시켜야 하며, 지급인의 부재 또는 소재불명의 경우에도 동일합니다. 인수거절증서는 인수제시기간 내에 작성시켜야 한다. 인수제시기간이 정하여진 환어음에 대해서는 그 기간 내에(어음법 22조 1항·4항), 그 기간이 없는 일반 환어음에 대해서는 만기일까지(어음법 21조), 일람 후 정기출급어음에 대해서는 발행일로부터 1년 이내(어음법 23조)에 인수거절증서를 작성시켜야 합니다(어음법 44조 2항전단). 다만 제시기간의 말일에 제1의 인수제시가 있는 경우에 지급인이 어음법 제24조에 의해 제2의 인수제시를 청구한 때에는 기간만료의 익일에도 거절증서를 작성시킬 수 있습니다(어음법 44조 2항 후단). 인수거절증서는 제시기간 내에만 작성시키면 충분하며 인수거절이 있을 경우 즉시 작성시켜야 하는 것은 아닙니다. 제시기간 내에는 어느 때든지 거절증서를 작성시킬 수 있으며 거절증서가 작성되지 않으면 소구권을 행사할 수 없습니다. 또 인수거절증서를 작성한 때로서 만기가 도래한 후에 소구하는 경우에는 재차 지급제시와 지급거절증서의 작성을 필요로 하지 않습니다(어음법 44조 4항). 일람 후 정기출급어음 및 기한부 인수제시명령의 기재가 있는 어음에 대한 일자의 기재가 거절된 때에도 동일하게 그 사실을 증명할 거절증서를 작성시켜야 합니다(어음법 25조 2항). 다만 인수거절증서 작성의 면제가 있는 경우(어음법 46조) 및 불가항력이 일정한 기간을 초과하여 계속되는 경우에는 (어음법 54조 4항) 거절증서없이 소구할 수 있습니다.

③ 파산결정서의 제출

지급인이나 또는 인수제시금지어음의 발행인의 파산을 이유로 만기전에 소구하는 경우에는 인수제시나 거절증서의 작성이 필요 없으며 파산결정서의 제시가 있으면 충분합니다(어음법 44조 6항). 또 화의개시결정이 있으면 화의개시결정서를 제출하면 됩니다.

## 5. 어음항변의 종류

【질의】 ➡ A회사가 발행한 어음을 B로부터 배서·양도받았습니다. A 회사와는 거래가 없기 때문에 어떠한 회사인지 잘 모릅니다. 그런데, 지급기일에 은행에 추심을 의뢰하였으나 부도처리가 되었는데, A 회사가 주장할 수 있는 항변에는 어떠한 것들이 있는지?

【답변】 ➡

어음항변이란 소지인으로부터 어음상의 청구를 받은 사람이 그 청구인에 대하여 대항할 수 있는 일체의 사유를 말합니다. 즉, 영구적 또는 일시적으로 당해 청구를 거부할 수 있는 모든 사유를 의미하는 것입니다.

**(1) 인적항변의 종류**

1) 모든 어음 채무자가 특정의 어음 소지인에게 대항할 수 있는 항변

① 변제수령능력이 없다면 항변

② 배서연속 흠결의 항변

2) 특정의 어음 채무자가 특정의 어음 소지인에게 대항할 수 있는 항변

① 교부행위가 없었다는 항변

② 쌍방대리의 금지에 위반한 어음행위라는 항변 (민법 124조, 상법 398조)

③ 통정허위표시의 어음행위라는 항변(민법 108조)

④ 착오에 의한 어음행위라는 항변(민법 109조)

⑤ 사기 또는 강박에 의한 어음행위라는 항변(민법 110조)

⑥ 어음상 명료하지 아니한 지급필 또는 일반 지급필의 항변 (어음법 39조)

⑦ 어음상 명료하지 아니한 면제, 상계의 항변

⑧ 어음상 명료하지 아니한 지급유예의 항변

⑨ 어음채무가 경개되었다는 항변

⑩ 백지보충권을 남용하였다는 항변

⑪ 원인관계가 불법이라는 항변

⑫ 원인관계가 존재하지 않는다는 항변

⑬ 원인관계가 법령에 위반하였다는 항변

⑭ 대가가 없었다는 항변

⑮ 할인금을 교부받지 않았다는 항변

⑯ 융통어음이라는 항변

⑰ 추심을 목적으로 하는 양도배서라는 항변

⑱ 어음 외의 특약이 있다는 항변


## (2) 물적항변의 종류

1) 어음상의 권리의 성립을 부정하는 항변

① 기본어음의 형식(요건) 흠결의 항변(어음법 2조, 76조 1항)

② 위조의 항변(어음법 7조, 77조 2항)

③ 변조의 항변(어음법 69조, 77조 1항 7호)

④ 무권대리의 항변(어음법 8조, 77조 2항)

⑤ 무능력에 의한 취소의 항변(어음법 7조, 77조 2항)

⑥ 의사능력이 없다는 항변

⑦ 권리보전절차 흠결의 항변(어음법 제53조, 77조 1항 4호)

⑧ 기본어음에 유해한 기재사항이 있다는 항변

2) 어음의 기재에 근거한 항변

① 어음상 명료한 지급필의 항변(어음법 39조 1항, 77조 1항 3호)

② 어음상 명료한 일부 지급필의 항변(어음법 39조 3항, 77조 1항 3호)

③ 만기말도래의 항변(어음법 38조, 40조 2항)

④ 어음상 명백한 어음채무 면제의 항변

⑤ 무담보배서의 항변(어음법 15조 1항, 77조 1항 1호)

⑥ 배서금지배서의 항변(어음법 15조 2항, 77조 2항)

⑦ 제시장소가 다르다는 항변(어음법 4조, 77조 2항)

3) 어음상의 권리소멸에 관한 항변

① 어음이 제권판결에 의하여 무효로 되었다는 항변(민사소송
   법 467호)

② 어음금액 공탁의 항변(어음법 42조, 77조 1항 3호)

③ 소멸시효에 의하여 어음채무가 소멸하였다는 항변(어음법
   70조, 77조 1항 8호)

## 6. 어음 보증인에 대한 어음금 청구

【질의】 ➡ 물품대금으로 A 발행, B 보증의 어음을 취득하였습니다. A는 파산하여 자력이 없으므로 B에게 어음금을 청구하려 하는데 어떠한 요건이 구비되어야 하며, 어떠한 방법으로 청구하여야 하는지?

【답변】 ➡

### (1) 어음 보증인의 책임

보증인은 주채무자인 피보증인과 동일한 책임을 부담합니다(어음법 32조 1항). 그리고 어음법 제32조 2항에 따르면, 보증채무는 담보된 주채무가 그 방식상에 하자가 있는 경우를 제외하고는 어떠한 사유로 무효가 되어도 그 효력이 있습니다. 이처럼 보증인의 채무는 그 형태 및 범위에 있어서 피보증인의 지위에 의존하게 됩니다. 인수인의 보증인은 인수인과 동일한 어음채무를, 그리고 발행인과 배서인의 보증인은 발행인 및 배서인과 동일한 상환채무를 부담합니다. 다만 보증인의 채무는 어음의 외형을 표준으로 피보증인과 동일한 책임을 부담할 뿐이며, 실질적인 피보증인의 채무여하에 좌우되지는 않습니다. 즉 보증채무는 피보증채무와는 독립한 것입니다. 그리고, 보증인은 주채무자가 대항할 수 있는 항변으로써 자기의 채무이행에 관하여 대항할 수 없습니다.

어음의 소지인이 피보증인에 대한 권리의 보전절차를 해태함으로써 피보증인을 면책시킨 경우에는 보증인도 면책됩니다. 어음법 제47조 1항에 따라 어음 소지인은 전 채무자 및 보증인에 대하여 개별적 또는 공동으로 청구가 가능합니다. 따라서 민법에서의 보증인이 가지고 있는 최고 및 검소의 항변권은 인정되지 않습니다.

### (2) 청구의 방법

발행인이 피보증인인 경우 보증인에게 청구하기 위해서는 보증인의 영업소 또는 주소지에 어음을 제시하여야 합니다. 어음상 지급장소가 은행인 경우에도 마찬가지이며, 따라서 은행에 제시하는 것은 효과를 발생할 수 없습니다.

배서인이 피보증인인 경우에는 소구의 실질적·형식적 요건을 갖추어야만 합니다. 즉 피보증인의 소구의무가 소멸하면, 보증인의 소구의무도 함께 소멸하게 됩니다. 다만, 거절증서작성면제의 문구가 기재된 경우에 보증인이 배서란에 나란히 기명날인 또는 서명한 때에는 보증인도 거절증서의 작성을 면제한 것으로 생각되지만, 보전지에 보증의 뜻을 기재하고 기명날인 또는 서명한 경우에는 보증인에게 거절증서작성면제의 효력이 당연히 미치는 것으로 보기는 어렵습니다. 따라서 이 경우에는 거절증서작성이 필요하지 않다는 뜻의 문구를 기재하도록 하는 편이 유리합니다.

보증인이 피보증인의 채무 일부에 대해서만 보증을 할 경우, 어음소지인은 일부변제의 수령을 거절할 수 없으나, 그 외의 부분에 대한 청구를 위하여 어음을 반환할 수 없습니다.

## 7. 공정증서의 효과

> **【질의】** ➡ 부도에 대비하여 공정증서를 작성하는 경우가 있는데 어떠한 효력을 가지며, 그 절차는 어떠한지?

**【답변】** ➡

### (1) 공정증서의 효력

공정증서란 공증인이 작성한 계약서, 유언장과 같은 법률행위에 관한 문서 또는 법률관계에 영향을 미칠 수 있는 사실을 기재한 문서를 의미합니다. 특정한 사실이 공정증서에 기재되면, 그 사실에 대해 강력한 증명력을 갖게 되며, 또한 집행력을 갖게 됩니다. 즉, 공정증서에 기재된 사실이 금전 또는 유가증권의 지급인 경우에, 이러한 지급이 이행되지 않을 때에는 압류 등 강제집행이 가능하다는 집행수락계약이 함께 기재되었다면, 소의 제기에 따른 판결 이후에 강제집행을 기다리지 않고도, 즉시 공정증서에 의하여 강제집행을 할 수 있는 집행력이 발생하는 것입니다.

### (2) 내용의 결정

법률관계의 당사자는 공정증서의 작성을 공증인에게 의뢰하기 위하여 공정증서의 내용을 결정하여야 합니다. 어음의 경우에는 지급기일을 연기하거나 또는 분할지급(변제) 등의 약정을 그 내용으로 하는 방법과 어음상의 금액을 지급인에게 소비대차의 형식으로 대차해 주는 것을 내용으로 하는 방법이 있습니다. 전자는 이행계약체결의 일종이며, 후자는 준소비대차계약의 일종으로 볼 수 있습니다.

전자의 경우에는 어음상 권리관계의 내용에 전혀 변경이 가해지지 않고, 다른 어음 채무자에 대해서도 어음상의 권리를 주장할 수 있으므로 어음금액의 횟수에는 별다른 어려움이 따르지 않습니다. 그러나, 후자의 경우에는 경개에 의하여 어음상의 권리가 소멸한다고 볼 수 있으므로 주의를 요합니다. 다만 준소비대차계약을 내용으로 공정증서를 작성하는 경우에는, 어음상의 금액 이외에도 소비대차계약의 성질에 따라 위약금이나 이자의 청구도 함께 할 수 있습니다.

### (3) 공증인의 대한 의뢰

공정증서의 작성을 공증인에게 의뢰할 때에는 당해 법률관계의 진정한 당사자가 의뢰하여야 합니다. 당사자임을 공증인에게 증명하는 방법으로는, 발행 후 6개월 이내의 인감증명서와 이 인감증명서에 날인되어 있는 동일한 인장을 지참하여 함께 제출하는 방법과 사진이 부착된 국가행정기관 작성의 신분증명서 등을 제출하는 방법이 있습니다. 한편 이러한 방법외에도, 공증인법 제27조에 따라 공증인에게 면식이 있고 신용할 수 있는 증인 2인의 증언에 의하여 당사자 본인임을 공증인에게 증명하는 방법도 있습니다.

당사자 본인이 직접 공증인에게 출두하여 의뢰하지 아니하고, 대리인을 통하여 공정증서의 작성을 의뢰할 수도 있습니다. 이 경우에는 공증인법 제30조와 제31조에 따라, 전술한 방법으로써 본인의 진실한 대리인임을 공증인에게 증명하여야 할 뿐만 아니라, 본인의 위임장을 공증인에게 제출하여야 합니다.

대리인을 통하여 공정증서를 작성하는 경우에는, ①대리인이 적법 유효한 대리권을 가지고 있다는 사실과 대리인이 체결할 계약의 내용, ② 계약의 체결에 부수되는 여타의 결정은 대리인의 권한에 따라 정한다는 사실 및, ③공정증서의 작성을 공증인에게 의뢰하는 것을 대리인에게 위임하였다는 뜻이 위임장에게 기재되어 있어야 합니다.

### (4) 공정증서와 집행

공정증서상의 채무자가 계약을 이행하지 않는 경우에는 공정증서

상의 계약 내용에 따라 강제집행을 실행합니다. 이를 위하여 공증인
이 작성한 증서의 집행문은 그 증서를 보존하는 공증인이 부여한다
는 민사소송법 제59조 1항의 규정에 따라 그 신청을 하여야 합니
다.

## 8. 위조 · 변조어음의 어음금 청구

【질의】 ➡ A 발행어음을 B가 취득하고, B는 다시 C에게 배서양도하였는데, C는 거래대금으로 당해 어음을 D에게 배서양도하였습니다. D가 은행에 추심을 의뢰하였으나 1매는 위조, 다른 1매는 변조라는 사유로 부도처리가 되었습니다. 어음의 위조·변조자는 B로 밝혀졌을때 D는 어음금을 찾을 수 있는지?

【답변】 ➡

어음행위독립의 원칙에 따라 각각의 어음행위는 서로 독립하여 그 효력을 갖습니다. 어음법 제7조에 따르면 어음이 무능력자의 기명날인 또는 서명, 위조의 기명날인 또는 서명, 가설인의 기명날인 또는 서명, 또는 기타의 사유로 기명날인자나 본인에게 의무를 부담시킬 수 없는 경우에도 다른 기명날인자의 채무는 그 효력에 영향이 없다고 규정하고 있습니다. 또한 어음법 제69조에 따르면, 어음상의 문언에 변조가 있는 경우 그 변조 이후에 기명날인 또는 서명한 자는 변조된 문언에 따라 책임을 지고, 그 변조 이전에 기명날인 또는 서명한 자는 원문언에 따라 책임을 진다고 규정하고 있습니다.

사례에서 C는 D에게 위조·변조 이후에 배서양도하였으므로 위조·변조된 문언에 따라 배서인으로서의 어음상 채무를 부담하여야 합니다. 즉, C는 당해 어음이 위조·변조된 상태에서의 경제적 가치가 있는 어음으로 인식하고, 이에 해당하는 경제적 가치의 대가로서 당해 어음을 D에게 양도한 것이므로 당연히 배서인으로서의 책임을 부담하는 것입니다. 다만, A는 당해 어음의 위조 · 변조에 대하여 하등의 책임도 없으므로 D가 A에게 위조 · 변조된 어음금액을 청구할 수는 없다고 봅니다.

결과적으로 D는 ① C에 대하여 위조·변조된 상태의 어음금액에 대한 지급청구를 하거나 환원청구를 하거나 또는 원인관계에 근거한 채무이행청구를 할 수 있으며, ② B에 대하여 불법행위를 따른 청구를 하거나 형사책임을 추궁할 수 있고, ③ A에 대하여는 변조 이전의 어음금액을 청구할 수 있습니다.

## 9. 거절증서의 작성방법

【질의】 ➡ 어음 또는 수표가 부도로 된 경우에는 배서인이나 보증인에게 어음금액의 지급을 청구하기 위하여 거절증서를 작성하여야 한다고 하는데, 어떻게 작성하여야 하는지?

【답변】 ➡

### (1) 거절증서의 의의

거절증서란 어음상 권리의 행사나 보전에 필요한 행위를 행하였다는 사실과 이러한 행위의 결과를 증명하는 유일한 요식공정증서를 말합니다. 어음상의 채권자·채무자에게 특정사실을 명확히 함으로써 어음상 권리의 무관계를 용이하게 해결할 목적으로 거절증서의 작성을 요구하고 있습니다. 거절증서의 작성에 요구되는 법적형식에 흠결이 있는 경우에는 당연히 무효로 되지 않고 단지 어음 소지인이 여증책임을 부담하는 데 지나지 않습니다.

### (2) 거절증서의 종류

거절증서는 거절이라는 일정한 사실을 증명하는 것이므로, 그 사실의 유형에 따라 다음과 같은 종류로 분류할 수 있습니다.

 1) 인수거절증서(어음법 35조, 44조 1항)
 2) 지급거절증서(어음법 44조 1·5항 77조)
 3) 일자거절증서(어음법 25조 2항, 78조 2항)
 4) 일람거절증서(어음법 25조 2항, 78조 2항)
 5) 참가인수거절증서(어음법 56조 2항)
 6) 참가지급거절증서(어음법 60조 1항, 77조)
 7) 원본반환거절증서(어음법 68조 2항, 77조)
 8) 복본반환거절증서(어음법 66조 2항)

### (3) 거절증서의 작성

거절증서령 제2조에 따라 거절증서는 어음 소지인 또는 그 대리인의 위탁에 의하여 공증인 또는 집행관이 작성합니다. 그리고 그 작성기간은 어음법 제44조 2항과 3항에 따라 원칙적으로 인수제시기간 또는 지급제시기간과 동일합니다. 이 기간이 경과한 뒤에 작성된 거절증서는, 불가항력에 의하여 그 작성이 방해받는 경우를 제외하고, 무효입니다. 그러나 불가항력에 의하여 그 작성이 방해받는 경우를 제외하고, 무효입니다. 그러나 불가항력에 의하여 지체된 경우에는 그 기간에 상당하여 작성기간이 연장됩니다(어음법 54조 1항). 또한 불가항력의 상태가 어음상 만기로부터 30일을 초과하여 계속되는 경우에는 어음법 제54조 3항에 따라 거절증서를 작성하지 않고도 소구권을 행사할 수 있습니다.

### (4) 거절증서의 기재사항

거절증서를 작성함에도 거절증서령 제3조의 규정에 따라 아래의 사항을 기재하고 공증인 또는 집행관이 기명날인 또는 서명할 것이 필요합니다.

1) 거절자 또는 피거절자의 성명 또는 명칭
2) 거절자에 대하여 청구를 행하였던 뜻 및 거절자가 당해 청구에 대하여 응하지 않았거나 거절자를 면회할 수 없었거나 또는 청구장소를 알 수 없었던 뜻
3) 청구를 행하였거나 행할 수 없었던 장소 및 일자
4) 거절증서작성의 장소 및 일자
5) 법정장소 이전의 장소에서 거절증서를 작성한 경우에는 거절자가 이에 관하여 승낙하였던 사실
6) 어음법 제24조 1항에 따라 지급인이 제2청구를 한 경우에는 그 뜻이 기재

## 16. 만기전 발행회사의 파산

> **【질의】** ➡ 거래회사로부터 납품대금으로 어음을 발행교부받았습니다. 만기는 아직 도래하지 않았는데 거래회사가 파산한 경우 어떻게 하여야 하는지?

**【답변】** ➡

회사의 파산이란 그 재산이 채무초과인 상태 또는 지급불능인 상태를 의미하므로, 회사가 파산한 경우 만기의 도래를 기다려 지급제시를 하여도 어음금을 지급받는 것은 곤란합니다. 따라서 일차적으로 실행하여야 할 절차는 가압류입니다. 거래회사의 재산이라면 그 종류에 관계없이 가압류의 절차를 밟는 것이 필요합니다. 파산의 경우에는 만기도래 전이라도 거래정지처분을 받았다는 사실을 입증하거나 또는 신문의 부도기사로써 법원으로부터 가압류명령을 받을 수 있습니다.

가압류절차 이후에는 소송를 제기하여 가능한 조속한 시일 내에 확정판결을 받음으로써 강제집행이 실행될 수 있도록 하는 것이 필요합니다. 다만 파산의 상태에서는 회사의 재산이 거의 없는 경우가 대부분이므로 위의 절차를 신속히 모두 취한다고 하여도 어음금액을 전부 회수하는 것은 거의 불가능합니다.

한편, 파산회사의 상품이나 비품 등의 재산을 무조건 수취하여 오는 사례가 종종 있는데, 채무자의 승낙에 의하여 대물변제의 형식으로 수취한다는 것을 명백히 해 놓을 것이 필요하며, 그렇지 아니한 때에는 절도 또는 주거침입 등의 형사책임을 추궁당할 수도 있으므로 주의하여야 합니다.

## 11. 회사발행의 어음과 이사에 대한 지급청구

【질의】 ➡ A는 M 회사의 대표이사입니다. A는 B로부터 부동산을 매입하면서 그 취득명의는 A로 하되 매매대금은 M회사발행의 어음을 발행교부하였습니다. 그후 M 회사는 파산을 하였는데 이 경우 B는 A로부터 어음금을 지급받을 수 있는지?

【답변】 ➡

B가 M발행회사의 어음으로서 A로부터 어음금액을 지급받을 수 있는 경우로는 두 가지 유형을 들 수 있습니다. 즉, 어음발행의 원인관계가 A와의 개인적인 관계임에도 불구하고 회사의 명의로 발행·교부된 경우와 원인관계가 회사와의 관계에서 발행하였으나 일정한 조건으로 인하여 대표이사인 A가 개인적으로 책임을 부담하는 경우입니다.

전자의 경우에 해당되는 사례는, 부동산의 매수인은 A이며, 단지 매매대금의 수단으로 M회사발행의 어음이 교부된 것입니다. 따라서 당해 어음금액이 B에게 현실적으로 지급되기 이전에는 매매계약에 따른 A의 채무가 완전히 이행되었다고 볼 수 없습니다. 그 결과 어음금액이 지급되지 않으면  B는 A에 대하여 어음금액에 상당하는 매매대금의 지급을 청구할 수 있는 것입니다.

후자의 경우에 해당되는 사례는, 매매계약 자체가 M 회사의 체결된 것이고, 그 부동산의 명의만이 A로 된 것입니다. 이 경우에는 A가 M회사의 파산을 충분히 예상할 수 있었거나 또는 계획적으로 M회사의 파산을 유발했을 가능성이 많습니다. 원인관계의 당사자가 M회사이고 그에 따른 지급수단이 M회사발행의 어음이므로, B는 형식적으로 M회사에 대하여 어음금액이나 이에 상당하는 매매대금의 지급을 청구할 수밖에 없습니다. 그러나, A 개인의 책임을 물을 수 있도록 상법상의 이사의 제3자에 대한 책임이라는 조항을 원용하는 경우가 있을 수 있습니다. 즉 상법 제401조 1항은 이사가 악의 또는 중대한 과실로 인하여 그 임무를 해태한 때에는 그 이사는 제3자에 대해 연대하여 손해를 배상할 책임이 있다고 규정하고 있습니다. 이 경우에는, 대표이사인 A가 M회사의 파산으로 M회사발행의 어음이 부도로 처리되리라는 것을 인식할 수 있었는데도 악의 또는 중대한 과실로 어음을 발행하여 대표이사로서의 임무를 해태하였고, 그 결과 제3자인 B에게 손해를 입혔다는 것을 B가 입증하여야 할 것입니다. 한편, A가 실질적인 M회사의 소유주이고, A의 이익만을 위하여 M회사라는 법인격의 남용이 있었음을 밝힐 수 있다면, 주식회사법상의 법인격부인의 법리를 원용하는 것도 고려할 만합니다.

## 12. 어음부도와 신설회사

【질의】 ➡ A는 B가 실질적 소유자인 M회사발행의 어음을 매매대금으로 교부받았습니다. 어음을 추심의뢰하였으나 피사취를 사유로 부도처리 되었습니다. B는 M 회사의 당좌거래를 해약하고 M 회사와 동종의 영업을 목적으로 하는 N 회사를 신설하였습니다. 이러한 경우에는 어떻게 어음금액을 회수할 수 있는지?

【답변】 ➡

회사의 채무를 이행하지 않으려는 목적으로 기존회사를 파산상태로 방치하여 두고 신회사를 설립하는 경우가 종종 있습니다. 이러한 경우 구회사가 소유하고 있던 대부분의 자산은 신회사가 유상 또는 무상으로 인수하는 것이 보통입니다. 사례에서도 M·N 양 회사의 실질적 소유자는 B이므로, B가 A에 대한 매매계약상의 채무를 면할 목적으로 M회사의 은행당좌거래를 해약함으로써 A가 어음금을 지급받지 못하게 하려는 의도가 엿보입니다.

M 회사의 자산을 N 회사가 유상으로 인수·취득한 경우에는, M 회사는 N 회사에 대하여 그 대가를 청구할 수 있으며, 민법상의 채권자대립권을 원용하여 M 회사의 채권자인 A는 M 회사를 대위하여 N 회사로부터 그 대가를 지급받을 수 있습니다. 즉, 민법 제404조 1항은 채권자가 자기의 채권을 보전하기 위하여 채무자의 권리를 행사할 수 있다고 규정하고 있습니다.

N 회사가 M 회사의 자산을 무상으로 인수·취득한 경우에는, A의 입장에서는 그의 채권을 실행할 자산을 잃어버린 것과 동일한 경과과 발생합니다. 따라서 A는 민법상의 채권자취소권을 원용하여 N 회사의 M 회사 자산에 대한 무상인수·취득계약을 취소하고 당해 자산의 원상회복을 법원에 청구할 수 있습니다. 즉, 민법 406조 1항은 채무자가 채권자를 해함을 알고 재산권을 목적으로 한 법률행위를 한

때에는 채권자는 그 취소 및 원인회복을 법원에 청구할 수 있다고 규정하고 있습니다.

한편, A는 법원에 M 회사의 파산선고를 신청하여, 법원에 의하여 선임된 파산관재인이 M 회사의 자산을 회수토록 함으로써, 이를 경매하여 얻은 금액을 분배받을 수 있습니다. 이러한 경우에는, 파산선고가 확정되기 이전에 N 회사(신회사)에서 화해를 교섭하여 오는 경우도 있을 수 있습니다.

# 제13편. 어음의 개서 · 변경 · 말소

# 1. 어음의 개서

**【질의】 ➡** 지급을 연기받기 위하여 어음개서를 한다고 어음개서는 무엇을 의미하는지?

**【답변】 ➡**

어음의 개서란 광의로는 이미 발행한 어음상의 금액을 지급하지 않고 신어음을 발행하는 것을 말하며, 협의로는 어음채무의 지급을 연기하기 위하여 신어음을 발행하는 것을 말합니다. 이러한 경우를 어음의 서환·절환 또는 환서라고도 합니다.

어음의 개서에는, 발행인이 구어음을 회수하고 이것에 갈음하여 만기 기타의 기재사항을 변경한 신어음을 채권자(어음 소지인)에게 교부하는 경우와 신·구어음을 모두 채권자(어음 소지인)가 보유하도록 하는 경우가 있습니다. 전자의 경우에는 구어음은 대물변제로 인하여 소멸하고 신어음만이 유효하게 존재합니다. 후자의 경우에는 신·구 양 어음이 모두 유효하게 병존하며 신어음은 구어음의 담보가 되는 것이므로, 구어음으로써 어음금액의 지급을 청구하면 신어음상의 만기일까지 지급이 유예되었다는 항변을 받게 됩니다.

한편, 어음을 개서함에 있어서 민사상의 계약이 먼저 체결되는 경우가 있으며, 이러한 계약(예컨대, 어음개서의 특약)의 내용이 어음상에 기재되는 때도 있습니다. 그러나, 이러한 기재사항은 어음상 아무런 효력을 갖지 않으며, 따라서 소지인과 피배서인에게 어떠한 구속력도 갖지 않는 무익적 기재사항일 뿐입니다.

## 2. 어음개서의 법적 성질과 효력

> **【질의】** ➡ 어음의 개서는 법적으로 어떠한 성질의 것이며, 그 효력은 어떠한지?

**【답변】** ➡

### (1) 구어음을 회수하는 경우

어음의 개서에 의하여 신어음을 발행·교부하면서 구어음을 회수하는 때의 어음개서의 법적 성질에 관하여는 이를 경개로 보는 입장, 대물변제로 보는 입장 그리고 신의칙에 근거하는 입장으로 분류할 수 있습니다. 경개설은 우리나라와 일본의 판례의 입장이지만, 신어음상의 채무가 무인성을 갖게 되는 부당함이 있다는 비판이 가해집니다. 대물변제설에서는 구어음채무가 어음개서에 의해 소멸하고, 신어음에 새로운 채무가 발생한다고 보는 입장으로서 우리나라의 통설적 견해입니다. 그리고 신의칙설 경개설이나 대물변제설이 구어음상의 채무가 소멸함에 따라 이에 부수하여 있었던 담보 또는 인적항변도 함께 소멸한다는 부당성을 비판하면서, 구어음의 반환에 의하여 비로소 소멸하고, 구어음의 반환은 어음상의 채무자에게 이중지급이라는 불측의 손해를 주지 않으려는 신의칙에 따라 이루어진다고 합니다.

### (2) 구어음을 회수하지 않는 경우

어음을 개서하면서 신어음을 교부하는 대신 구어음을 반환하기로 약정하였음에도 불구하고 구어음을 반환하지 않는 경우가 있습니다. 이 때에는 구어음상의 채무는 소멸하고 신어음상의 새로운 채무가 발생합니다. 그러나, 구어음이 반환되지 않는 상태에서 구어음상의 만기 이전에 선의의 제3자에 의하여 취득된 경우에는, 어음 채무자가 선의의 제3자의 어음금 지급청구를 거절할 수 없습니다.

한편, 어음을 개서하면서 신어음과 구어음을 모두 채권자가 보유한다는 약정이 있는 경우에는 신어음상의 채무와 구어음상의 채무가 함께 존재한다고 보는 것이 일반적입니다. 즉, 구어음상의 채무가 신어음의 담보로 되거나 또는 신어음이 구어음의 담보로 되는 것입니다. 이 경우 신·구어음상의 주된 채무자가 동일한 때에는 채권자는 어떠한 어음에 의해서도 어음금의 지급을 청구할 수 있습니다. 그러나, 신어음상의 만기가 도래하지 않았음에도 채권자가 구어음에 의하여 어음금 지급청구를 하면, 채무자는 지급유예의 항변을 할 수 있습니다.

## 3. 어음·수표의 변조

> **【질의】 ➡** A는 B에게 물품매입대금으로 어음을 발행 · 교부하였는데 어음금액의 기재가 변경되어 C에 의해 은행에 추심이 의뢰되었습니다. A는 어떻게 하여야 하는지?

**【답변】 ➡**

권한이 없는 자가 기명날인 또는 서명 이외의 어음의 기재 내용을 변경하는 것이 어음변조입니다. 변조의 대상은 반드시 필요적 기재사항(어음요건)에 한정되지 않으며, 유익적 기재사항도 그 대상에 포함됩니다.

변조의 방법에는 제한이 없고, 현존문언의 개변뿐만 아니라 말소와 신문언의 부가 등도 포함됩니다. 그러나, 변조의 결과 어음요건을 결하였을 경우에는 변조가 아니라 어음훼멸이 됩니다.

한편, 백지어음에 있어서 유효한 기재사항을 권한없이 변경하는 것은 보충권의 남용이 아니라 변조이며, 백지어음의 부당보충은 변경하게 될 내용이 아직 기재되어 있지 않으므로 변조가 아닙니다

어음법 제69조는 어음의 문언에 변조가 있는 경우에는 그 변조 후에  기명날인 또는 서명한 자는 변조된 문언에 따라 책임을 지고 변조 전에  기명날인 또는 서명한 자는 원문언에 따라 책임을 진다고 규정하고 있습니다. 사례에서 A는 어음금액의 변경에 동의한 적이 없고 그 변경 이전에  기명날인 또는 서명하여 발행한 자이므로 발행자 등의 문언에 따라 책임을 부담합니다. 따라서 은행에 변조를 사유로 하는 사고신고를 함으로써 그 어음이 부도로 처리되도록 하여야 합니다. 한편, 그 변조가 일반인의 상당한 주의에 의해서는 발견될 수 없기 때문에, 은행에서 변조된 어음금액을 지급한 경우에는, 복잡한 문제가 발생하므로, 발행시 많은 주의를 필요로 합니다.

## 4. 변조에 대한 동의의 효력

【질의】 ➡ A는 매매대금으로 B에게 어음을 발행·교부하였습니다. 이 어음은 B에게서 C로, 그리고 C에게서 D로 배서·양도되었습니다. 그런데 만기가 거의 도래하여 A와 B가 D에게 지급기일을 연장할 것을 요청하여 D는 이를 승낙하고 만기일을 변경하여 정정인을 날인하였습니다. 그후 변경한 만기가 도래하여 은행에 추심을 의뢰하였으나 부도처리 되었는데, A와 B는 행방을 감추었는데, D는 C에게 소구권을 행사할 수 있는지?

【답변】 ➡

어음상의 기재에 관하여 아무런 권한이 없이 임의로 그 내용을 변경하는 것은 위조에 해당합니다. 다만, 이러한 변경에 따라서 권리 또는 의무에 영향을 받는 자가 기재내용의 변경에 동의를 한 경우에는, 동의를 한 자들 사이에는 변경된 내용대로의 효력을 갖는다고 보는 것이 일반적입니다. 그 결과 기재내용의 변경에 동의를 한 자와 하지 않는 자가 있는 때에는 1매의 어음상에 이중의 어음관계가 존재하게 됩니다.

사례의 경우에서는, 만기일의 변경이라는 사실은 A·B와 D사이에서는 유효한 것이지만, C는 그 변경에 관하여 알지 못하거나 또는 동의하지 않았으므로, C와의 관계에서는 유효하지 않으며 변조의 성격을 갖게 됩니다. 그리고 C는 만기일의 변경 이전에 어음을 배서양도하면서 기명날인 또는 서명한 자이므로 어음법 제69조 따라서 변조 전의 원문언에 의하여 책임을 집니다. 따라서 C와의 관계에서는 변경 전의 원문에 의하여야 하므로, C에 대한 소구권을 행사하기 위해서는 A에 대하여 원문언의 만기에 따라 지급제시를 하여야 합니다. D가 원문언에 따라 A에게 지급제시를 하였으나 A가 변경 후의 문언에 따라 만기말도래를 이유로 지급거절을 하면 D는 C에게 소구권을 행사할 수 있고, C가 D의 소구에 응하여 지급을 하면, C는 A·B에 대하여 다시 지급제시를 하지 않고 즉시 재소구를 할 수 있습니다.

D가 변경 후의 문언에 따른 만기에 A에 대하여 지급청구를 하였으나 거절당한 경우, D는 C에 대한 소구권을 상실합니다. 즉, C의 만기기재 변경에 대한 동의나 또는 사후의 추인이 없는 한, C에 대한 소구권은 소멸됩니다.

## 5. 어음·수표의 정정·말소

【질의】 ➡ 물품매입대금으로 A는 B에게 어음을 발행교부하였습니다. 그러나 그 후 A는 어음금액을 잘못 기재한 사실을 알게 되었는데, 이때는 어떻게 하여야 하는지?

【답변】 ➡

### (1) 정정·말소의 권한

어음의 기재내용이 뜻한 바와 달리 기재된 데 대하여 권한있는 자가 이를 수정·변경하는 것을 어음의 정정이라 합니다. 그리고, 어음의 기명날인 또는 서명 기타의 기재사항을 도말·삭제 기타의 방법에 의하여 제거하는 것을 어음의 말소라 부릅니다. 양자 모두 그에 관한 정당한 권한이 있는 자에 의하여 이루어져야 하며, 권한이 없는 자에 의하여 이루어진 때에는 어음법 제69조·수표법 제50조의 변조가 되며, 형법 제214조의 유가증권위조죄 또는 사안에 따라서 사기죄를 구성할 수도 있습니다. 한편 말소가 아니라 상실이 됩니다.

어음 발행인이 어음을 작성하고 아직 타인에게 교부하지 않았거나 또는 타인의 기명날인 또는 서명이 없는 경우에는 자유롭게 정정·말소할 수 있습니다. 어음의 정정·말소는 어음법상 제27조의 환어음의 인수인에 의한 지급장소의 추가권과 제50조 2항의 어음을 환수한 배서인의 배서말소권 등 법적으로 인정되는 경우 외에 타인의 권리·의무관계에 영향을 미치지 않는 것이나 또는 권리·의무에 관여하는 타인의 동의를 얻는 경우의 정정·말소는 허용된다고 할 것입니다.

사례에서의 A는 이미 B에게 교부하였으므로 B의 동의를 얻어 그 기재내용을 정정할 수 있습니다. 그리고 만일 B가 타인에게 다시 배서·양도한 때에는 B도 어음상의 기명날인 또는 서명한 자로서 기재금액의 변경으로 인하여 영향을 받는 자이므로 B·C의 동의를 모두 얻어서 정정하여야 할 것입니다.

### (2) 정정·말소의 방법

법률에 따라 일정한 방식이 있는 것은 아니며, 실무상 정정·말소 등 변경 전의 기재를 인식할 수 있게 두 개의 평행선을 긋고 날인(정정인·말소인)하는 것이 보통입니다. 어음의 금액과 같이 중요한 기재사항을 변경하는 경우에는 어음상의 권리·의무관계자 전부의 동의가 있었음을 표시하여 둘 필요에서 그들 전부의 날인을 필요로 할 것입니다.

## 6. 변조와 백지보충권의 남용

【질의】 ➡ A가 수취인을 백지로 B에게 발행교부한 어음을 B가 C에게 수취인 백지인 상태로 배서양도하였습니다. 착오로 인하여 C가 수취인란을 C로 보충한 경우, C는 수취인 C를 수취인 B로 정정할 수 있는지?

【답변】 ➡

변조는 완성어음에 대하여 발생하는 것이 원칙이지만, 백지어음의 경우에도 발생할 수 있습니다. 즉, 백지어음상의 유효한 기재사항을 아무런 권한이 없이 변경하는 것은 보충권의 남용이 아니라 변조가 되는 것입니다. 그러나, 백지어음의 보충권을 남용하여 백지어음을 발행하면서 합의한 바와 다른 내용으로 백지를 보충하는 이른바 백지어음의 부당보충은 어음의 변조라 할 수 없습니다. 그 이유는, 백지어음이란 발행 이후에 백지보충권의 행사에 의하여 보충된 사항을 어음의 문언으로 간주하는 미완성어음이며, 따라서 백지의 부당보충은 이미 기재가 완료된 유효한 문언을 변경하는 것이 아니기 때문입니다.

사례에서의 수취인 백지에 대한 보충권은 B에게서 C에게로 정당하게 이전되었다고 보는 것이 타당합니다. 따라서 C는 백지인 수취인란을 보충할 권한을 가지며, 백지어음에 행한 보충을 변경하는 것은 기본적으로 보통의 변경과 동일하므로, 진실에 부합하여 보충을 변경하는 것은 가능하다고 봅니다. 즉 어음상의 기명날인자인 A·B의 동의없이도 C로 잘못 기재된 보충을 B로 정정할 수 있는 것입니다. 물론 정정하지 않은 상태에서 제3자에게 양도하거나 C 이후 수인에 걸쳐 유통된 경우에는, 정정으로 인하여 권리의무 관계에 영향을 받을 기명날인자의 동의를 얻어야 할 것입니다.

## 7. 배서의 정정·말소

【질의】 ➡F는 그림과 같이 배서가 되어 있는 어음을 E로부터 취득하였습니다. (2)의 배서와 (3)의 배서에서 배서연속이 되어 있지 않아 추심을 의뢰하여도 부도로 처리될 것 같은데 어떻게 하여야 하는지?

| | | |
|---|---|---|
| 발 행 인   A | | |
| 수 취 인   B | | |
| 배 서 인   B | | (1) |
| 피배서인 | | |
| 배 서 인   C | | (2) |
| 피배서인   D | | |
| 배 서 인   E | | (3) |
| 피배서인   F | | |

【답변】 ➡

어음법 제16조 1항에 따르면 말소한 배서는 배서의 연적을 논할 때에 그 기재가 없었던 것으로 봅니다. 그리고 일본의 판례에 의하면 말소권한의 존재여부 및 고의·과실의 여부 또는 말소의 시기는 이를 묻지 않습니다. 따라서 말소에 의하면 배서의 연속이 중단되거나, 이와 반대로 배서의 연속이 생길 수도 있습니다. 또한 어음법 제50조 2항에 의하면, 어음을 환수한 배서인은 자기 및 후자의 배서를 말소할 수 있는 권한을 취득합니다. 이와 같은 배서말소권한은 자기의 배서가 남용됨으로써 이중지급이라는 불이익에 대한 위험을 방지하려는 취지에서 인정되는 것입니다. 또한, 환배서를 행하지 않고, 그 대신 어음 소지인이 피배서인으로 될 자까지 자기의 전자의 배서를 말소하여 상대방에게 어음을 교부하는 방법도 있습니다. 이러한 방법은 법에서 인정하는 것은 아니지만, 어음 당사자에게 편리함을 주고 제3자에게 불칙의 손해를 입힐 우려가 없으므로 학설·판례에서 인정하고 있습니다.

　사례에서는 (1)의 배서가 백지식 배서이므로 (2)의 배서를 말소하면 배서의 연속이 있는 어음으로 판단됩니다. 다만 이 경우 어음 소지인인 F는 C에 대한 소구권을 상실하게 됩니다. 그리고 (2)의 피배서인 D를 E로 정정하는 방법도 배서의 연속을 만드는 방법이지만, 이 경우 D를 E로 정정하면서 C의 정정인을 받는 것이 필요합니다.

# 제14편. 어음의 멸실·분실·도난

## 1. 어음의 훼손 · 상실의 효과

【질의】 ➡ 어음의 훼손 · 상실은 무엇을 의미하며, 그 효과는 어떠한지?

【답변】 ➡

### (1) 어음의 훼손

어음의 훼손이란 절단·마멸 기타의 방법으로 인하여 어음에 물질적으로 파손이 가해진 것을 의미합니다. 어음의 말소의 경우와 같이 어음상 권리자에 의한 권리포기의 의사에 따라 행하여지거나 또는 어음상 권리자에 의한 어음 기재사항의 정정에 따라 행하여지는 경우를 제외하고는, 어음의 훼손으로 인하여 당연히 어음상의 권리가 소멸·변경되는 것은 아닙니다. 어음이 훼손된 결과 어음으로서의 동일성이 유지되지 못하는 경우에는 어음의 상실이라고 보는 것이 다수설의 입장입니다.

어음에 가하여진 파손의 정도가 어음의 훼손에 그칠 뿐, 어음의 상실이 되지 않는 경우에는, 그 어음의 소지인은 훼손으로 인하여 어음상의 권리가 소멸되거나 변경되지 않았다는 것 및 어음상에 기재되었던 원문언을 입증함으로써 그 어음에 따른 어음상의 권리를 행사할 수 있습니다. 어음말소의 경우에 어음법 제16조 1항 또는 제50조 2항에서 특별한 규정을 두는 것과는 달리, 어음의 배서에 대한 훼손에 있어서는 아무런 규정도 존재하지 않으므로 어음 훼손의 일반원칙에 따라 결정하는 것이 보통입니다.

### (2) 어음의 상실

어음의 상실이란 어음의 물질적·절대적 상실인 멸실, 도난 등의 사유로 인하여 그 소재가 불분명한 상대적 상실인 분실 및 어음의 동일성을 유지할 수 없는 정도의 어음의 말소·훼손을 모두 포함하는 개념을 말합니다. 어음 소지인은 어음의 상실로 인하여 당연히 어음 상의 권리를 상실하는 것은 아니며, 어음이라는 증권의 상실로 인하여 어음상의 권리를 행사할 수단을 상실합니다. 그리고, 선의의 제3자가 당해 어음을 취득하면 어음상의 권리를 상실할 우려도 있습니다. 이에 따라 법은 민사소송법 제475조 이하의 공시최고에 의한 제권판결제도를 통하여 상실한 어음의 효력을 박탈함과 동시에, 어음을 상실한 권리자가 어음이라는 증권이 없이도 권리를 행사할 수 있도록 하였습니다. 어음의 소지인이 임의로 어음을 파손한 때에는, 그 파손행위가 어음상 권리의 포기의사 또는 채무면제의 의사를 뜻한다고 봄이 상당하기 때문에 어음상의 권리는 소멸하게 될 것입니다.

## 2. 어음·수표의 사기

> **【질의】** ➡ A는 자금사정이 악화되어 동일업계나 은행에서 모르게 사채업자인 B에게 어음을 발행하고 자금을 차입하려고 하였습니다. B는 A가 발행한 어음을 교부받고 자금을 인도하지 않은 채 도주하였는데 A는 어떻게 하여야 하는지?

**【답변】** ➡

### (1) 사기와 제권판결

공시최고를 신청하여 제권판결을 받음으로써 어음을 무효로 할 수 있는 때는 민사소송법 제492조 1항에 따라 도난·분실·멸실에 의한 어음 상실의 경우에 한정됩니다. 사례에서와 같은 사기의 경우에는 발행인의 자발적 의사에 따라 어음을 작성·교부한 것이므로 제권판결을 위한 공시최고를 신청할 수 없습니다. 또한 협박이나 공갈에 의하여 어음을 탈취당하거나 보관을 의뢰한 어음을 횡령당한 때에도 공시최고를 신청할 수 없습니다.

### (2) 사기와 어음발행의 취소

민법 제110조 1항에 따르면 사기나 강박에 의한 의사표시는 취소할 수 있으므로, 사기에 의한 의사표시를 근거로 행한 어음의 발행·교부도 당연히 취소할 수 있습니다. 사례에서 A는 B에 대하여 어음의 발행·교부를 취소할 수 있으며, B의 소재가 불분명한 경우에는 민법 제113조의 정함에 따라 민사소송법상의 공시송달규정(민사소송법 194조 이하)에 의한 공시송달의 방법으로 어음의 발행교부에 관한 취소의 의사표시를 할 수 있습니다. 그러나 당해 어음이 전전유통되어 A와는 아무런 관계가 없는 선의의 제3자에게 배서양도된 경우에 A는 선의의 제3자에게 사기에 의한 취소로는 대항할 수 없게 됩니다.

## (3) 은행에 대한 사고신고

어음상 지급은행으로 기재된 은행에 사고신고서를 제출하고 사고어음의 금액에 상당하는 금액을 사고신고담보금으로 예치하여야 합니다. 이로써 발행인의 신고가 진실하다는 것이 입증되며, 은행으로부터 거래정지처분을 받지 않게 됩니다.

## (4) 소송

어음의 소지인이 만기에 지급청구를 하면 이를 거절하고 그로 하여금 제소를 하게 하여 소송에서 어음 소지인의 악의(즉, 어음 소지인이 당해 어음을 취득할 때에 당해 어음이 사기에 의하여 발행되었음을 알고 있었다는 것)를 입증하거나 주장하여 승소하는 방법 또는 소송의 계속 중에 법원에 의한 화해의 권고를 받아들이는 방법이 있습니다.

## 3. 어음의 교부 전 도난

【질의】 ➡ 거래처로부터 물품을 인도받고 그 다음날 어음을 발행교부
하기로 약속을 하였습니다. 어음을 작성해 놓았는데 도난을 당하였
을때 어떠한 조치를 취하여야 하는지?

【답변】 ➡

당해어음을 선의의 제3자가 취득한 때에는 도난을 사유로 항변할
수 없지만, 우선은 지급은행에 사고신고서를 제출하여 당해 어음을
부도로 처리되도록 하는 것이 필요합니다.

공시최고의 신청도 필요한 조치의 하나입니다. 다만 공시최고의 신
청에 대한 인정여부는 어음의 기명날인자가 선의의 제3자에게 책임
을 부담하는가에 달려 있으므로, 선의의 제3자에게 책임을 진다는 것
을 전제로 이를 신청하고 제권판결을 얻어 놓는 것이 필요합니다. 물
론 제권판결이란 어음이나 수표의 소지인이 이를 분실한 경우에 이
를 무효로 하고 자기의 권리를 회복시키려고 이용하는 것이고, 사례
에서의 발행인은 이에 해당되지 않으나, 제권판결이 없으면 소지인의
제소시 발행인은 소지인의 도난어음에 대한 악의를 입증할 책임을
부담하므로 그 지위가 상당히 불리해지기 때문입니다. 제권판결에 따
라 당해 어음은 무효가 되며, 제권판결 후 선의의 제3취득자는 자기
의 권리가 진정하다는 입증을 하여야 하기 때문입니다. 즉, 어음을
분실한 기명날인자 즉 발행인은 가능한 한 모든 조치를 취하여 자신
의 입장을 유리한 위치로 전환시키는 일이 필요한 것입니다.

## 4. 공시최고의 요건과 신청권자

> **【질의】** ➡ 소지하고 있던 어음을 분실하여 제권판결을 받으려고 공시최고를 신청하려고 하는데 그 요건은 어떻게 되는지?

**【답변】** ➡

### (1) 공시최고의 요건

민사소송법 제492조 1항에 의하면 공시최고의 신청은 어음의 도난·분실 또는 멸실의 경우에 한하여 인정됩니다. 도난·분실에 의하여 어음을 점유하지 못하는 경우에도 어음 소지인은 어음상의 실질적 권리를 상실하지 않으며, 어음이 멸실한 때에도 어음상의 권리는 소멸하지 않는 것이 일반적입니다. 다만 도난·분실로 인하여 어음을 점유할 수 없는 경우에는 당해 어음이 전전유통되어 선의의 제3취득자가 발생할 우려가 있으므로 이러한 어음상의 권리를 무효화시키고 진정한 권리자의 권리를 회복시킬 목적에서 제권판결이 필요한 것이며, 이를 위한 사전 절차로 공시최고가 요구되는 것입니다. 또한 멸실의 경우에도 최종 소지인이라는 사실을 입증할 별도의 방법이 존재하지 않으므로 제권판결이 필요하고, 따라서 공시최고 절차가 요구되는 것입니다.

### (2) 공시최고의 신청권자

민사소송법 제493조는 「무기명증권 또는 배서로 이전할 수 있거나 약식배서가 있는 증권 또는 증서에 관하여는 최종 소지인이 공시최고 절차의 신청을 할 수 있고 기타 증서에 관하여는 그 증서에 의하여 권리를 주장할 수 있는 자가 공시최고 절차의 신청을 할 수 있다」고 규정하고 있습니다. 따라서 배서가 없는 어음의 경우에는 어음상의 수취인, 최종배서가 백지식인 경우에는 최종 소지인, 최종배서가 기명식인 경우에는 당해 배서의 피배서인 그리고 수취인 백지의 어음인 경우에는 최종 소지인이 공시최고의 신청권자가 됩니다. 한편, 소지인출급식 수표의 경우에는 최종 소지인이 그리고 기명식 또는 제시식 수표의 경우에는 피배서인이 각각 공시최고의 신청권자가 됩니다.

## 5. 공시최고의 신청과 제권판결

【질의】 ➡ 소지하고 있던 어음을 분실하여 공시최고를 신청하였는데 제권판결을 받기까지는 어떠한 절차를 거쳐야 하는지?

【답변】 ➡

### (1) 공시최고의 신청

공시최고는 어음의 도난·분실 및 멸실의 경우(민사소송법 492조 1항)에 법원의 신청권자(민사소송법 493조)가 어음상의 지급지를 관할하는 지방법원에 신청합니다(민사소송법 476조 2항). 민사소송법 제477조에 따라 공시최고의 신청은 그 원인과 제권판결을 구하는 취지를 명시한 서면으로써 행합니다.

### (2) 공시최고와 권리의 신고

공시최고의 신청이 있으면 법원은 서면을 심리하여 그 허부를 결정하고, 허용하는 경우에 공시최고를 실행합니다(민사소송법 478조, 479조). 공시최고에는 신청인의 표시, 공시최고 기일까지 권리 또는 청구의 신고를 하여야 한다는 최고, 신고를 하지 아니하면 실권될 사항 및 공시최고 기일을 기재하여야 합니다(민사소송법 479조 2항). 공시최고의 공고는 법원의 제시판에 게시하고 신문에 2회 이상 게재하여야 하며, 다만 소액의 증권 또는 증서에 관한 공시최고의 공고는 간이한 방법에 의할 수 있습니다(민사소송법 480조).

공시최고에 표시된 어음을 가지고 있는 자가 공시최고의 사실을 알게 된 때에는 법원에 권리·청구의 신고와 동시에 어음을 제출하게 되며, 권리·청구의 신고자 자신도 어음을 상실한 경우에는 권리나 청구의 신고만을 합니다. 민사소송법 제482조에 따르면 공시최고 기일이 종류한 후에도 제권판결 전에 권리 또는 청구의 신고가 있는 때에는 실권되지 않습니다.

### (3) 제권판결

공시최고의 신청인은 공시최고에 기재된 공시최고 기일에 출석하여 그 신청의 원인과 제권판결을 구하는 취지를 진술하여야 하며(민사소송법 486조), 법원은 신청인의 진술이 있은 후 제권판결의 신청에 이유가 없다고 인정하는 때에는 결정으로 신청을 각하하여야 하고, 신청에 이유가 있다고 인정하는 때에는 제권판결을 선고하여야 합니다(민사소송법 487조 1항). 한편, 법원은 위의 사항에 관하여 재판을 하기 전에 직권으로 사실탐지를 명할 수 있습니다(민사소송법 487조 2항).

법원에 의하여 제권판결이 선고되면 당해 어음은 무효가 되며, 법원은 제권판결의 요지를 신문에 공고하여야 합니다(민사소송법 489조).

## 6. 교부흠결의 항변

> **【질의】** ➡A는 수취인이 백지로 된 어음을 작성하여 직원인 B에게 주면서 M이나 N 가운데 먼저 건축자재를 입고시키는 자에게 교부하도록 부탁하였습니다. 그러나 B는 A의 의사를 무시하고 C에게 어음을 양도하였느데, 이 경우 어떠한 문제가 발생하는가?

**【답변】** ➡

어음 채무는 어음 행위자가 법률에 규정된 방식에 따라 기재하고 그것을 유통시킬 의사로써 권리자에게 교부하는 경우에 성립합니다. 다만, 어음의 발행에 의하여 이미 수취인의 소지에 속하는 약속어음에 공동발행인이 기명날인 또한 서명한 경우에는 다시 교부를 할 필요가 없습니다.

한편, 어음상의 기재는 적법하게 행하여졌으나 그 어음이 어음 행위자의 의사에 반하여 유통되는 경우나 또는 사례와 같이 특정인에게 교부하도록 위탁을 받은 자가 본인의 의사에 반하여 본인이 지정한 자 이외의 타인에게 교부하는 경우 등에 기명날인자가 어음상의 채무를 부담할 것인지가 문제됩니다. 과거에는 이러한 경우에 아무런 책임을 부담하지 않는다는 부정적 견해가 유력하였으나, 최근에는 어음 소지인에게 악의·중과실이 없는 한 기명날인자는 어음상의 책임을 부담한다는 것이 통설적 견해입니다.

유사한 경우로서, 백지어음이 기명날인자의 의사에 반하여 유통된 때에도 기명날인자는 어음상의 책임을 부담하는 것을 들 수 있습니다. 약속어음의 발행인으로서 기명날인 또는 서명한 자가 그 어음의 명의인 또는 제3자에게 교부한 경우에는 단순히 어음을 예치시킨 경우에도 제3취득자에 대하여 어음 채무의 무효를 물적항변으로서 주장할 수 없습니다. 배서인으로서 기명날인 또는 서명하여 교부한 이상, 유통시킬 의사가 없었다고 하더라도, 배서인은 선의의 제3취득자에 대하여 책임을 부담하여야 합니다.

어음의 주된 채무자가 반환을 받은 어음이 그의 의사에 반하여 유통된 경우에도 동일한 문제가 발생합니다. 즉, 특정한 원인채무의 지급을 목적으로 발행된 약속어음이 원인채무의 완전변제에 따라 발행인에게 반환된 경우 어음상의 채무는 당연히 소멸합니다. 따라서, 만일 당해 어음이 발행인의 의사에 반하여 다시 유통된 경우에 제3취득자의 보호는 어음법 제16조 2항의 선의취득의 규정에 의하여 검토될 수는 있으나 제17조의 항변절단의 문제는 되지 않습니다. 그러나, 이와 같이 반환받은 어음이 발행인의 소지상태에서 만기의 도래를 기다릴 때에는 어음 채무가 소멸한다고 볼 수 없습니다. 당해 어음이 발행인의 의사에 반하여 유통되고 거절증서 작성 기간이 경과하기 전에 선의의 제3자에 의해 취득된 경우 기명날인 또는 서명한 발행인은 어음상의 책임을 부담합니다.

## 7. 공사최고와 지급확보방법

> **【질의】➡ 어음을 분실하여 공시최고 절차를 밟고 있습니다. 제권판결이 있기 전에 어음상의 지급인이 파산할 우려가 있는데 지급을 두는 방법은 없는지?**

**【답변】➡**

상법 제65조 따라 어음에는 민법 제508조 내지 제525조가 준용되는바, 민법 제522조에 의하면, 공시최고의 신청이 있는 때에는 채무자로 하여금 채무의 목적물을 공탁하게 할 수 있고 소지인이 상당한 담보를 제공하면 변제하게 할 수 있는 것으로 되어 있습니다.

### (1) 채무의 목적물의 공탁

어음상의 채무자로 하여금 채무의 목적물, 즉 어음금액을 공탁시키는 방법입니다. 공시최고기간 중에 분실한 어음을 선의로 취득한 자가 나타나지 않고, 어음을 분실한 자가 제권판결을 받으면, 공탁된 금액에서 어음금을 지급받을 수 있는 것입니다. 만약 공시최고를 신청한 자가 어음 채무자에게 공탁을 요구하여도 어음 채무자가 이를 거절하면, 법원에 소를 제기하여 법원으로 하여금 어음 채무자에게 공탁을 명하게 할 수 있습니다.

한편 어음금액을 공탁한 경우, 어음 채무자에게는 공시최고를 신청한 자와 미지의 선의취득자 양자에 대하여 어음채무를 변제한 것과 같은 효력이 발생합니다.

### (2) 소지인의 담보제공

공시최고 신청자는 상당한 담보를 어음 채무자에게 제공하고 이와 상환하여 어음금액의 지급을 청구할 수 있습니다. 담보를 제공하는 이유는 제권판결 이전에 어음의 선의취득으로 어음을 소지한 자가 출현하는 경우에 어음 채무자가 선의취득자에게 어음금액을 지급하여야 하는, 이른바 이중지급의 위험을 방지하려는 것입니다. 제권판결 이전에 선의취득자가 나타나지 않으면 어음 채무자에게 제공하였던 담보를 다시 회수하여야 하는데, 사례와 같이 지급인이 파산의 위험에 처해 있는 경우에는 효과적인 방법이 될 수 없습니다.

# 제15편. 시효와 이득 상환청구권

# 1. 어음과 수표의 시효

> **【질의】** ➡ 어음이나 수표에 있어서 청구권의 대상에 따라 시효가 다르다는데 그 구체적 내용은 어떠한지?

**【답변】** ➡

(1) 어음법상의 단기시효제도는 어음상의 권리가 지극히 절대적이며 따라서 어음채무자가 불리한 지위에 서게 되는 결과, 그 보호책의 하나로 두게된 것, 또는 어음상의 법률관계를 신속히 종료시키기 위해 설치된 것이라고도 합니다. 즉, 어음법은 시효에 관하여 제70조, 제71조, 제80조에서 시효기간과 시효의 중단에 관한 규정을 두고 있으며 기타는 일반사법에 의하게 하였습니다.

**(2) 어음의 시효기간은 다음과 같이 나누어 생각할 수 있습니다.**

1) 주채무자에 대한 시효

어음법 제70조 1항에 따르면, 주채무자인 환어음의 인수인 및 약속어음의 발행인에 대한 청구권은 만기일로부터 **3년간** 행사하지 아니하면 소멸시효가 완성됩니다. 주채무자의 보증인·무권대리인·참가인수인에 대해서도 같습니다. 만기일이 법정휴일인가의 여부 및 만기일에 지급제시를 하였는가의 여부는 묻지 않습니다. 만기가 백지인 경우에는 **3년**의 기간은 보충권의 행사에 의하여 기재된 만기를 기준으로 하여 정하며 보충권이 그 자체의 시효로 소멸한 때에는 발행인에 대한 어음상의 권리도 소멸합니다.

2) 소구의무자에 대한 시효

소구의무자에 대한 시효는 소지인이 가지는 소구권의 경우와 상환한 사람이 가지는 재소구권의 경우로 나누어 고찰할 수 있습니다.

① 소지인의 소구권

어음권 제77조 및 제70조 2항에 따라 소지인의 배서인과 환어음의 발행인에 대한 청구권은 거절증서 작성일로부터 혹은 거절증서의 작성이 면제된 경우에는 만기일로부터 1년간 행사하지 아니하면 소멸시효가 완성됩니다. 또한 배서인의 보증인 또는 무권대리인에 대한 권리도 같다. 2중으로 거절증서를 작성할 필요가 있는 경우에는 최후에 작성시킨 거절증서 작성일을 표준으로 합니다. 어음법이 거절증서의 작성을 요구하고 있지 않는 경우에는(어음법 44조 6항) 거절증서의 작성이 면제되어 있는 경우와 동일합니다.

② 상환의무자의 그 전자에 대한 재소구권

상환을 한 배서인이 다른 배서인 및 환어음의 발행인에 대한 청구권은 그 배서인이 어음을 환수한 날로부터 또한 제소된 날로부터 6개월간 행사하지 아니하면 소멸시효가 완성됩니다(어음법 77조, 70조 3항). 상환을 한 보증인 또는 참가인수인의 피보증인·피참가인 또는 그 전자에 대한 청구권도 같이 6개월의 시효로 인하어 소멸한다고 봅니다. 어음의 환수는 현실의 지급에 의한 환수 뿐만 아니라 상계·경개·증여 기타의 방법에 의한 환수를 포함합니다. 환수한 날은 채권자가 만족을 얻은 날이 아니고 현실로 어음의 반환을 받은 날을 의미합니다. 또한 여기에서 제소된 날이라고 하는 것은 소가 제기된 날을 말하는 것이 아니라 소장의 송달을 받은 날을 의미합니다. 제소된 날로부터 시효가 진행되게 한 것은 소구의무자가 의무의 이행을 부당하게 지연시키는 것을 방지하기 위함입니다.

**(3)** 수표의 시효기간은 6월로서 어음의 경우보다 단축되어 있습니다. 수표의 소지인이 갖는 소구권은 지급제시기간 경과 후부터 6월이 경과하면 소멸시효가 완성됩니다(수표법 51조 1항). 그리고, 수표의 채무자의 다른 채무자에 대한 청구권은 그 채무자가 수표를 환수한 날로부터 6월이 경과함으로써 소멸시효가 완성됩니다(수표법 51조 2항). 그러나, 지급보증인에 대한 청구권은 지급제시기간 경과 후 1년이 경과함으로써 소멸시효가 완성됩니다(수표법 58조).

**(4)** 어음과 수표의 시효기간을 산정하는데 있어서는 초일불산입의 원칙에 따라 초일을 산입하지 않습니다(어음법 73조·77조 1항 9호, 수표법 61조). 또한, 어음·수표상의 권리가 법원의 확정판결에 따라 확정된 경우에는 상기의 시효기간과는 상관없이 일률적으로 확정판결시부터 10년이 경과함으로써 소멸시효는 완성됩니다(민법 165조 1항).

## 2. 어음시효의 중단

【질의】 ➡ 어음의 시효가 거의 완성되어 시효를 중단시킬 필요가 있는데, 어떠한 사유가 있어야 하는지?

【답변】 ➡

시효의 중단이란 시효기간이 진행하는 도중에 일정한 사유로 인하여 이미 경과한 기간을 무의미하게 하는 것입니다. 어음법은 시효중단의 사유로 소송고지(어음법 80조)를 규정하였을 뿐 기타의 사유는 민법의 일반규정에 따르게 하였습니다(민법 168조 이하). 즉, 청구·압류·가압류·가처분 및 승인에 의하여 중단됩니다. 시효의 중단은 중단사유가 생긴 사람에 대해서만 효력이 생기고 다른 사람에게는 중단이 되지 않습니다(어음법 71조, 77조 1항 8호). 이것은 어음채무가 각각 독립한 채무인 점에서 인정되는 당연한 결과입니다. 시효의 중단사유 중에 특히 문제가 되는 청구·승인 및 소송고지에 대해 알아보기로 하겠습니다.

### (1) 청구

청구가 재판상의 청구인 경우에는 소의 제기에 의해 중단되고 어음의 제시나 송달은 필요로 하지 않습니다. 또한 일반적으로 어음상의 권리행사에는 어음증권의 제시를 필요로 합니다. 그러나 시효중단의 방법으로서 재판외의 청구인 경우에도 어음의 현실의 제시를 필요로 하느냐에 대해서는 견해가 나뉘어져 있습니다. 과거의 일본판례 및 소수설은 어음상의 권리의 유가증권적 성격에 비추어 어음을 수반하지 않는 청구는 효력이 없으므로 어음의 제시가 있어야 시효중단의 효력이 있습니다. 그러나 통설은 재판외의 청구에 있어서도 재판상의 청구와 같이 어음의 제시를 요하지 아니하고 권리행사의 의

사만 있으면 충분하다고 합니다. 생각건대, 어음의 제시가 없는 청구는 이행지체 효력은 없으나(민법 517조) 시효중단의 청구는 채무자를 이행지체에 빠뜨리기 위한 경우와는 달리 단지, 권리실행의 의사가 표현되어 있으면 충분하다고 보므로 어음의 제시가 불필요하다고 하는 통설의 입장이 옳다고 봅니다.

### (2) 승인

어음채무의 승인에 의한 시효중단에는 어음의 제시를 요하지 않습니다. 따라서 채권자가 공시최고 중이며 아직 제권판결을 얻지 않아 권리를 행사할 수 없는 상태에 있다 하더라도 이에 대하여 한 승인은 시효중단의 효력을 발생시킵니다. 그러나 승인의 의사표시의 상대방은 실질상의 어음의 권리자이어야 합니다. 어음 채무자에 의한 승인의 예는 다음과 같은 것을 들 수 있습니다. 즉, 어음금의 납입변제, 상환의무에 대한 지연이자지급을 위한 어음의 발행 및 어음 채무자의 어음개서의 승인 등입니다. 그리고 어음 채무자의 개서승인은 비록 그 개서가 실현되지 못하였다 하더라도 시효중단의 사유로서 채무승인이 됩니다.

### (3) 소송고지

배서인의 다른 배서인과 발행인에 대한 환어음 및 약속어음에 따른 청구권의 소멸시효는 그 자가 제소된 경우에는 전자에 대한 소송고지를 하므로 중단됩니다(어음법 80조 1항). 이같은 시효중단은 재판이 확정된 때로부터 다시 진행을 개시합니다(어음법 80조 2항). 이같이 소송고지에 의한 소멸시효의 중단을 인정하는 이유는, 소송이 6개월 이상 계속되는 경우에 배서인은 패소에 의하여 상환이 강제됨에도 불구하고 소송고지에 의한 시효중단이 인정되지 않는다면 재소구권을 갖지 못하기 때문입니다.

## 3. 어음상 주채무의 시효소멸과 소구의무

【질의】 ➡ 어음상의 주채무자에 대한 시효가 완성되어 소멸하면 어음
상의 소구의무자에 대한 청구권도 소멸하는지?

【답변】 ➡

어음의 경우에 있어서 주채무자에 대한 소멸시효는 만기일 후 3년
이고 소구의무자에 대한 시효는 거절증서 작성일 또는 만기일로부터
1년, 또는 상환일 또는 제소일로부터 6개월입니다(어음법 70조). 이
경우에 주채무자에 대한 청구권이 먼저 시효로 소멸하였을 경우에
소구의무자에 대한 청구권이 소멸하는가의 여부에 대해서는 견해가
대립합니다. 소수설은 주채무의 시효소멸은 상환의무에 영향을 미치
지 아니한다고 합니다.

소수설이 드는 이유로서는 아래와 같은 것이 있습니다. 첫째, 주채
무와 상환의무간에는 주채무와 보증채무와 같은 주종관계가 없다는
것입니다. 둘째, 어음법 제50조에서 규정하는 어음은 외관상 어음의
형식을 가지면 족한 것이라고 합니다. 셋째, 어음상 주채무의 시효소
멸은 어음관계의 목표인 금전지급의 목적을 달성한 것이 아니므로
지급·면제와 달리 상환의무의 존속을 인정할 필요가 있다는 것입니
다. 이에 대해 다수설은 어음상의 주채무자의 채무가 시효로 소멸하
였을 때에는 소구의무도 소멸한다고 합니다.

다수설이 드는 이유로서는 아래와 같은 것이 있습니다. 첫째, 어음
상 주채무와 상환의무간에는 주채무와 보증채무의 관계보다 더 밀접
한 주종관계가 있다고 합니다. 둘째, 상환청구권 행사의 전제조건으
로서는 어음법 제50조 소정의 상환에 적합한 유효한 어음이 존재하
여야 한다고 합니다. 다시 말하면, 주채무자에 대한 청구권이 먼저
시효로 소멸하였을 경우에는 상환청구자는 건전한 어음을 반환할 수

없다는 것입니다. 셋째, 어음상의 주채무의 시효소멸로 인한 어음 채권자의 손실은 이득상환 청구권에 의해서 구제될 수 있으므로 상환청구권의 존속을 무리하게 인정한 필요가 없다는 것입니다. 다수설이 드는 이유가 어음법의 성격에 비추어 옳다고 보여집니다.

## 4. 어음 · 수표가 시효를 경과하면

【질의】➡ 소지하고 있던 수표의 시효가 경과하였습니다. 시효가 지나면 수표는 무용하다는데 어떻게 하여야 하는지?

【답변】➡

환어음의 인수인과 약속어음의 발행인에 대한 어음상의 청구권은 만기로부터 3년이 경과함으로써 소멸시효가 완성됩니다(어음법 70조 1항, 77조 1항 8호). 그리고 어음 소지인의 전자에 대한 소구권 · 상환청구권은 지급거절 또는 인수거절이 있는 경우에 인정되며 1년의 소멸시효에 걸립니다.

수표의 경우에는 그 시효기간이 어음보다 단축되어 있습니다. 즉, 수표소지인의 발행인·배서인 기타 채무자에 대한 소구권은 제시기간이 경과한 후 6월로써 소멸시효가 완성되며(수표법 51조 1항), 지급을 한 채무자의 다른 채무자에 대한 소구권은 그 채무자가 수표를 환수한 날 또는 그 자가 제소된 날로부터 6월을 경과함으로써 소멸시효가 완성됩니다(수표법 51조 2항).

어음이나 수표는 일반적으로 거래의 상대방으로부터 거래대금의 지급수단으로 취득하는 것이며, 이 경우에는 거래대금의 지급 등 원인채권이 존재하는 것이 보통입니다. 따라서 어음 · 수표의 시효가 완성되더라도 원인채권이 잔존하는 한, 당해 원인채권에 근거하여 어음 · 수표금액에 상당하는 금액을 변제받을 수 있습니다.

위의 경우, 어음 · 수표를 발행인으로부터 교부받으면서 거래대금 등의 채권(즉, 원인채권)은 소멸한다고 약정한 경우에는, 원인채권으로써 변제를 받을 수 없고, 원인채권의 면제라는 이득을 근거로 하여 이득상환 청구권을 행사할 수 있습니다. 어음법 제79조와 수표법 제63조에서는 어음·수표의 소지인에게 이득상환 청구권을 인정하고 있습니다.

원인채권을 행사하거나 또는 이득상환 청구권을 행사하여 변제를 받으려는 경우에는, 이러한 채권이나 청구권의 존재를 증명하기 위해서 당해 어음이나 수표가 필요합니다. 따라서 소멸시효가 완성된 어음·수표도 원인채권이나 이득상환 청구권을 유효하게 행사하기 이전에는 폐기하여서는 안됩니다. 어음이나 수표가 없으면 제권판결을 별도로 받아야 하는 번거로운 절차를 밟아야 할지도 모르기 때문입니다.

## 5. 이득상환 청구권의 개념

【질의】 ➡ 어음이나 수표를 제시기간 내에 제시하지 않은 경우에도 이 득상환 청구권에 의하여 지급받을 수 있다고 하는데, 이득상환 청 구권이란 어떠한 것인지?

【답변】 ➡

어음(또는 수표)상의 권리가 권리보전 절차의 해태 또는 시효로 인 하여 소멸된 경우, 소지인이 발행인·환어음의 인수인·배서인·지급 보증을 한 수표의 지급인 등 실질상 이득을 본 채무자에 대하여, 그 가 받은 이익의 한도에 있어서 상환을 청구할 수 있는 권리입니다 (어음법 79조, 수표법 63조). 이득반환 청구권이라고도 합니다. 그의 법적 성질에 대하여서는 여러 가지 학설이 있는데, 통설은 형평의 관 념에 입각하여 어음법(또는 수표법)상 특히 인정된 특별한 청구권이 라 합니다. 따라서 그것은 민법상의 부당이득반환 청구권도 아니고 손해배상 청구권도 아니다. 그리고 이것은 어음법(또는 수표법)상의 권리이기는 하나 어음(또는 수표)상의 권리는 아닙니다. 그리고 이득 은, 다만 그 어음(또는 수표) 채무를 면하였다는 것이 아니고, 어음 (또는 수표) 수수의 기초인 실질관계(원인관계 또는 자금관계)에 있 어서 현실로 재산상의 이익을 얻은 것을 말하며, 이 현실로 얻은 이 익은 적극적으로 금전의 수수가 있었던 것뿐만 아니라, 채무의 이행 에 갈음하여 어음을 발행한 경우와 같이, 소극적으로 현존의 채무를 면한 경우도 포함합니다. 이 청구권을 가지는 자는 어음(또는 수표) 상의 권리가 소멸한 당시의 어음(또는 수표)의 소지인입니다. 최후의 배서인은 물론이고 후자에게 상환하여 어음(또는 수표)을 환수한 자 등입니다. 의무자는 발행인·배서인, 환어음의 인수인, 수표의 지급보 증을 한 지급인 등입니다.

## 6. 이득상환 청구권의 요건

> **【질의】** ➡ 지급제시기간이 경과하여 이득상환 청구권을 행사하려고 하는데, 어떠한 요건을 갖추어야 하는지?

**【답변】** ➡

이득상환 청구권을 행사하기 위해서는 다음의 요건을 갖추어야만 합니다.

### (1) 어음상의 권리의 존재

이득상환 청구권은 어음상의 권리가 소멸한 경우의 구제수단이므로 권리가 소멸하기 전에 어음상의 권리가 유효하게 존재하고 있어야 합니다. 따라서 어음요건인 필요적 기재사항이 결여된 불완전어음에 대해서는 이득상환 청구권이 발생할 여지가 없습니다. 백지어음의 백지가 보충되지 않는 동안은 형식적으로 어음상의 권리가 존재한다고 할 수 없으나 실질적으로 보아 이득상환 청구권의 성립을 인정하여야 한다고 봅니다.

### (2) 어음상의 권리의 소멸

이미 유효하게 존재하고 있던 어음상의 권리가 권리보전 절차의 해태(어음법 53조, 77조 1항 4호) 또는 시효(어음법 70조, 77조 1항 8호)에 의하여 소멸할 것이 필요합니다. 따라서 이 사유 이외에 어음채무의 면제, 지급 등으로 인하여 어음상의 권리가 소멸하는 경우에는 이득상환 청구권은 발생하지 않습니다. 그러나 이득상환 청구권을 행사할 수 있기 위한 권리소멸의 정도에 대해서는 견해가 나뉘어져 있습니다. 제1설은 이득의 상환을 청구하고자 하는 상대방에 대한 어음상의 권리가 소멸하였다는 것으로 충분하다고 합니다.  제2설은 민·상법상의 권리 또는 구제방법이 없어졌다는 것까지는 필요하지 않으나, 이득상환 청구권은 소지인을 위한 최소한도의 구제조치라고 인정하는 입장에서 수인의 어음상의 채무자가 있는 경우에는 모든 채무자에 대한 어음상의 권리가 소멸함을 필요로 한다고 합니다. 제3설은 다른 모든 어음 채무자에 대한 어음상의 권리의 소멸을 필요로 할 뿐만 아니라 민·상법상의 구제방법도 없어졌음을 요한다고 합니다. 우리 나라와 일본의 판례는 제3설을 채용하고 있으나 이득상환 청구권은 어음법상의 권리이므로 어음상의 권리가 소멸하고 채무자에게 이득이 있으면 민·상법상의 구제방법의 유무에 관계없이 이득상환 청구권을 인정하는 제2설이 타당하다고 봅니다.

## (3) 채무자의 이득

이득이라 함은 부담하고 있던 어음상의 채무를 면한 것만으로서는 부족하며 어음관계의 기초가 되는 원인관계 또는 자금관계에 있어서 현실로 재산상의 이익을 얻은 경우이어야만 합니다. 그 이익의 태양은 금전 또는 물건의 교부를 받아 적극적으로 재산이 증가한 것이든 기존 채무의 지급을 면하여 소극적으로 재산의 감소를 면한 것이든 상관없고, 또 그 이익이 현존하고 있든 아니든 불문합니다. 그러나 단순히 어음상의 의무를 면하였다는 것만으로는 이득이 있었다고 할 수 없습니다. 또 소지인이 대가를 제공하고 손실이 있을 것을 필요로 하지 않으며, 이득상환의 권리자와 의무자가 직접 당사자일 필요도 없습니다. 어음개서의 경우에 이득의 유무는 구어음을 교부한 때를 기준으로 판단하여야 합니다.

## 7. 이득상환 청구권의 당사자

【질의】 ➡ 어음시효가 경과하여도 이득상환 청구권을 행사하면 어음금액에 상당하는 금액을 청구할 수 있다는데, 이 청구권은 누가 누구에 대하여 행사할 수 있는 것인지?

【답변】 ➡

이득상환 청구권의 당사자는 권리자와 의무자로 나누어 생각해 볼 수 있습니다.

### (1) 권리자

이득상환 청구권을 행사할 수 있는 권리자는 어음상의 권리가 소멸한 당시의 정당한 어음 소지인입니다. 따라서 어음법 제49조에 의하면 최후의 피배서인 등 어음의 최종 소지인은 물론 후자에 상환하여 어음을 환수한 자도 권리자가 될 수 있습니다. 또 이러한 사람으로부터 민법상의 양도를 받은 사람도 권리자일 수 있습니다. 형식적 자격이 있는 어음 소지인은 권리자로 추정되므로 특히 권리자임을 증명할 필요는 없습니다. 그러나 형식적 자격이 있어도 어음상의 권리자가 아니라는 것이 증명되면 이득상환의 권리자가 될 수 없고, 형식적 자격이 없어도 어음상의 권리자임을 증명하면 이득상환의 권리자가 됩니다.

### (2) 의무자

이득상환의 의무자는 발행인·인수인·배서인입니다(어음법 79조). 그러나 배서인은 통상의 경우에는 어음을 취득함에 있어서 대가를 제공하는 것이 보통이므로 후자로부터 대가를 수령하여도 이에 의하여 발생하는 이득은 적습니다. 이득상환 청구권의 본질을 어음상 권리의 잔존물 또는 변형물이라고 해석하는 입장에서는 참가인수에서의 참가인수인 및 어음 보증인도 상환의무자가 될 수 있다고 보고 있습니다. 왜냐하면 참가인수인 및 보증인이 자금의 공급을 받고 어음행위를 하였으나 어음 소지인이 권리를 상실함으로써 그들이 받은 자금을 유보하였을 경우, 참가인수인 및 보증인에게도 상환해야 할 이득이 있기 때문입니다. 그러나 이득상환 청구권의 본질은 형평의 견지에서 어음법이 인정한 특별한 청구권이라고 해석하는 것이 타당하므로 이득상환 청구권을 여하한 범위로 인정할 것이냐는 입법정책의 문제라고 봅니다. 이러한 견지에서 어음법 제79조의 해석상 참가인수인 및 보증인은 이득상환 의무자가 될 수 없다고 보는 것이 타당합니다.

## 8. 이득상환 청구권을 행사와 소구권 행사의 차이

【질의】 ➡ 시효가 완성된 어음을 소지하고 있는데, 이득상환 청구권을 행사하려고 합니다. 어떠한 점에 주의하여야 하는지?

【답변】 ➡

### (1) 이득상환 청구권의 성질

이득상환 청구권이란 어음의 소지인이 권리보전절차의 해태 또는 시효로 인하여 어음상의 권리를 행사할 수 없게 된 경우에 어음상의 채무자에 대하여 그 채무자가 원인관계 또는 자금관계로 인하여 얻은 이득의 반환을 청구할 수 있는 권리입니다. 어음상의 권리에 관하여는 어음 채무자의 과중한 책임을 완화하려는 목적에서 엄격한 권리보전절차가 요구되고 시효도 단축되어 있으며, 비교적 어음 소지인이 쉽게 권리를 상실하는 데 반하여, 어음 채무자는 책임에서 벗어나게 되어 불공평을 조정하기 위한 것이 이득상환 청구권입니다.

이득상환 청구권은 어음상의 권리가 소멸한 이후에 발생하므로 어음상의 권리는 아니며, 형평의 관점에서 어음법에 의하여 인정된 특별한 청구권의 일종입니다. 따라서 이 권리에 관한 시효는 어음시효가 적용되지 않고 일반채권의 시효가 적용되며(민법 162조), 그 양도 또한 배서에 의하지 않고 지명채권의 양도방법에 따릅니다(어음법 11조 2항, 77조 1항 4호·8호).

### (2) 어음의 소지여부

이득상황 청구권을 행사하기 위해서 어음이나 또는 이에 갈음하는 제권판결의 소지가 필요한지에 관하여는 학설상 견해가 나뉘고 있습니다. 이득상환 청구권을 어음상 권리의 파생물 또는 변형물로 보는 견해에서는 어음의 소지를 그 요건으로 합니다. 그러나 판례와 통설의 입장에서는 이득상환 청구권을 어음법상의 특수한 청구권으로 보아 어음의 소지를 요하지 않는다고 봅니다.

### (3) 채무의 이행지

이득상환 청구권은 어음상의 권리가 아니므로 어음상 기재된 지급지나 지급장소에 따라 채무의 이행지나 이행장소로 할 필요는 없습니다. 채무자가 이행상환 청구권자를 인식할 수 있도록 추심채무로 간주하여 채무자의 현주소나 또는 영업소를 이행지로 보는 것이 일반적입니다.

### (4) 입증책임의 부담

이득상환 청구권의 발생에 관한 모든 요건과 이득의 범위·한도에 대하여 그 입증책임은 이득상환 청구권자가 이를 부담합니다. 어음채권 소멸에 관하여는 시효완성의 사실을 증명함으로써 이를 입증할 수 있으며, 어음채무자의 이득이 어음상 채무의 소멸에 의하여 발생하였다는 사실과 그 이득의 범위를 이득상환 청구권자가 입증하여야 합니다.

### (5) 채무자의 항변

어음 소지인이 이득상환 청구권을 행사하는 경우, 이득상환 의무자는 어음상의 권리가 소멸하기 전에 어음 소지인에 대하여 대항할 수 있는 모든 항변을 주장할 수 있습니다. 다만, 어음 채무자는 이득상환의 항변으로 주장하기 위하여 어음의 교부나 이에 갈음하는 제권판결의 교부를 청구할 수는 없습니다.

# 제16편. 어음수표보증과 횡선수표

## 1. 어음보증이란 무엇인가

【질의】 ➡ 어음금액의 지급을 확실히 받기 위한 목적으로 어음의 보증을 받을 수 있다는데, 어음보증은 무엇을 의미하는지?

【답변】 ➡

어음상의 채무를 담보할 목적으로 이와 내용이 동일한 어음상의 채무를 부담하기 위하여 행하는 행위를 어음보증이라고 하며, 어음행위의 일종입니다. 따라서 어음상에 행할 것이 요구되고, 어음행위에 관한 일반이론의 적용을 받습니다. 어음상에 기명날인 또는 서명을 함으로써 어음보증을 할 수 있으므로 형식적 서면행위에 속하고, 발행이라는 기본적 어음행위의 형식적 유효를 전제요건으로 하여 행하여지므로 부속적 어음행위입니다. 또한 어음법 제32조 2항에서 보증은 담보된 채무가 그 방식에 하자가 있는 경우 외에는 어떠한 사유로 인하여 무효가 된 때에도 그 효력이 있다고 규정하고 있으므로, 외형상 피담보어음행위가 존재하는 한, 그 피담보어음행위의 유효는 형식적 유효를 의미하기 때문에, 위조나 무능력 등으로 인하여 실질적으로 무효인 경우에도 그 보증은 유효한 것으로 봅니다. 이는 어음행위독립의 원칙에 따른 결과입니다.

어음보증에 의하여 어음채무가 담보되는 반면, 어음피보증채무자의 신용이 저하될 우려도 있으므로, 거래실무계에서는 숨은 어음보증을 이용하는 경우가 많습니다. 숨은 어음보증은 인수·발행·배서의 형식으로 보증의 목적에서 행하여지는 어음행위로서 어음보증은 아닙니다.

어음보증은 어음면 또는 보전에 보증 또는 이와 동일한 의의를 뜻하는 문언을 표시하고 보증인이 기명날인 또는 서명함으로써 성립합니다. 어음보증을 하는 경우에는 피보증채무자의 표시가 필요하며, 표시가 없는 때에는 발행인을 피보증 채무자로 간주합니다.

## 2. 어음보증과 민법상 보증

【질의】 ➡ 어음금의 지급을 확실히 해 두기 위해서 회사발행어음인 경우 대표이사의 보증을 받는 것이 좋다는데, 어음보증 대신 개인적으로 민법상의 보증을 받으면 어음보증과 어떠한 차이가 나는지?

【답변】 ➡

어음보증은 민법상의 보증(민사보증)과 비교해 보면 다음과 같이 차이점이 있습니다.

(1) 어음보증의 경우, 피보증채무자가 표시되어 있지 않으면 발행인을 위해한 것으로 간주하여 어음보증이 유효하게 성립하지만, 민법상의 보증인 경우에는 반드시 특정된 주채무자를 위하여 행하여져야 하므로 표시가 불명확한 때에는 보증이 성립하지 않습니다.

(2) 어음보증은 단독행위인데 반하여, 민법상의 보증은 계약입니다.

(3) 어음보증은 피담보채무가 형식적 하자로 인한 경우를 제외하고는 따로 어떠한 사유에 의하여 무효로 되는 때에도 유효하게 성립할 수 있으나 (어음행위독립의 원칙), 민법상의 보증에 의한 채무는 주채무에 대하여 부종성의 관계를 갖습니다.

(4) 어음보증에는 민법상의 보증과 같은 최고·검소의 항변권이 없기 때문에 어음 소지인은 주채무자와 보증인 누구에 대해서도 어음금액 전부를 청구할 수 있습니다.

(5) 어음보증은 요식행위이지만, 민법상의 보증은 방식에 따른 제한이 없습니다.

(6) 민법상의 공동보증인은 분별의 이익이 있으나, 어음보증에는 존재하지 않습니다.

(7) 어음보증은 불특정의 어음 소지인에 대하여 책임을 부담하지만, 민법상의 보증은 특정의 상대방에 대하여 책임을 부담합니다.

(8) 어음 보증인의 채무와 민법사의 보증채무는 그 소멸시효 기간을 서로 달리 합니다.

## 3. 어음보증의 방식

**【질의】 ➡ 어음보증은 반드시 어음금액 전부에 대해서 해야만 하는지? 그리고 공동으로 할 수도 있는지?**

**【답변】 ➡**

어음보증은 어음 발행인의 신용을 제고할 목적으로 이루어지는 것이 보통이며, 어음·어음등본 또는 보전에 할 수 있습니다. 어음 외에 등본이나 보전에 어음보증을 행할 수 있도록 한 취지는, 배서의 경우와 같이 어음배서에 여백이 없을 경우를 대비하거나 어음유통의 편의를 도모하려는 데 있습니다. 어음보증은 다음의 방식에 따라야 합니다.

### (1) 정식보증

어음법 제31조 2항·4항에 따르면, 보증은 원칙적으로 '보증'이나 또는 이와 동일한 의미를 갖는 문언을 기재하고 피보증인을 표시하여 보증인이 기명날인 또는 서명하여야 합니다. 이와 같이 행하는 보증을 정식보증 또는 완전보증이라 부릅니다. 정식보증은 어음의 표면과 배면 어느 곳에 하여도 무방합니다.

### (2) 약식보증

보증은 정식보증의 방식 이외에도 어음법 제31조 3항·4항에 따라 단순히 보증의 취지를 기재하거나 또는 기재하지 않고 피보증인을 표시하지 않은 채 기명날인 또는 서명만으로도 행할 수 있습니다. 그러나 이와 같이 기명날인 또는 서명만으로써 행하는 보증은 반드시 어음의 표면에 하여야 합니다. 그리고, 이러한 기명날인 또는 서명이 어음의 발행이나 어음인수를 목적으로 하는 것이 아닌 이상, 보증을 위한 것으로 간주됩니다(어음법 31조 3항). 또한 피보증인을 기재하지 않은 경우에는 발행인을 위한 것으로 간주됩니다(어음법 31조 4항).

### (3) 일부보증·공동보증

보증은 어음금액의 일부에 대해서만 행할 수 있으며, 수인이 공동으로 보증을 할 수도 있습니다. 일부보증의 경우에는 그 금액을 기재하는 것이 보증의 한도를 확정할 수 있는 방법이며, 공동보증의 경우에도 각자가 보증하는 금액이 다르면 이를 기재하여 보증 한도액을 확정할 필요가 있습니다.

보증의 시기로는 기본적 어음행위인 어음발행 및 피담보어음에 앞서 보증을 할 수 있습니다. 그리고, 만기 후 또는 지급거절증서 작성기간이 경과한 후에도 보증은 가능합니다. 다만, 피담보어음채무가 절차상의 흠결로 인하여 소멸하거나 시효의 완성에 따라 소멸한 이후에는 보증을 할 수 없다고 보는 것이 일반적입니다. 이러한 경우에는 보증을 행할 대상이 없고, 따라서 보증이 성립할 수 없을 뿐만 아니라 그 의미가 없기 때문입니다.

## 4. 어음보증 이외의 보증방법

【질의】 ➡ 어음보증을 하면 어음 자체는 물론이고 발행인의 신용이 저하되는 단점도 있다고 하는데, 어음보증 이외의 어음보증에 갈음할 수 있는 방법은 없는지?

【답변】 ➡

숨은 어음보증 …… 어음보증은 원래 어음의 발행인 또는 배서인의 신용이 낮은 경우 이를 보완하여 어음금 지급에 대한 신용을 향상시키기 위하여 사용되는 것입니다. 그러나, 이러한 취지의 역기능으로서, 어음에 어음보증이 행하여지면 당해 어음의 발행인 또는 배서인은 신용이 불확실한 자로 추정받게 되고, 어음 자체의 신용도도 저하되는 경우가 있습니다. 즉, 어음의 발행인이나 배서인의 자력이 충분하고 신용이 높다고 어음보증은 필요하지 않다는 것이며, 따라서 어음보증은 어음의 신용을 감소시키고 유통을 저해하는 결과를 발생시킬 우려도 있습니다. 이러한 부정적인 결과를 방지하기 위하여 어음을 보증하려고 하는 자가 직접 어음을 발행하거나 또는 어음에 배서를 행하는 방법이 어음보증에 갈음하여 현실적으로 사용되고 있습니다. 이와 같이 어음보증 대신에 발행·배서 또는 환어음의 인수 등에 의하여 보증의 목적을 달성하는 것을 숨은 어음보증이라 부릅니다. 이러한 경우 실질적인 어음 보증인은 형식적인 발행인·배서인 또는 인수인이 됨으로써 어음의 신용을 향상시킴과 동시에 발행인·배서인 또는 인수인으로서의 책임도 함께 부담하게 됩니다.

민법상 보증 …… 어음보증의 의뢰를 받은 경우 숨은 어음보증의 방법도 취하기 곤란한 때에는 민법상 보증의 방법을 택할 수도 있습니다. 어음의 발행·배서에는 그 근거가 되는 사실관계(원인관계)가 존재하며, 이러한 사실관계(원인관계)에 관한 민법상 보증을 행하는 것입니다. 따라서, 어음상에 기명날인 또는 서명하는 것이 아니므로, 어음상의 책임을 부담할 필요도 없고, 어음의 신용을 저하시키지도 않게 됩니다. 그리고 계약상의 의무이행이 없는 등의 특별한 사유가 있는 때에는 민법상 보증인은 보증채무의 지급을 거절할 수 있고, 단순보증인 경우에는 최고·검소의 항변권을, 그리고 공동보증인 경우에는 분별의 이익을 갖게 됩니다.

## 5. 어음보증의 효력

【질의】 ➡ 사업상 관계가 긴밀한 거래처의 어음보증을 하는 경우가 있는데, 어음보증을 하면 어떠한 책임을 부담하는지?

【답변】 ➡

### (1) 어음 보증인의 책임

어음법 제32조에 따르면, 어음 보증인은 주채무자인 피보증인과 동일한 책임을 부담하며, 보증채무는 담보된 주채무에 방식상의 하자가 있는 경우를 제외하고는 어떠한 사유에 의하든지 무효가 되어도 그 효력은 존속합니다. 결국 보증인의 채무는 피보증인의 지위에 따라 그 형태 및 범위가 결정됩니다. 즉, 발행인과 배서인의 보증인은 발행인과 배서인의 상환의무와 동일한 의무를 부담하며, 인수인이 피보증인인 경우의 보증인은 채무에 관하여 어음의 외형을 기준으로 하여 피보증인과 동일한 책임을 부담할 뿐이며 실질적인 피보증인의 채무 여하에 따라 그 책임이 결정되는 것은 아닙니다.

보증채무는 실질적으로 피보증채무와는 독립하여 존재하므로, 피보증채무가 형식적으로 계속 유효인 경우에는 실질적으로 무효이거나 또는 취소가 되어도 보증채무는 계속 유효하게 성립합니다. 한편, 보증인은 주채무자에게 속하는 항변을 자기의 채무이행을 거절하는 항변으로 원용할 수 없다는 것이 일반적인 견해입니다. 다만, 피담보채무에 있어서 원인관계의 부존재·무효·취소의 항변, 어음 소지인이 무권리라는 항변 등과 같이 어음 소지인의 자격에 관계되는 항변은 어음 보증인도 항변사유로 할 수 있다는 견해도 소수 존재합니다.

일반적으로 보증인은 피보증인과 동일한 책임을 부담하기 때문에, 어음소지인이 피보증인에 대한 권리보전절차를 해태함으로써 피보증인이 책임을 면하게 된 경우에는 보증인도 그 책임을 면하게 됩니다.

그리고, 피담보채무의 시효기간이 완성된 경우 보증인은 면책된다. 어음법 제47조에 따라, 보증인은 주채무자와 함동하여 책임을 부담하며, 따라서 어음 소지인은 전 채무자 및 보증인에 대하여 개별적 또는 공동으로 청구할 수 있습니다.

### (2) 보증인의 구상권

보증인이 보증채무를 이행하면 피보증채무는 소멸합니다. 그리고, 보증인이 어음금을 지급하게 되면 피보증인 및 그 자의 어음상의 채무자에 대하여 어음으로부터 생기는 권리를 취득합니다. 지급에 의한 어음의 인도여부에 관계없이 법률상 당연히 어음상의 권리를 취득하게 됩니다. 이러한 보증인의 구상권은 어음 소지인의 피보증인에 대한 권리 그대로를 취득하는 것이 아니고, 어음 유통에서의 전자에 대한 항변이 배제된 어음상의 권리를 취득하는 법정의 이전입니다.

## 6. 횡선수표의 의의·종류

【질의】 ➡ 수표를 분실하는 경우에 대비하여 수표면에 선을 그어 발행하는 방법이 있다는데 어떠한 것인지?

【답변】 ➡

횡선수표의 의의 …… 수표는 일람출급이며 대부분이 소지인출급식입니다. 즉 소지인이 수표를 은행에 지급제시하면 지급은행은 수표금을 즉시 지급하여야 하므로, 정당한 수표 소지인이 이를 분실하거나 도난당하는 경우에 악의의 소지인까지도 수표금을 지급받을 위험성이 항상 존재합니다.

수표제도의 이러한 위험을 방지하고자 고안된 것으로서, 수표의 표면에 2개의 평행선을 그은 수표를 횡선수표라 합니다(수표법 37조 1항·2항). 이 수표는 은행 또는 은행의 거래처에 대해서만 지급을 할 수 있고, 은행은 다른 은행 또는 자기의 거래처에서만 이 수표를 취득할 수 있습니다(수표법 38조).

횡선수표에는 그 지급에 대하여 여러 가지의 제한이 있습니다. 그 결과 도취자나 습득자는 지급을 받을 수 없고, 만약 자기의 거래은행을 통하여 지급을 받은 경우에도 그 사실이 판명되므로 수표의 도난이나 분실에 따른 위험을 방지할 수 있습니다. 횡선수표와 그 기능이 유사한 것으로서 계산수표가 있습니다. 계산수표는 그 결제에 있어서 현금을 사용하지 않고 단지, 기장의 방법에 의하여 이루어집니다. 즉, 계산수표도 수표의 도난이나 분실에 따른 위험을 예방하는 기능을 가지고 있으나 그 결제방법에 있어서 횡선수표와 차이가 납니다. 우리나라에서는 계산수표가 인정되고 있지 않으므로, 외국에서 발행하여 우리나라에서 지급할 계산수표는 일반횡선수표의 효력을 발생합니다(수표법 65조, 섭외사법42조)

횡선의 방식……횡선이란 수표의 표면에 두 줄의 평행선을 긋는 것으로 수표표면의 어느 모퉁이에 그어도 좋으나, 일반적으로 수표표면의 오른쪽 윗부분의 모퉁이에 사선으로 두 줄의 평행선을 긋습니다. 그리고 이 횡선은 수표의 발행인이나 또는 소지인이 그을 수 있습니다(수표법 37조)

횡선수표의 종류…… 횡선수표는 일반횡선수표와 특정횡선수표의 두 종류가 있다. 2개의 횡선 안에 아무런 기재도 하지 않거나 또는 '은행'기타 이와 동일한 의미의 문자를 기재한 것을 일반횡선수표라 부르며(수표법 37조 3항), 평행선 내에 특정한 은행의 명칭을 기재한 것을 특정횡선수표라 부릅니다.

횡선수표제도가 본래 목적하는 바를 달성하기 위해 일단 횡선수표로 기재된 것은 사후에 이를 말소할 수 없으며, 또한 특정횡선수표에 있어서 회선내의 지정된 특정은행의 명칭은 말소할 수 없습니다(수표법 37조 5항). 그리고 일반횡선은 특정횡선으로 변경할 수 있으나, 특정횡선은 일반횡선으로 변경할 수 없습니다(수표법 37조 4항).

## 7. 횡선수표의 효력

> **【질의】** ➡ 매매대금으로 횡선수표를 취득하였는데, 수표에 기재된 지급
> 은행에 지급을 청구하였으나 수표 소지인의 거래가 없다는 이유로
> 거절당하였습니다. 횡선수표는 어떠한 효력을 갖는지?

**【답변】** ➡

### (1) 횡선수표의 지급 및 취득제한

일반횡선수표의 지급은행은 타은행 또는 지급은행의 거래처에 대해서만 지급하여야 되는 바 지급제한의 효력이 있어 신원이 불분명한 횡선수표의 부정소지자에게 수표금이 지급되는 것이 방지되고 있습니다. 이때에 거래처라 함은 지급은행과 예금관계 또는 상호계산관계가 있거나, 종래 계속하여 지급은행으로부터 어음할인을 받는 등의 거래관계가 있는 자를 의미합니다.

한편, 지급은행이 아닌 은행의 자기의 거래처 또는 다른 은행으로부터만 횡선수표를 취득할 수 있고 또 이 이외의 자를 위하여 횡선수표를 추심할 수 없도록 되어 있어 횡선수표의 부정한 소지인이 수표를 어떤 은행에 양도하거나 추심을 위임하여 수표금을 용이하게 지급받는 것을 방지하는 이른바 취득제한의 효력이 있습니다.

특정횡선수표에 있어서 지급은행은 피지정은행에 대해서만 수표금을 지급하도록 되어 있고, 지급은행 자신이 특정횡선수표상 지정되어 있는 은행인 때에는 당해 은행의 거래처에 대해서만 지급할 수 있습니다(수표법 38조 2항). 취득의 제한에 관한 사항은 일반횡선수표의 경우와 동일합니다. 한편 피지정은행이 지급은행이 가입하고 있는 어음 교환소에 가입하고 있지 않은 때에는 어음 교환소를 통하여 결제할 수 없는 불편이 있으므로, 지정된 은행은 다른 은행으로 하여금 추심하게 할 수 있습니다(수표법 38조 2항 단서).

이처럼 횡선수표는 지급 및 취득에 있어서 일정한 제한이 가해지므로, 결국 수표 소지인의 신원이 확실히 인식되어 만약 지급 및 취득에 제한을 받지 않는 은행의 거래처 등이 스스로 부정소지인이 되어 수표금을 지급받는 경우에도 수표를 분실한 자는 신원이 밝혀진 부정소지인을 상대로 하는 손해배상청구 등의 방법으로 손해를 전보할 수 있습니다.

### (2) 지급 및 취득제한 위반의 효과

지급제한에 위반하여 횡선수표금을 지급한 지급은행 및 취득제한에 위반하여 횡선수표를 취득한 은행은 이로 인하여 발생한 손해에 대하여 수표금액을 한도로 배상할 책임을 부담합니다(수표법 38조 5항). 이러한 배상책임은 수표법상 특별히 인정되는 것으로서 여타의 과실이 없어도 상기의 제한을 위반하면 은행에 배상책임을 부담시키는 무과실책임입니다. 이처럼 지급은행이나 취득은행이 지급 및 취득제한을 위반한 경우에는 무과실책임을 부담하기 때문에 횡선수표는 분실에 따른 손해발생의 위험을 방지할 수 있는 것입니다.

### (3) 횡선배제의 특약

수표의 발행인이 미리 횡선수표를 작성하여 보관하고 있다가 지급은행 등과 거래가 없는 자에게 수표를 교부하여야 할 필요가 있는 때에는, 수표 발행인이 지급은행과의 사이에 거래가 없는 수표 소지인에게도 즉시 수표금을 지급하도록 하는 횡선 배제의 특약을 할 수 있습니다. 일단, 횡선수표로 된 경우에는 누구도 횡선을 말소할 수 없고 또한 실제로 말소하여도 그 효력이 없기 때문입니다. 이러한 특약에 따라 수표의 발행인은 지급은행이 지급제한을 위반하여도 수표법에서 정한 손해배상청구권을 포기한 것으로 하여 거래처가 아닌 수표소지인에게 즉시 수표금이 지급되도록 하는 것입니다.

# 제17편. 은행의 어음 · 수표 실무

## 1. 당좌수표의 요건과 발행

【질의】 ➡ 은행에서는 당좌계좌를 이용한 당좌수표거래가 빈번한데 당좌수표를 취급할 때의 수표 요건이나 발행에 관하여 어떠한 점에 주의하여야 하는지?

【답변】 ➡

### (1) 특정인의 성명만이 기재된 경우

은행에서 사용하는 당좌수표용지에는 보통 "위의 금액을 이 수표와 상환하여 소지인에게 지급하여 주십시오"라는 문구가 기재되어 있으며, 수표는 어음과는 달리 수취인의 기재는 그 요건이 아니고 대부분의 경우 소지인출급식으로 발행되는 것이 일반적입니다. 그러나, 수표용지에 인쇄되어 있는 지급위탁문구 가운데 소지인이라는 기재를 말소하고 이에 대신하여 특정인의 성명을 기재하게 되면 이 수표는 소지인출급식에서 기명식으로 변경되는 것이며, 이와 같은 변경의 권한은 수표의 발행인에게 귀속합니다. 이처럼 수표가 기명식으로 변경되면 그 양도는 교부만에 의해서는 이루어지지 않으며, 수표면에 기재된 소지인이 배서함으로써 이루어집니다. 따라서 소지인이라는 인쇄문구가 말소되고 특정인의 성명이 기재된 당좌수표를 은행이 취득하게 된 경우에는 반드시 배서의 연속 여부를 확인하여야 합니다. 그리고, 기명인이 직접 은행 창구에 수표를 제시하면서 수표금의 지급을 청구하는 때에는 신분증 등의 확인을 통하여 기명인과 제시인이 동일인인지의 여부를 확인할 필요가 있습니다.

### (2) 특정인의 성명과 소지인이라는 문구가 함께 있는 경우

당좌수표용지에 인쇄되어 있는 소지인이라는 문구를 말소하지 않고 기명식 수표발행의 의사로써 특정인의 성명을 기재한 경우에는 이른바 선택무기명증권인 수표로 되어 특정인 또는 소지인에게 지급하여 달라는 뜻으로 이해됩니다. 이 때에는 수표법 제5조 2항의 규정에 따라 소지인출급식으로 취급되며, 따라서 배서의 연속 여부는 문제되지 않습니다. 그 결과 은행은 수표의 소지인에게 수표금을 지급하여도 상관없습니다. 다만, 당좌계좌의 거래처를 보호하는 의미에서 당해 수표의 발행인에게 조회하는 것도 안전한 방법일 것입니다.

### (3) 발행지의 기재가 누락된 경우

수표법 제1조 5호에 따라 수표의 발행지는 수표요건이며, 동법 제2조 1항에 따르면, 발행지의 기재가 누락된 수표는 원칙적으로 무효입니다. 그러나, 동조 4항에 따라 발행지가 누락된 상태로 발행된 수표의 경우에는 발행인의 명칭에 부기한 지에서 발해한 것으로 봅니다. 일반적으로 실무에서는 수표의 발행시 지급지만을 기재하고 발행지를 기재하지 않은 예가 종종 있으며, 이때 발행인은 자신의 주소를 기재하는 것이 보통이고, 이 주소가 바로 발행인의 명칭에 부기한 지로 간주됩니다.

## 2. 교환결제 전 당좌수표의 지급

【질의】 ➡ 오랫동안 거래가 많은 거래처로부터 타지점 당좌수표를 받은 경우 교환 결제 전에 지급에 응하는 때도 있는데 별다른 문제점은 없는지?

【답변】 ➡

　타지점이 지급장소로 되어 있는 당좌수표에 대한 지급은 보통 교환회부가 있은 후에 대금이 입금되는 경우에 합니다. 그러나, 교환에 의한 결제가 있기 전에 타지점 당좌수표를 예금계좌에 입금하는 경우가 있는데, 이러한 입금의 법적 성질에 관하여는 추심위임설과 양도설로 그 견해가 갈립니다. 추심위임설에 따르면 타지점권의 입금은 예금자가 은행에 대해 단순한 추심을 위임하는 것일 뿐이며, 따라서 예입은행이 수표상의 권리를 완전히 취득하지는 않는다고 합니다. 한편, 양도설에 따르면 수표의 입금과 동시에 수표를 양수하게 됨으로써 수표상의 모든 권리를 취득하게 된다고 합니다.

　타지점지급 당좌수표에 대하여 교환추심 이전에 수표금을 지급한 은행은 당해 수표가 부도로 처리되어 반환되는 경우에 추심위임설을 취하든 양도설을 취하든 당해 수표를 입금한 자에 대하여 지급금액의 반환을 청구할 수 있습니다. 그러나 수표의 발행인에 대한 관계에서는 서로 견해가 나뉘게 되는바, 추심위임설에 따르면 수표상의 권리로서의 소구권 행사는 불가능하게 되지만, 양도설에 따르면 수표 발행인에 대하여 소구권을 행사할 수 있게 됩니다. 판례에서는 소지인출급식수표의 양도는 수표증권 그 자체의 인도에 의하여 이루어진다는 입장을 나타냄으로써 양도설을 취하고 있습니다.

　실무상 타지점이 지급장소로 기재된 당좌수표는 교환결제되기 이전에는 지급하지 않는 것이 가장 안전한 방법입니다. 그러나 거래처의 유지 등 불가피한 사유로 인하여 지급하였는데 부도로 처리된 경우에는 당해 수표를 입금한 자에게 수표금의 반환을 청구하여야 하며, 입금자가 무자력 상태로 되었거나 반환청구가 곤란한 때에는 수표상의 권리자로서 수표상의 채무자인 발행인에 대하여 소구권의 행사 등 권리행사를 충실히 이행하여야 합니다.

## 3. 수표취득시의 주의사항

【질의】 ➡ 은행에서는 추심의 의뢰 또는 지급제시 등으로 인하여 수표를 취득하게 되는 경우가 많은데 실무상 어떠한 점에 주의하여야 하는지?

【답변】 ➡

### (1) 추심의뢰의 경우

소지인출급식수표에는 소지인에게 지급하여 달라는 문구가 기재되어 있으며 대부분의 수표가 이에 해당됩니다. 소지인출급식수표를 양도하는 데에는 배서를 필요로 하지 않으며 단순히 수표의 교부만에 의하여 양도가 이루어집니다. 그리고, 특정인 또는 소지인에 대하여 지급을 위탁하는 문구가 기재된 수표인 선택무기명식수표의 경우에도 수표법 제5조 2항에 따라 소지인출급식수표로 보기 때문에 양도는 교부만에 의하여 이루어집니다.

한편, 기명증권인 수표(기명식수표)와 제시증권인 수표(제시식수표)는 어음에서처럼 배서에 의하여 양도가 이루어집니다. 다만, 배서인이 피배서인을 지정하여 행하는 정식배서를 하지 않고 단순히 기명날인 또는 서명만을 행하고 피배서인을 지정하지 않는 약식배서를 하는 경우가 있는데, 약식배서가 행하여지면 그 뒤에는 단순한 교부만에 의하여 수표의 양도가 가능하게 됩니다. 실제로 수표용지는 어음용지와는 달리 배서란이 별도로 인쇄되어 있지 않아 뒷면에 기명날인 또는 서명만 하는 것이 관례화되어 있습니다.

약식배서만 행하여진 수표의 소지인이 은행에 추심을 의뢰하는 경우 대부분 교부만으로써 이를 의뢰하는 경우가 많은데, 은행의 실무에서는 수표의 입금자에게 배서를 요구하는 것이 안전합니다. 왜냐하면 당해 수표 수표가 부도로 처리되거나 사고가 발생한 경우 당해 수표를 취득하게 된 경위 등이 배서에 의하여 인식됨으로써 적당한 대처방안을 마련할 수 있기 때문입니다.

### (2) 지급제시의 경우

수표상에 지급장소로 기재되어 있는 은행에 수표가 지급제시된 경우에는 지급제시인의 은행을 피배서인으로 하는 배서는 별다른 의미가 없습니다. 수표법 제15조 5항에 의하면 지급인에 대한 배서는 영수증의 효력만을 가질 뿐이기 때문입니다. 즉, 지급은행이 수표금을 지급하면서 지급제시인으로 하여금 배서를 행하게 하여도 제시인은 담보책임을 부담하지 않습니다.

한편, 타지점이 지급은행으로 기재된 수표에 대하여 지급제시를 받은 경우, 대신 지급한 때에는 제시인으로 하여금 배서를 행하도록 할 것이 필요합니다. 이 경우 지급제시인의 배서는 수표법 제15조 5항 단서에 의하여 영수증의 효력 이외에도 배서로서의 효력을 갖기 때문입니다. 즉, 당해 수표가 부도로 처리되면 배서인은 담보책임을 부담하게 된다. 따라서 지급장소로 기재된 지점이 아닌 다른 지점이 수표의 지급제시를 받은 때에는 지급제시인으로 하여금 배서를 행하도록 하여 수표상의 권리를 계속 보전할 필요가 있는 것입니다.

## 4. 사고신고가 있는 자기앞 수표와 은행실무

**【질의】 ➡ 자기앞 수표의 발행의뢰인이 도난·분실을 이유로 사고신고를 한 경우, 당해 수표의 소지인이 선의취득을 주장하며 지급제시를 하면 은행은 어떻게 하여야 하는지?**

**【답변】 ➡**

### (1) 소지인이 제시기간 내에 지급제시하는 경우

자기앞 수표에 관한 사고신고는 발행인인 동시에 지급인인 은행에 대하여 지급위탁취소의 효과를 발생할 수 없으며, 사고가 있는 자기앞 수표의 소지인이 선의취득을 주장하면서 제시기간 내에 지급제시를 하는 경우에는 은행이 소지인의 자기앞 수표 취득에 관한 악의 또는 중과실을 입증하지 못하는 한, 사고신고가 있어도 지급할 수밖에 없습니다. 그러나, 자기앞 수표의 발행의뢰인은 대부분 은행의 고객이며, 고객관리라는 차원에서 소지인과의 타협을 알선하거나 또는 사고신고를 접수하면서 공시최고절차를 신청하도록 하여 제권판결에 의한 구제를 받을 수 있도록 권고할 수도 있습니다.

한편, 교환에 의하여 자기앞 수표가 제시되는 경우에는 지출은행의 사고조회에 대하여 무사고임을 확인하여 준 때에는 발행의뢰인의 사고신고는 접수하지 말아야 합니다. 무사고임을 확인하고 수표금을 지급한 지출은행은 수표에 대하여 선의취득자가 되며, 수입은행은 사고조회 이후에 접수한 사고신고의 사유로써 지출은행에 대항할 수 없기 때문입니다.

지급소지인이 은행의 부도처리에 대하여 수표금 청구소송을 제기하면, 은행은 사고신고인과 협의하여 소송에 응할 것인지를 결정하고, 응소하는 때에는 신고인에게 민사소송법 제84조에 따라 소송고지를 함으로써 신고인이 소송에 참가하도록 한 후, 은행은 소송에서 탈퇴하고 소송의 결과에 따라 수표금을 지급하면 됩니다.

## (2) 소지인이 제시기간 경과 후에 지급제시하는 경우

수표는 그 제시가 없는 등의 사유가 있으면 수표상의 권리자가 권리행사를 하지 못하는 것이 원칙입니다. 그러나, 이러한 원칙을 관철하게 되면, 수표상의 채무자는 부당이득을 취하게 되고 또 수표상의 권리자는 아무런 권리구제를 받지 못하게 되는 부당한 결과가 발생합니다. 이에 따라 수표법은 수표 소지인의 이득상환 청구권을 규정하여 형평을 도모하고 있습니다. 즉, 수표법 제63조는 "수표에서 생긴 권리가 절차의 흠결로 인하여 소멸한 때나 그 소멸시효가 완성한 때라도 소지인은 발행인·배서인 또는 지급보증을 한 지급인에 대하여 그가 받은 이익의 한도내에서 상환을 청구할 수 있다"고 규정하고 있습니다.

최근의 판례는 자기앞 수표의 특수성을 감안하여 지급제시기간이 경과한 후라도 자기앞 수표를 정당하게 취득한 소지인은 이득상환 청구권을 행사하여 발행은행에 대한 수표금 지급청구를 할 수 있다고 합니다. 즉 소지인의 이득상환 청구권은 수표의 취득시기와는 상관없이 인정되고 있으므로 은행에서는 지급제시기간의 경과를 이유로 하여 경솔하게 부도로 처리하여서는 안됩니다.

## (3) 소지인이 제권판결 이전에 지급제시하는 경우

제권판결의 선고가 없는 상태이므로 실무적으로는 다음과 같은 방법을 생각할 수 있습니다. 즉, 1) 공시최고 절차에 의하여 제권판결을 구하는 사고신고자와 소지인의 합의를 권고하거나, 2) 소지인으로 하여금 자기의 정당한 권리를 공시최고기간 내에 법원에 신고하도록 하여 그 결과에 따르는 방법을 취하거나, 3) 소지인이 법원에 권리의 신고를 하지 않는 경우에는 사고신고인과 협의하여 예상되는 소송의 제기에 대비하여 그 비용이나 손해를 예치시키고 소지인이 소송을 제기하면 소송고지에 의하여 사고신고인을 소송에 참가시키고 은행은 탈퇴한 후 소송결과에 따르는 방법을 취할 수 있습니다.

## 5. 수표상의 지급보증의 효력

【질의】 ➡ 수표의 지급에 대한 확실성을 확보하기 위하여 수표에 지급보증을 행하는 경우가 있는데 어떠한 효력을 발생하는지?

【답변】 ➡

### (1) 지급보증의 법적 성질

지급보증이란 지급인이 수표상에 지급보증의 뜻을 기재함으로써 최종의 소구의무자와 동일한 형태의 수표상의 지급의무를 부담하는 것을 목적으로 하는 지급인의 단독행위로서 부속적 수표행위의 일종입니다.

따라서 지급보증은 지급보증을 구하는 소지인과 지급인 사이의 계약은 아니며 또한 수표행위 이외의 일반 사법상의 행위도 아닙니다.

### (2) 지급보증의 요건 및 방식

지급보증은 무조건이어야 하며, 지급보증에 의하여 수표의 기재사항에 가한 변경은 이를 기재하지 아니한 것으로 봅니다(수표법 54조).

따라서 수표금액의 일부에 대한 지급보증은 금액에 대한 지급보증을 한 것이 되고, 지급보증에 조건을 붙이거나 기재사항을 변경한 때에는 지급보증 자체가 무효인 것은 아니며 조건없는 지급보증으로서 유효한 것이 됩니다.

수표에 지급보증을 할 수 있는 자는 지급인에 한정되고 그 방식은 수표법 제53조에 따라 수표의 표면에 '지급보증' 기타 지급을 할 뜻을 기재하고 일자를 부기하여 지급인이 기명날인 또는 서명함으로써 합니다. 따라서, 수표의 이면에 이러한 기재를 하거나 기명날인 또는 서명하여도 지급보증이 되지는 않으며, 표면에 기재하여도 단지 '보증'이라고만 한 때에는 지급보증이 아닙니다.

### (3) 지급보증의 효력

지급보증을 한 지급인은 제시기간 내에 수표를 제시한 경우에 한하여 지급할 의무를 부담합니다(수표법 55조 1항).

이 의무는 타인의 부지급을 조건으로 하는 제2차적 담보의무가 아니고 제1차적인 수표금 지급의무인 것이나, 제시기간 내에 지급제시가 있은 경우에만 이 의무를 부담하므로 무조건·절대적인 제1차적 의무는 아니며 오히려 최종의 상환의무입니다.

즉, 수표의 지급보증인은 제시기간 내에 지급제시가 없으면 지급의무를 면합니다.

다만, 수표 소지인이 피할 수 없는 장애 즉 국가법령에 의한 금제 기타의 불가항력이 15일 이상 계속되는 경우에는 지급제시 또는 거절증서나 이와 동일한 효력이 있는 선언없이 소구권을 행사할 수 있으므로(수표법 47조 및 57조) 이 경우 지급보증인은 지급의무를 면하지 못합니다.

이와 같이 지급보증의 수표금 지급의무는 제시기간 내의 지급제시를 전제로 하고 있는바, 수표 소지인이 제시기간 경과 후에 지급보증인의 지급의무의 이행을 요구함에는 제시기간 내에 적법한 지급제시를 하였음을 거절증서 또는 이와 동일한 효력이 있는 지급인이나 어음 교환소의 선언에 의하여 증명하여야 합니다(수표법 39조 및 55조).

또, 동법 제39조에 의하여 위의 보전절차가 취하여진 때에는 수표의 지급보증인은 소지인 뿐만 아니라 배서인·발행인 등에 대하여서도 지급의무를 부담하며 수표의 소지인도 배서인·발행인 기타의 채무자 누구에게나 소구권 행사가 가능합니다.

따라서 수표 소지인이 제시기간 내에 지급제시를 하지 아니하거나 지급제시가 있어도 거절증서의 작성이나 지급인 또는 어음 교환소의 선언을 작성시키지 않고 그 기간을 도과한 때에는 발행인·배서인에 대한 소구권 행사가 불가능하고 지급보증인에 대한 수표상의 권리도 소멸합니다.

지급보증인은 상환금액과 동액의 책임을 부담합니다. 지급보증인이 부담하는 것은 수표금액이나, 지급이 거절되어 그 보전절차를 취한 소지인은 지급되지 아니한 수표금액과 제시일 이후의 법정이율에 의한 이자 및 선언의 비용, 통지비용 기타의 비용을 청구할 수 있게 됩니다(수표법 44조 및 55조 3항). 또한 배서인 등이 소지인에게 상환의무를 이행하고 그 수표를 환수하여 지급보증인에게 청구하는 경우에는 재소구금액과 같습니다.

### (4) 발행인 등의 채무

지급보증은 수표금 지급 자체가 아니며 따라서 지급보증은 지급과 동일한 효과를 가지는 것이 아니므로, 지급보증 자체에 의하여 발행인·배서인 기타의 수표상의 채무자가 그 책임을 면하는 것은 아니며 따라서 소지인에 대하여 소구의무를 부담합니다. 그러나 수표의 지급보증을 인수로 보는 미국의 경우에는 소지인이 지급보증을 받은 때에는 발행인과 모든 전자인 배서인은 그 책임을 면하게 됩니다.

한편, 우리나라의 수표법에 의하면 이론적으로 지급보증인은 발행인·배서인·보증인 등 타채무자와 합동책임을 부담하며, 배서인 등이 지급한 경우에는 지급보증인에 대한 상환청구가 가능합니다.

## 6. 가계수표에 대한 지급보증 책임

【질의】 ➡ 은행 등 금융기관이 가계수표에 대하여 지급보증을 하는 경우가 있는데 그 효력과 은행의 책임은 어떠한지?

【답변】 ➡

### (1) 가계수표

가계수표는 신용사회의 조기 정착을 목적으로 1981년 7월 1일 금융단협정에 의하여 인정된 것입니다.

금융단협정 제141호에 의하면, 금융기관은 가계종합예금 가입자에 대하여 특별한 사유가 없는 한, 가계수표보증카드를 발급하고, 동 카드 소지인이 수취인의 면전에서 카드 기재요건에 합치되게 발행된 가계수표에 대하여 지급을 보증하며(제6장 가호) 일정한 경우 교환결제 전 지급을 의무화하는 반면에(동항 라호) 취급자의 면책범위를 정함과 동시에 그 부도사유를 제한하고 있습니다.

가계수표는 일종의 수표이므로 수표법의 적용을 받음은 당연하나, 금융단협정 제141호 제6항 가호에 의해 '금융기관은 자행이 발급한 카드 소지인이 수취인 면전 또는 금융기관 점포에서 카드 기재요건에 합치되게 가계수표를 발행하였을 경우 이의 지급을 보증' 하고 있고, 또한 제11항 마호는 '금융기관 취급자가 예금주의 급여이체, 수표발행 상황 특히 대월약정한도 초과발행 등 주요거래 상황을 정확히 기록 관리하고 적정량의 수표책을 교부' 한 이상, 그 책임을 면하게 되어 금융기관의 지급보증 책임의 한계와 취급자에 대한 당해 금융기관의 사용자 책임이 문제로 됩니다.

### (2) 지급보증책임

1) 제시기간

전술한 바와 같이 발행일로부터 10일 이내에 소지인의 지급제시가 있어야 하고, 금융기관은 이 기간 경과 전에 수표를 지급제시한 경우에 한하여 지급의무를 부담하며, 이때 지급거절이 있는 경우에 소지인이 수표법 제39조에서 정한 보전절차를 취한 경우에도 지급의무는 존속합니다. 다만, 제시기간 경과 후에도 발행인의 지급위탁 취소가 없는 한, 지급인인 금융기관은 발행인의 계산으로 지급이 가능합니다. 또한 이 지급위탁의 취소는 수표법 제32조 1항에 따라 제시기간 경과 이전에도 유효한 지급을 할 수 있고 이에 반하는 특약은 무효이며, 제시기간 내의 무효인 위탁취소에 따라 지급인의 소지인에 대한 지급거절이 있는 경우 소지인의 지급인에 대한 지급을 강요할 수는 없습니다.

2) 시효

소지인의 배서인·발행인 등에 대한 소구권은 제시기간 경과 후 6월간 행사하지 않으면 소멸시효가 완성하여 소지인은 그 권리를 상실하게 되나, 지급보증인에 대한 수표상 청구권 소멸시효 기간은 1년입니다. 이러한 소멸시효가 완성하면 수표상 권리는 확정적으로 소멸하며, 소지인과 발행일, 배서인 및 지급보증인 사이에 이득상환 청구권의 문제가 생길 따름입니다.


**(3) 가계종합예금에 대한 압류명령**

가계종합예금 전액에 대하여 법원으로부터 압류명령이 송달된 후, 보증카드 기재요건에 합치되게 발행된 가계수표가 지급제시된 경우 그 지급을 보증한 은행은 이에 응해야 하는가가 문제됩니다. 가계종합예금의 채권자가 동 예금에 대하여 압류명령을 신청하여 제3채무자인 은행에 송달되면 압류의 효력이 발생하고(민사집행법 225조 1항 및 227조 3항) 동예금잔액에 대하여 그 효력이 미칩니다.

따라서 제3채무자는 채무자에 대하여 압류 목적물을 지급할 수 없게 되는데, 이 상태에서 가계수표의 지급제시가 있으면 동 가계수표의 발행이 보증카드 소지인의 수취인의 면전 또는 금융기관 점포에서 보증카드 기재요건에 합치된 것인 이상 은행은 일단 그 지급에 응해야 할 것이고 발행인과의 관계에서는 수표상의 권리에 근거하여 상환 청구권이 있다고 해석됩니다.

### (4) 은행의 사용자 책임

가계수표에 대한 예는 아니지만, 은행의 지점장 대리가 교환 회부되어온 거래처 당좌수표의 지급대전을 다른 거래처에 대하여 지급보증서를 발급하고 약속어음을 받고 결제해준 데 대하여 은행의 사용자 배상책임을 인정하면서 약속어음 발행 거래처에도 과실을 인정한 판례가 있습니다.

가계수표의 경우 금융단협정 제141호 제11항 마호에 의하여 취급자의 면책범위가 명시되어 있으며, 이는 궁극적으로 은행의 피사용인에 대한 사용자 배상책임의 일종이라 할 수 있습니다.

그러나, 예컨대 '8항 마호에 의거 적정량의 수표책을 교부하였을 경우' 등과 같이 명시되어 있어 엄격한 문리적 해석에 의하면 미사용 수표량이 10장인 경우에 수표책을 교부하였다면 수취자는 면책될 수 없고 은행에 대해 사용자 책임을 물을 수 없다는 결론이 되나 이것은 판례·학설 등으로 구체적으로 검토·해결되어 나가야 할 문제로 봅니다.

## 7. 어음요건의 기재와 은행의 실무

【질의】 ➡ 일반적으로 어음요건이라고 알고 있는 사항에 관하여 그 기재가 완전하지 못한 어음을 은행에서 취득하는 경우가 있는데, 어떠한 점에 유의하여 처리해야 하는지?

【답변】 ➡

### (1) 발행지가 기재되지 않은 어음

어음법 제1조 7호 및 제75조 6호에 의하면 발행지는 어음요건의 하나입니다. 따라서 그 기재가 없는 어음은 원칙적으로 무효입니다. 그러나, 어음법 제2조 4항 및 제76조 4항에서는 어음면 위에 발행지가 기재되지 않았더라도 발행인의 명칭에 지(대개는 주소)가 부기되어 있는 경우에는 이를 발행지로 본다는 취지를 규정하고 있습니다. 따라서, 지가 발행인 명칭에 부기되어 있는 어음을 은행에서 취득한 경우에는 발행지를 보완할 필요가 있습니다. 그리고 어음상에 기재하는 발행지는 실질적으로 어음을 발행한 발행지와 일치할 필요는 없습니다.

### (2) 존재할 수 없는 날이 발행일 또는 지급기일로 기재로 어음

발행일과 지급기일도 어음법에서 정하는 기재요건인 바, 어음상의 권리의무관계와 밀접한 관련을 갖습니다. 은행실무에서는 달력에 존재하지 않는 날을 발행일 또는 지급기일로 기재한 어음에 대하여는 형식불비라는 사유로 부도처리하는 것이 관행화되어 있습니다. 그러나, 고객에게 편의를 제공하고 은행의 신용을 제고한다는 측면에서 당해 수표를 발행한 거래처에 문의하거나 지급제시인의 의견을 청취하여 지급여부의 판단을 하는 것도 필요합니다.

### (3) 만기일보다 발행일이 후일자로 기재된 어음

어음을 발행하는 동기나 그 유통과정을 생각해 보면, 발행일과 만기일의 선후는 합리적 타당성을 가지고 있어야 합니다. 따라서, 일반적으로는 발행일이 실질적으로 어음을 발행한 날이 아닐지라도 만기일보다는 선일자인 것이 보통이고, 최소한 동일자일 것이 요구됩니다. 그러나 발행일이 만기일보다 후일자인 어음은 무효이므로 은행은 어음의 취득시 발행일과 만기일의 선후관계를 검토할 필요가 있으며, 만약 발행일 또는 만기일이 백지인 경우 이를 보충할 때도 그 선후에 유의하여 보충을 할 필요가 있습니다.

### (4) 지급조건이 부기된 어음

어음상에 기재된 지급위탁의 문언에 그 지급의 실행에 관한 조건이 기재된 어음은 그 자체가 무효로 됩니다. 따라서, 은행이 이러한 어음을 취득한 경우에는, 지급제시인에 대하여 물적항변으로써 지급을 거절할 수 있으며, 어음의 취득시 이러한 유해적 기재사항이 있는지의 여부를 검토할 필요가 있습니다. 또는 권한있는 자로부터 그러한 조건을 말소하도록 하여 어음을 취득할 수도 있습니다.

### (5) 만기가 기재되지 않은 확정일출급약속어음

어음법상 인정되는 만기에는 일람출급·일람후출급·발행일자 후 정기출급 및 확정일출급의 4가지가 있으며, 어음법 제2조 2항 및 77조 1항에서는 만기가 기재되지 않은 때에는 일람출급으로 본다는 취지를 규정하고 있습니다. 그러나, 백지어음의 경우에는 많은 문제점이 발생할 수 있으므로, 은행은 지급제시인으로 하여금 백지를 보충하여 제시하도록 하고, 발행인에게 조회하여 취득하여야 합니다. 이러한 조치가 불가능한 때에는 형식불비를 사유로 부도처리하는 것이 가장 안전합니다.

## 8. 가공명의 등의 발행어음



【답변】 ➡

### (1) 가공의 명의

실제로 존재하지 않는 가공인명의의 어음행위는 일본의 판례에서는 그 유효성을 인정하고 있으나, 우리나라에는 아직 판례가 없습니다. 이때의 어음행위자는 어음상의 책임을 부담한다고 봅니다.

### (2) 타인명의

어음행위를 함에 있어 임의로 타인의 명의를 남용한 경우에는 어음의 위조가 되며, 따라서 피위조자나 어음행위자는 모두 어음상의 책임은 부담하지 않습니다. 다만 타인이 자신의 명의를 행위자에게 대여하여 사용하도록 한 경우에는 상법 제24조의 규정에 따라 행위자와 연대책임을 부담합니다.

### (3) 통칭

호적상 또는 공부상의 명칭이 아닌 예명 등의 통칭으로 어음행위를 하는 경우, 그 어음행위는 유효한 어음행위로 간주되며, 어음행위자가 어음상의 책임을 부담합니다.

### (4) 은행 실무상 주의사항

당좌거래 등의 어음거래를 개시할 경우 은행은 인감증명서나 상업등기부 등본을 의뢰인으로 하여금 제출하도록 하는 것이 실무상의 관례입니다. 다만, 의뢰인이 예명 등의 통칭으로 거래를 요구하는 경우에는 실명에 따른 인감증명서를 제출하도록 하고 거래의 명의와 인장을 통칭으로 할 수 있습니다.

## 9. 어음·수표 발행인의 사망과 그 어음·수표의 효력

【질의】 ➡ 당좌거래계좌를 가지고 있는 사람이 사망 전에 발행한 어음·수표의 효력은 어떠한지?

【답변】 ➡

수표법 제33조는 수표를 발행한 후에 발행인이 사망하거나 무능력자가 된 경우에도 그 수표의 효력에는 영향을 주지 않는다는 취지를 규정하고 있습니다. 따라서 원칙적으로 발행인의 사망과 수표의 효력은 상관관계가 존재하지 않습니다.

한편, 민법 제690조에 따르면 위임은 당사자 일방의 사망 또는 파산으로 인하여 종료한다고 규정하고 있는바, 어음이나 수표의 경우에 있어서 포괄적 지급위탁을 내용으로 하는 위임계약은 사망자와 은행과의 관계에서 종료하지만, 사망 전에 발행한 어음·수표는 계속 유효하다고 봅니다.

은행 실무상으로는 사망자의 상속권자와의 관계를 고려하여 이들의 의사를 참작하여 처리하는 것이 필요하며, 다만 은행이 발행인의 사망 사실에 관하여 아무런 과실없이 지급에 응한 경우에는 민법 제692조에 의하여 면책됩니다.

## 10. 제시금지어음의 지급제시와 배서의 말소



**【답변】 ➡**

### (1) 제시금지어음과 은행 실무

어음은 제시식으로 발행된 경우가 아니더라도 법률상 당연한 지시증권이므로 배서에 의하여 양도할 수 있음이 원칙입니다(어음법 11조). 그러나 기본어음에 제시금지 또는 이와 동일한 의의를 가진 문언을 발행인이 기재한 경우에는 배서에 의하여 양도할 수 없고 단순한 기명증권이 되어 지명채권양도의 방식과 효력으로서만 양도할 수 있게 됩니다(어음법 11조 2항).

이와 같은 제시금지어음은 발행인이 수취인에 대하여 가지고 있는 모든 항변을 지급시까지 보유하고자 하거나 배서가 수회에 걸쳐 행해지므로서 상환금액이 증대하는 것을 방지하고자 할 경우 또는 어음발행 당시에는 아직 원인관계상의 채권이 발생하고 있지 않는 경우에 발행인이 어음의 무인증권성에게 생기는 위험을 방지하기 위해 발행되고 있습니다.

위와 같은 목적을 위해 발행되는 어음이 지시금지어음으로 인정되기 위하여는 발행인에 의해 어음면상에 지시금지 또는 이와 동일한 의의가 있는 문언이 기재되어 있어야 합니다. 따라서 발행인이 아닌 배서인이 지시금지문구를 기재한 배서금지배서어음(이는 지시금지어음과는 달리 배서에 의하여 여전히 양도할 수 있으며 이러한 배서를 한 배서인은 피배서인의 후자에 대하여 어음상의 담보책임을 지지 않게 될 뿐이다)과는 다릅니다. 어음 외관상 발행인과 배서인 혹은 보증인 중에 누가 지시금지를 한 것인지 불분명한 경우 어떻게 처리하여야 하는지 의문이나 실무상으로 지시금지어음으로 일단 취급하여 처리하는 것이 안전하다고 하겠습니다.

지시금지문구는 보통 '지시금지', '배서금지', '갑에 한하여 지급함'이라는 문구를 기재하나 '양도금지'의 문자도 어음의 양도성 그 자체를 전면적으로 박탈하는 의미가 아니고 단순히 배서금지를 의미하는 데 불과할 때에는 배서금지로 볼 수 있을 것입니다. 그러나 '담보어음'의 문자나 이미 부동문자로 어음에 인쇄되어 있는 지시문구를 말소하였을 뿐이고 따로 지시를 금지하는 명문을 부기하지 않는 경우는 지시금지어음으로 볼 수 없다고 하겠습니다.

어음 용지에 기재되어 있는 지시문구를 말소하지 않고 '지시금지'의 문구를 기재하여 두 문자가 상충하는 내용을 가지고 있을 때 어떻게 볼 것인지에 대하여 해석상의 견해가 나누어져 있으나 발행인이 특별히 삽입한 지시금지문구가 보통문구로서 인쇄되어 있는 지시문구에 우선한다고 보는 것이 당사자의 의사에 적합하다 할 수 있으므로 지시금지문구를 기재함으로써 부동문자로 존재하고 있었던 지시문구는 무효가 되고 지시금지어음이 된다고 보아 실무처리하는 것이 타당하다고 생각됩니다.

또한 지시금지문구는 어음면에 기재하여야 하므로 어음의 보전이나 등본에 기재하여도 그 기재는 무효이므로 지시금지가 없는 어음으로 보면 되나, 어음의 표면이 아닌 이면에 지시금지를 한 경우에는 이를 어떻게 처리하여야 할 것인지 의문일 것입니다. 지시금지의 문구는 중요한 문언이므로 될 수 있는대로 보기 쉬운 장소인 어음의 표면에다 기재하여야 하며 이면에 기재하여서는 안된다고 해석되나 실무상으로는 지시금지어음으로 보아 처리하여야 할 것입니다.

인수인이나 어음 보증인이 지시금지 문구를 부가한 경우에도 어음의 배서성은 박탈되지 않고 다만 지시금지한 자의 담보책임이 일정한도로 제한된다고 할 것이므로 이러한 어음도 교환에 회부하여 결제하는데 대하여는 의문의 여지가 없다 하겠습니다.

### (2) 지시금지어음의 배서

지시금지어음은 그 특수한 성질상 지명채권양도의 방법과 그 효력으로서만 양도할 수 있으므로 당사자간의 양도의사와 제3자에 대한 대항요건인 채무자에의 통지 또는 채무자의 승낙을 갖추고 증권의 교부를 하여야 합니다. 따라서 지시금지어음을 교환에 회부하여 결제할 수 있는 것인지 문제가 됩니다. 그런데 지시금지어음을 교환에 회부한다는 것은 어음 소지인인 수취인이 자기의 거래은행에 추심위임배서를 하여 입사하는 것을 의미하므로 이는 지시금지어음에도 추심위임배서가 가능한지의 문제라 하겠습니다.

이에 관하여 배서금지어음에 추심위임배서를 하여도 발행인의 수취인에 대한 항변이 배서로 인하여 절단되지 않으므로 추심위임배서를 하여도 유효하다고 보는 것이 다수설이며, 추심위임배서의 경우에도 자격수여적 효력이 있어 배서의 기재와 어음의 교부에 의하여 대리인 자격을 소지인에게 인정하게 되므로 지시금지어음의 양도시에 지명채권양도의 방법만을 요구하고 있는 어음법 제11조 2항과 모순되어 추심위임배서와 같은 약한 효력의 배서라도 이를 지시금지어음에는 인정한 수 없다는 소수설이 있습니다. 실무처리상으로는 교환결제가능 여부에 관하여 위와 같은 견해가 나누어져 있으므로 추심위임배서를 한 자가 수취인인지를 확인함과 동시에 발행인에게 연락하여 그의 의사에 따라 처리하는 것이 바람직한 처리태도라고 생각됩니다.

왜냐하면 지시금지어음은 지명채권양도의 방법에 의하여 양도하여야 하므로 지급에 있어서도 일반적인 어음지급의 경우와는 달리 민법상의 일반채권의 지급에 관한 일반원칙에 따라 어음 소지인이 진실한 권리자인가에 관하여 적극적으로 조사할 의무를 지며 만일에 진실한 권리자가 아닌 자에게 지급한 경우 지급인의 고의과실을 묻지 않고 지급의 효력이 발생하지 않는다고 보아야 하므로 그 지급에 신중을 기하여야 하기 때문입니다. 또한 지시금지문구가 기재된 어음이 일단 지급제시된 이상 발행인에게 연락하여 만일에 원인관계상의 항변사유가 있을 경우에 이를 항변할 수 있는 기회를 주는 것이 수임인으로서 선량한 관리자로서의 주의의무를 다하는 것이 되기 때문입니다.

### (3) 지시금지어음의 배서의 말소

그런데 지시금지어음에 배서가 된 후 이것이 말소되어 지급제시된 경우에 어떻게 처리할 것인가 문제될 것입니다.

배서의 말소라 함은 권한유무에 관계없이 어떤 자에 의하여 증권에 기재된 배서의 전부 또는 일부를 제거하는 사실행위를 의미합니다.

일단 유효한 배서를 한 후에 배서의 기재가 과오 또는 권한없는 자에 의하여 불법하게 말소되어도 이로 인하여 당연히 그 배서의 권리이전적 또는 담보적 효력이 상실되지는 않으나 배서의 자격수여적 효력의 전제가 되는 배서의 연속에 관하여 말소된 배서는 그 기재가 없는 것으로 보게됩니다(어음법 16조 1항). 따라서 지시금지된 어음에 배서가 된 후 이 배서가 전부 말소된 채 지급제시 되었다면 배서 자체가 없는 것으로 보므로 제시자가 수취인인가를 확인하고 지급된다 하겠으나 배서가 정당한 권리자에 의해 말소된 것인지 사실상 판단하기 어려운 경우가 있고 (배서말소에 특정한 방법이 없으므로 특히 수취인의 말소정정인이 없을 때), 설사 정당한 말소라 하더라도 지시금지한 발행인에게 연락하여 그의 의사에 따라 처리하는 것이 지시금지하여 원인관계상의 항변을 보유하고자한 발행인의 수임인으로서 선량한 주의의무를 다한 것이라 하겠으므로 이러한 경우에도 발행인이 결제의사를 확인하고 그에 따라 처리하는 것이 안전합니다.

## 11. 어음대출의 보증과 효과

【질의】➡ 은행이 소비대차계약을 하고 어음대출을 취급할 경우 보증인으로 하여금 보증행위를 시킬때 어떠한 종류가 있으며 그 효과는 어떠한지?

【답변】➡

보증인은 보증을 한 주채무자가 그 채무를 이행하지 않는 경우에 주채무자를 대신하여 채무를 이행하지 않으면 안되나(민법 428조 1항), 민법 제437조 본문에 의하여 최고의 항변권과 검색의 항변권이 인정되어 있습니다. 즉 채권자가 보증인에게 채무의 이행을 청구한 때에는 보증인은 주채무자의 변제자력이 있는 사실 및 그 집행이 용이한 것을 증명하여 먼저 주채무자에게 청구할 것과 그 재산에 대하여 집행할 것을 항변할 수 있습니다. 따라서 채권자는 보증인으로부터 먼저 변제받으려고 해도 그리 쉽게 되지는 않는 것입니다.

그러나 민법 제437조 단서에 의하여 연대보증인에게는 위의 최고 및 검색의 항변권이 부여되지 않고 있습니다. 따라서 연대보증인은 그가 보증한 주채무자가 채무를 이행하지 않는 경우에는 곧 그 채무를 이행하여야 합니다.

은행이 대출을 취급하고 거래처의 보증인을 세울 경우 일반보증인으로 하지 않고 연대보증인으로 하는 이유는 바로 여기에 있습니다. 이상의 보증인과 연대보증인은 민법의 규정에 의한 보증인인데 대하여 어음상의 보증인에 관하여는 어음법에 규정되어 있습니다.

어음상의 보증인은 민법의 연대보증인과 유사한 책임을 부담하게 되어 있기 때문에 어음면에 기재한 때에도 연대보증인이라고 기재하는 사람도 있으나 같은 보증인이라고는 하지만 양자는 각기 그 근거법이 다르므로 어음법이 규정하는 바에 따라서 단지 보증이라고 기입하면 족하고 그 책임 등도 민법의 규정이 준용되는 것이 아니라 독립한 규정이 존재하고 있는 것입니다.

즉 어음법 제32조는 어음보증의 효력을 규정하여 '보증인은 보증된 자와 동일한 책임을 진다'(어음법 제32조 1항), '보증은 그 담보된 채무가 그 방식에 하자가 있는 경우 외에는 어떠한 사유로 인하여 무효가 된 때에도 그 효력이 있다'(어음법 32조 2항)고 하고 있습니다.

다시 말해서 어음 보증인은 어음의 발행인·인수인 또는 배서인과 함께 어음 소지인에 대하여 합동하여 책임을 집니다(어음법 47조 1항). 그 결과 어음 소지인은 이들 어음 채무자에 대하여 그 채무부담의 순서에 불구하고 각별로 또는 공동하여 청구할 수 있으며, 또 어음 채무자의 1인에 대하여 청구하는 경우에는 다시 다른 어음 채무자에 대하여도 청구할 수 있습니다(어음법 47조 1항·2항·4항).즉 어음 보증인은 민법의 보증인과 달라 최고와 검색의 항변권(민법 437조)이 없으며 소지인은 피보증인에 대하여 지급제시를 하지 않고 보증인에 대하여 청구할 수 있습니다. 그리고 위의 양 항변권의 존재를 전제로 하는 민법 제438조는 적용되지 않으며 수인의 보증인이 있는 경우라도 각 보증인은 분별의 이익(민법 439조)을 갖지 못하기 때문에 보증보다도 연대보증에 가깝습니다.

이와 같이 보증에 대하여는 민법 및 어음법상에 각각 규정하여 그 근거법을 달리하고 있는바 다음에서 각 경우에 따라 자세히 설명하겠습니다.

**(1)** 은행거래약정서나 보증서에 보증한 경우 은행거래에 있어서 보증인을 입보시킬 때는 반드시 연대보증입니다. 이것은 일반보증에서 인정되고 있는 최고의 항변권 및 검색의 항변권(민법 437조 단서)이 배제되므로 채권자에 대하여는 극히 유리하기 때문입니다. 또 은행이 보증을 시켰을 때에는 연대보증인이라 하지 않고 단순히 보증

인이라고 기재하였을 때에도 상법 제57조 제2항에 의하여 연대보증인 됩니다. 즉 그 보증이 상행위이거나 주채무가 상행위로 인한 것인 때에는 주채무자와 보증인은 연대하여 보증할 책임이 있기 때문입니다. 따라서 은행이 각종 거래의 보증을 세우는데 있어서 동조의 적용이 있다고 해석할 수 있는 것입니다. 연대보증인을 세우는 것은 은행에서 현재 사용중인 은행거래약정서인 경우도 있고, 보증을 위하여 작성한 서면 즉, 보증서인 경우도 있습니다.

은행거래약정서에 연대보증을 하였을 때에는 은행과의 여신거래에서 생기는 모든 채무를 보증하는 것이며, 어음대출도 그 가운데 포함되어 있습니다. 보증서의 경우에는 보통 피담보채무의 종류가 한정되어 있으므로 그 속에 어음대출을 포함시키는 것이 필요하게 됩니다.

**(2) 채무자가 은행 앞으로 발행한 어음상에 보증하게 하는 방법**

고유의 의미에 있어서 어음 보증은 주된 어음행위에 의하여 생긴 채무를 담보하는 것을 목적으로 하는 종된 어음행위를 말하며 어음보증은 단독행위이며, 보증인이 되고자하는 자가 어음에 보증의 기명날인 또는 서명을 하는 것만으로 가능하며, 보증인과 어음상의 권리자 간에 계약이 필요한 것은 아닙니다.

이와 같이 보증은 채무를 담보하는 것이므로 어음의 신용을 높이는 제도라고 할 수 있습니다.

그러나 어음보증을 하는 것은 피보증인(채무자)이 신용이 없다는 것을 어음면에 공표하는 것이 되기 때문에, 도리어 어음의 신용을 떨어뜨리는 결과를 가져오기도 합니다.

이러한 의미에서 실제에 있어서는 어음상의 채무를 담보하기 위한 목적으로 본 설문의 경우와 같이 여러 가지로 보증의 형태를 취하고 있습니다. 즉, 설문의 경우와 같이 보증인이 발행인(채무자)을 위하여 보증행위를 한다면 어음면이나 보전에 보증 또는 이와 동일한 의의가 있는 문언과 주채무자(피보증인)를 기재하고 보증인이 기명날인 또는 서명하는 것(어음법 31조 2항·4항)을 말하는데, 정확하게 '보증합니다'라고 기재하는 것 이외에 보증인의 기명날인 또는 서명에 '보증인'이라고 부기하여도 좋습니다.

이와 같이 유효한 보증행위를 했다면 그 보증인은 보증된 자와 동일한 책임을 지며(어음법 32조 3항, 77조 3항), 또한 어음행위독립의 원칙에 의하여 담보된 채무가 그 방식에 하자가 있는 경우 외에 어떠한 사유로 인하여 무효가 된 때에는 그 효력이 있습니다(어음법 32조 2항·77조 3항). 따라서 실제하지 않는 회사의 명의로 발행된 어음에 보증한 자는 어음행위의 독립의 원칙에 의하여 어음 보증인으로서 책임을 져야 합니다.

그러나 주채무자가 무능력자이기 때문에 그 어음의 행위가 취소된 때에는 직접의 상대방은 무권리자가 되므로 이 자의 청구에 대하여는 보증인도 이행을 거절할 수 있음은 물론입니다.

이와 같이 어음상의 보증은 연대보증에 있어서와 같이 주된 피보증채무에 종속하는 것과는 달리 독립하여 성립되는 점에 큰 차이가 있습니다.

**(3)** 어음에 배서하는 경우(보증적 배서 또는 숨은어음 배서) 배서가 보증의 뜻으로 행하여지는 수가 있습니다. 즉 채무자는 보증인이 될 자를 수령인으로 하여 그 어음을 채권자인 은행에 대하여 배서양도하는 것입니다. 보증인이 될 자는 채무자와의 관계에 있어서는 연대보증인이나 어음보증인이 아니지만, 어음 소지인인 은행에 대하여는 배서가 갖는 보증적 효력(어음법 15조 1항)에 의하여 인적담보로서의 기능을 다하게 되는 것입니다. 즉, 배서인은 이러한 담보책임을 지므로 어음에 배서를 하는 것은 마치 어음 인수인의 채무를 보증하는 것과 같다 할 수 있으며 특히 이 책임은 다른 어음 채무자가 합

동하여 책임을 지고(어음법 47조), 또 다른 어음채무자의 채무와는 독립하고 있으므로(어음법 7조) 오히려 부진정연대채무(불완전연대채무)를 진다고 할 수 있습니다. 이와 같이 어음상의 채무를 담보하기 위한 목적으로 어음보증 이외의 어음행위 예컨데, 배서·인수 등이 행하여지는 경우를 숨은어음 보증이라고도 합니다. 따라서 이 경우에는 어음상에는 어음보증이라고 표시되지 않고 배서인수로 표시되므로 이들 행위는 그 행위에 특유한 효력이 생깁니다.

따라서 배서가 발행인의 채무를 보증할 목적으로 한 경우라도 보증인은 어음 소지인에 대하여 오로지 배서인으로서 책임을 지나, 그 배서인은 사실 보증의 목적으로 한 것이므로 당사자 간에 있어서 그 보증은 인적항변의 사유가 됩니다. 이것을 숨은어음보증이라 하고 있습니다.

이상에서 언급한 바와 같이 은행이 어음대출을 취급하고 담보를 확실히 하여 채권 회수에 지장이 없게 하는 방법으로 여러 가지 형태의 보증방식을 취하고 있는바, 현재 은행은 소비대차계약에 기한 대출방식에 더하여 어음대출의 형식을 취하고 있기 때문에 소비대차권에 기한 은행거래약정서와 보증서를 징구하는 것 외에 어음채권에 기한 어음상의 보증이나 배서케하는 방법을 병행하고 있어 민법 및 어음법상의 채권행사를 병행하여 어느 한가지 방법으로서도 가능하다는 결론에 도달할 수 있게 됩니다. 즉,

① 은행거래약정서와 보증서에 보증케 하는 방법 → 연대보증의 효력이 있습니다.

② 채무자와 은행 앞으로 발행한 어음상에 보증케 하는 방법 → 피보증인과 동일한 책임을 집니다.

③ 어음에 배서케 하는 방법 → 담보적 효력이 있습니다.

## 12. 어음할인의 경우 환매청구권의 행사

> **【질의】** ➡ 어음을 할인하여 준 경우 할인의뢰자와 재무상태가 악화되어 환매청구권을 행사하려고 하는데 언제 하여야 하는지?

**【답변】** ➡

### (1) 환매청구권 행사의 필요성

은행이 어음을 할인하여 준 경우 당해 어음금을 용이하게 회수하게 하기 위해서는 할인의뢰인의 자력이 어음금을 지급할 만한 상태에 있을 것이 필요하며, 그렇지 않은 경우에는 어음상 배서인으로서 소구의무를 부담하는 할인의뢰자에게 환매청구권을 행사하여야 하고, 이를 위해 은행거래약정서에 이를 합의하여 두는 것이 일반적입니다.

### (2) 환매청구권의 행사가 가능한 경우

다음의 사유가 발생한 경우 어음을 할인해 준 은행은 할인의뢰인에 대하여 할인어음금 전부를 지급기일의 도래 여부에 관계없이 환매청구권을 행사할 수 있습니다.

1) 가압류·압류·경매의 신청이 있거나 파산이나 화의개시가 있거나 회사정리절차개시의 신청이 있거나 또는 청산에 들어간 때
2) 조세공과를 체납하여 독촉을 받거나 납기전 납부고지를 받을 때
3) 지급을 정지한 때
4) 어음 교환소의 거래정지처분이 있는 때
5) 할인은행에 대한 채무의 일부 또는 전부를 변제하지 아니한 때

### (3) 발행인의 자력을 이유로 하는 환매청구

현행 은행거래약정서에 따르면 은행이 할인하여 준 어음의 주채무자가 지급기일에 자금부족 등의 사유로 어음금액을 지급하지 않는

경우에, 은행은 당해 주채무자가 발행인으로 되어 있는 어음에 관하여 할인의뢰인에게 당해 어음금액 전부에 대하여 환매청구권을 행사할 수 있습니다. 또한 이 경우에는 당해 어음의 지급기일의 도래 여부와는 상관없이 환매청구권을 행사할 수 있습니다.

## 13. 환매청구권의 발생

**【질의】** ➡ 은행에서는 할인하여 준 어음이 부도로 처리되면 그 의뢰인에게 환매청구권을 행사하는 경우가 종종있는데, 어떠한 때에 환매청구권은 발생하는지?

**【답변】** ➡

어음할인은 어음의 만기가 도래하기 전에 어음을 현금화하는 수단이며, 그 법적 성질은 어음과 어음상에 표창된 권리의 매매라고 보는 것이 일반적입니다. 이에 따라, 어음을 할인하여 준 은행은 어음할인을 통하여 어음을 취득하게 되고 또한 어음상의 권리를 취득하게 되며, 할인하여 준 어음이 부도로 처리되면 어음의 할인을 의뢰한 자나 기타 배서인 및 환어음의 발행인에 대하여 청구권(어음법 43조·77조 1항 4호)을 행사할 수 있습니다. 그런데, 은행의 실무에서는 할인어음 자체가 부도로 처리된 경우 이외에도 어음상의 주채무자 또는 할인의뢰인의 신용이 저하된 때에, 은행여신거래기본약관 또는 상관습에 의거하여 할인은행이 할인의뢰자에 대하여 할인어음의 환매를 청구할 수 있는 권리가 인정되고 있는데, 이를 환매청구권이라 부릅니다.

어음거래약정에서 일반적으로 환매청구권이 인정되는 경우는 두 가지 경우로 대별됩니다. 즉, 일정한 사실이 발생하면 할인은행의 환매청구가 없어도 할인의뢰인에게 당해 어음의 환매의무가 성립하는 경우와 할인은행의 환매청구권 행사에 의하여 할인의뢰인에게 환매의무가 발생하는 경우로 나눌 수 있습니다(은행여신거래기본약관 7조).

거래약관상 할인은행의 환매청구 여부에 관계없이 할인의뢰인이 ①가압류·압류나 경매의 신청 또는 파산·화의개시나 회사정리절차개시의 신청이 있는 때 또는 청산에 들어간 때, ②조세공과를 체납하여 독촉을 받거나 납기전 납부고지를 받은 때, ③지급을 정지한 때, ④어음 교환소의 거래정지 처분이 있는 때, ⑤ 인은행에 대한 채무의 일부라도 기한에 변제하지 아니한 때, ⑥위법·부당한 방법으로 융자를 받음으로써 금융질서를 문란시킨 사실이 판명된 때 등에는 전부의 어음에 대하여, 그리고 어음의 주채무자가 기일에 지급하지 않거나 앞의 ①~⑥에 해당하는 때에는 그가 주채무자로 되어 있는 어음에 대하여 각각 할인은행으로부터의 통지·최고 등이 없더라도 당연히 어음면 기재금액의 환매채무를 부담하며 변제하여야 합니다. 즉, 일정한 사유가 할인의뢰인에게 발생한 경우에는 그가 할인한 어음 전부에 대하여 환매할 의무가 생기고, 할인어음의 주채무자에게 일정한 사유가 발생한 경우에는 그 자가 주채무자로 되어 있는 할인어음에 한하여 환매할 의무가 생깁니다.

다른 한편, 할인의뢰인이 할인은행과의 모든 거래약정 가운데 일부라도 위반한 때, 보증인이 앞의 ①~⑥의 경우에 해당하는 때 또는 기타 채권의 보전상 필요하다고 인정되는 때에는 할인은행의 청구에 의하여 할인의뢰인은 환매의무를 부담합니다.

이에 덧붙여 대부분의 거래약정은 할인의뢰인에게 환매의무가 발생하면 할인의뢰인의 환매채무와 할인의뢰인의 제예치금 기타 채권과의 상계를 할 수 있도록 함으로써 할인은행의 어음금 회수방법을 용이하게 하는 방법을 마련하고 있습니다.

## 14. 환매청구권과 만기전 소구권

【질의】 ➡ 은행에서는 어음을 할인해 준 경우 만기전이라도 일정한 사유가 발생하면 할인의뢰인에게 당해 할인어음을 환매할 것을 청구할 수 있는데, 이러한 환매청구권은 만기전의 소구와 어떻게 다른지?

【답변】 ➡

환매청구권과 소구권은 모두 어음상의 만기 이전이라도 일정한 요건만 충족되면 발생한다는 점에서 동일합니다. 그러나, 일정한 요건의 충족이라는 점에서 보면, 어음법상의 소구권에 있어서는 어음의 주채무자에 대하여 발생하는 반면, 환매청구권에 있어서는 할인의뢰인의 신용의 악화 등 어음관계이외의 특약에 의하여 발생하고, 따라서 어음상의 소구권 발생의 요건이나 효력에 의하여 아무런 영향을 받지 않는다는 점에 차이가 있습니다.

어음법 제43조 2호의 규정에 따라 소구권은 지급인에 대한 파산·지급정지, ·지급인의 재산에 대한 강제집행의 부주효 등의 경우와 화의법 제26조의 화의개시의 결정 또는 회사정리법 제45조의 회사정리절차개시의 결정 등의 경우에 행사가 가능합니다. 그러나, 환매청구권은 전술한 만기전 소구권 발생의 원인이 있는 경우 이외에도 은행여신거래기본약관 제7조 1항의 사유가 발생한 경우에도 그 행사가 가능합니다. 즉, 할인은행에 대하여 상당히 유리한 지위를 부여하고 있는 것입니다. 더욱이 동 약관 제8조 2항은 채권의 보전상 필요하다고 인정되는 경우에도 할인은행의 환매청구권을 인정하고 있습니다.

형식적으로도, 소구권을 행사하는 경우에는 어음의 제시(어음법 44조 5항), 소구의무자에 대한 지급거절의 통지(어음법 45조) 및 일정한 서류의 제출(어음법 44조 6항) 등의 요건이 필요하고 소구금액의 지급과 어음의 반환이 동시이행관계에 있게 되나(어음법 50조), 환매청

구권을 행사하는 경우에는 형식적 절차가 필요하지 않으며,(은행여
신거래기본약관 8조 1항).

할인의뢰인의 예치금 기타 채권과 어음채권을 상계하여 차감정산
을 하는 경우에는 어음의 반환도 필요하지 않습니다(은행여신거래기
본약관 10조 1항).

소멸시효에 있어서 소구권 행사의 경우 어음법 제70조 2항에 따라
소구의무자에 대한 소구권의 소멸시효기간은 1년이며, 할인은행의 할
인의뢰인에 대한 환매청구권의 소멸시효기간은 상법 제64조에 따라
상사채권으로서 5년으로 완성됩니다.

## 15. 은행의 실무에서 배서에 관하여 주의할 점

【질의】 ➡ 은행에서는 어음의 추심의뢰나 할인 등을 위하여 거래처로부터 어음을 배서양도받는 경우가 많은데 실무상 주의할 점으로는 어떠한 것이 있는지?

【답변】 ➡

어음의 배서는 어음의 이면에 배서인이 어음금액을 피배서인에 대하여 지급할 것을 의뢰하는 뜻을 기재하여 어음을 피배서인에게 교부함으로써 어음에 표창된 모든 권리를 피배서인에게 이전하는 것을 의미합니다. 배서는 본래 어음상의 권리를 이전하려는 목적에서 이루어지며, 그 외에도 보증·담보·자금의 융통 및 추심위임을 위하여도 행하여집니다. 은행실무상 배서와 관련하여 주의하여야 할 경우는 다음과 같습니다.

### (1) 배서일자가 발행일보다 앞서는 경우

배서일자는 어음법 제1조 및 제75조의 어음요건에 해당하지 않으므로 그 기재가 없어도 유효합니다. 또한, 배서일자가 달력에 없는 날짜 또는 발행일보다 선일자로 기재되어도 배서는 유효하다는 판례도 있습니다(대법 1968. 6. 25, 68 다 243). 이러한 어음을 은행이 취득하는 경우, 은행이 권리행사를 함에는 아무런 지장이 없으나 예상 외의 분쟁을 미리 방지한다는 의미에서 배서인으로 하여금 정정하도록 권유할 수도 있습니다.

### (2) 배서일자가 없거나 배서인의 처소가 기재되지 않은 경우

배서일자와 배서인의 처소는 이른바 배서의 유익적 기재사항으로서 이들을 기재하지 않아도 어음은 유효합니다. 그리고, 배서일자가 없는 경우에는 어음법 제20조 2항에 따라 당해 배서는 지급거절증서 작성기간 경과전에 행하여진 것으로 추정되며, 어음법 제45조 3항은 배서인이 그 처소를 기재하지 아니하거나 그 기재가 분명하지 아니한 경우에는 그 배서인이 직접 전자에게 통지하면 된다고 규정하고 있습니다.

### (3) 피배서인의 기재가 예명으로 되어 있는 경우

피배서인의 기재는 어음상 권리자의 지정을 위한 것이며, 기본어음에서 수취인을 기재하는 것과 유사한 성질을 갖습니다. 따라서 예명 등 통칭이나 아호로 기재하여도 무방합니다. 또한 회사의 상호만을 기재하여도 무방하다고 봅니다. 어음법 제16조 1항은 백지식 배서를 인정하고 있으며 따라서 피배서인의 기재는 배서의 요건이 아닙니다.

### (4) 상속이나 합병으로 취득한 어음이 제시되는 경우

피상속인이나 합병의 소멸회사가 피배서인으로 기재된 어음을 상속인 또는 합병의 존속회사가 자기의 명의로 배서하여 제시하는 것은 어음상 권리의 실질관계에는 부합하나 배서의 불연속이 발생하게 되어 유효한 배서가 되지 못합니다. 따라서, 은행은 호적등본 또는 법인등기부등본 등과 같은 상속이나 합병을 확인할 수 있는 증빙서류를 제시인에게 청구하여 어음에 첨부한 후 지급하는 방법을 취하여야 합니다.

### (5) 배서금지어음(지시금지어음)인 경우

어음은 어음법 제11조 1항의 규정에 따라 당연한 지시증권입니다. 따라서, 지시문구가 없어도 배서에 의하여 양도할 수 있습니다. 그러나, 어음의 발행인은 어음에 '지시금지' 또는 이와 동일한 뜻의 문자를 기재함으로써 그 배서성을 박탈할 수 있습니다(어음법 11조 2항).

이러한 어음을 배서금지어음 또는 지시금지어음이라 부릅니다. 배서금지어음을 양도하려면 지명채권의 양도방식에 따라야 합니다. 즉, 민법 제450조에 따라, 양도인이 양도의 사실을 채무자에게 통지하거나 채무자의 승낙을 얻어야 하며, 이러한 통지나 승낙은 확정일자가 있는 증서에 의하여야 합니다. 한편, 어음교환소 규약상 지시금지를 위반한 어음은 형식불비의 부도사유에 해당합니다. 따라서, 은행에서 이러한 어음을 취득하게 되는 경우에는 지명채권의 양도방식을 취하게 하여 취득하는 등의 주의를 필요로 합니다.

## 16. 회사 발행어음의 기명날인 또는 서명

> **【질의】** ➡ 은행에서는 실무상 회사 발행어음을 취득하는 경우가 많은데, 그 기명날인 또는 서명의 방법이 일정하지 않은 때도 있습니다. 어떻게 기명날인 또는 서명이 되어야 문제가 없는지?

**【답변】** ➡

상법상 회사는 모두 법인이므로(상법 171조 1항) 당연히 어음을 발행하고 배서하는 등의 어음행위를 유효하게 할 수 있습니다. 어음법 제1조 8호는 발행인의 기명날인 또는 서명을 어음요건으로 하고 있는 바, 법인이 어음행위를 행하는 경우에는 그 대표기관이 법인을 위하여 행위를 한다는 것을 표시하고 또한 대표기관 자신이 기명날인 또는 서명을 하여야 합니다.

완전한 기명날인 또는 서명이 되기 위하여서는 상호(회사명), 발행인의 지위(또는 직명), 발행인의 성명이 기재되고 발행인의 날인 또는 서명이 있어야 합니다. 이 경우에는 법인을 위하여 권한이 있는 자가 기명날인 또는 서명한 것으로서 어음상의 권리와 의무는 법인에 귀속합니다.

발행인의 성명만이 기재되고 법인인(또는 회사의 상호가 각인된 인장) 또는 직인이 날인되거나 서명한 경우에 법인은 어음상의 책임을 부담하지 않으며 발행인 개인의 책임이 됩니다. 발행자가 회사를 위하여 어음행위를 한다는 의사가 있었더라도 어음상의 책임은 발행인 개인에게 귀속합니다.

상호(회사명)와 발행인의 성명이 기재되고 법인인이나 직인이 날인되거나 서명한 경우는 발행인의 법인(회사)에 대한 대표성을 여부가 불분명한 경우로서, 발행인 개인이나 또는 법인에 대하여 직접 지급청구를 할 수 있다고 보는 것이 일반적입니다. 대표성 여부는 발행인의 지위 또는 직명에 의하여 판단될 수 있으며, 대표이사·대표사원·사장·전무·이사 등이 그것입니다. 다만 직인에 의하여 발행인의 회사에 대한 대표관계가 표시된다고 인정되는 경우에는 회사를 위하여 어음행위를 한 것으로 간주되므로 법인에게 어음상 권리의무가 귀속될 것입니다.

상호(회사명)만이 기재되고 발행인의 성명은 기재되지 않은 경우에는 어떠한 인장으로써 날인하거나 서명하여도 그 어음은 무효가 됩니다. 법인의 경우 타인에 의한 기명날인 또는 서명의 대행은 인정되지 않으므로 형식적 요건을 흠결하기 때문입니다.

은행실무에서는 기명날인 또는 서명이 어떠한 방식으로 되어 있는가를 면밀히 검토하여 분쟁의 소지가 있는 어음은 가능한 취득하지 않거나 권한이 있는 자에게 정정을 요구하여 취득하는 것이 안전한 방법이며, 거래처의 어음을 발행할 수 있는 대표자가 누구인지를 파악하여 두는 것도 필요합니다.

## 17. 은행이 변조어음을 취득한 때

【질의】 ➡ 은행에서는 은행과 거래약정을 체결한 거래처가 발행한 어음을 제시받는 경우가 있는데 과거의 거래실적을 신용하여 당해 어음의 변조 유무를 확인하지 않는 경우도 종종 있습니다. 어음의 변조와 관련하여 어떠한 점에 주의하여야 하는지?

【답변】 ➡

어음이 변조된 경우 어음행위자는 어음법 제69조에 의하여 변조 후에 기명날인 또는 서명한 자는 변조된 문언에 따라 책임을 지고, 변조 전에 기명날인 또는 서명한 자는 원래의 문언에 따라 책임을 부담합니다. 한편, 어음상의 기재사항 가운데 어음금액이 문자와 숫자로 기재되어 그 차이가 있는 경우에는 문자로 기재한 금액이 어음금액으로 되며, 문자 또는 숫자로 중복기재되어 그 차이가 있는 경우에는 최소금액을 어음금액으로 합니다(어음법 6조·77조 2항). 경우에 따라서는 은행이 어음에 배서를 하는 때도 있는데, 어음변조시 어음행위자의 책임과 관련하여 은행의 기명날인 또는 서명이 변조 전에 이루어졌음을 주장할 필요가 있는 때도 있습니다. 이러한 경우에는 은행이 자신의 기명날인 또는 서명이 변조 전에 행하여졌음을 입증하여야 하는바, 기명날인 또는 서명에 그 일자를 부기하여 두는 것도 입증을 용이하게 하는 방법입니다. 그리고, 어음이 은행에 제시되는 경우에는 상당한 주의로써 변조여부를 확인할 것이 필요하며, 판례에 따르면 일반적으로 이용되는 변조감식기의 사용까지 요구하고 있는 바, 변조에 관하여 면책되기 위해서는 발행인인 거래처에 대한 조회 등 가능한 모든 주의를 기울여야 합니다.

## 18. 변경등기 전 발행어음의 책임

> **【질의】** ➡ 신임 대표이사가 선임되거나 상호가 변경된 경우 그 변경등기를 하지 않고서 신임 대표이사의 명의 또는 새로운 상호를 기재하여 발행한 어음을 은행에서 취득하는 때가 있는데 그러한 어음의 책임관계는 어떻게 되는지?

**【답변】** ➡

상법 제317조 2항에 따라 상호와 대표이사의 성명은 등기사항이며, 그 변경이 있으면 상법 제317조 3항 및 제389조에 따라 변경등기를 하여야 합니다. 이때의 등기는 변경에 관한 효력요건이 아니라 제3자에 대한 대항요건입니다.

대표이사로서 선임되었으나 등기하지 않은 상태에서 또는 상호가 변경되었으나 미등기인 상태에서 어음행위가 이루어진 경우, 우리나라에서는 이에 관한 판례가 아직 존재하지 않으나, 일본의 판례와 학설은 어음상의 책임을 회사가 부담한다고 보는 것이 일반적입니다.

은행실무에서는 상호와 발행인의 지위(대표관계의 표시) 및 발행인의 기명날인 또는 서명이 적정하게 이루어진 경우는, 대표이사의 변경 또는 상호의 변경을 확인할 수 있는 증빙서류(주주총회의 의사록 등)를 첨부케 하여 어음을 취득하는 방법을 위하는 것이 안전합니다. 우리나라에는 이에 관한 판례나 또는 규정이 확립되어 있지 않는 상태이므로, 과거의 거래실적에 의해서만 판단하여 사실관계를 확인하지 않고 어음을 취득하게 되면 불측의 손실을 입을 수도 있기 때문입니다.

## 19. 비영리법인의 어음행위

【질의】 ➡ 비영리법인은 정관상의 목적의 범위 내에서 권리능력을 갖
는데, 목적 외의 사업으로 어음을 발행한 경우 그 효력은 어떻게
되는지?

【답변】 ➡

　　민법 제34조에 따르면 비영리법인의 권리능력은 정관에 정한 목적
의 범위 내로 한정됩니다. 그러나, 비영리법인도 목적사업의 수행상
금전거래를 필요로 하는 경우가 있을 것이며, 그 수단으로 어음행위
를 행하는 것은 당연히 비영리법인의 목적범위 내에 해당하는 행위
라고 보아야 할 것입니다. 한편, 비영리법인이 목적의 범위 내에 속
하지 않는 행위를 위하여 어음행위를 한 경우, 그 어음행위의 원인관
계가 비영리법인의 목적범위에 속하지 않는 것이며, 따라서 원인관계
에 의한 인적항변의 문제가 생길 따름이며, 어음행위 그 자체는 어음
행위의 추상성에 근거하여 그 효력을 상실하지 않습니다. 다만, 판례
는 비영리법인이 정관 소정의 목적범위를 일탈한 어음행위는 무효라
는 입장을 견지하고 있습니다. 그러나, 법인의 경우 그 영리성의 유
무를 묻지 않고, 사법상의 거래에서 당사자로서의 지위를 가지고 있
으며, 이에 따라 금전관계거래 등 경제적 활동에서의 주체가 되는 것
이 현실이므로 당연히 어음상의 권리능력이 있다고 보는 것이 일반
적입니다.

## 2ᴑ. 착오에 의한 어음·수표의 발행

> **【질의】** ➡ 은행에서 업무의 복잡성 때문에 어음이나 수표를 발행하는 때에 착오로 기재를 잘못하는 경우가 있는데 그 효력은 어떻게 되는지?

**【답변】** ➡

어음·수표행위도 당연히 법률행위이므로 유효한 어음행위가 성립하기 위해서는 의사의 흠결이 없는 유효한 의사표시로써 이루어질 것이 필요합니다. 따라서, 외형상으로는 형식적 요건을 모두 갖추어 유효한 어음행위가 있는 것처럼 보이지만, 착오로 인하여 발행인의 의사와 어음·수표상의 기재내용이 일치하지 않는 경우에는 그 어음행위의 효력이 문제됩니다. 이에 관하여 어음·수표법에는 특별한 명문규정이 존재하지 않으므로, 민법 제107조 이하의 의사표시에 관한 일반원칙에 따라 해결할 수 밖에 없습니다. 민법 제109조는 제1항에서 "의사표시는 법률행위의 내용의 중요부분에 착오가 있는 때에는 취소할 수 있다. 그러나 그 착오가 표의자의 중대한 과실로 인한 때에는 취소하지 못한다"고 규정하고, 제2항에서 "(착오로 인한) 의사표시의 취소는 선의의 제3자에게 대항하지 못한다"고 규정하고 있습니다. 따라서 어음행위의 내용의 중요한 부분에 착오가 있을 때에는 당해 어음행위는 취소할 수 있다고 봅니다. 그러나, 그러한 착오가 어음 행위자의 중대한 과실에 기인하는 것인 때에는 당해 어음행위를 취소할 수 없습니다. 또한 착오에 의한 의사표시를 이유로 어음행위를 취소하는 경우에는 선의의 제3취득자에게는 대항할 수 없게 됩니다. 즉, 유통성의 보호와 거래안전을 위하여 선의로 취득한 제3자에게는 착오를 인적항변으로서의 주장할 수 없는 것입니다.

예컨대, 10만원의 자기앞 수표발행을 의뢰받고 착오로 100만원의

자기앞 수표를 발행해 준 경우 또는 원인채무의 변제수단으로 50만
원의 약속어음을 발행하려는 때에 착오로 500만원의 어음금액을 기
재하여 발행한 경우, 수표의 발행의뢰인 또는 어음의 수취인에 대하
여는 착오를 인적항변으로 주장할 수 있으나, 수표가 유통되거나 또
는 어음이 배서양도되어 선의의 제3자가 취득하게 된 때에는 착오
를 인적항변으로 주장할 수 없습니다.

## 21. 조합의 기명날인 또는 서명

**【질의】** ➡ 조합이 어음거래를 하는 경우 그 기명날인 또는 서명은 어떻게 이루어지는지?

**【답변】** ➡

조합의 경우에는 법인격이 존재하지 않습니다. 또한 사단과 같은, 실체도 갖추고 있지 않습니다. 따라서 조합에는 어음권리능력이 없다고 보는 것이 일반적입니다. 그러나 조합원 대표를 통하여 조합원 전원이 행하는 어음행위는 경제활동상 특히 부정할 실익은 없습니다. 따라서, 대표조합원이 조합명과 대표자격을 표시하고 조합원 전부를 대리하여 기명날인 또는 서명하는 방법에 의하여 어음행위를 하는 경우 이는 유효하다고 보는 것이 판례의 입장입니다.

조합의 어음행위로 인한 어음상의 책임에 관하여는 조합원전부가 공동으로 합동책임을 부담한다고 보는 것이 판례와 다수설의 입장입니다. 그러나, 조합원은 조합관계에서 어음행위를 행하였고, 어음의 취득자도 조합관계임을 인식하였으므로, 조합원은 제1차적으로 조합재산으로 책임을 지고, 부족하면 조합원의 분담부분의 범위 내에서 개인재산으로 책임을 진다고 보는 견해도 있습니다.

은행 실무상 조합의 어음을 취득할 때에는, 당해 어음행위의 원인관계가 조합원을 위한 것인지의 여부, 조합원 전부에 대한 대리인지의 여부를 확인하고 또한 조합의 정관 등을 통하여 대표조합원의 진실성 여부를 확인할 필요가 있습니다.

## 22. 은행에서 위조어음을 할인

【질의】 ➡ 은행이 위조된 약속어음인 줄 모르고 할인하여 준 경우에는 어떻게 하여야 하는지?

【답변】 ➡

은행실무상 위조어음이 할인을 위하여 제시되는 것은 대부분 약속어음의 경우입니다. 즉, 누군가에 의해 어음이 위조되고, 그 위조어음을 양수한자가 은행에 할인을 의뢰하는 경우가 일반적입니다. 위조의 사실을 모르고 할인하여 준 경우, 피위조자는 원칙적으로 누구에 대해서도 어음상의 책임을 부담하지 않으므로, 할인은행은 피위조자에게 책임을 물을 수 없습니다. 즉, 피위조자는 할인은행의 선의·악의를 불문하고, 위조의 항변으로써 할인은행의 청구를 배척할 수 있습니다. 다만, 위조의 사실에 관하여 피위조자에게 귀책사유가 있는 때(예컨대, 위조자가 피위조자의 대리인으로 인식되는 경우)에는 어음거래의 안전을 위하여 표견대리(민법 126조)의 규정에 따라 어음상의 책임이 부과되는 경우도 있습니다. 그러나 표견대리를 입증하는 것은 그리 용이한 일이 아닙니다.

한편, 은행여신거래기본약관에 따르면, 할인어음이 위조를 사유로 하여 부도가 된 경우에는 할인의뢰인에 대하여 할인은행이 환매청구권을 행사할 수 있으며(은행여신거래기본약관 7조, 9조), 이 경우에는 채권의 보전이 비교적 용이하게 이루어져 할인은행의 구제책으로 이용될 수 있습니다.

은행 실무상, 어음할인은 거래실적상 비교적 신용도가 높은 경우에 한하여 하는 것이 안전하며, 조금이라도 의심이 가는 때에는 조회 등의 방법을 취하여야 합니다. 그리고, 환매청구권을 행사하는 경우에는 의뢰인의 예치금 등 채권을 확인하여 가능한 상계처리를 하는 것이 좋습니다.

## 23. 추심위임어음에 대한 은행의 권리

> **【질의】 ➡** 은행에서는 거래처로부터 어음의 추심위임을 의뢰받아 어음을 보관하고 있는 경우가 많이 있습니다. 추심위임의뢰로 보관하는 어음에 대하여 은행은 어떠한 권리를 갖는지?

**【답변】 ➡**

　은행에서 어음을 보관하는 경우는 어음의 추심을 의뢰받은 때와 어음대출에 의하는 때입니다. 어음의 추심의뢰로 인하여 은행에서 어음을 보관하고 있는 경우에는 어음추심의뢰인이 은행에 대하여 채무를 부담하고 있는 경우와 그렇지 않은 경우로 나누어 생각할 수 있습니다. 어음추심의뢰인이 은행에 대하여 채무를 부담하고 있고 또한 그 채무의 변제기가 도래한 때에는 은행은 상법 제58조에 따른 상사유치권을 행사할 수도 있고 은행여신거래기본약관의 규정에 따른 임의처분권을 행사할 수도 있습니다. 그리고, 어음추심의뢰인이 은행에 대하여 아무런 채무도 부담하지 않는 때에는 당해 어음에 대하여 어떠한 권리도 주장할 근거가 없으며, 따라서 어음추심의뢰인이 당해 어음의 반환청구를 하면 이에 응하여야만 합니다.

　상법 제58조는 상인간의 상행위로 인한 채권이 변제기에 있는 때에는 채권자는 변제를 받을 때까지 그 채무자에 대한 상행위로 인하여 자기가 점유하고 있는 채무자 소유의 물건 또는 유가증권을 유치할 수 있다고 규정하고 있습니다. 은행의 거래처는 대부분이 상인인 경우이며, 따라서 은행의 거래처인 어음추심의뢰인이 은행에 대하여 대출 등으로 인한 채무를 부담하고 있고 또한 그 채무가 변제기에 있는 때에는 은행은 그 채무가 완전히 변제될 때까지 추심의뢰된 어음을 유치하고 있을 수 있고, 추심의뢰인이 당해 어음의 반환을 청구하더라도 이를 거절할 수 있습니다. 다만, 상사유치권의 행사에 의하여 채권의 변제를 받기 위해서는, 채무자(어음추심의뢰인)가 변제를 하지 않는 경우 경매의 절차를 밟아야 하므로(민법 322조 1항) 은행의 업무상 불편한 점이 초래될 수도 있습니다.

한편, 은행여신거래기본약관에 따르면, 은행에 대한 채무가 이행되지 않는 경우 은행은 점유하고 있는 동산·어음 기타 유가증권을 추심 또는 처분할 수 있다고 규정하고 있으므로, 이를 통하여 채권을 실행할 수도 있습니다. 상사유치권의 행사를 통한 경매의 방법보다 용이하게 채권을 변제받을 수 있는 방법입니다. 다만, 은행여신거래기본약관은 은행과 거래당사자간의 관계에 한정되는 것이므로 제3채권자에게는 이로써 대항할 수 없다는 점을 유의하여야 합니다.

## 24. 어음대부

**【질의】** ➡ 은행에서 대출을 해 주면서 약속어음을 받는 때도 있고 계약증서를 작성하는 때도 있는데 어떠한 방법이 은행에 좋은지?

**【답변】** ➡

은행 실무상 대출금의 회수시기가 단기인 경우에는 어음대부를 택하고, 장기인 경우에는 증서대부를 택하는 경우가 일반적입니다. 그러나, 장기인 경우에 대출금이 분할상환되는 때에는 채권실행의 안전성을 확보하려는 목적에서 분할상환기일에 따른 수매의 어음을 받는 경우도 있습니다.

증서대부의 경우 은행은 금전의 소비대차(민법 598조 이하)에 근거한 채권만을 확보할 수 있으나, 어음대부의 경우 은행은 어음법상의 어음채권과 그 원인관계인 은행의 대출금 회수에 대한 권리행사의 폭이 넓어지는 장점이 있습니다. 또한, 대출시 취득한 어음의 지급장소는 당해 은행이기 때문에 당좌계정을 통한 직접결제가 가능하고, 대출금의 결제가 행해지지 않는 경우에도 어음소송을 통한 채무명의의 강제집행도 가능하다는 장점이 있습니다. 또한 대출을 통하여 취득한 어음을 재할인하여 금융을 새로이 창출할 수도 있습니다.

## 25. 은행실무와 사기 또는 강박에 의한 어음

> **【질의】** ➡ 은행에서 사기 또는 강박에 의하여 발행된 어음을 할인 등
> 으로 인하여 취득한 경우 어떠한 문제가 발생하는지?

**【답변】** ➡

어음발행행위는 법률행위이며, 이러한 법률행위에 의사표시의 흠결
이 있는 경우에는 그 효력에 일정한 제한이 가하여집니다. 어음을 발
행함에 있어 발행인의 의사에 반하여 사기 또는 강박에 의하여 어음
행위를 한 경우는, 어음법상 이에 관한 명문의 규정이 없으므로 민법
상의 일반원칙에 따를 수밖에 없습니다.

민법 제110조 1항에 따르면 사기나 강박에 의한 의사표시는 취소
할 수 있다고 규정하고 있으며, 3항에 따르면 이러한 의사표시의 취
소는 선의의 제3자에게 대항하지 못한다고 규정하고 있습니다. 따라
서, 발행인이 사기 또는 강박을 이유로 어음발행행위를 취소한다고
하여도 어음이 유통되어 선의로 당해 어음을 취득한 제3자에게는 취
소의 효력이 미치지 못하며, 어음법 제17조에 의한 인적항변의 절단
에 의하여 단지 사기 또는 강박을 행한 직접의 수취인과 사기 또는
강박에 의하여 어음이 발행되었음에 관하여 악의로 취득한 제3자에
대하여만 그 지급을 거절할 수 있습니다.

은행의 대부분의 경우, 사기 또는 강박에 의하여 발행된 어음이라
는 점을 모르고 취득하는 경우가 대부분일 것이며, 따라서 발행인에
게 어음금 지급청구를 하는 데에는 아무런 지장이 없다고 봅니다. 또
한, 발행인이 지급청구를 거절하는 때에는 할인의뢰인 등의 소구의무
자에게 소구권을 행사할 수 있음은 물론입니다.

## 26. 허무어음과 은행실무

【질의】 ➡ 은행에서 할인이나 또는 담보로 인하여 취득한 어음의 발행인이 가공인물인 경우에 은행은 어떻게 하여야 하는지?

【답변】 ➡

자력이나 또는 신용이 없는 자가 가공인물의 명의로써 어음을 발행하거나 또는 인수하여 할인받는 등의 사례가 종종 있습니다. 이러한 어음을 허무어음 또는 가공발행의 어음이라 부릅니다. 한편, 어음법 제7조는 어음행위독립의 원칙을 규정하고 있는바, 발행인의 기명날인 또는 서명이 가설인에 의하여 이루어짐으로써 그 기명날인 또는 서명이 무효인 경우에도 그 이후의 기명날인 또는 서명에는 영향이 미치지 않습니다.

은행실무상 발행인의 기명날인 또는 서명을 실질적으로 조사하여 그 유효·무효를 확인하는 것은 용이하지 않습니다. 따라서 어음용지의 관리에 주의를 하여 거래처를 인식함과 동시에 신용도에 따른 용지교부도 고려할 만하며, 취득한 어음이 허무어음인 때에는 배서인 등 소구의무자에게 소구권을 행사하거나 어음외의 권리로서 환매청구권을 행사할 수 있습니다.

## 27. 수표의 지급거절의 증명방법

【질의】 ➡ 수표의 경우에 소구권을 행사하려고 하는데, 지급거절의 증명은 반드시 지급거절증서로만 하여야 하는지?

【답변】 ➡

수표의 경우 소구권을 행사하기 위하여서는 지급제시를 하였으나 지급이 거절된 것을 증명하여야 합니다. 수표는 지급증권이며, 따라서 신속하고 간편하게 수표상의 권리의무관계를 진행시킬 필요가 있습니다. 그 결과, 지급거절의 증명방법은 반드시 공정증서와 같은 엄격한 방법에 한정되지 않으며, 지급거절증서 이외에도 지급인의 선언과 어음 교환소의 선언 등이 인정되고 있습니다.

지급인의 선언은 수표상의 지급인이 수표에 제시의 날을 기재하고 일자를 부기한 지급인의 선언으로서 이루어집니다(수표법 39조 2호). 선언은 반드시 수표면에 이루어져야 하며 보전에는 할 수 없다고 보는 것이 일반적입니다. 이 선언에 지급을 거절하는 이유를 기재하는 것은 법률상 일반적으로 요구되는 바는 아니지만, 어음 교환소를 통하여 제시된 수표의 지급을 거절하는 경우에는 어음 교환소 규약에 의하여 요구되고 있습니다.

어음 교환소의 선언은 적법한 시기에 수표를 제시하였으나 지급이 없었던 뜻을 증명하고 일자를 부기한 어음 교환소의 선언입니다(수표법 39조 3호). 지급인의 선언이 반드시 수표면에 이루어져야 하는 반면, 어음 교환소의 선언은 반드시 수표면에 이루어질 필요는 없습니다. 그리고 지급제시일을 기재할 필요도 없습니다. 단지 적법한 시기에 제시가 있었지만 지급이 없었다는 취지를 일자있는 증서에 의하여 증명하는 것으로 충분합니다. 실무에서는 어음 교환소의 선언보다는 지급은행의 선언이 일반적으로 사용됩니다. 거절증서 또는 이와 동일한 효력을 갖는 선언은 제시기간이 경과하기 전에 작성시켜야 하지만, 그 작성에 소요되는 시간을 고려하여 제시기간 말일에 제시된 경우에는 이에 이은 제1의 거래일에 작성시킬 수 있습니다(수표법 40조).

## 28. 수표의 복본발행

【질의】 ➡ 외국지점에 수표를 발행하여 송부하는 경우가 많은데, 수표의 경우에도 복본을 발행할 수 있는지?

【답변】 ➡

수표에는 어음과는 달리 인수제도가 없으며, 그 유통기간이 단기인 것이 일반적이므로 어음의 경우에서처럼 어음복본 또는 어음등본과 같은 것을 인정할 필요성은 적은 편입니다. 다만, 수표를 원격지에 송부한 경우에는 분실이나 도난에 대비할 필요가 있기 때문에 수표법에서도 복본제도를 인정하고 있습니다. 즉, 수표법상의 복본은 유통성의 확보 내지 조성을 목적으로 하는 것이 아니라 안전보호를 위한 것입니다.

수표법 제48조에 따르면 수표는 소지인출급식의 경우를 제외하고는 복본으로 발행할 수 있습니다. 소지인출급식 수표에 복본을 인정하는 경우에는 수통의 복본이 각각 양도되어 발행인이 각 통에 대하여 책임을 부담하는 불합리가 있기 때문입니다. 수표복본이 인정되는 경우로서는, 일국내에서 발행하고 타국에서 지급할 수표, 본국에서 발행하고 그 나라의 해외영토에서 지급할 수표, 일국의 해외영토에서 발행하고 본국에서 지급할 수표, 일국의 해외영토에서 발행하고 지급할 수표, 일국의 해외영토에서 발행하고 그 나라의 다른 해외영토에서 지급할 수표 등의 경우로서 그 원격성이 요구됩니다.

수표의 복본은 발행인이 발행하면 각각의 복본에는 그 증권의 본문 가운데 번호를 부여하여야 합니다. 번호가 부여되지 않은 복본은 독립된 수표로 인정됩니다(수표법 48조). 그리고, 어음과는 달리 수표 소지인에게는 복본청구권이 인정되지 않습니다.

수표법 제49조 1항에 따르면, 복본은 동일한 수표관계를 표창하기 때문에 그 1통에 대하여 지급이 있게 되면 다른 복본을 무효로 하는 뜻의 기재가 없어도 다른 복본은 무효로 됩니다. 그러나, 수표의 복본을 수인에게 각각 양도한 배서인과 그 후의 배서인은 기명날인 또는 서명한 각통으로서 반환을 받지 아니한 것에 대하야 책임을 집니다(수표법 49조 2항).

# 제18편. 어음수표의 형사문제와 부정수표단속법

## 1. 가계수표와 은행의 보증

**【질의】** ➡ 일반적으로 가계수표는 일반당좌수표와 같아 발행인이 신용만을 거래하고 있는데 은행이 보증하는 경우는 없는지?

**【답변】** ➡

가계수표는 개인의 신용으로 발행하는 점에서 당좌수표와 동일하지만, 그 발행할 수 있는 액수가 소액이라는 점이 당좌수표와는 다릅니다. 가계수표의 지급가능성은 발행인의 신용에 의할 수밖에 없으며, 은행이 발행한 수표카드를 소지한 자가 가계수표를 발행하는 경우에는 그 보증한도가 소액이어서 당해 수표금 전액에 대한 지급보증은 거의 불가능합니다.

자기앞 수표가 없는 외국에서는 개인이 발행하는 가계수표를 은행이 지급보증하는 것이 대부분인데, 우리나라에서도 1993년 7월 27일부터 최초로 은행보증가계수표제도를 실시하기에 이르렀습니다. 은행보증가계수표제도란 신용과 자산상태가 우수한 고객이 발행한 가계수표에 은행이 지급을 보증하여 줌으로써 현행의 자기앞 수표와 동일한 효력을 갖게 하는 제도입니다. 이 제도는 최근 여러 가지 문제점이 드러나 그 폐지론이 대두되고 있는 자기앞 수표를 대신할 새로운 결제수단으로 기대됩니다.

## 2. 부정수표단속법상의 범죄행위와 형벌

【질의】 ➡ **부정수표 단속법에 따른 범죄행위에는 어떠한 것들이 있으며 그에따른 형벌은 어떻게 되는지?**

【답변】 ➡

부정수표단속법은 1961년 7월 3일(1993.12.10.개정)에 혁명입법의 하나로 제정시행된 공법으로서 그 목적은 부정수표의 발행 등을 엄중히 단속처벌함으로써 부도수표의 남발을 방지하고 국민의 경제생활 안전과 수표의 유통증권으로서의 기능을 보장하자는데 있습니다.

### (1) 행위의 종류와 벌

동법상 범죄를 구성하는 행위를 구분하면 다음과 같습니다.

1) 부정수표 발행·작성행위(2조 1항)

① 가설인명의수표의 발행 또는 작성

② 무거래 〔금융기관(우체국포함)과 당좌거래없이 또는 거래정지처분 후〕 수표의 발행 또는 작성

③ 서명 또는 기명날인 상위수표의 발행 또는 작성행위가 있으며, 이러한 행위를 한 자 : 5년이하의 징역 또는 수표금액 10배 이하의 벌금형에 처하도록 되어 있습니다.

2) 정당수표의 부도 초래행위(2조 2항).

정당수표의 발행자 또는 작성자가 발행 후에,

① 예금부족

② 거래정지처분

③ 당좌거래의 해제나 해지로 인하여 제시기간 내에 제시한 날(제시기일)에 부도되게 한 때도 죄가 되며 5년 이하의 징역 또는 수표금액 10배 이하의 벌금형을 받게 됩니다.

3) 1)2)의 과실범(2조 3항)

① 과실로 이하여 부정수표 발행·작성행위의 죄

② 정당수표 부도 초래행위의 죄를 범한 때 : 이 경우에는 3년 이하의 금고 또는 수표금액 5배 이하의 벌금형을 받게 됩니다.

4) 허위신고행위(4조)

수표금액의 지급 또는 거래정지처분을 면탈하기 위한 목적으로 금융기관에 허위신고를 하는 행위 : 이 경우에는 10년 이하의 징역 또는 20만원의 이하의 벌금형을 받게 됩니다.

5) 위조·변조행위(5조)

수표를 위조 또는 변조하는 행위 : 이 경우에는 1년 이상의 유기징역과 수표금액 10배 이하의 벌금형을 받게 됩니다.


## (2) 범죄의 구성요건의 정도

위와 같은 죄가 성립되려면 어느 정도의 고의가 필요한바, 어떠한 특칙이나 실무상의 주의를 요하는 점 등이 있는가를 살펴보기로 하겠습니다.

1) 부정수표단속법상 죄가 성립되려면 그 행위에 고의가 필요합니다. 고의란 죄가 될 사실, 즉 제시기일에 부도될 것의 인식 또는 예견이 있으면 족하고 그 사실발생을 희망한다거나 결과발생을 의욕하면서 그 행위를 할 것을 요하지 않습니다(대법 1965. 6. 29 : 이 판례있은 뒤인 1966. 2. 26 법 개정으로 과실범 처벌규정을 명문화함으로써 고의요건을 요한다는 취지가 명백히 입법적 해결을 보았다). 따라서 발행한 수표가 부도가 될 것이라는 것을 예측하였다고 보여지는 사안을 범의가 없었다 하여 무죄를 선고하였음은 채증법칙의 위배입니다(대법 1970. 7. 21).

위의 고의에는 미심적 고의, 즉 발행할 때 수표가 혹시 지급기일에 가서 부도가 나지 않을까 하는 것을 예견하면서도 발행한 경우도 포함됩니다(대법 1970. 9. 17). 그러므로 수표발행시 부도될 것에 대한 인식이나 예견 가능성이 없는 경우(대법 1979. 12. 11), 부정수표 발행사실을 본인이 몰랐을 경우(대법 1981. 8. 25)에는 무죄가 됩니다.

2) 허위신고죄의 성립과 관련하여 이 죄의 성립시기는 금융기관에 허위신고를 한 때에 성립합니다(대법 1972. 5. 9). 현재 서울을 비롯한 각 지역 어음교환소 규약에 의하면 수표의 부도사유 중에는 '피사취'라는 것이 있습니다. 그런데, 그 운용에 있어 원인채무불이행도 포함시키는 것이 현실적이나, 대법원 판례가 수표 자체를 사취당한 사실이 없고 단지 원인채무불이행 관계로 약간의 시비가 있었음에 불과한 경우, 그 수표들의 지급을 막기 위하여 지급은행에 대한 피사취신고를 하게 되었고, 그 신고는 부정수표단속법 제4조 소정의 허위신고였다고 할 수 없다는 원판결이 있는 사안에 대하여 수표가 불요인의 문언증권인 성질과 부정수표단속법의 입법취지를 망각한 독단이었다고 아니할 수 없다고 하여 허위신고죄의 성립을 인정하고 있는가 하면(대법 1968. 9. 24), 지급을 면할 목적으로 은행에 수표를 사취당하였다고 허위신고를 한 사실을 인정할 수 있으니 부정수표단속법 제4조를 적용할 것은 법리 오해가 아니다 라고 하여 허위신고죄의 성립을 인정하고 있어(대법 1969. 2. 18) 실무상 주의를 요합니다. 이웃나라 일본의 경우, 동경어음 교환소 규칙 이행세칙에 의하면, 그 제65조에서 부도사유로서 계약불이행과 사취를 구별 명시하여 우리의 실정에서 일어날 수 있는 위와 같은 문제가 해결되어 있습니다. 우리의 어음 교환소 규약도 이와 같은 방향

으로 개정하거나, 아니면 실무처리에 있어 단순한 채무불이
행의 경우는 피사취의 적용을 배제시킴으로써 거래처가 억울
하게 죄인이 되는 경우를 방지함이 타당하리라 봅니다.

3) 부정수표 발행·작성행위의 죄 및 정당수표의 부도 초래행위의
죄와 그 과실의 죄는 발행인이 법인 기타 단체이면 수표상에
기재된 대표자 또는 작성자를 처벌함과 아울러 그 법인, 단체
는 벌금형에 처하며(3조 1항), 수표발행자가 대리인이면 그와
본인 양자를 벌합니다(3조 2항).

4) 위조·변조행위에 있어서 위조란 타인의 명칭을 사칭하여 권
한없이 기명날인 또는 서명을 작출하여 수표행위를 하는 것
을 말하며, 타인이 다른 목적으로 기명날인 또는 서명한 용지
를 수표로 만드는 행위도 위조입니다. 그리고 변조란 권한없
이 수표문언, 즉 수표요건과 유효기재사항을 변경함으로써 수
표권리 내용에 영향을 미칠 기재사항을 변경하는 것입니다.
그런데 변조에 있어 주의할 것은 수표문언을 합의하여 변경
한 경우에도 수표상에 기명날인 또는 서명있는 관계자 전원
의 동의가 없는 경우, 동의하지 않은 자에 대하여는 변조가
된다는 점입니다. 다만, 이런 경우 부정수표단속법상 변조가
되는가에는 의문입니다.

5) 부정수표 단속법의 위반으로 벌금을 선고하는 경우에 형사소
송법 제334조 1항에 의한 가납판결을 하여야 하며 구속된 피
고인에 대하여는 형사소송법 제331조의 규정에 불구하고 벌
금을 가납할 때까지 피고인을 구속합니다(6조).

6) 당좌예금 거래를 하는 사람이 여러 장의 부정수표를 발행한
경우에는 그 발행수표의 수만큼 부정수표단속법 위반죄가 성
립되고 그 수죄는 실질적 경합범 관계에 있습니다(대법 1982.
11. 23).

## (3) 처벌상의 특례

제2조 제2항 및 제3항의 죄는 반의사불벌죄로서 수표를 발행하거나 작성한 자가 그 수표를 회수하거나 회수하지 못하였을 경우라도 수표소지인의 명시한 의사에 반하여는 각 공소를 제기할 수 없습니다(2조 4항, 1993. 12. 10 신설).

## 3. 부정수표의 종류와 판별

【질의】 ➡ 부정수표단속법상 부정수표에는 어떠한 종류가 있으며 부정
수표에 해당하는지의 여부는 어떻게 판별하는지?

【답변】 ➡

(1) 부정수표의 종류

① 가설인명의수표

여기서 가설인 명의라 함은 수표 발행인의 명의가 개인인 경
우에는 주민등록표상의 명의와 일치하지 아니하는 것을, 그리
고 법인인 경우에는 법인 등기부상의 명의와 일치하지 아니
하는 것을 말합니다(령 2조 2항).

② 무거래수표

여기서 무거래수표란 당좌거래가 없이 또는 거래정지처분 후
에 발행한 수표입니다.

③ 서명·기명날인 상위수표

여기서 상위하다 함은 금융기관에 등록된 것과 다르다는 것
을 의미합니다.

④ 예금부족 부도수표

이 경우의 수표에 해당되기 위하여는 제시기간 내 제시한 것
으로서, 제시기일이란 수표법 제28조 2항의 규정에 의하여
수표를 제시한 날 및 동법 제29조의 규정에 의한 지급제시기
간 내에 금융기관에 지급을 받기 위하여 수표를 제시한 날을
말합니다(령 2조 3항).

⑤ 무거래부도수표

여기서 무거래부도수표란 발행 후의 거래정지처분이나 거래
해지로 인한 것으로서 제시기간 내 제시된 분을 말합니다.

## (2) 부정수표 해당여부에 판단

### ① 선일자수표의 경우

선일자수표의 특약에 반한 일자 전 지급제시로 예금부족부도된 경우에 동수표는 부정수표가 됩니다. 왜냐하면 선일자수표라도 수표법상 그 발행일자 전에 지급제시되어도 제시된 날에 지급하여야 하는 것이니 만큼(수표의 일람출급성), 설사 당사자간 특약에 반한 일자 전 제시로 부도된 경우라도 처벌을 면치 못한다고 해야 할 것이기 때문입니다.

또한 거래은행의 융자를 받게 되어 있는 것을 믿고 선일자수표를 발행하였더라도, 융자를 받지 못하면  부도 염려가 있음을 알고 발행한 것, 선일자수표 발행 후 수표계약 해지로 제시기일이 부도된 경우에도 발행시 당좌예금이나 당좌대월 계약 같은 지급자금 확보책없이 발행한 것이면 부정수표가 됩니다.

### ② 백지수표의 경우

백지수표의 발행도 부정수표 단속법의 규제대상이며 거래정지 처분 후에 백지수표 발행은 동법 위반죄가 됩니다. 물론 타인이 발행한 백지수표에 금액과 발행 연월일을 기입완성하는 행위는 보충권의 행사로 볼 것이며, 이 보충행위를 지목하여 수표의 발행이나 작성으로 볼 것은 아니라 하겠습니다.

그런데, 백지보충없는 지급제시가 있는 경우 발행인은 부정수표 발행행위의 죄책을 지는가? 대법원은 발행일이 보충되지 아니한 채 지급 제시된 백지수표의 발행인에 대하여 「(발행 년월일 중 발행월이 공란으로 발행되고 그 공란의 보충없이 지급제시하여 지급거절된 사실을 확정한 다음) 본 건 수표는 수표요건인 발행 연월일 중 발행월을 보충하지 아니한 채 행하여진 지급제시로서 적법한 지급제시로 볼 수

없을 뿐 아니라 부정수표단속법 제2조 2항 동법 시행령 제
2조 3항 및 수표법 제29조의 규정에 비추어서 수표의 제시
기한 내에 지급제시되었는지의 여부를 판정할 수 없으니 그
지급제시기한 내에 제시되었다는 점에 관하여 증명이 없는
때에 해당하고 또 엄격한 요식증권인 수표에 있어서 정황만
으로 백지보충권 행사가 있었다고 볼수 없다는 취지의 판단
에서 피고인에 대한 본건 공소사실에 대하여 무죄를 선고하
고 있는 원심의 사실인정 및 판단조치는 정당하다」고 판시
하고 있습니다.

## 4. 부정수표단속법상 은행원의 고발의무

> **【질의】** ➡ 은행원은 부정수표법상 일정한 경우 고발의무를 부담한다는
> 데 어떠한 것인지?

**【답변】** ➡

금융기관의 종사자가 직무상(근무 중에) 가설인명의수표·무거래수표·서명기명날인부도수표를 발견한 때에는 48시간 내에 예금부족부도수표·무거래부도수표를 발견한 때에는 30일 이내에 수사기관에 고발해야 하며, 고발의무 불이행시에는 100만원 이하의 벌금형에 처해집니다(부정수표단속법 7조).

**(1)** 금융기관이라 함은 수표법과 기타의 법령에 의하여 수표의 지급사무를 영위하는 은행 및 은행과 같이 지급되는 사람 또는 시설을 말하는 바, 우체국·농협·수협 등도 포함됩니다(수표법 적용에 있어서 은행과 동시되는 사람 또는 시설의 지정에 관한 규정).

**(2) 고발대상수표는 전술한 부정수표와 위조·변조수표입니다.**

**(3)** 고발기한은 가설인명의수표·무거래수표·서명기명날인부도수표를 발견한 때에는 48시간, 예금주족부도수표·무거래부도수표를 발견한 때에는 30일입니다.

발견한 때라는 기산점에 관하여는 가설인명의수표·무거래수표·서명기명날인부도수표·위조변조수표는 집무중 눈에 뜨인 그때이고, 예금부족부도수표·무거래부도수표는 수표상에 부도선을 한 때입니다. 그러나, 실무처리에 있어서는 그날 중의 고발대상수표를 영업시간 종료 후 일괄하여 고발상을 작성하여 익일중에 수사기관에 접수시키면 될 것입니다.

## 5. 등록과 다른 서명의 수표행위

> **【질의】** ➡A는 B의 협박에 의해 수표를 발행하면서 등록한 서명과 상이한 서명을 하였습니다. 당해 수표를 C가 취득하였으나 지급거절이 되자 C는 A를 부정수표단속법 위반으로 고소하였습니다. A의 죄책은 어떻게 되는지?

**【답변】** ➡

수표는 지급증권이므로 어떠한 사유에 의하건 지급불능이 되면 그 경제적 가치는 소멸합니다. 더욱이 수표거래의 안전성을 저해하게 되어 수표에 대한 거래계의 공신력이 저하되는 결과를 초래합니다. 한편, 수표를 작성하는 데에 필요한 일정요건을 흠결하는 경우에는 유효한 수표로서의 효력이 발생하지 않는바, 금융기관에 등록된 서명과 상이한 서명으로써 수표를 발행하는 것도 일정요건을 흠결하는 것이 됩니다. 따라서 지급을 받을 수 없는 수표가 됩니다. 부정수표단속법은 수표로서의 효력을 발생할 수 없는 지급불능의 수표를 발행한 자를 처벌하는 것으로 규정하고 있습니다.

부정수표단속법 제2조 1항 3호는 금융기관에 등록된 것과 상위한 서명 또는 기명날인으로 발행한 수표를 부정수표로 간주하여 발행인을 처벌한다고 규정하고 있고 제2조 3항은 위 범죄의 과실범을 처벌한다고 규정한 후 최근 신설된 제2조 4항은 과실범의 경우 수표 소지인의 명시한 의사에 반하여는 처벌할 수 없다고 하여 반의사 불벌죄로 규정하고 있습니다. 사례의 경우 A는 부정수표단속법 제2조 1항에 따라 부정수표 발행인에 해당되어 처벌을 면할 수 없으나, 그 발행행위가 B의 협박에 의한 긴급피난행위로도 될 수 있으므로, 이 경우에는 범죄가 성립될 수 없다고 생각할 수 있습니다.

## 6. 기명날인 또는 서명의 오기와 부정수표

> **【질의】** ➡ M회사 사장 A는 부장인 B에게 수표발행을 대행하도록 하였는데, B가 실수로 기명날인 또는 서명을 오기하여 발행한 결과 당해 수표가 지급거절되었을 때 A와 B는 어떻게 하여야 되는지?

**【답변】** ➡

부정수표단속법 제2조 1항 3호에서 규정하는 부정수표에는 그 서명이나 기명날인에 있어서 금융기관에 등록된 서명 또는 기명날인과 상위한 경우로 인하여 지급불능의 상태가 된 것만이 아니라, 서명 또는 기명날인의 오기에 의하여 지급거절됨으로써 지급불능의 상태가 되거나 금융기관에서 지정한 수표용지이외의 용지의 사용으로써 지급불능의 상태가 된 어음도 해당된다고 보는 것이 일반적입니다. 즉, 부정수표단속법 제2조 1항 3호는 수표의 지급인인 은행이 지급 동의를 할 수 없음으로써 지급불능의 상태가 되는 수표를 발행함으로써 성립하는 범죄인 것입니다. 사례에서의 B는 부정수표단속법 제2조 1항 3호에 해당하는 수표를 발행하였으나 그 과실이 인정되므로 제2조 3항에 의한 죄책을 면할 수 없으며, A는 감독상의 과실이 없는 경우에는 형사상 면책되지만, 그 수표의 발행위탁에 있어서 관리감독상의 과실이 인정되는 경우에는 B와 동일한 죄책을 부담합니다. 다만, 과실인 경우 A와 B는 반의사불벌죄로서, 수표소지인이 처벌을 희망하는 의사를 표시하지 아니하면 형사상 면책됩니다.

## 7. 수표계약의 해제에 의한 부도의 형사책임

【질의】 ➡ A는 은행에 잔고가 없음에도 2개월간의 연수표를 발행하면서 지급기일전에 입금하여 하였으나, 입금 전에 수표계약이 해제되었고 당해 수표는 부도가 되었습니다. A는 어떻게 처벌되는지?

【답변】 ➡

부정수표단속법 제2조 2항은 수표를 발행하거나 작성한 자가 그 수표를 발행한 후에 예금부족·거래정지처분이나 수표계약의 해제·또는 해지로 인하여 제시기일에 지급되지 아니한 때에도 처벌할 것을 규정하고 있습니다. 그리고, 최근 신설된 제2조 4항은 이 경우, 수표를 발행하거나 작성한 자가 그 수표를 회수하거나 회수하지 못하였을 경우라도 수표소지인의 명시한 의사에 반하여는 공소를 제기할 수 없다고 규정하고 있습니다. 수표의 발행행위 자체에는 흠결이 없으나 발행 후에 사정의 변경에 따라 발행자에게 그 책임이 귀속되는 사유로 인하여 지급불능의 상태가 된 경우로서, 발행자의 귀책사유로는 예금의 부족, 거래정지처분 및 수표계약의 해제·해지 등을 들고 있습니다.

사례에서 A가 수표거래의 해제를 인식하고 있으면서도 수표를 발행하였다면 부정수표단속법 제2조 2항에 따라 처벌되며, 수표거래의 해제를 예상하거나 인식하지 못하고 수표를 발행한 경우에는 부정수표단속법 제2조 3항에 따라 과실범으로 처벌됩니다. 그리고, 수표소지인이 처벌을 희망하는 의사가 없으면 반의사불벌죄로서 A는 처벌하지 못합니다.

## 8. 부정수표단속법과 형법의 범죄의 관계

【질의】 ➡ 부도로 처리될 것이 확실한 수표를 매매대금으로 취득한 경우 형법상의 사기죄로 고소하여야 하는가 부정수표단속법의 위반으로 고소하여야 하는지?

【답변】 ➡

부정수표단속법의 규제대상이 되는 때는 금전을 편취할 목적하에 기망적 수단을 사용함으로써 부정수표를 발행하는 경우와 유효한 수표의 발행 후에 법규에 위반되므로써 부정수표가 되는 경우입니다. 따라서 부정수표단속법 위반이 형법상의 사기죄와 관련되는 경우는 전자의 경우입니다.

한편, 사기죄는 기망에 의한 상대방의 착오있는 의사에 의하여 재물의 교부를 받거나 재산상의 이익을 취득하는 경우 및 제3자로 하여금 재물의 교부를 받게 하거나 재산상의 이익을 취득하게 하는 죄입니다(형법 347조 2항). 기망의 수단에는 물론 부정수표의 발행도 해당됩니다. 따라서, 부정수표의 발행은 그 자체로서 부정수표단속법이 위반(부정수표단속법 2조)이 되며, 이를 수단으로 하여 재물의 교부를 받거나 재산상 이익을 취득하게 되면 형법상의 사기죄가 성립합니다. 사례의 경우는 매매대금의 변제라는 재산상 이익을 취득할 목적으로 부도가 예상되는 수표의 발행을 기망적 수단으로 하여 부정수표를 발행하였고, 이를 교부함으로써 재산상의 이익을 취득한 것이 인정되므로 부정수표단속법의 위반과 형법상의 사기죄가 동시에 성립하게 됩니다.

부정수표단속법의 보호법익은 법 제1조에서 알 수 있듯이 유통증권으로서 수표의 경제적 기능이며, 형법상 사기죄의 보호법익은 타인의 재물 또는 재산상의 이익입니다. 사례의 경우에는 지급불능인 부정수표의 발행으로 수표의 경제적 기능은 저해되었고, 부정수표라는 기망수단으로 채무를 변제함으로써 재산상의 이익을 취득하여 타인의 재물을 침해하였습니다. 따라서, 부정수표 단속법 위반과 사기죄가 동시에 성립함으로써 양죄는 실체적 경합의 관계에 서게 됩니다. 따라서, 두 가지 죄명으로 고소가 가능합니다. 한편, 부정수표단속법 위반은 형식범으로서 그 요식성만 구비되면 범죄의 입증이 용이하여 신속한 해결을 얻을 수 있는 장점이 있습니다.

## 9. 가명의 수표발행과 부정수표단속법

> **【질의】 ➡** 영업상의 사정으로 가명으로써 은행과 당좌거래계약을 체결하고 수표를 발행하여도 부정수표단속법에 위반되는지?

**【답변】 ➡**

수표에 대하여는 수표거래의 안정성과 유통성의 확보라는 취지에서 요식증권이라는 특성이 부여되어 있으며, 이에 따라 수표를 발행하기 위해서는 그 요건이 완비되어야 합니다. 가명에 의한 수표 발행행위는 진실한 행위자가 없이 행하여지는 것이므로, 수표발행의 형식적 요건을 차치하고라도, 애당초 무효인 수표행위가 될 수 밖에 없습니다.

한편, 부정수표단속법 제2조 1항 1호는 가설인 명의의 수표발행을 금지하고 있는바, 그 취지는 당연히 무효인 수표행위를 방치할 수 없다는 것과 그로 인하여 파생되는 수표사기라는 가능성을 사전에 배제하려는 것입니다. 그리고, 금융경제상의 관점에서도 가설인 명의의 무책임한 수표발행의 남발은 금융거래계를 문란하게 할 뿐만 아니라 범죄의 번성을 초래할 수 있으며, 이는 법에서 수표거래의 안정성과 그 유통성을 보호하려는 취지와도 상치되는 것입니다.

수표법 제3조에 따르면 수표는 수표계약에 기해 은행에 자금이 있는 사람이 그 은행을 지급인으로 하여서만 발행할 수 있습니다. 한편, 부정수표단속법시행령 제2조 2항에 따르면 가설인의 명의란 수표발행인의 명의가 개인인 경우에는 주민등록표상의 명의와 일치하지 아니하는 것을, 법인인 경우에는 법인등기부상의 명의와 일치하지 아니하는 것을 말합니다. 그리고, 실무상 은행과 수표계약을 체결하기 위해서는 은행에 주민등록표나 법인등기부등본을 제출하여야 하므로 공부와 일치하지 않는 가명으로 수표계약을 체결하는 것은 매우 곤란한 일입니다.

## 10. 타인 명의의 수표행위의 효력

【질의】 ➡ 사업상의 사정으로 인하여 동생의 명의로써 수표를 발행하여 대금결제를 하고 있는데 이 경우 부정수표단속법에 위반되는지?

【답변】 ➡

타인명의의 수표발행은 타인의 동의유무에 따라 두 가지 경우로 나누어 생각할 수 있습니다. 즉, 실제로 수표를 발행하는 자가 타인(즉, 명의인)의 동의를 얻은 경우와 동의를 얻지 않고서 발행인 임의로 발행하는 경우입니다.

타인의 동의를 얻어서 수표를 발행하는 경우는 타인의 동의를 수표로 인한 책임을 부담한다는 뜻으로 해석할 수 있으며, 실제로 수표를 발행하는 자는 타인의 대리인으로서의 자격이 있다고 볼 수 있습니다. 따라서, 이 경우는 부정수표단속법 제2조 1항 1호의 가설인 명의의 수표발행에 해당되지 않는다고 봅니다.

한편, 타인의 명의로 수표를 발행하면서 타인의 동의없이 발행인의 편리에 따라 임의로 행한 경우, 당해 수표는 법률행위의 주체가 없는 상태에서 이루어진 것으로써 무효이고, 당연히 가설인 명의의 수표발행에 해당합니다. 그리고, 아무런 권한없이 타인 명의의 수표를 발행하였으므로 부정수표단속법 제5조의 수표의 위조에 해당된다고 봅니다. 다만, 외국에 거주하는 자의 동의를 얻어 그의 명의로 수표를 발행하는 경우, 국내에 주민등록이 되어 있는 등 자격을 갖추고 있는 때에는 수표의 발행에 제한은 없으나, 부도 등 사고발생시에는 원할한 수습을 기대할 수 없는 단점도 있습니다. 따라서, 신용이 불확실하거나 신규로 거래하는 경우, 아무리 동의가 있었다고 하여도, 타인 명의의 수표는 많은 주의를 요합니다.

## 11. 수표계약없이 행한 수표발행

【질의】 ➡ 상품매매대금으로 받은 수표가 무거래를 사유로 부도되었는데, 이러한 수표발행은 부정수표단속법에 위반되는지?

【답변】 ➡

부정수표단속법 제2조 1항 2호에 따르면 금융기관(우체국도 포함)과의 수표계약없이 발행한 수표를 부정수표로 간주하고 있으며, 이러한 부정수표를 발행한 자는 5년 이하의 징역 또는 수표금액의 10배 이하의 벌금에 처하도록 되어 있습니다. 한편, 수표법 제3조 따르면 수표는 제시한 때에 발행인이 처분할 수 있는 자금이 있는 은행을 지급인으로 하고 발행인이 그 자금을 수표에 의하여 처분할 수 있는 명시 또는 묵시의 계약에 따라서만 수표를 발행할 수 있습니다. 따라서, 수표의 발행인은 금융기관과 수표계약을 체결하고 금융기관을 지급인으로 하여 수표를 발행할 것을 법에서는 예정하고 있는 것입니다. 즉, 수표거래의 안전성을 보장하기 위하여 무거래수표는 그 발행을 억제하고 있는 것입니다. 한편, 기망행위에 의하여 타인으로부터 재산상의 이득을 취하거나 재물을 교부받은 경우에는 형법상의 사기죄도 성립하게 됩니다. 다만, 부정수표단속법에서는 실제로 재산상의 이득이나 재물의 교부가 없어도 무거래의 수표발행 자체만으로 부정수표발행의 죄가 성립합니다.

사례의 경우는 부정수표단속법 위반과 형법상의 사기죄가 실체적 경합을 이룬다고 볼 것입니다.

## 12. 은행의 거래정지처분 후의 수표발행

【질의】 ➡ 은행으로부터 거래정지처분을 받았으나 거래처에 수표를 발행·교부하였는데, 이 경우에도 부정수표단속법에 위반되는지?

【답변】 ➡

부정수표단속법 제2조 1항 2호에 따르면 금융기관으로부터 거래정지처분을 받은 후에 발행한 수표는 부정수표로서 그 발행인은 형사책임을 집니다. 수표는 그 사용이 빈번하고 금융거래에 미치는 영향이 크므로 수표법 제3조는 그 지급인을 원칙적으로 은행에 한정할 것을 정하고 있습니다. 이에 따라, 수표를 발행하려는 자는 은행과 수표계약을 체결하여 은행을 지급인으로 하는 수표를 발행할 수 있는 것이며, 은행에서는 거래자의 신용이 악화되거나 하는 등의 사유가 있는 때에는 거래정지처분을 함으로써 수표사고발생의 예방과 수표거래의 안정성을 도모하는 것입니다

사례에서는 은행의 거래정지처분이라는 사실을 인식하고 있으면서도 고의를 가지고 수표를 발행하였으므로 부정수표단속법 제2조 1항 2호에 따라 그 발행인은 형사책임을 면할 수 없으며, 무거래의 경우 수표발행을 한 때와 마찬가지로 재산상의 이득 또는 재물의 교부를 위한 수단으로 수표발행이 행해진 때에는 사기죄의 성립도 가능하다고 봅니다.

한편, 은행의 거래정치처분이 있었음을 모르고 수표를 발행한 경우에는 부정수표단속법 제2조 3항의 과실범이 성립하는데, 이 경우에는 반의사불벌죄로서 수표소지인의 의사에 반하여는 처벌하지 못하고 이른 바 연수표를 발행한 경우에도 원칙적으로는 부정수표의 발행에 대한 부정수표단속법상의 책임은 면할 수 없다고 봅니다.

## 13. 부정수표단속법 위반의 기수시기

【질의】 ➡ 거래처에서 대금결제로 어음을 취득하였는데 은행에 조회해 본 결과 발행일 전에 거래정지처분이 있었다고 합니다. 부정수표단속법 위반으로 고발하려고 하는데, 일단 은행에 지급제시를 하여 부도로 처리된 후에 고발하여야 하는지?

【답변】 ➡

범죄는 그 양태에 따라 그 완성시기, 즉 기수시기에 차이가 있습니다. 즉, 범죄가 결과범이냐 아니면 거동범이냐 등의 차이에 따라 범죄가 성립하는 시기가 다르며, 경우에 따라서는 기수에 이르지 않더라도 미수범을 처벌하는 경우도 있습니다.

부정수표단속법은 제1조에서 부정수표 등의 발행을 단속처벌함으로써 국민의 경제생활의 안전과 유통증권인 수표의 기능을 보장함을 그 목적으로 하고 있는바, 부정수표의 발행 자체만으로 곧 범죄의 성립이 있다고 보는 것이 타당합니다. 따라서, 은행에 지급제시를 함으로써 부도처리를 확인하는 것은 부정수표단속법 위반의 죄증을 명시한 것일 뿐이며, 반드시 동법 위반의 기수성립요건이라고 할 수는 없습니다. 다만, 부정수표단속법 제2조 3항에 따른 동조 2항의 과실범인 경우에는 반의사불벌죄로서 은행이 지급을 거절하고 수표소지인이 처벌을 희망한 시점이 기수시기가 됩니다.

## 14. 행위무능력자의 부정수표 발행

【질의】 ➡ 민사상 행위무능력자인 미성년자가 발행한 수표가 부정수표인 경우 그 형사상 책임은 어떻게 되는지?

【답변】 ➡

부정수표단속법 위반에 관한 책임능력에 대하여는 견해가 나뉘고 있습니다. 즉, 수표작성은 법률행위라는 점에 착안하여 민사상의 일반적인 행위능력에 관한 규정을 준용하여야 한다는 견해와 부정수표에 대한 불법성에 착안하여 형사상의 책임능력에 관한 규정을 준용하여야 한다는 견해가 있습니다.

한편, 형법 제8조는 본법 총칙은 타법령이 정한 죄에 적용합니다. 단, 그 법령에 특별한 규정이 있는 때에는 예외로 한다고 규정하고 있는바, 부정수표단속법에서는 형법의 이러한 규정을 배제한다는 특별한 규정은 두고 있지 않습니다. 따라서, 부정수표단속법 위반에 있어서 그 책임능력은 형법 제9조에서 정한 바와 같이 만 14세로 하여야 한다고 보는 것이 타당할 것입니다.

사례에서의 미성년자가 만 14세 이상인 민사상 미성년자인 경우에는 부정수표단속법 위반에 대한 책임능력이 있다고 보는 것이 타당합니다. 다만, 수표의 발행은 은행과 수표계약을 체결한 자에 한하여 가능한바, 대부분의 경우 미성년자와 수표계약을 체결하는 은행은 없을 것으로 보이지만, 만약 미성년자가 은행과 수표계약을 체결하는 등의 요건을 갖춘 경우에는 부정수표단속법 위반에 대한 책임능력을 가진다고 보는 것이 타당합니다.

## 15. 부정수표 작성자의 책임

> 【질의】 ➡ 회사의 경리부장이 사장을 대리하여 수표를 발행하는 경우에 고의로 부정수표를 발행한 경우 부정수표단속법에 의하여 형사책임을 부담하는지?

【답변】 ➡

수표 작성자의 책임은 수표발행의 명의인과의 관계에 따라 그 책임의 한계가 달라집니다. 즉, 수표발행의 번거로움을 피하기 위해 그 기재 등 물리적인 사항만을 대신하여 수표를 작성하는 경우도 있고, 일정한 권한을 위임받아 수표의 작성은 물론 발행·행사까지 행하는 경우도 있습니다. 또한, 타인명의로 수표를 발행하는 경우도 있을 수 있습니다.

부정수표단속법 제2조에 따르면 부정수표의 작성자도 발행자와 같이 처벌대상이 됩니다. 즉 형법 제8조의 공범에 관한 규정이 부정수표단속법에도 준용되는 것입니다. 따라서, 발행인과 작성인이 공모하여 고의로 부정수표를 작성·발행한 경우에는 함께 처벌되며, 부정수표의 작성인지 알지 못하고 발행인의 지시에 의하여 작성·발행한 수표가 부도로 된 경우에는 부정수표단속법 제2조 3항의 과실범처벌규정에 의하여 처벌되는데, 이때에는 반의사불벌죄로서 수표소지인이 처벌을 희망하지 않으면 처벌할 수 없습니다.

## 16. 가명의 수표발행과 유가증건위조죄

【질의】 ➡ 가명을 사용하여 은행에 당좌예금계좌를 설정하고 수표를 발행한 경우 범죄가 성립되는지?

**【답변】 ➡**

유가증권의 작성에 있어서 그 권한이 없는 자가 타인 명의나 허무인의 명의로써 이를 행하는 것을 유가증권의 위조라 합니다. 즉, 타인 또는 허무인의 명의로써 외형상 합법적인 유가증권이라고 타인을 오신할 정도의 유가증권을 작성하게 되면, 그 법정요건에 흠결이 있는 경우에도 범죄는 성립합니다. 한편, 형법은 제214조에서 유가증권의 위조 제215조에서 자격모용에 의한 유가증권의 작성, 제216조에서 허위유가증권의 작성 및 제217조에서 위조유가증권의 행사 등을 각각 처벌하고 있습니다.

사례의 경우, 가명으로 은행과 수표계약을 체결하는 것은 사실상 불가능하지만, 만약 수표계약이 체결되어 수표를 발행하면 부정수표단속법 제2조 1항 1호의 가설인의 명의로 발행한 부정수표에 해당됩니다. 그리고, 형법에 정한 범죄에 그 요건이 해당하는 경우에는 경합범이 성립할 수도 있습니다.

## 17. 백지보충권의 남용도 위조가 되는가

【질의】 ➡ A는 B에게 상품인도 전에 백지어음을 발행하면서 인도한 만큼만 어음금액을 기재하라고 하였으나 B가 이를 어기고 거의 5배에 해당하는 금액을 기재한 경우 형사적으로 B를 처벌할 수 있는지?

【답변】 ➡

　B는 발행인인 A와의 약정을 어기고 초과금액으로써 백지를 보충하였으므로 이른바 백지보충권의 남용이 됩니다. 한편 형법 제216조는 '행사할 목적으로 허위의 유가증권을 작성하거나 유가증권에 허위의 사항을 기재한 자는 7년 이하의 징역 또는 3천만원이하의 벌금에 처한다'고 규정하고 있는바, 따라서 이러한 백지보충권의 남용은 형법 제216조의 허위유가증권작성죄를 구성한다고 보는 것이 일반적이지만 다른 견해도 있습니다. 즉, 백지보충권의 남용이 형법적으로 어떠한 구성요건을 갖는가에 관하여는, 보충권의 범위를 넘지 않으면 진실한 보충권의 행사이므로 그 범위를 넘으면 허위의 작성이라고 보는 견해와 보충권의 남용은 보충권의 내용을 침해하는 것이고, 내용의 침해는 진실한 상태를 침해하는 것이며, 진실이 아닌 상태를 진실인 것으로 작성하는 것은 위조라고 보는 견해가 대립합니다.

　보충권의 남용에 관하여는, 그 남용된 부분에 따라 형사적 처벌에 차이가 있을 수 있습니다.

## 18. 선의취득한 위조어음의 배서양도

【질의】 ➡ A는 B로부터 매매대금으로 어음을 받았으나 그 후에 어음이 위조된 것임을 알았습니다. 그런데, A는 당해 위조어음으로 C에 대한 채무를 변제하였을 경우 A의 죄책은 어떻게 되는지?

【답변】 ➡

　형법 제207조 4항에 따르면 위조·변조의 화폐 등을 행사하거나 또는 행사할 목적으로 수입 또는 수출하는 행위는 처벌의 대상이 됩니다. 한편, 선의로 위조통화를 취득하였으나 그 후 그 통화가 위조통화임을 알게 되었음에도 진실한 통화인 것처럼 행사한 때에는 형법 제210조에 따라 일반적인 위조통화죄의 형벌보다는 감경된 처벌을 받게 됩니다. 그런데, 유가증권의 경우에는 통화의 경우와는 달리 형법 제210조와 같은 특별규정은 존재하지 않습니다. 따라서, 위조된 유가증권인지를 모르고 선의로 취득한 후에 당해 유가증권이 위조유가증권임을 알게 되고, 그럼에도 불구하고 당해 유가증권을 행사·교부한 경우에는 형법 제217조에 따라 위조유가증권행사죄가 성립하게 됩니다.

　사례에서의 A는 B에게서 어음을 취득한 때에는 위조의 사실에 대하여 선의였으나 그 후에 위조어음임을 알게 되었으며, 그럼에도 불구하고 당해 어음에 배서를 행하여 C에게 교부하였으므로 형법 제217조의 죄책을 면할 수 없게 됩니다.

　한편 A가 취득한 위조어음에 진실의 기명날인 또는 서명을 행한 자가 있는 경우, A는 그 자에 대하여 어음을 제시하고 어음금액의 지급을 청구할 수 있습니다. 즉, 위조어음에 기명날인 또는 서명한 자는 그 어음이 외형상으로 유효한 형식을 구비하고 있는 한, 어음에 기재된 문언에 따라 책임을 부담합니다(어음법 7조). 그 위조사실을 아는지의 여부와는 관계없습니다. 어음행위독립의 원칙에 따른 결과이다. 따라서, 위조어음상에 진실의 기명날인 또는 서명한 자에 대한 어음금의 지급청구는 위조어음소지인의 정당한 권리이며, 형법상의 위조유가증권행사죄에 해당하지 않습니다.

## 19. 보이는 어음을 발행한 자의 책임

【질의】 ➡A는 친척 B의 채무를 연기시키기 위하여 B를 수취인으로 약속어음을 발행교부하였습니다. B는 그의 채권자인 C에게 당해 약속어음을 보여주고 그 어음금을 지급받으면 채무를 변제하겠다고 하여 C로 부터 채무지급의 연기를 받았습니다. 이 경우 A에게도 죄가 성립하는지?

【답변】 ➡

사례를 분석하면 A는 진정한 어음금액의 지급의사가 없이 단지 B의 채무를 연기시켜 줄 목적으로 B를 수취인으로 하는 약속어음을 발행하였고, B는 당해 어음의 지급을 받으면 C에게 채무를 변제하겠다고 하여 이를 오신한 C는 B에게 채무지급의 연기를 승낙하였습니다. 따라서, B는 A가 발행한 약속어음 즉 뵈는 어음을 사용하여 C를 기망하였으며, C는 B의 기망행위에 의하여 착오로 인한 채무지급의 연기를 승낙한 것이 됩니다. 이때 B는 C를 기망하여 착오에 의한 의사표시를 하게 함으로써 채무연기라는 재산상 이익을 얻은 결과가 됩니다. 즉, B는 형법 제347조 1항의 사기죄의 죄책을 면할 수 없다고 봅니다. 한편, A는 자신이 발행한 어음에 의하여 B가 C로부터 채무지급의 연기를 받을 것이라는 사실을 인식하고 있었으므로 B의 사기행위를 방조한 것이 되며, 따라서 사기죄의 종범이 된다. 다만 A가 B의 사기행위를 인식하고 있었다는 점은 소송상 증명하기 곤란한 경우가 대부분일 것입니다.

결과적으로, 뵈는 어음은 가능한 한 발행하지 않는 것이 안전하며, 뵈는 어음의 용도로 어음을 발행교부받은 자가 당해어음을 선의의 제3자에게 양도하게 되면 발행인은 제3의 선의취득자에 대하여 어음상의 책임을 면할 수 없으므로 손실을 입을 수도 있습니다.

## 26. 강제집행보전방법

> **【질의】 →** 판결에 의하여 강제집행을 하는 경우 그 절차가 개시되기 전까지 채무자의 재산을 보전하는 방법으로는 어떠한 것이 있는지?

**【답변】 →**

판결에 의하거나 또는 공정증서에 의해 채무자의 재산에 채권을 집행하는 경우, 그 절차가 개시되기 전에 채무자가 재산을 은닉하거나 제3의 채권자가 변제를 받으면 아무런 실익이 없게 됩니다. 따라서, 집행절차가 개시되기 전에 채무자의 재산을 보전할 필요가 생기는 것이며, 이에는 저당권을 설정하거나 가압류를 행하는 방법이 있습니다.

가압류는 금전채권이나 금전으로 환산할 수 있는 채권에 대하여 동산 또는 부동산에 대한 강제집행을 보전하기 위하여 할 수 있습니다(민사집행법 276조). 그리고, 가압류는 이를 하지 않으면 판결의 집행을 할 수 없거나 판결의 집행이 현저히 곤란한 염려가 있는 때에 할 수 있습니다(민사집행법 277조). 가압류는 가압류할 물건의 소재지를 관할하는 지방법원(어음의 경우에는 그 지급지를 관할하는 지방법원) 또는 본안의 관할법원이 관할합니다(민사집행법 278조). 한편, 가압류를 신청하는 때에는 일반적으로 가압류 명령 신청서에 청구의 표시, 그 청구가 일정한 금액이 아닌 때에는 그 가격, 가압류 이유가 될 사실의 표시를 기재하는 것이 보통입니다(민사집행법 279조 1항). 그리고 그 청구의 내용과 가압류의 이유는 신청자가 소명하여야 합니다(민사집행법 279조 2항).

가압류 신청에 대한 재판은 변론이 없이도 행할 수 있으며 청구나 가압류의 이유를 신청자가 소명하지 않은 경우에도 채무자가 가압류로 인하여 입을 손해에 대하여 법원이 정한 담보를 제공한 때에는 법원은 가압류를 명할 수 있습니다(민사집행법 280조).

## 21. 어음채권 행사의 불표시와 기망

【질의】 ➡ A는 B와 물품매매계약을 체결하고 물품을 인도하였습니다. B는 계약체결시 대금 지급방법에 관하여 아무런 의사표시를 하지 않았는데, 물품을 수령한 후, A가 지급인으로 되어 있는 어음으로 물품대금과 상계하였습니다. A의 자금사정이 곤란하다는 것을 B는 잘 알고 있으면서 계약 체결 후에 일방적으로 어음으로 상계하는 것은 사기죄를 성립시키는지?

【답변】 ➡

　　사기죄는 적극적인 위조에 의한 기망행위로써 성립하는 것이 일반적이지만, 부작위에 의한 기망행위로 성립되는 경우도 있습니다. 부작위에 의한 기망행위로써 사기죄가 성립하기 위해서는 사기자가 피사기자에게 일정한 사실을 고지할 법적 의무를 부담하고 있는 경우 이를 고지하지 않을 것이 요구됩니다. 따라서 법적 고지의무가 존재하지 않는 때에는 부작위에 의한 사기는 성립할 여지가 없습니다.

　　사례에서는 A에 대한 물품대금지급채무를 A가 지급인으로 되어 있는 어음으로 상계하겠다는 사실을 B가 A에게 고지할 의무가 있는지가 문제됩니다. 일반적으로 금전채권은 상계가 허용되는 것이며, 따라서 A와 B사이에 계약을 체결하면서 현금으로 대금을 지급한다는 등의 특약이 없는 한, B는 A에 대하여 대금을 A가 지급인으로 되어 있는 어음으로 상계하겠다는 의사를 표시할 고지의무를 부담하지 않습니다. 그 결과 B에게는 사기죄가 성립하지 않습니다. 그러나, 계약체결을 용이하게 할 목적으로 B가 A에게 현금으로 구매하겠다는 의사표시를 하고, 계약체결과 물품의 인도 후에 어음으로써 상계한 때에는, B의 행위로 인하여 A가 착오에 빠진 점이 인정되고 또한 그로 인하여 B는 재산상의 이득을 취한 점이 인정되므로 사기죄가 성립할 수도 있을 것입니다.

# 제19편. 어음·수표와 회계

1. 받을어음 계정의 기재

2. 지급어음 계정의 기재

3. 수표의 계정

4. 어음할인과 회계계정

5. 어음할인과 대조계정

# 1. 받을어음 계정의 기재

【질의】 ➡ 어음을 취득한 경우 회사의 회계장부에는 어떻게 기장하는
지?

【답변】 ➡

　어음법상의 용어인 환어음이나 약속어음이라는 말은 회계장부에
그대로 기재하지 않고, 취득한 어음이 있을 때에는 받을어음이라는
계정을 사용합니다. 그리고, 어음의 취득으로 자산이 증가하면 차변
에 기재하고, 어음금의 지급을 받아 어음이 타인에게 교부되면 대변
에 기재합니다. 그 실례는 다음과 같습니다.

(1) 상품을 50,000원에 매각하고 어음을 그 대금으로 수취한 경우

　　(차) 받을 어음  50,000　　　　　(대) 매출 50,000

(2) 상품을 50,000원에 매각하고 자기지시어음인 환어음(발행인:매
　　도인, 지급인 : 매수인, 수취인 : 매도인, 인수인 : 매수인)을
　　발행하여 보관하는 경우

　　(차) 받을 어음  50,000　　　　　(대) 매출 50,000

(3) 상품을 외상으로 매각하였다가 그 대금을 어음으로 받은 경우

　　(차) 받을 어음  50,000　　　　　(대) 외상매출금 50,000

(4) 보관중인 어음을 은행에서 할인한 경우(할인료 1,000)

　　(차) 현　　　금　49,000　　　　(대) 받을 어음 50,000
　　　　할 인 료　　1,000

(5) 보관중인 어음의 만기일에 은행에 추심의뢰하여 어음금이 당좌
　　예금계정에 입금되는 경우

　　(차) 당좌 예금  50,000　　　　　(대) 받을 어음 50,000

(6) 거래처에 대한 대금채무와 보관중인 어음을 상계한 경우

　　(차) 외상매입금 50,000　　　　　(대) 받을 어음 50,000

(7) 보관중인 어음을 배서양도하면서 상품을 매입한 경우

    (차) 매　　입 50,000　　　　　(대) 받을 어음 50,000

(8) 보관중인 어음이 만기에 추심의뢰하였으나 부도로 처리된 경우

    (차) 부도　어음 50,000　　　　　(대) 받을 어음 50,000

## 2. 지급어음 계정의 기재

【질의】 ➡ 지급어음 계정을 회계장부에 기장하는 경우에는 어떠한 방식으로 하는지?

【답변】 ➡

지급의무를 부담하는 어음의 경우에 그 기재는 회계장부에 지급어음이라는 계정을 사용합니다. 즉, 어음채무가 발생한 경우 그리고 그 변제로 소멸되는 경우에도 지급어음 계정을 사용합니다. 따라서, 부채가 증가하는 경우에는 대변에 그리고 부채가 감소하는 경우에는 차변에 각각 지급어음 계정을 사용한다. 그 실례는 다음과 같습니다.

(1) 상품 50,000원을 매입하고 어음을 발행하여 결제한 경우

    (차) 매　　입  50,000　　　　　　　(대) 지급 어음　　50,00

(2) 외상매입금 50,000원을 어음을 발행하여 결제한 경우

    (차) 외상매입금 50,000　　　　　　(대) 지급 어음　　50,00

(3) 외상매입금 50,000원을 결제하기 위하여 채권을 가지고 있는 거래처를 지급인으로 하는 환어음을 발행한 경우

    (차) 외상매입금 50,000　　　　　　(대) 외상매출금　　50,00

(4) 외상매입금 50,000원을 결제하기 위하여 자기앞 환어음(지급인 : 본인, 수취인 : 외상매입거래처)을 발행한 경우

    (차) 외상매입금 50,000　　　　　　(대) 지급 어음　　50,00

(5) 외상매입금을 결제하기 위하여 외상매입거래처가 발행한 환어음을 인수한 경우

    (차) 외상매입금 50,000　　　　　　(대) 지급 어음　　50,00

(6) 발행한 어음의 만기일에 현금을 지급한 경우

    (차) 지급 어음 50,000　　　　　　(대) 현　　금　　50,00

## 3. 수표의 계정

【질의】 ➡ 수표를 발행하거나 또는 취득한 경우 회계장부에는 어떠한 계정을 사용하는지?

【답변】 ➡

수표는 은행과 수표계약을 체결함으로써 발행이 가능하므로 발행인은 은행에 당좌예금계좌를 가지고 있습니다. 따라서, 수표를 발행하는 경우는 당좌예금(또는 제예금) 계정을 사용합니다. 그리고, 수표를 취득한 경우에는 현금계정을 사용하기도 하고, 당좌예금에 입금시킨 경우에는 당좌예금 계정을 사용하기도 합니다. 한편, 선일자수표의 경우에는 받을어음 계정 또는 지급어음 계정을 사용하는 때도 있습니다.

(1) 상품 50,000원을 매입하고 어음을 발행하여 결제한 경우

    (차) 매 입 50,000 (대) 당좌예금(또는 제예금) 50,0

(2) 상품 50,000원을 매각하고 발행하였던 수표를 그 대금으로 받아 수표가 환수된 경우

    (차) 당좌예금(또는 제예금) 50,0000 (대) 매출 50,0

(3) 상품 50,000원을 매각하고 그 대금을 수표로 받은 경우

    (차) 현 금 50,000 (대) 매출 50,000

(4) 상품 50,000원을 매입하고 보관중인 수표를 지급한 경우

    (차) 매 입 50,000 (대) 현금 50,000

(5) 상품 50,000원을 매각하고 취득한 수표를 당좌예금 계좌에 입금한 경우

    (차) 당좌예금 50,000 (대) 매출 50,000

(6) 상품 50,000원을 매각하고 선일자수표를 대금으로 받은 경우

    (차) 받을어음 50,000 (대) 매출 50,000

(7) 상품 50,000원을 매입하고 선일자수표를 대금으로 발행한 경우

    (차) 매 입 50,000 (대) 지급어음 50,000

## 4. 어음할인과 회계계정

【질의】 ➡ 매대금을 어음으로 받는 경우 만기일 전에 은행에서 할인하는 경우가 있는데 이 때에는 회계장부에 어떻게 기장하는지?

【답변】 ➡

어음을 할인하는 경우에는 일반적인 기장방법과 부도나 지급거절을 대비한 평가계정을 사용하는 기장방법이 있습니다.

일반적인 기장방법의 실례는 다음과 같습니다.

(1) 보관중인 어음을 할인한 경우

(차) 현　　금　　49,000　　(대) 받을어음　　50,000

할 인 료　　1,000

(2) (1)의 어음이 만기일에 부도처리되어 소구에 응하여 어음금을 지급하고 전자에게 재소구하는 경우

(차) 부도어음　　50,000　　(대) 현　　금　　50,000

(3) (2)의 재소구에 의하여 지급받은 경우

(차) 현　　금　　50,000　　(대) 부도어음　　50,000

평가계정을 사용하는 기장방법의 실례는 다음과 같다.

(1) 보관중인 어음을 할인한 경우

(차) 현　　금　　49,000　　(대) 할인어음　　50,000

할 인 료　　1,000

(2) (1)의 어음이 만기일에 지급된 경우

(차) 할인어음　　50,000　　(대) 받을어음　　50,000

(3) (1)의 어음이 만기일에 부도되어 소구에 응하여 지급한 경우

(차) 할인어음　　50,000　　(대) 받을어음　　50,000

부도어음　　50,000　　현　　금　　50,000

## 5. 어음할인과 대조계정

【질의】 ➡ 어음을 할인하는 경우 회계장부에 대조계정을 사용하여 기장하는 방법도 있다는데 어떻게 기장하는지?

【답변】 ➡

어음을 할인하는 경우 만기에 이르러 부도 또는 지급거절이 될 것을 대비한 기장방법이 대조계정을 사용하는 방법입니다.

그 실례는 다음과 같습니다.

**(1) 보관중인 어음을 만기 전에 할인한 경우**

(차) 현금 49,000   할인료 1,000   어음배서의무대충  50,000

(대) 받을어음 50,000   어음배서의무  50,000

또는

(차) 현금   49,000   할인료 1,000   할인어음대충  50,000

(대) 받을어음   할인어음 50,000

이 경우, 어음배서의무대충, 어음배서의무, 할인어음대충, 할인어음 등의 계정을 대조계정이라 부른다.

**(2) (1)의 어음이 만기에 지급된 경우**

(차) 어음배서의무 50,000(또는 할인어음 50,000)

(대) 어음배서의무대충  50,000(또는 할인어음대충  50,000)

**(3) (1)의 어음이 만기에 지급되지 않음으로써 소구에 응하여 지급한 경우**

(차) 어음배서의무  50,000      부도어음  50,000

(대) 어음배서의무대충  50,000      현금  50,000

또는

(차) 할인어음  50,000      부도어음  50,000

(대) 할인어음대충  50,000      현금  50,000

# 제20편. 어음·수표와 무역거래

1. 무역거래시 어음·수표의 이용

2. 무역어음의 형태

3. 무역어음의 당사자 관계

4. 인수도어음과 지급도어음의 구별

5. 수출화환어음의 결제

## 1. 무역거래시 어음·수표의 이용

【질의】 ➡ 수출입의 무역거래에 있어서도 어음이나 수표가 이용되는
지?

【답변】 ➡

수출입 무역거래에서는 어음이나 수표도 널리 이용되고 있습니다. 특히 어음이 많이 이용됩니다. 무역거래에서 이용되고 있는 어음이나 수표라고 하여도 이것은 특별한 것은 아니고 국내에서 이용되는 어음이나 수표와 똑같은 것입니다. 다만 외국과의 거래이기 때문에 화폐단위 등의 차이로 말미암아 다소 변칙이 나타날 뿐입니다. 무역거래에서 이용되는 어음은 이를 편의상 무역어음이라고 하지만, 그 내용은 환어음인 것이 보통입니다. 또한 무역거래에서 이용되는 수표는 이를 편의상 무역수표라고 합니다.

한편, 무역어음이나 무역수표는 외국과의 거래에서 이용되기 때문에 그 액면상의 표시화폐가 대부분 외화입니다. 이를 외화어음 또는 외화수표라 하는데, 국내거래에서 사용하는 원화어음이나 원화수표와 비교됩니다. 그리고 무역어음의 경우 국내거래에서처럼 채무자가 어음을 발행하는 순환의 예는 거의 없습니다. 채권자(수출업자)가 어음(환어음)을 발행하여 외국환은행의 중개를 통하여 수출대금을 추심하는 역환의 예가 대부분이라는 점이 특징입니다.

## 2. 무역어음의 형태

【질의】 ➡ 수출입거래를 함에 있어서 이용되는 무역어음에는 어떤 형태의 것들이 있는지?

【답변】 ➡

수출입거래에서 이용되는 어음은 환어음입니다. 이것은 국내거래에서 이용되는 어음이 주로 약속어음인 것과는 다른 점입니다. 이와 같이 환어음이 주로 이용되는 이유는 수출자와 수입자 및 거래은행의 삼당사자가 존재하며, 수출자가 선적을 한 후에 스스로 어음을 발행하는 경우에 환어음(그것도 대부분이 자기제시 환어음)의 형태를 이용하는 것이 편리하기 때문입니다. 다만, 이러한 무역어음으로서의 환어음은 단순한 환어음이 아니라, 거기에 다른 서류가 붙어 있는 대환어음(대물환어음)임을 주의하여야 합니다.

무역어음이 단순한 환어음이라면 그것을 할인하여 주는 은행이나 추심하여 주는 은행은 안심하고 당해 어음을 양수하기가 곤란합니다. 그것은 지급인인 외국의 수입상이 그 환어음에 대하여 인수 또는 지급을 제대로 하여 줄 것이라는 보장이 없기 때문입니다. 이런 경우 국내라면 사후조치가 쉽게 이루어질 수 있지만, 국외라면 사전에 어떤 담보적인 성격을 지닌 장치가 보장되어야만 안전하게 일을 처리할 수 있기 때문입니다. 이에 따라 무역거래에서 활용되는 어음은 단순한 환어음이 아니라, 그것에 대물대표증권(예컨대 선하증권)이 첨부되어 있는 어음(이른바 대환어음)을 이용하는 것입니다. 대환어음을 대물환어음이라고도 하는데, 이에는 선하증권만이 첨부되어 있는 것이 아니라, 보험증권·송장 기타의 서류(영사송장·통관용송장·검사증명서·중용량증명서·포장증명서 등) 등이 첨부됩니다. 은행은 이들 첨부서류를 담보로 하여 어음할인을 하게 됩니다.

　무역어음으로서의 대화어음은 그 무역계약이 신용장거래인가 아닌가에 따라 신용장부대환어음과 무신용장대환어음으로 나누어집니다. 전자는 신용장이 개설되어 있는 무역거래에서 작성되는 대환어음을 말하며, 후자는 신용장이 없이 이루어지는 무역거래에서 작성되는 대환어음을 말합니다. 이와 같이 화환어음이 구별되는 양상을 보이지만, 이들 양자의 화환어음의 내용은 다를 바가 없다는 점을 유의하여야 합니다.

　한편 신용장부대환어음은 다시 어음의 지급제시에 대하여 즉시로 어음금이 결제되는 일람출급어음과 지급제시 후 일정한 기한이 경과된 후에 어음금이 결제되는 기한부어음으로 나누어집니다. 또 이 기한부어음은 다시 일자후정기출급어음과 일람후정기출급어음 등으로 나누어집니다. 그런데 무신용장대환어음으로 쓰이는 것으로서 일람출급어음일 경우를 특히 지급도(조건)어음이라 하며, 같은 무신용장대환어음이지만 그것이 기한부어음일 경우를 인수도(조건)어음이라 합니다. 여기서 지급도라는 말은 은행에 의하여 수입품이 지급제시된 어음에 대하여 어음금을 지급하여야만 선적서류를 인도한다는 의미이며, 인수도라는 말은 은행이 인수제시한 어음에 대하여 수입상이 인수를 하면 선적서류를 인도한다는 의미입니다.

## 3. 무역어음의 당사자 관계

**【질의】** ➡ **무역거래에 쓰이는 대환어음의 당사자는 누구인지?**

**【답변】** ➡

수출대환어음의 발행인은 수출상입니다. 그러나 여기에 첨부되는 선적서류의 작성교부자는 다른 사람입니다. 예컨대 선하증권의 작성자는 해운회사이며, 보험증권의 작성자는 보험회사이고, 검사증명서의 작성자는 검사기관입니다. 수출대환어음의 지급인은 외국에 있는 수입업자입니다. 그런데 이 어음이 기한부어음으로서 인수제시되었을 때에 수입상이 인수를 하는 경우의 수입상은 인수인이 되며, 후에 기한이 되어 지급할 때에는 지급인으로 됩니다. 수출대환어음의 수취인은 외국환은행입니다. 이 경우 외국환은행은 수출상의 대환어음을 매입하는 입장이 됩니다. 그리고 이 매입은 어음거래로 볼 때에 어음할인이 되는 것이 보통입니다. 이와 같이 하여 매입된 대환어음은 다시 추심위임배서를 하여 이를 수입지외국환은행에 송부하게 됩니다. 이 경우 수출지외국환은행과 수입지외국환은행 간에는 코레스계약이 맺어져 있으며 어음금의 추심을 의뢰받는 수입지외국환은행을 코레스은행이라고 합니다.

한편, 현재의 무역거래에서는 위에서 본 바와 같은 일반 환어음보다 자기제시환어음의 형태가 더욱 많이 이용되고 있는 실정입니다. 이 경우의 발행인은 수출상인 점도 일반 환어음에 있어서와 같습니다. 다만, 자기제시환어음일 경우의 수취인은 외국환은행이 아니라 수출상 자신이라는 점이 일반적인 환어음과 크게 다른 점입니다. 이와 같은 자기제시환어음은 이를 수출지외국은행에 매입시키는 방법과 추심을 의뢰하는 방법이 있습니다. 전자의 경우는 위에서 본 바와 같은 어음할인이 되는 것이며, 후자의 경우는 추심수수료를 내고서 추심을 의뢰하는 방법입니다.

## 4. 인수도어음과 지급도어음의 구별

【질의】 ➡ 신용장이 없이 인수도어음이나 지급도어음을 발행하여 수출을 하는경우가 많은데, 이 어음은 실질적으로 어떠한 차이가 있으며, 이들을 어떻게 구별하여야 하는지?

【답변】 ➡

수출거래법에서는 수출이나 수입에 관하여 12가지의 거래형태를 규정하고 있습니다. 그 가운데 추심결제방식에 의한 수출이라는 거래형태가 있는데, 이것이 인수도(D/A)어음이나 지급도(D/P)어음에 의한 수출거래 형태를 말하는 것입니다. 이들은 다같이 대환어음(대물환어음)이기 때문에 그 본질에 있어서는 같지만, 그 결제방법에서는 다릅니다. D/A어음이란 어음의 인수(지급인이 될 수입품의 환어음에 대한 인수)가 있으면 이에 대한 대가로서 화물의 재산권을 나타내는 선적서류를 인도하여 주는 결제조건의 대환어음(인수도 환어음)을 말합니다. D/P어음이란 어음금액을 지급하면 이에 대한 대가로서 선적서류를 인도하기로 되어 있는 결제조건의 대환어음(지급도환어음)을 말합니다.

한편 이들 어음은 어음면에 기재되어 있는 문언으로서 그 구별을 할 수 있습니다. 즉 어음을 보아서 D/A어음이라는 판단을 내릴 수 있는 문언은, ① deliver document against acceptance payment, ② D/A 90 days, ③ 90 days after arrival of the Steamer, ④ D/A 90 D/S, B/L, ⑤ 90 days after sight, ⑥ 90 days after B/L date 등입니다. 이와 같은 문언이 나타나면 D/A 어음이라 보면 됩니다. 이에 대하여 어음을 보아서 D/P 어음이라는 판단을 내릴 수 있는 문언은, ① deliver document against payment, ② D/P at sight, ③ sight, ④ ×× days D/P, ⑤ D/P days sight, ⑥ at sight on arrival vessel 등입니다. 이와 같은 문언이 어음면에 나타나면 D/P어음이라 보게 됩니다.

## 5. 수출화환어음의 결제



【답변】 ➡

신용장이 개설되어 수출품을 선적하고 대환어음을 발행하는 경우의 대환어음의 결제절차는 다음과 같습니다.

(1) 수입상이 거래은행에 의뢰하여 신용장(L/C)을 개설합니다.

(2) 개설은행은 그 L/C를 수출지에 있는 통지은행에 송부합니다.

(3) 통지은행으로부터 L/C를 받은 은행은 제시된 조건에 맞추어 물품을 구입 또는 제조합니다.

(4) 수출상은 당해 물품을 해운회사에 의뢰하여 선적합니다.

(5) 선적을 맡은 해운회사가 B/L(선하증권)을 교부하여 주면 수출상은 이를 받습니다.

(6) CIF 계약인 경우에 수출상은 보험회사를 상대로 부보를 하고 보험증권을 교부받습니다.

(7) 수출상은 상업송장을 작성하고 기타의 선적서류를 구비합니다.

(8) 수출상은 환어음을 작성하여 이에 선적서를 첨부합니다.

(9) 수출상은 수출지외환은행(거래은행)에 당해 대환어음을 매도(배서양도)하거나 추심의뢰합니다. 전자의 경우에는 대금을 지급받습니다.

(10) 거래은행은 당해 대환어음을 수입지외국환은행에 송부합니다.

(11) 수입지외국환은행은 당해 대환어음을 수입상에게 지급제시(일람출급어음일 경우)하여 돈을 받거나 또는 인수제시(기한부어음)하여 인수를 합니다. 이 대가로 은행은 수입상에게 선적서류를 교부합니다. 인수가 된 경우에 어음만은 이를 보관하였

다가 나중에 어음금을 받고서 어음을 교부하여 줍니다.

(12) 수입지외국환은행은 받은 어음금을 상대방 수출지은행에 대하여 코레스계약에 따라 결제하게 됩니다.

(13) 수출지외국환은행은 결제된 어음금액을 지급합니다. 다만 이는 추심의뢰의 경우에 한합니다.

한편, D/A·D/P어음의 결제절차에 있어서는 L/C가 없으며 그 대신 수출계약서 등이 작성됩니다. 즉 매매계약만으로써 무역이 이루어지게 됩니다. 그 절차를 순서에 따라 설명하면 다음과 같습니다.

① 수출상과 수입상 간에 매매계약이 체결됩니다.

② 수입업자가 수입허가 등을 얻으면 수출업자에게 선적지시를 합니다.

③ 수출상은 수입업자의 지시에 따라 선적을 완료하고 B/L 등의 선적서류를 구비합니다.

④ 수출상은 D/A나 D/P조건의 대환어음을 작성하고 거래은행(추심의뢰은행)에 대하여 추심의뢰를 합니다.

⑤ 추심의뢰은행은 당해 대환어음을 추심은행에 보냅니다.

⑥ 추심은행은 선적서류의 도착을 수입상에게 통지합니다.

⑦ 수입업자는 어음에 대하여 D/A어음이면 인수를, 그리고 D/P어음이면 어음금의 지급을 완료합니다.

⑧ 추심은행은 이에 대한 대가로서 선적서류를 인도합니다. 이 경우 D/A 어음이면 환어음 자체는 이를 보관하고 있다가 나중에 대금결제를 받고서 교부하게 됩니다.

⑨ 추심은행은 받은 어음금을 코레스계약에 따라 결제합니다.

⑩ 추심의뢰은행은 결제받은 돈을 수출업자에게 지급합니다.

## ◆ 박 근 영 ◆

◆ 1983 : 전남대 법대 졸업
◆ 1995 : 제37회 사법시험 합격
◆ 1998 : 사법연수원 27기 수료
◆ 현 변호사 박근영사무소 운영(서울)

## 어음수표의 질의답변    정가 16,000원

2005년 9월 10일 인쇄
2005년 9월 15일 발행
   감 수 : 박 근 영
   발행인 : 김 현 호
   발행처 : 법률미디어

152-050
서울 구로구 구로동 636-62 (구로유통B/D B동 308호)
TEL : 2636-2911~3, FAX : 2636-3012
등록 : 1979년 8월 27일 제5-22호
Home : www.bubmun.co.kr

- ISBN 89-5755-055-0 13360
- 파본은 교환해 드립니다.
- 본서의 무단 전재 · 복제행위는 저작권법에 의거, 3년 이하의 징역 또는 3,000만원 이하의 벌금에 처해집니다.